DIAPAS
R O U G E 3

CARNET DE 375 CHANTS AVEC ACCORDS
réalisé par le Mouvement Eucharistique des Jeunes
et les Scouts de France

Édition

LES PRESSES D'ILE DE FRANCE

ÉDITION 2003

AVANT-PROPOS

La collection **DIAPASON** prend tout son sens lorsqu'elle permet à quelques amis, autour d'un feu, une guitare à la main, de chanter l'amitié, l'amour, la joie… De ce fait, un carnet de chants ne sera jamais un livre comme un autre. Il véhicule un patrimoine commun, des souvenirs, des rencontres, des émotions… Au fil du temps, il devient le compagnon des jours de fêtes.

La collection **DIAPASON** c'est aussi le rendez-vous de plusieurs milliers de chants que des artistes, souvent par le biais de leurs éditeurs, ont accepté de nous confier dans le cadre d'un contrat qui détermine le nombre de tirages et fixe le montant d'une redevance. Chaque réimpression donne lieu, au préalable, à la définition d'un nouveau contrat. Si, pour une raison ou une autre, le contrat n'est pas reconduit, le chant en question est systématiquement retiré de la sélection. Il se trouve donc, qu'avec le temps, le sommaire des différents **DIAPASON** évolue légèrement. Ceci étant indépendant de notre volonté, nous vous prions de ne pas nous en tenir rigueur.

Bien qu'il soit dommage que, dans ce domaine, le livre soit pénalisé par rapport aux autres médias, nous acceptons volontiers cette évolution permanente des **DIAPASON**, car nous croyons qu'évoluer avec le temps est signe de vie. Les **DIAPASON** sont toujours prêts à accueillir au sein de leurs répertoires les nouveaux chants que vous aurez l'amabilité de nous transmettre.
(Email : contact@presses-idf.fr)

Diapason Rouge Volume III a été conçu par deux mouvements éducatifs : le Mouvement Eucharistique des Jeunes et les Scouts de France. Le but de ce recueil est de nous aider à chanter le plus souvent possible, seul ou ensemble.

Des étapes de la randonnée estivale aux longues soirées des vacances de neige, en passant par les multiples veillées, réunions, sorties, fêtes, sans oublier les trajets en train ou en voiture, qui, en égrenant quelques couplets au gré des pages d'un carnet de chants, n'a construit des amitiés qui durent encore ?

Ce que les mots sont impuissants à dire, les chansons parfois…

Diapason Rouge volume III propose aux animateurs, baladins et autres troubadours quelque quatre cents références, les guitaristes y trouveront les accords pour les accompagner et chacun un répertoire pour chanter la vie.

La sélection de ce nouveau **DIAPASON ROUGE** prolonge celle des deux volumes précédents en mettant davantage l'accent sur les grands classiques de la chanson de variété, les standards américains et les comédies musicales. Le classement est le suivant : **"Salut l'artiste !"**, la première partie, est un recueil de variétés françaises : Aznavour, Barbara, Berger, Brel, Cabrel, Gainsbourg, Goldman, Kass, Le Forestier, Pagny, Piaf, Sanson, Zazie… Exposées à l'érosion des modes, toutes ces chansons n'auront pas la même durée, mais toutes chantent leur temps. **"Au rythme du monde"** regroupe des chansons internationales célèbres. **"Racines et couleurs du temps"** rassemble quelques comédies musicales et opérettes incontournables. La quatrième partie, **"Fêtes et rencontres"**, permet de retrouver des chansons pour se réunir dans la joie, le rire et l'amitié. Enfin, **"Canons, ritournelles et génériques"** se met au goût du jour en proposant aux nostalgiques une sélection de génériques de séries télévisées et autres refrains de notre enfance.

L'ordre alphabétique organise chaque partie : dans la première et la deuxième partie, l'ordre est selon l'initiale de l'interprète, auquel notre mémoire associe la chanson, pour le reste l'ordre est selon l'initiale du titre. Un **index alphabétique** des titres, à la fin du recueil, complète le **sommaire**.

LE MOUVEMENT EUCHARISTIQUE DES JEUNES

*Des jeunes de 9 à 19 ans
en équipe, en rassemblements, en camps
regardent le monde s'y engagent et fêtent la vie.*

TOUT RECEVOIR, TOUT DONNER !
Tel est le projet éducatif du MEJ.
L'enfant ne grandit-il pas en reconnaissant les dons qui lui sont faits ? Et ne devient-il pas adulte, lorsqu'il sait redonner, de manière personnelle, tout ce qu'il a reçu ?
Vivre et célébrer l'Eucharistie se trouve exactement dans cette perspective. Vivre et célébrer l'Eucharistie, c'est accueillir tout ce que Dieu donne. C'est Lui rendre grâce en faisant de notre vie une réponse d'amour... une offrande.
Nous reconnaissons ainsi que les réalités scolaires, la vie familiale et sociale, les loisirs, toutes les activités de la vie quotidienne sont indissociables de la vie spirituelle.
Et le MEJ veut aider chaque jeune à grandir en se structurant, à chercher le lien entre sa vie et sa foi, à s'engager là où il vit. Le Mouvement se propose comme partenaire de l'éducation des jeunes pour qu'ils deviennent des adultes responsables, capables de faire des choix avec le Seigneur.

TROIS POINTS D'ATTENTION orientent chaque proposition du Mouvement :
- L'ouverture : éducation à l'accueil, à la solidarité, à l'engagement.
- L'expression : éducation à la vie communautaire, à la responsabilité, à la fête.
- L'approfondissement de la foi : éducation à la prière, à l'intelligence de la foi.

UNE EQUIPE, DES RASSEMBLEMENTS ET DES CAMPS

Les jeunes du MEJ grandissent en se 'branchant' aux jeunes qui leur ressemblent : ils sont Feu Nouveau (9-11 ans), Jeunes Témoins (11-13 ans), Témoins Aujourd'hui (13-15 ans), Equipes Espérance (15-17 ans) ou Equipes Apostoliques (17-19 ans).

Ils se retrouvent en équipe de 5 à 7 et sont accompagnés par un adulte et parfois un aîné (16-18 ans). A travers découvertes, activités et rencontres, ils prennent progressivement l'habitude de relire leur vie, de reconnaître la présence d'un Dieu tout proche, de s'engager auprès des autres.

Les rassemblements diocésains, régionaux ou nationaux, et les camps, sont l'occasion de développer encore plus leur expression artistique ou sportive, de rencontrer d'autres jeunes venus de partout, de fêter la vie.

DEJA EN 1844...

Le MEJ est né en 1962, sous l'impulsion du Pape Jean XXIII, pour prendre la relève de la *Croisade Eucharistique*, laquelle plonge elle-même ses racines dans l'*Apostolat de la Prière*, fondée en 1844. En 1986, le ministère de la jeunesse et des sports agrée le MEJ comme association d'*éducation populaire.*

Lors de son vingt cinquième anniversaire, en 1987, le MEJ est confirmé, par le pape Jean Paul II dans sa mission de *mouvement éducatif et apostolique*.

Mouvement Eucharistique des Jeunes, Centre National : 28, rue Molitor - 75016 Paris.
Tél. 01 40 71 70 00 / Fax 01 40 71 02 52

Les Scouts de France ont pour objectif d'aider les jeunes à devenir des hommes et des femmes autonomes et responsables : «des citoyens actifs, utiles, heureux» (Baden-Powell), des chrétiens engagés au service du développement de tout l'Homme et de tous les hommes.

Le scoutisme est un mouvement d'éducation qui s'appuie sur les dynamismes du jeune pour faire de lui l'artisan de son propre développement. Si le camp d'été est un temps fort, les projets, les actions de découvertes et de services réalisés durant l'année, là où l'on vit, sont un apprentissage de la réalité sociale et de la solidarité. Apprendre à mériter confiance et devenir responsable se vit à travers un ensemble de pratiques éclairées et orientées par la promesse et la loi qui fondent le scoutisme depuis son origine. Le scoutisme est un mouvement mondial et les Scouts de France, en lien avec leurs frères scouts de tous les continents, tiennent, par dessus tout, à situer leur action au coeur des enjeux de la société d'aujourd'hui : la famille et la transmission des valeurs, le travail et la création, l'Evangile et l'évangélisation, les médias et l'esprit de discernement, la consommation et le sens du partage, le rythme de vie et la qualité de la vie, la citoyenneté et la tolérance, le respect de l'environnement, l'engagement social, l'avenir et l'espérance pour tous sans exception, les relations internationales à l'Est comme au Sud, la culture et l'affirmation de son identité.

Les Scouts de France proposent aux jeunes, garçons et filles, un scoutisme adapté à leur âge.

-*Les LOUVETEAUX et les LOUVETTES* (8-12 ans). La meute, composée par plusieurs sizaines de louveteaux et sizaines de louvettes, fait largement appel à l'imagination et au jeu pour vivre des "chasses" passionnantes. Chacun progresse en suivant les traces des personnages du Livre de la Jungle. Les louveteaux portent une chemise jaune.

-*Les SCOUTS et les SCOUTES* (11-15 ans). Cette branche répond aux attentes des jeunes adolescents qui aiment l'aventure. Plusieurs patrouilles de 6 à 8 garçons ou 6 à 8 filles forment une troupe scoute. En prenant des rôles dans la patrouille, chaque jeune, relève les défis lancés à tous. Les scouts portent une chemise bleue.

-*Les PIONNIERS et les PIONNIERES* (14-18 ans). Dans le cadre d'entreprises des adolescents vivent pleinement des actions à taille d'homme et de femme. Explorer un gouffre, présenter un spectacle, découvrir l'Europe, réaliser un chantier... Un poste rassemble 4 à 5 équipes. les pionniers portent une chemise rouge.

-*LES COMPAGNONS* (17-21 ans). Des équipes de 6 ou 8 jeunes prennent la route afin de devenir les artisans de leur propre développement. Plusieurs équipes forment un relais compagnons où elles relisent leur vie avec une équipe d'animateurs adultes. Les compagnons portent une chemise verte.

LE GROUPE SCOUT est la communauté locale où se vit le scoutisme. Il regroupe une ou plusieurs unités de chaque tranche d'âge. Animé par des hommes et des femmes nommés et formés par le mouvement, le groupe scout peut s'étendre sur une ville, un quartier, une paroisse ou un secteur géographique donné. Les chefs de groupe, généralement un couple, assurent avec un aumônier l'animation pédagogique et spirituelle de ces équipes ainsi que les relations et la gestion de l'ensemble du groupe.

Fondés en 1920, les Scouts de France comptent aujourd'hui plus de 110.000 membres qui se répartissent dans 1.500 groupes locaux. La charte, sur laquelle s'engagent tous les responsables du mouvement, manifeste leur fidélité à la fois au scoutisme mondial créé par Baden-Powell et à l'Eglise catholique.

Scouts de France, Centre National : 54, avenue Jean Jaurès 75019 - Paris.
Tél. 01 44 52 37 37 / Fax 01 42 38 09 87

ATELIER GUITARE

Pour chaque chant de ce carnet nous proposons une suite d'accords qui devrait permettre aux guitaristes amateurs d'accompagner, sans trop de difficultés, l'instrument naturel qu'est la voix. Ces grilles d'accords ne sont que des propositions, d'autant plus que la ligne mélodique de certains chants traditionnels se modifie d'une région à l'autre et que nous avons été confrontés aux problèmes des versions multiples. Nous avons fait des choix et nous espérons que, dans la majorité des cas, ces choix sont les bons. Quoi qu'il en soit, les indications qui suivent vous permettront d'adapter et d'enrichir ces accords à votre convenance.

Le doigté classique que vous trouverez à la page 18, pourra permettre à ceux qui ne jouent d'aucun instrument, mais qui possèdent une simple flûte à bec, de retrouver avec un peu de patience, les airs et les tonalités des chants dont les mélodies connues échappent parfois à nos mémoires.

POUR CONSTRUIRE UN ACCORD

Exemples

ACCORD MAJEUR	Tonique + tierce majeure + quinte	Do : Do - Mi - Sol
ACCORD MINEUR	Tonique + tierce mineure + quinte	Do m : Do - Mi♭ - Sol
ACCORD de 7e	Tonique + tierce majeure + quinte + septième mineure	Do 7 : Do - Mi - Sol - Si♭
ACCORD de 7e MAJEUR	Tonique + tierce majeure + quinte + septième majeure	Do 7 M : Do - Mi - Sol - Si
ACCORD MINEUR 7e	Tonique + tierce mineure + quinte + septième mineure	Do m 7 : Do - Mi♭ - Sol - Si♭
ACCORD MINEUR de 7e MAJEUR	Tonique + tierce mineure + quinte + septième majeur	Do m 7M : Do - Mi♭ - Sol - Si
ACCORD de 6e	Tonique + tierce majeure + quinte + sixte	Do 6 : Do - Mi - Sol - La
ACCORD DIMINUE	Tonique + tierce mineure + quinte diminuée	Do dim : Do - Mi♭ - Sol♭
ACCORD de 7e DIMINUE	Tonique + tierce mineure + quinte diminuée + sixte	Do 7 dim : Do - Mi♭ - Sol♭ - La

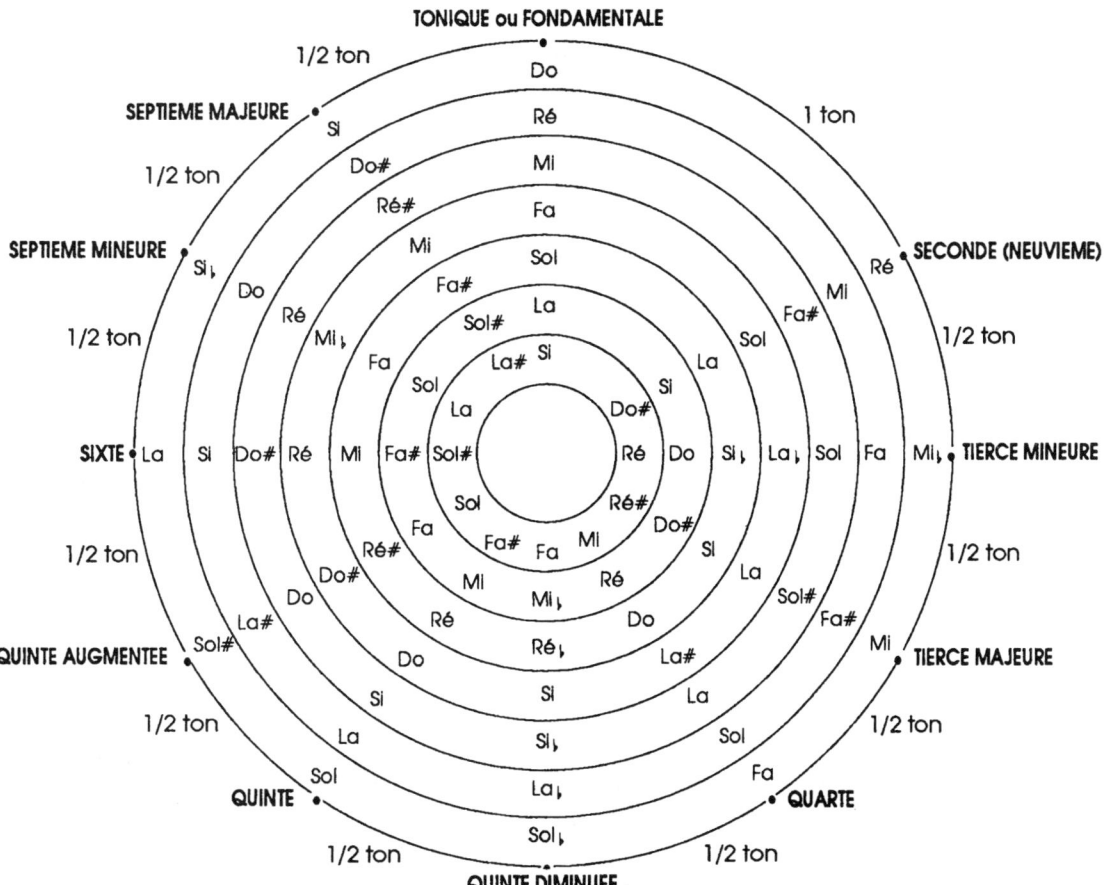

TABLEAU DES CHANGEMENTS DE TON

A	B	C	D	E	F	G	H	I	J	K	L
do	do #	ré	mib	mi	fa	fa #	sol	lab	la	sib	si
do #	ré	mib	mi	fa	fa #	sol	lab	la	sib	si	do
ré	mib	mi	fa	fa #	sol	lab	la	sib	si	do	do #
mib	mi	fa	fa #	sol	lab	la	sib	si	do	do #	ré
mi	fa	fa #	sol	lab	la	sib	si	do	do #	ré	mib
fa	fa #	sol	lab	la	sib	si	do	do #	ré	mib	mi
fa #	sol	lab	la	sib	si	do	do #	ré	mib	mi	fa
sol	lab	la	sib	si	do	do #	ré	mib	mi	fa	fa #
lab	la	sib	si	do	do #	ré	mib	mi	fa	fa #	sol
la	sib	si	do	do #	ré	mib	mi	fa	fa #	sol	lab
sib	si	do	do #	ré	mib	mi	fa	fa #	sol	lab	la
si	do	do #	ré	mib	mi	fa	fa #	sol	lab	la	sib

Ce tableau vous permet de modifier les accords de guitare afin d'adapter le chant à votre voix, mais également d'éviter certains accords pouvant vous apparaître difficiles à réaliser. Par exemple : passez de Mib à Mi en changeant tous les accords du chant qui se trouvent dans la colonne "D" par ceux de la colonne "E".

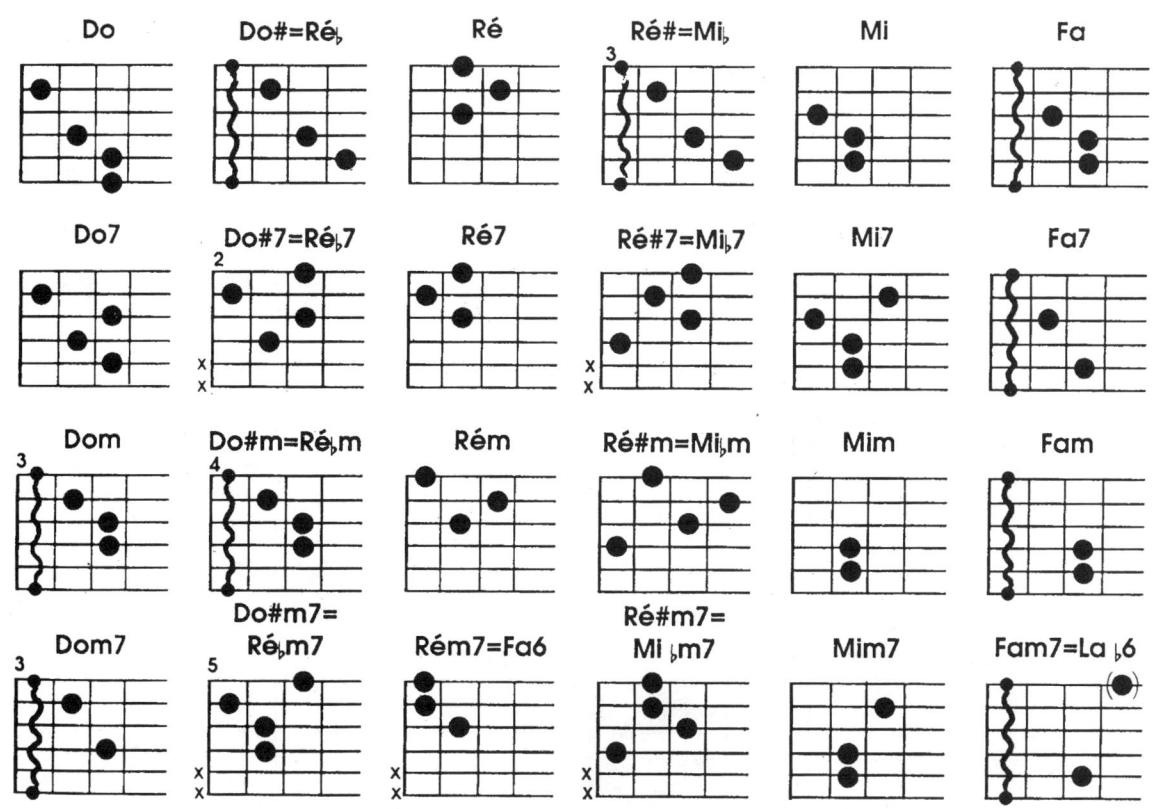

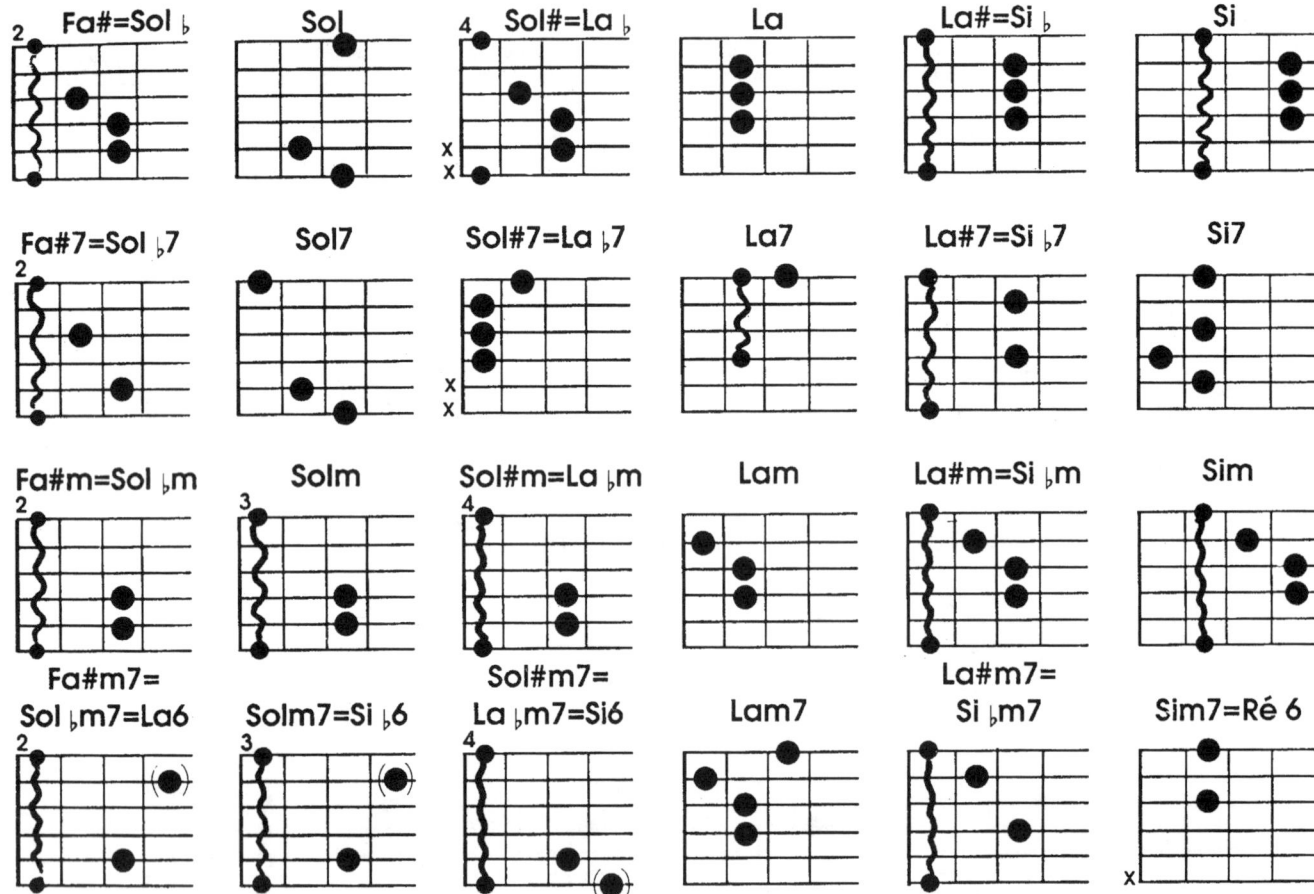

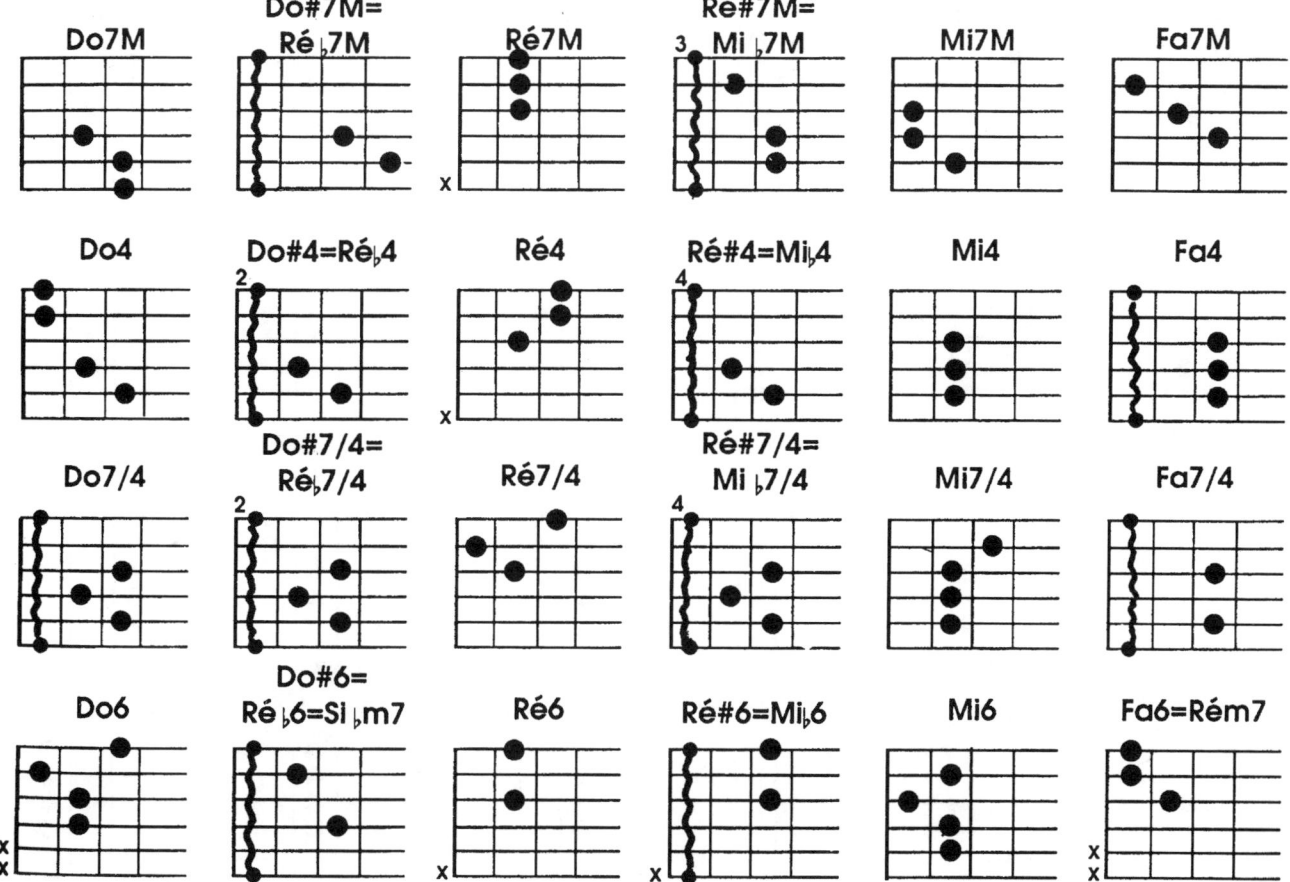

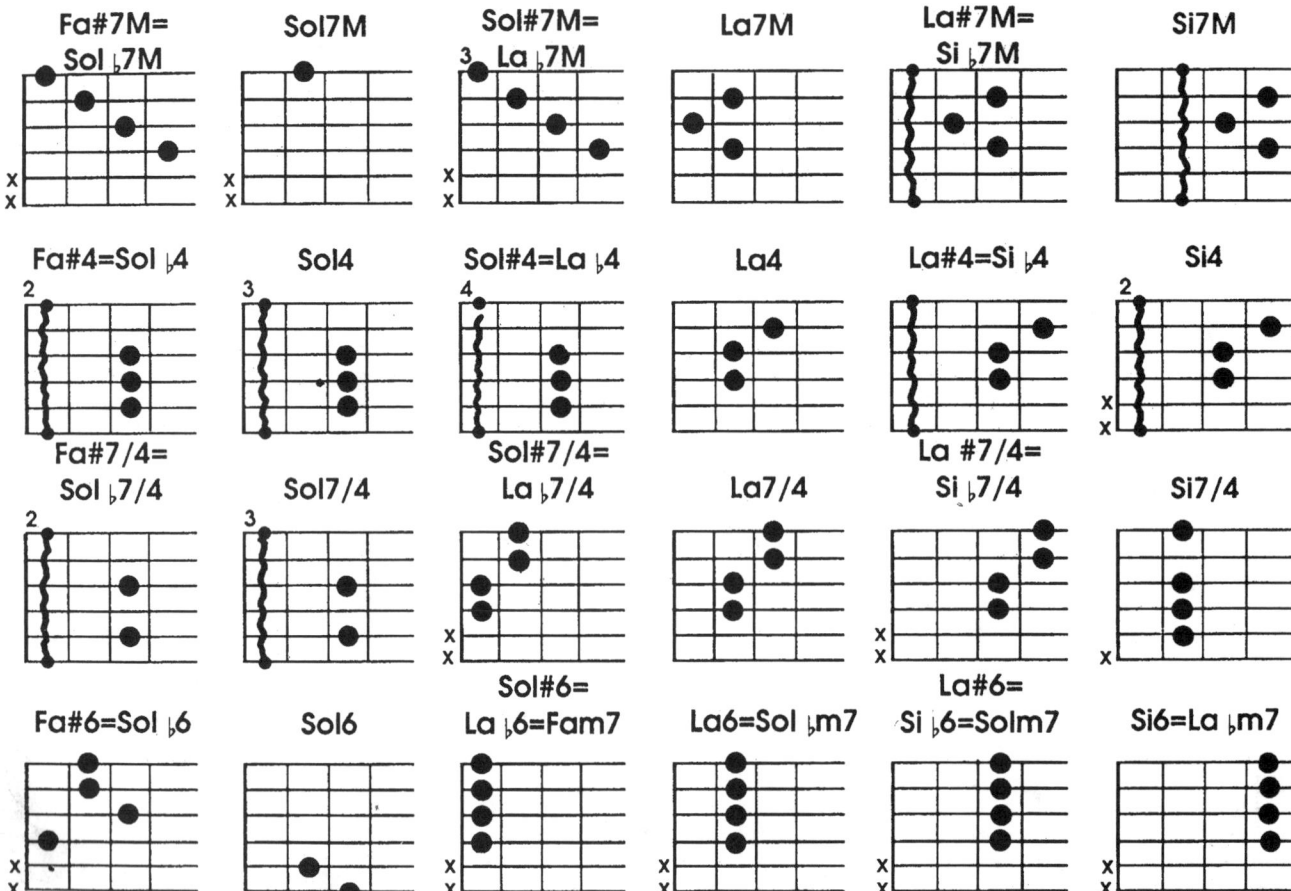

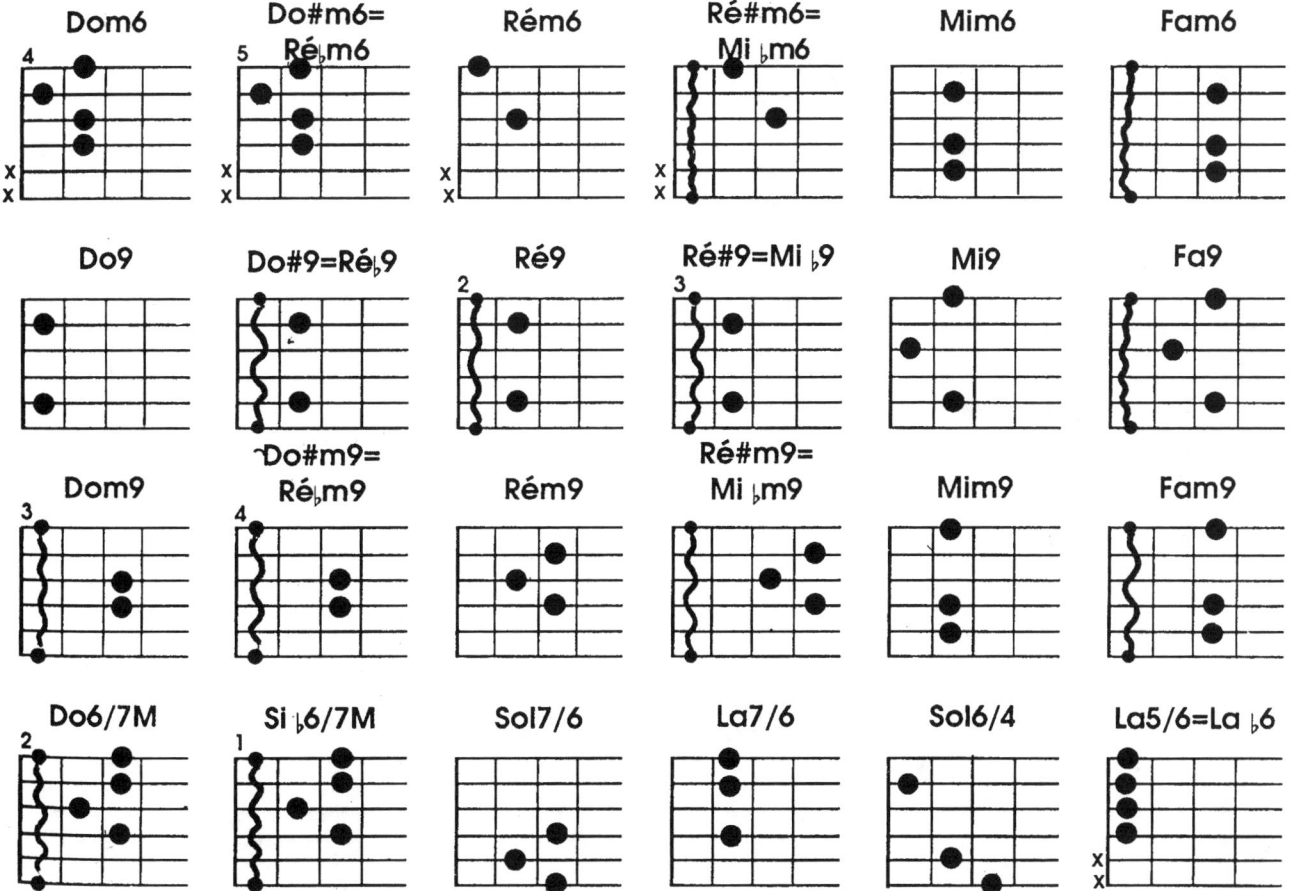

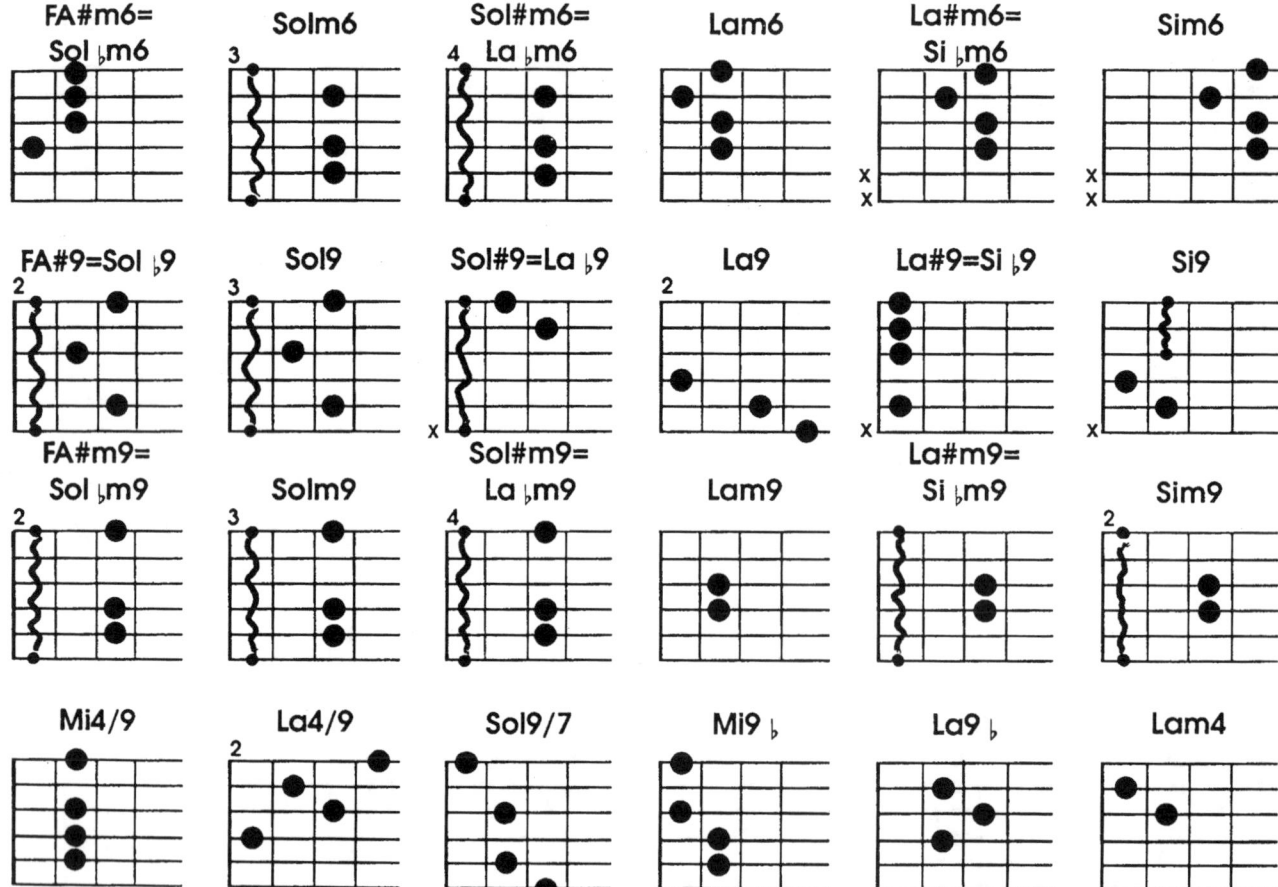

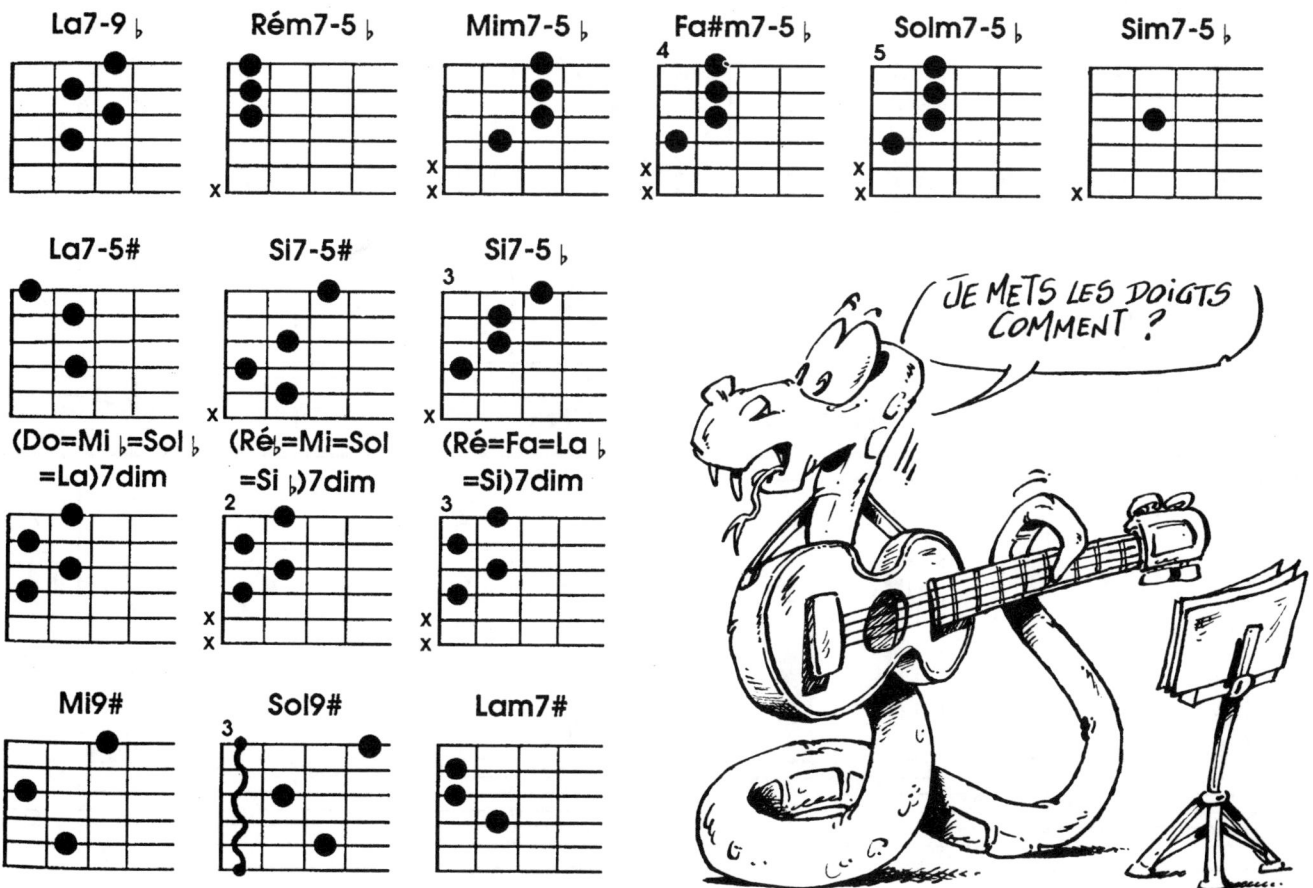

LA FLÛTE ET SON DOIGTÉ

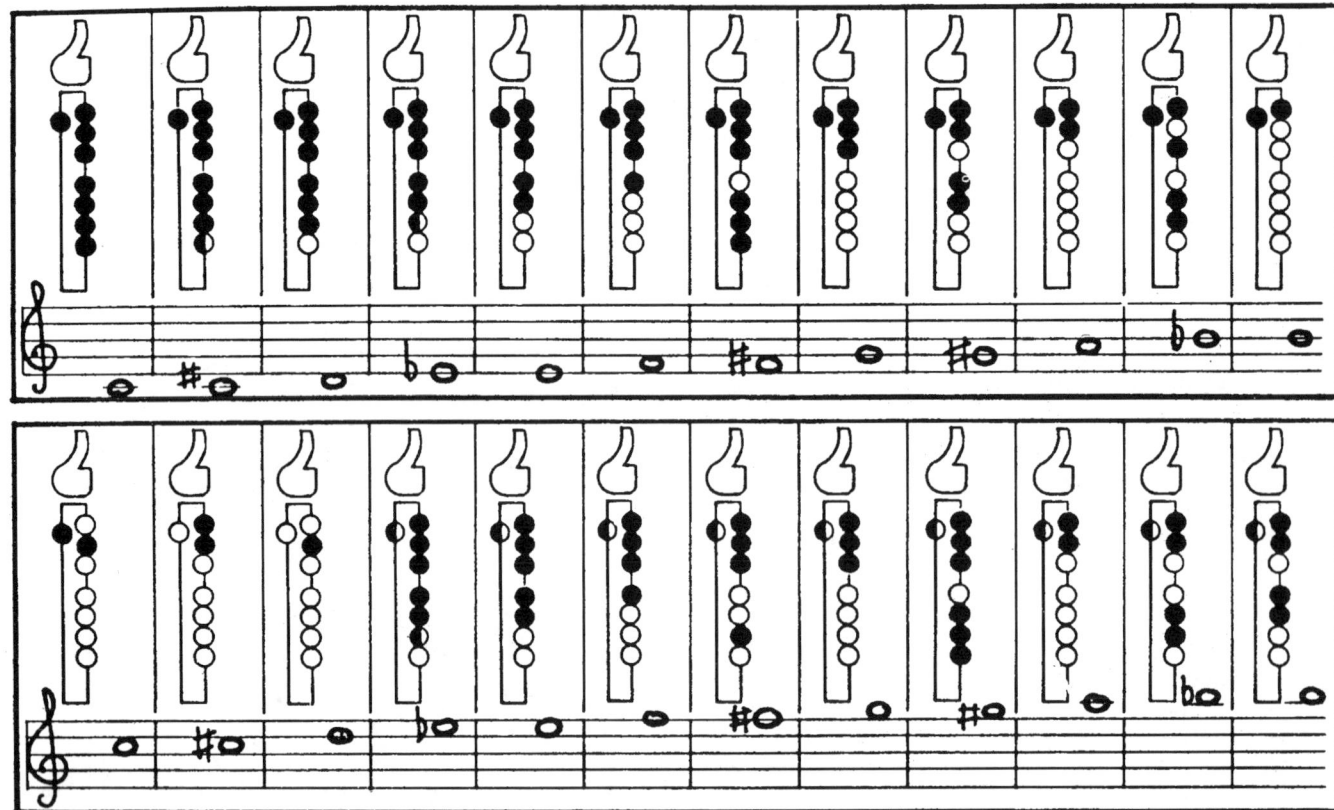

1re partie

SALUT L'ARTISTE !

ISABELLE ADJANI

PULL MARINE
Paroles : Isabelle ADJANI et Serge GAINSBOURG
Musique : Serge GAINSBOURG

1- <u>J</u>'ai touché l'fond d'la piscine *(Do)*
   Dans l'petit pull marine
   _ Tout déchiré aux coudes *(Mim)*
   Qu'j'ai pas voulu recoudre
   _ Que tu m'avais donné *(Solm7/Sib)*
   J'me sens tell'ment <u>a</u>ban<u>donnée</u>. _ *(La4 / La)*

2- Y'a pas qu'au fond d'la piscine
   Qu'mes yeux sont bleu marine
   Tu les avais r'pérés
   Sans qu'il y ait un regard
   Et t'avais rappliqué
   Maintenant je paie l'effet retard.

R- <u>A</u>vant de toucher le fond *(Lam)*
   <u>Je</u> descends à reculons *(Mim)*
   <u>Sans</u> trop savoir c'qui s'passait *(Fam)*
   Dans le <u>fond</u>. _ *(Sol4 Sol)*

3- C'est plein d'chlore au fond d'la piscine
   J'ai bu la tasse tchin' tchin'
   Comme c'est pour toi j'm'en fous
   J'suis vraiment prête à tout
   Avaler que m'importe
   Si on m'retrouve à moitié morte…

4- Noyée au fond d'la piscine
   Personne ne te voyait
   Sous mon p'tit pull marine
   M'enlacer j't'embrassais
   Jusqu'au point d'non retour
   Plutôt limite de notre amour.

5- Viens vite au fond d'la piscine
   Repêcher ta p'tite sardine
   L'empêcher d'se noyer
   Au fond d'toi la garder
   Petite sœur traqueuse
   De l'air de ton air amoureuse.

6- Si nous deux c't'au fond dans la piscine
   La deux des magazines
   Se chargera d'not' cas
   Et je n'aurai plus qu'à
   Mettre des verres fumés
   Pour montrer tout c'que j'veux cacher.

Refrain instrumental-

7- Retrouve-moi au fond d'la piscine
   Avant qu'ça m'assassine
   De continuer sans toi
   Tu peux compter sur moi
   J'te r'frai plus l'plan d'la star
   Qui a toujours, ses coups d'cafard
   J'ai touché l'fond d'la piscine
   Dans ton p'tit pull marine…

© 1983 by MELODY NELSON PUBLISHING
20, avenue Rapp - 75007 Paris.

GRAEME ALLWRIGHT

LA MER EST IMMENSE

Adaptation française de "The Water is Wide"
Paroles originales et musique :
Marshall BRICKMAN et Clarence COOPER
Paroles françaises : Graeme ALLWRIGHT

Capo III

1- La mer est im<u>Do</u>mense
   <u>Fa</u>   <u>Do</u>
   Je ne peux tra<u>ver</u>ser
              <u>Lam</u>
   Je n'ai pas d'ailes
   <u>Rém</u>   <u>Sol</u>
   <u>Pour</u> la survo<u>ler</u>
                <u>Mim</u>
   Prépa<u>rez-moi</u>
                    <u>Lam</u>
   Un bateau pour <u>deux</u>
   <u>Fa</u>   <u>Do</u>
   Nous ra<u>me</u>rons
   <u>Fa</u>   <u>Do</u>
   Mon a<u>mour</u> et <u>moi</u>.

2- Navire je te vois
   Qui fend les flots
   Chargé ras bord
   Et je ne sais
   Si cet amour
   Que j'ai en moi
   Dans les abîmes
   M'entraînera.

3- Contre un jeune chêne
   Je m'suis appuyé
   Pensant qu'il pour-
   Rait résister
   Mais hélas
   Il a plié
   Comme mon amour
   Il s'est brisé.

4- Dans un buisson
   J'ai posé ma main
   Croyant tendre
   Fleur y trouver
   Mes doigts aux épines
   J'ai blessé
   La tendre fleur
   Fait tomber.

5- L'amour est joie
   L'amour est beauté
   Ainsi les fleurs
   En leur matin
   Mais l'amour passe
   Et disparaît
   Comme de la fleur
   Rosée d'été.

© Sanga Music Inc.
Publié avec l'autorisation
des ÉDITIONS TRO ESSEX
FRANCE – PARIS.

MORT DU COW-BOY

Adaptation française de "Dying Cowboy"
Paroles originales et musique :
Alan LOMAX et John A. LOMAX
Paroles françaises : Sydney ALLWRIGHT

   <u>Do</u>   <u>Fa</u>   <u>Do</u>
1- <u>Ne</u> m'enter<u>rez</u> pas dans la <u>prai</u>rie
   Tournant la tête vers ses amis
   Ces tristes mots il murmurait
              <u>Fa</u>   <u>Sol</u>   <u>Do</u>
   Et le vent <u>du</u> soir __ les em<u>por</u>tait.

2- On m'a dit souvent peu importe l'endroit
   Où repose le corps quand le cœur est froid
   Mais promettez-moi promettez-moi
   Dans la prairie ne m'enterrez pas.

3- Sur son visage de douleur
   L'ombre de la mort passait déjà
   Il voyait encore son pays lointain
   Et ses amis lui tendaient la main.

4- Quand de ses yeux s'en est allé
   Tout signe de vie, on a creusé
   Une tombe étroite de six pieds sur trois
   Et dans la prairie on l'a laissé là
   Et dans la prairie on l'a laissé là.

© Ludlow Music Inc.
Publié avec l'autorisation
des ÉDITIONS TRO ESSEX FRANCE – PARIS.

ANGGUN

LA NEIGE AU SAHARA

Paroles et musique : Érick BENZI

1- *Lam7*
　__ Dis-moi simplement si tu veux de moi
Sol　　　　*Mim*　　　*Fa*
　__ Quand tu partiras là-bas
Lam7
　__ Vers ces dunes sèches de sable et de vent
Sol　　*Mim*　　　*Fa*
　__ Cet océan jaune et blanc
Rém
　Perdu dans le désert,

　Tu es perdu dans le désert…

2-　Montre-moi la place sur ces pierres flammes
　　Pour que j'oublie les jours d'avant
　　Pour que je protège ton corps et ton âme
　　Des mirages que tu attends
　　Perdu dans le désert…

R-　*Mi*　　　　　　　　　　　*La*
　__ Si la poussière emporte tes rêves de lumière
Si　　　　　　　　　　*Do#m*
　__ Je serai ta lune, ton repère
Sol#m
　__ Et si le soleil nous brûle,
　　La
　Je prierai qui tu voudras
Si　　　　　　　　　　　　*Do#m*
　__ Pour que tombe la neige au Sahara…

　Si le désert est le seul remède à tes doutes
　Femme de sel, je serai ta route
　Et si la soif nous brûle,
　Je prierai tant qu'il faudra
　Pour que tombe la neige au Sahara…

3-　Dis-moi, je peux couvrir tes épaules
　　De voiles d'or et d'argent
　　Quand la nuit fera tourner ta boussole
　　Vers les regrets froids des amants
　　Perdu dans le désert…

Reprise du refrain-

© 1996 Édition Kevin Organisation.

DOCTEUR BANJO
Paroles : Hugues AUFRAY
et Vline BUGGY
Musique : Christian CHEVALIER

1-   *Ré*   *La7*   *Ré*
    Dans une maison forestière
         Mi7   *La7*
    Vivait un vieux professeur
        Ré   *Ré7*   *Sol*
    Qui avait un dictionnaire
           Ré   *La7*   *Ré*
    Et un beau vélomoteur.

R-   *Ré*   *Sol*
    Oh, oh, comme c'était beau
            Ré   *La7* *Ré*
    Quand tu jouais, Docteur Ban - jo.

2-   Il avait quelques élèves
    Un renard, un hérisson
    Une limace et un lièvre
    Oui, mais un seul petit garçon.

3-   Le plus fort en botanique
    C'était le petit renard
    Mais pour les mathématiques
    Le lièvre était le plus roublard.

4-   Le hérisson voulait faire
    Des études d'ingénieur
    La limace était première
    Tout à côté du radiateur.

5-   L'hiver, quand tombait la neige
    Ils étudiaient les chansons
    Mais le plus fort en solfège
    C'était le tout petit garçon.

6-   On a perdu toute trace
    De ce docteur musicien
    Quant au p'tit garçon de la classe
    Réfléchis, tu le connais bien.

© 1968/2002 by La Compagnie.
Droits transférés à Garlick Music.
Publié avec l'autorisation de Garlick Music - Paris - France.

HUGUES AUFRAY

L'HOMME ORCHESTRE
Adaptation du titre : M. TAMBOURINE MAN
Paroles et musique : Bob DYLAN
Adaptation : Hugues AUFRAY

1- *Do*   *Fa*   *Sol*
    __ Hey monsieur l'homme orchestre
        Do   *Fa*
    Joue-moi ta chanson
             Do
    Je n'ai pas sommeil
      Fa   *Sol*
    Et je ne sais plus où est ma maison
    Fa   *Sol*
    Hey monsieur l'homme orchestre
      Fa   *Sol*
    Joue-moi ta chanson
           Do
    Dans le matin pâle
    Fa   *Sol*   *Do*
    Tu vas me montrer l'horizon.

2- *Fa*   *Sol*
    __ Emmène-moi avec toi
        Do   *Fa*
    Sur ton joli trois-mâts
       Do   *Fa*
    Oh ma bouche n'a plus de voix
            Do   *Fa*
    Et mes mains n'ont plus de doigts
           Do
    Et mes pieds ne marchent pas
    Do   *Fa*   *Sol*
    Si tu le veux tu peux faire danser mes souliers.

3-   Je n'ai plus qu'une idée m'en aller
    Je suis prêt à laisser
    S'engloutir mon passé
    À m'envoler en fumée
    Je ne voudrais plus te quitter.

4-   Les jardins sont désolés
    L'arbre est déraciné
    Et moi je disparais
    Dans les ronds de ma fumée
    De mon âme désertée
    Empêche-moi de tomber dans le fond des temps.

© SPECIAL RIDER MUSIC.
Avec l'aimable autorisation des éditions SONY/ATV Music Publishing.

PAUVRE BENOÎT

Paroles : Hugues AUFRAY et Vline BUGGY
Musique : Jean-Pierre SABARD

R1- Pauvre Benoît rentre chez toi
   Rentre chez toi pauvre Benoît
   _ Mon Dieu, Jésus, Vierge Marie
   Pitié pour les simples d'esprit
   Pau - vre Ben - oît.

1- Pauvre Benoît n'est pas méchant
   Mais il joue seul avec le vent
   Il est né par un soir d'orage
   Sim - ple d'esprit un peu _ sauva - ge
   Pau - vre Ben - oît.

R2- Pauvre Benoît rentre chez toi
   Il fait déjà nuit dans les bois…

2- Pauvre Benoît avec son seau partait
   L'matin chercher de l'eau jusqu'à la nuit
   À la fontaine il attendait la Madeleine
   Pauvre Benoît.

R3- Pauvre Benoît rentre chez toi
   Benoît tu pourrais prendre froid…

3- Pauvre Benoît elle est partie
   Madeleine a pris un mari
   Mais les mois et les jours passèrent
   Il attendait comme naguère
   Pauvre Benoît.

R4- Pauvre Benoît rentre chez toi
   Jamais plus elle ne reviendra…

4- Pauvre Benoît quand elle revint
   Tenant un enfant par la main
   A déposé devant sa porte
   Pour les chauffer des branches mortes
   Pauvre Benoît.

R5- Pauvre Benoît rentre chez moi
   Il y a un peu de pain pour toi
   Mon Dieu, Jésus, Vierge Marie
   Bénissez les simples d'esprit
   Pauvre Benoît.

© 1969/2002 by Garlick Music - pour le monde.
Publié avec l'autorisation de Garlick Music - Paris - France.

COMME ILS DISENT

Paroles et musique :
Charles AZNAVOUR

CHARLES AZNAVOUR

1- *Rém*
 __ J'habite seul avec maman
 Ré7
 Dans un très vieil appartement
 Solm
 Rue Sarasate
 Solm   *La*
 __ J'ai pour me tenir compagnie
 Une tortue, deux canaris
 Rém
 Et une chatte.

 Rém
 __ Pour laisser maman reposer
 Ré7
 Très souvent je fais le marché
 Solm
 Et la cuisine
                         Mi7-5dim
 Je range, je lave, j'essuie
                         Solm Solm/Sib
 À l'occasion je pique aussi __
        La9   *Rém/Fa*
 À la machine. __

 Solm   *Rém/Fa*   *La/Mi*   *Rém*
 __ Le travail ne me fait pas peur
 Je suis un peu décorateur
        Solm
 Un peu styliste
                              La4
 Mais mon vrai métier, c'est la nuit
                    La
 Que je l'exerce, travesti
        Rém
 Je suis artiste.

 Rém
 __ J'ai un numéro très spécial
        Ré7
 Qui finit en nu intégral
        Solm
 Après strip-tease
                       Mi7-5dim
 Et dans la salle je vois que
                              Rém/La
 Les mâles n'en croient pas leurs yeux
        Ré7dim   *La7 Solm Rém/Fa*
 Je suis un homme… oh ! comme ils di - sent. __

2- Vers les trois heures du matin
 On va manger entre copains
 De tous les sexes
 Dans un quelconque bar-tabac
 Et là, on s'en donne à cœur-joie
 Et sans complexes.

 On déballe des vérités
 Sur des gens qu'on a dans le nez
 On les lapide
 Mais on le fait avec humour
 Enrobé dans des calembours
 Mouillés d'acide.

 On rencontre des attardés
 Qui pour épater leur tablée
 Marchent et ondulent
 Singeant ce qu'ils croient être nous
 Et se couvrent, les pauvres fous
 De ridicule.

 Ça gesticule et parle fort
 Ça joue les divas, les ténors
 De la bêtise.
 Moi, les lazzis, les quolibets
 Me laissent froid, puisque c'est vrai
 Je suis un homme… oh !
 Comme ils disent.

3- À l'heure où naît un jour nouveau
 Je rentre retrouver mon lot
 De solitude
 J'ôte mes cils et mes cheveux
 Comme un pauvre clown malheureux
 De lassitude.

 Je me couche mais ne dors pas
 Je pense à mes amours sans joie
 Si dérisoires
 À ce garçon beau comme un dieu
 Qui sans rien faire a mis le feu
 À ma mémoire.

 Ma bouche n'osera jamais
 Lui avouer mon doux secret
 Mon tendre drame
 Car l'objet de tous mes tourments
 Passe le plus clair de son temps
 Aux lits des femmes.

 Nul n'a le droit en vérité
 De me blâmer, de me juger
 Et je précise
 Que c'est bien la nature qui
 Est seule responsable si
        Ré7dim
 Je suis un homme… oh !
        La7 Solm Rém/Fa
 Comme ils di - i - sent.

ET POURTANT
Paroles : Charles AZNAVOUR
Musique : Georges GARVARENTZ

1- Un bon ma*tin*, je sais que je m'éveillerai
      (Do)
   Différem*ment* de tous les autres jours
    (Lam)
   Et mon c*œur* délivré en fin *de* notre amour
    (Fa)   (Do)
   Et pour*tant*, et pour*tant*
    (Ré7)   (Sol)
   Sans un re*mords*, sans un regret, je partirai
        (Do)
   Droit devant *moi*, sans espoir de retour
        (Lam)
   Loin des *yeux*, loin du cœur j'oublie*rai* pour toujours
    (Fa)   (Do)
   Et ton *corps*, et tes *bras*, et ta *voix*
   (Rém/Si)   (Mi)   (Lam)
   Mon a - mour.
   (Fa)(Sol)(Do)

R- Et pour*tant*, pour*tant*
   (Rém)   (Sol)
   Je n'aime que *toi*
   (Do)   (Lam)
   Et pour*tant*, pour*tant*
   (Rém)   (Sol)
   Je n'aime que *toi*
   (Do)   (Lam)
   Et pour*tant*, pour*tant*
   (Rém)   (Sol)
   Je n'aime que *toi*
   (Do)   (Lam)
   Et pour*tant*.
   (Rém)

2- J'arracherai sans une larme et sans un cri
   Le lien secret qui déchire ma peau
   Me libérant de toi pour trouver le repos
   Et pourtant, et pourtant
   Je marcherai vers d'autres cieux d'autres pays
   En oubliant ta cruelle froideur
   Les mains pleines d'amour j'offrirai au bonheur
   Et les jours, et les nuits, et la vie
   De mon cœur.

3- Il faudra bien que je retrouve ma raison,
   Mon insouciance et mes élans de joies
   Que je parte à jamais pour échapper à toi
   Et pourtant, et pourtant
   Dans d'autres bras quand j'oublierai jusqu'à ton nom
   Quand je pourrai repenser l'avenir
   Tu deviendras pour moi qu'un lointain souvenir
   Comme mon mal et ma peur et mes pleures
   Vont finir.

Refrain : Ad lib.-

© ÉDITIONS MUSICALES DJANIK.
Publié avec l'autorisation des Éditions musicales Djanik.

FOR ME... FORMIDABLE
Paroles : Jacques PLANTE / Musique : Charles AZNAVOUR

1-   Do   Do5+   Do6   Do5+   Do
You are the one for me... for me... formi... formidable.
           Do   Do5+   Do6   Do5+   Do
You are my love... very... very... véri... véritable.
      Lam   Lam7M   Lam7   Lam6   Mim
Oh, je voudrais tellement pouvoir enfin te le dire,
         Rém   Sol
Te l'écrire dans la langue de Shakespeare.

     Do   Do5+   Do6   Do5+   Do
My daisy... daisy... dési... désirable,
                        Do   Mi7
Je suis malheureux d'avoir si peu de mots à
         Lam
T'offrir en cadeau.
            Fa   La7dim
"Darling I love you, love you, darling, I want you."
Do/Sol   La7
Et puis, c'est à peu près tout.
          Rém   Sol   Do
You are the one for me... for me... formi... formida - ble.

(monter d'un demi-ton)
2- You are the one for me... for me... formi... formidable
But how can you see me... see me... si mi... si minable.
Je ferais mieux d'aller choisir mon vocabulaire,
Pour te plaire, dans la langue de Voltaire.

Toi, tes eyes, ton nose, tes lips adorables.
Tu n'as rien compris, tant pis, ne t'en fais pas, et
Viens t'en dans mes bras.
Darling I love you, love you, darling, I want you
Et puis le reste, on s'en fout.
You are the one for me... formi... formidable.

Coda-
             Fa   La7dim
Je me demande même pourquoi je t'aime,
Do/Sol   La7
Toi qui te moque de moi et de tout
          Fa   La7dim   Do/Sol   La7dim
Avec ton rire canaille, canaille, canaille,
             Rém Sol   Do
How can I love you ?

LA MAMMA
Paroles : Robert GALL
Musique : Charles AZNAVOUR

   Mim
1- Ils sont venus
Ils sont tous là
Dès qu'ils ont entendu ce cri
                         Si7
Elle va mourir, la mamma
Ils sont venus
Ils sont tous là
Même ceux du sud de l'Italie
Y'a même Giorgio, le fils maudit
                             Mim
Avec des présents plein les bras
 Sol
Tous les enfants jouent en silence
Autour du lit ou sur le carreau
Mais leurs jeux n'ont pas d'importance
C'est un peu leurs derniers cadeaux
À la mamma

2- On la réchauffe de baisers
On lui remonte ses oreillers
Elle va mourir, la mamma
Sainte Marie pleine de grâces
Dont la statue est sur la place
Bien sûr vous lui tendez les bras
En lui chantant Ave Maria
 Lam   Ré Sol
Ave Mari - a
           Si7   Mim
Y'a tant d'amour, de souvenirs
             Ré   Sol
Autour de toi, toi la mamma
            Lam   Mim/Si
Y'a tant de larmes et de sourires
            Si7   Mim
À travers toi, toi la mamma

3- Et tous les hommes ont eu si chaud
Sur les chemins de grand soleil
Elle va mourir, la mamma
Qu'ils boivent frais le vin nouveau
Le bon vin de la bonne treille
Tandis que s'entrassent pêle-mêl(e)
Sur les bancs, foulards et chapeaux
C'est drôle on ne se sent pas tris(te)
Près du grand lit de l'affection
Y'a même un oncle guitariste
Qui joue en faisant attention
À la mamma

4- Et les femmes se souvenant
Des chansons tristes des veillées
Elle va mourir, la mamma
Tout doucement, les yeux fermés
Chantent comme on berce un enfan(t)
Après une bonne journée
Pour qu'il sourie en s'endormant
Ave Maria
Y'a tant d'amour, de souvenirs
Autour de toi, toi la mamma
Y'a tant de larmes et de sourires
À travers toi, toi la mamma
        Si7   Mim   Si7
Que jamais, jamais, jamais
                Mim
Tu nous quitteras...

LES EMMERDES
Paroles et musique : Charles AZNAVOUR

1- J'ai travaillé des an*Mi*nées *Sol#7*
   Sans ré*Do#m*pit, jour et nuit *Mi7/Ré*
   Pour réu*La*ssir
   Pour gra*Do#7*vir le som*Fa#m*met *Do# Fa#m*
   En oubli*La*ant souvent dans *Sol#7*
   Ma course *Do#m*contre le temps *Ré*
   Mes a*Mi*mis, mes a*Si7*mours,
   Mes em*La*merdes. *Mi/Sol# Si7/Fa# Mi*

2- À corps perdu, j'ai couru
   Assoiffé, obstiné
   Vers l'horizon
   L'illusion, vers l'abstrait
   En sacrifiant, c'est navrant
   Je m'en accuse à présent
   Mes amis, mes amours
   Mes emmerdes.

Pont 1-
   Mes a*Lam*mis c'é*Ré*tait tout en partage
   Mes amours fai*Sol*saient très bien l'a*Mi7*mour
   Mes emmerdes é*Fa#7*taient ceux de notre âge
   Où l'argent c'est dommage
   Éperonnait nos *Si7*jours.

3- Pour être fier, je suis fier
   Entre nous, je l'avoue
   J'ai fait ma vie
   Mais il y a un "mais"
   Je donnerais ce que j'ai
   Pour retrouver, je l'admets
   Mes amis, mes amours
   Mes emmerdes.

4- Mes relations vraiment sont
   Haut placées, décorées
   Influents, bedonnants
   Des gens bien
   Ils sont sérieux, mais près d'eux
   J'ai toujours le regret de
   Mes amis, mes amours
   Mes emmerdes.

Pont 2-
   Mes amis étaient plein d'insouciance
   Mes amours avaient le corps brûlant
   Mes emmerdes aujourd'hui quand j'y pense
   Avaient peu d'importance
   Et c'était le bon temps.

5- Les canulars, les pétards
   Les folies, les orgies
   Le jour du bac
   Le cognac, les refrains
   Tout ce qui fait, je le sais
   Que je n'oublierai jamais
   Mes amis, mes amours
   Mes emmerdes.

© ÉDITIONS MUSICALES DJANIK.
Publié avec l'autorisation des Éditions musicales Djanik.

LES PLAISIRS DÉMODÉS
Paroles : Charles AZNAVOUR
Musique : Georges GARVARENTZ

1- *Fam* Dans le bruit fami*Sib7*lier de la boîte à la *Fam* mo*Sib7*de _
    Fam Aux lueurs psychédé*Sib7*liques au curieux dé*Lab* co*Dom7sus4* rum _
    Fam Nous découvrons as*Sib7* sis sur des chaises incom*Fam* mo*Sib7* des _
    Réb7 Les derniers disques *Mib* pop pous*Dom7* sés au ma*Fam* xi*Sib7* mum
    C'est là qu'on s'est con*Sib7* nu parmi ceux de notre *Fam* â*Sib7* ge _
    Fam Toi vêtue en in*Sib7* dienne et moi en col *Lab* Ma*Dom7sus4* o _
    Fam Nous revenons de*Sib7* puis comme en pèleri*Fam* na*Sib7* ge _
    Réb Danser dans la fu*Sib7* mée à *Réb* couper au cou*Mib7* teau.

R- *Lab* Viens décou*Lab6* vrons toi et *LabM7* moi
   Fam Les plaisirs dé*Sib7* mo*Fam7* dés *Rébm6* _
   Sib7 _ Ton *Sibm* cœur contre mon *Rébm6* cœur
   Mib7 Malgré les rythmes *Lab* fous
   Sibm7 Je veux sentir mon *Do7* corps
   Fam7 Par ton *Sib7* corps épou*Mib7* sé
   Mib5+ Dan - *Lab6* sons, joue contre *Sidim* joue
   Sibm7 Dan*Rébm6* sons, joue contre *Mib7* joue. _

   Viens noyés dans la cohue
   Mais dissociés du bruit
   Comme si sur la terre
   Il n'y avait que nous
   Glissons les yeux mi-clos
   Jusqu'au bout de la nuit
   Dansons joue contre joue
   Sibm7 Dansons joue con*La7* - *La* tre joue.

2- Sur la piste envahie c'est un spectacle rare
   Les danseurs en transe et la musique aidant
   Ils semblent sacrifier à des rites barbares
   Sur des airs d'aujourd'hui souvent vieux de tous temps
   L'un à l'autre étrangers bien que dansant ensemble
   Les couples se démènent on dirait que pour eux
   La musique et l'amour ne font pas corps ensemble
   Dans cette obscurité propice aux amoureux.

Reprise du refrain-
Mi7
Ou

Chœurs-
La6 *Si#dim* *Sim7* *Rém6* *Mi7* *Mi5+*
Ou ou ou ou ou, ou ou ou ou ou _ ou

Reprise ad lib.-

© Éditions Musicales DJANIK.
Publié avec l'autorisation des Éditions musicales Djanik.

BARBARA

À MOURIR POUR MOURIR
Paroles et musique : BARBARA

Capo III

1-   *Sol*
    A mourir pour mourir
    Ré   *Sol*
    Je choisis l'âge tendre
    Mim
    Et partir pour partir
    Si7   *Mim*
    Je ne veux pas attendre
    Si7   *Mim*
    __ Je ne veux pas attendre.

    J'aime mieux m'en aller
    Du temps que je suis belle
    Qu'on ne me voit jamais
    Fanée sous ma dentelle
    Fanée sous ma dentelle.

R1- *Mi7*   *La*
    __ Et ne venez pas me dire
    Fa#7   *Si7*
    __ Qu'il est trop tôt pour mourir
    Mi   *La*
    __ Avec vos aubes plus claires
    Fa#7   *Si7*
    __ Vous pouvez vous faire lanlaire.

2-   J'ai vu l'or et la pluie
    Sur des forêts d'automne
    Les jardins alanguis
    La vague qui se cogne
    La vague qui se cogne.

    Et je sais sur mon cou
    La main nue qui se pose
    Et j'ai à genoux
    La beauté d'une rose
    La beauté d'une rose.

R2- Et tant mieux s'il y en a
    Qui les yeux pleins de lumière
    Ont préféré les combats
    Pour aller se faire lanlaire.

3-   Au jardin du bon Dieu
    Au fond quelle importance
    Qu'on s'y couche amoureux
    Ou tombé pour la France
    Ou tombé pour la France.

    Il est d'autres combats
    Que le feu des mitrailles
    On ne se blesse pas
    Qu'à vos champs de bataille
    Qu'à vos champs de bataille.

R3- Et ne comptez pas sur moi
    S'il faut soulager mes frères
    Mais pour mes frère ça ira
    J'ai fait ce que j'ai su faire.

4-   Si c'est peu, si c'est rien
    Qu'ils décident eux-mêmes
    Je n'espère plus rien
    Mais je m'en vais sereine
    Mais je m'en vais sereine.

    Sol#
    Sur un long voilier noir
    Ré#7   *Sol#*
    La mort pour équipage
    Fam
    Demain c'est l'au revoir
    Do7   *Fam*
    Je quitte vos rivages
    Do7   *Fam*
    __ Je quitte vos rivages.

Coda-
    Fa#m
    Car mourir pour mourir
    Sim   *Mi*   *La*
    Je ne peux pas atten - dre
    Ré   *Do7dim*
    Et partir pour partir
    Do#7   *Fa#m*
    J'ai choisi l'âge tendre.

© 1964 Les Éditions Métropolitaines – France - EUR.
Publié avec l'autorisation des Éditions Métropolitaines.

Intro-
    Il pleut sur Nantes *(Mim / Lam)*
    Donne-moi ta main *(Ré7 / Sol)*
    Le ciel de Nantes *(Mim / Lam/Fa#)*
    Rend mon cœur chagrin. *(Si7 / Mim)*

NANTES

Paroles et musique :
BARBARA

Capo I

1- Un matin comme celui-là *(Mim / Lam)*
    Il y a juste un an déjà *(Ré / Sol)*
    La ville avait ce teint blafard *(Mim / Lam)*
    Lorsque je sortis de la gare *(Ré)*
    Nantes m'était alors inconnue *(Mim / Lam)*
    Je n'y étais jamais venue *(Ré / Sol)*
    Il avait fallu ce message *(Mim / Lam)*
    Pour que je fasse le voyage : *(Si7 / Sol)*
    "Madame, soyez au rendez-vous *(Mim / Lam)*
    Vingt cinq, rue de la grange-aux-loups *(Ré / Sol)*
    Faites-vite, il y a peu d'espoir *(Mim / Lam)*
    Il a demandé à vous voir." *(Si7)*

2- À l'heure de sa dernière heure
    Après bien des années d'errance
    Il me revenait en plein cœur :
    Son cri déchirait le silence
    Depuis qu'il s'en était allé
    Longtemps, je l'avais espéré
    Ce vagabond, ce disparu
    Voilà, qu'il m'était revenu
    Vingt cinq, rue de la grange-aux-loups
    Je m'en souviens, du rendez-vous
    Et j'ai gravé dans ma mémoire
    Cette chambre au fond d'un couloir.

3- Assis près d'une cheminée
    J'ai vu quatre hommes se lever
    La lumière était froide et blanche
    Ils portaient l'habit du dimanche
    Je n'ai pas posé de questions
    À ces étranges compagnons
    J'n'ai rien dit, mais à leur regard
    J'ai compris qu'il était trop tard
    Pourtant, j'étais au rendez-vous
    Vingt cinq, rue de la grange-aux-loups
    Mais il ne m'a jamais revue
    Il avait déjà disparu.

4- Voilà, tu la connais l'histoire
    Il était revenu un soir
    Et ce fut son dernier voyage
    Et ce fut son dernier rivage
    Il voulait, avant de mourir
    Se réchauffer à mon sourire
    Mais il mourut à la nuit même
    Sans un adieu, sans un "je t'aime"
    Au chemin qui longe la mer
    Couché dans un jardin de pierres
    Je veux que, tranquille, il repose
    Je l'ai couché dessous les roses…
    Mon pè - re, mon pè - re. *(Lam / Si7 / Lam / Si7)*

Capo 0

Coda-
    Il pleut sur Nantes
    Et je me souviens
    Le ciel de Nantes
    Rend mon cœur chagrin.

© 1964 Les Éditions Métropolitaines – France - EUR.
Publié avec l'autorisation des Éditions Métropolitaines.

PHIL BARNEY

UN ENFANT DE TOI

Paroles : Philippe BARANES dit « Phil BARNEY »
Musique : Philippe BARANES dit « Phil BARNEY » et Pierre ZITO

1- C'était le <u>mois</u> de février *(Mim)*
   Ton <u>ventre</u> était bien rond *(Lam7)*
   C'est <u>vrai</u> qu'on l'attendait *(Si7)*
   On voulait l'<u>ap</u>peler Jason. *(Mim)*

   Ce matin-là il faisait froid
   J'avais rendez-vous au studio
   Et tout en soufflant sur mes doigts
   J'disais l'petit s'ra un verseau.

R- Avoir un <u>seul</u> enfant de toi *(Lam)*
   Ça f'sait long<u>temps</u> que j'attendais *(Mim)*
   Le voir gran<u>dir</u> auprès de toi *(Lam)*
   C'est le ca<u>deau</u> dont je rêvais *(Mim)*
   Qu'il ait ton <u>sou</u>rire ton regard *(Lam)*
   Quand tu te <u>lè</u>ves le matin *(Mim)*
   Avec l'<u>a</u>mour et tout l'espoir *(Si7)*
   Que j'ai quand <u>tu</u> me tiens la main. *(Mim)*

2- Et puis on m'a téléphoné
   Et moi bien sûr j'ai tout quitté
   Les chœurs, les cuivres et la rythmique
   J'dev'nais papa c'était magique.

   Puis le taxi m'a déposé
   Devant la porte de la clinique
   Et comme un fou je suis monté
   Garçon ou fille c'était critique.

3- On m'a tendu un paquet d'langes
   Dans lequel petit homme dormait
   Puis on m'a dit d'une voix étrange
   Que c'était tout ce qui m'restait.

   Tout le monde était très gentil
   Et moi je ne comprenais pas
   Que dans son cœur y'avait la vie
   Et qu'dans le tien il faisait froid.

4- Ça fait dix ans qu't'as fait le vide
   Ça fait dix ans qu'tu n'es pas là
   C'est le petit homme qui compte mes rides
   Il dit qu'il t'aime à travers moi.

   Personne depuis n'a pris ta place
   L'enfant est là et j'l'aime pour deux
   Ton image est bien trop vivace
   Et c'est bien celle que j'aime le mieux.

© 1987 TALMA MUSIC/UNIVERSAL MUSIC PUBLISHING et ZONE MUSIC/SONY ATV MUSIC PUBLISHING France.

ALAIN BASHUNG

LA NUIT, JE MENS
Paroles : Alain BASHUNG
et Jean FAUQUE
Musique : Alain BASHUNG,
Édith FAMBUENA
et Jean-Louis PIEROT

© 1998 Polygram Music et
Chaterton Productions.
Avec l'aimable autorisation
de UNIVERSAL MUSIC PUBLISHING.

1- _ On m'a vu dans le Vercors (Fa7M / Rém7)
_ Sauter à l'élastique (Lam4)
_ Voleur d'amphores (Fa7M / Sol7)
Au fond des criques. (Lam4)
_ J'ai fait la cour à des murènes _ (Sol / Sol4 / Sol)
J'ai fait l'amour
J'ai fait le mort (Fa7M)
T'étais pas née.
_ À la station balnéaire _ (Sol / Sol4 / Sol)
Tu t'es pas fait prier
_ J'étais gant de crin, geyser _ (Fa7M / Lam7)
Pour un peu je trempais (Sol)
Histoire d'eau. _ (Rém7 / Sol)

R- _ La nuit je mens (Lam)
Je prends des trains (Fa)
À travers la plaine
_ La nuit je mens (Lam)
Je m'en lave les mains. (Fa)
_ J'ai dans les bottes (Rém)
Des montagnes de questions (Sol)
Où subsiste encore ton écho (Rém)
Où subsiste encore ton écho. _ (Fa / Rém / Lam)

2- J'ai fait la saison
Dans cette boîte crânienne
Tes pensées je les faisais miennes
T'accaparer seulement, t'accaparer. (Sol / Sol4 / Sol)
_ D'estrade en estrade (Mim)
J'ai fait danser tant de malentendus (Lam)
_ Des kilomètres de vie en rose. (Sol / Lam)
Un jour au cirque (Rém)
Un autre a chercher à te plaire (Fa)
Dresseur de loulous (Sol)
Dynamiteur d'aqueducs. (Rém)

3- On m'a vu dans le Vercors
Sauter à l'élastique
Voleur d'amphores
Au fond des criques.

J'ai fait la cour à des murènes
J'ai fait l'amour
J'ai fait le mort
T'étais pas née.

La nuit je mens…

LES MOTS BLEUS

Paroles : Christophe
Musique : Jean-Michel JARRE

Capo III

1- Il *est* 6 heures au clocher de l'église
   (Lam)
Dans le square les fleurs poétisent
(Sol/La)
Une fille va sortir de la mairie
(Fa)   *(Mi7)*
Comme chaque soir je l'attends
        (Sol)
Elle me sourit
      (Do)
Il faudrait que je lui parle
À tout prix.
     (Si7)

R1- Je lui dirai les mots bleus
    (Mim)
Les mots qu'on dit avec les yeux
Parler me semble ridicule
(Ré)
Je m'élance et puis je recule
Devant une phrase inutile
(Do)
Qui briserait l'instant fragile
D'une rencontre
(Si7)
D'une rencontre.

Je lui dirai les mots bleus
Ceux qui rendent les gens heureux
Je l'appellerai sans la nommer
Je suis peut-être démodé
Le vent d'hiver souffle en avril
J'aime le silence immobile
D'une rencontre
D'une rencontre.

2- Il n'y a plus d'horloge, plus de clocher
Dans le square les arbres sont couchés
Je reviens par le train de nuit
Sur le quai je la vois
Qui me sourit
Il faudra bien qu'elle comprenne
À tout prix.

R2- Je lui dirai les mots bleus
Les mots qu'on dit avec les yeux
Toutes les excuses que l'on donne
Sont comme les baisers qui s'envolent
Il reste une rancœur subtile
Qui gâcherait l'instant fragile
De nos retrouvailles
De nos retrouvailles.

Je lui dirai les mots bleus
Ceux qui rendent les gens heureux
Une histoire d'amour sans paroles
N'a plus besoin du protocole
Et tous les longs discours futiles
Terniraient quelque peu le style
De nos retrouvailles
De nos retrouvailles.

Je lui dirai les mots bleus
Ceux qui rendent les gens heureux
Je lui dirai les mots bleus
Ceux qui rendent les gens heureux
Tous les mots bleus. *(bis)*

© 1975 Éditions Labrador.
Représentées par Francis Dreyfus Music.

MA PETITE ENTREPRISE

Paroles : Alain BASHUNG et Jean FAUQUE
Musique : Alain BASHUNG

1- *Rém   Rém/Do   Sib*
Ma petite entreprise _
La7
Connaît pas la crise
Rém Rém/Do   Sib
_ Épanouie elle exhibe
La7   Rém Rém/Do
Des trésors satinés _
Sib   La7
Dorés à souhaits.

Rém   Rém/Do   Sib
J'ordonne une expertise _
La7
Mais la vérité m'épuise
Rém Rém/Do   Sib   La7
_ Inlassablement _ se dévoile. _

Rém
Et mes doigts de palper
Rém/Fa   Solm
Palper là cet épiderme
La7
Qui fait que je me dresse
Rém   Rém/Fa
_ Qui fait que je bosse
Le lundi
Solm
Le mardi
La7
Le mercredi
Le jeudi
Le vendredi
Rém   Rém/Fa Solm
_ De l'aube à l'aube _
La7
Une partie de la matinée
Rém Rém/Fa   Solm
_   Et les vacances
La7
Abstinence.

2- Ma petite entreprise
Ma locomotive
Avance au mépris des sémaphores
Me tire du néant.

Sol
_ Qu'importe
Do   Sol
L'amour importe
Do
Qu'importe
Sol   Do
L'amour s'exporte _
Sol
Qu'importe
Do
Le porte à porte
Sol
En Crimée
Do   Sol
Au sud de la Birmanie _
Do   Sol
Les lobbies en Libye _
Do
Au Laos _
Sol   La7
_ L'Asie coule à mes oreilles.

3- Ma petite entreprise
Connaît pas la crise
S'expose au firmament
Suggère la reprise
Embauche
Débauche
Inlassablement se dévoile.

Et mes doigts de palper
Palper là cet épiderme
Qui fait que je souque
Qui fait que je toque
À chaque palier
Escalier C
Bâtiment B
À l'orée de ses lèvres.

Qu'importe
L'amour importe
Qu'importe
L'amour s'exporte
Je perds le nord
Au Cap Horn
Quand je vois se poindre
Les Pyramides
Nez-à-nez
Mes lubies
L'Asie coule à mes oreilles.

Coda-
Ma petite entreprise
Connaît pas la crise
Épanouie elle exhibe
Des trésors satinés
Dorés à souhait.

Le lundi
Le mardi
Le mercredi
Le jeudi
Le vendredi
De l'aube à l'aube.

Ad lib.-

© 1994 Polygram Music et Chaterton Productions.
Avec l'aimable autorisation de UNIVERSAL MUSIC PUBLISHING.

VERTIGE DE L'AMOUR
Paroles : Boris BERGMAN
Musique : Alain BASHUNG

Mi   Mi6
__ J'ai crevé l'oreillé
Mi7M Mi6
__ __ J'ai du rêver trop fort __
Mi7M Mi6   Mi   Mi6
__ __ Ça m'prend les jours fériés
Mi7M Mi6   Mi   Mi6
__ __ Quand Gisèle clap' dehors __
Mi7M Mi6
__ __ J'aurai pas du ouvrir
Mi7M Mi6   Mi   Mi6
__ __ À la rouquine carmélite __
Mi7M Mi6   Mi   La
__ __ La mère sup' m'a vu __ venir
Fa#m   La
__ __ Dieu avait mis un kilt.
Fa#m   Mi   Mi6
__ Y'a du avoir des fuites
__ __ Vertige de l'amour.

Mi7M Mi6 Mi Mi6
__ __ __ __ Mes __ sont niqués
Mi7M Mi6   Mi   Mi6
__ __ D'puis y'a un truc qui fait masse __
Mi7M Mi6   La
__ __ L'courant peut plus passer.
Fa#m
__ __ Non mais t'as vu c'qui s'passe
Fa#m Mi   Mi6
__ J'veux l'feuill'ton à la place
__ __ Vertige de l'amour
Mi7M Mi6 Mi Mi6 Mi7M Mi6

Si __ __ __ __ __ __   Si4/La
__ Tu t'chop' des suées à Saïgon __
Si   Si4/La
__ J'm'écris des cartes postales du front __
Si
__ Si ça continue j'vais m'découper __
__ __ Suivant les pointillés yeah !

Mi   Mi6
Vertige de l'amour
Mi7M Mi6   Mi   Mi6
__ __ Désir fou que rien ne chasse __
Mi7M Mi6   Mi   Mi6
__ __ L'cœur transi reste sourd
Mi7M Mi6   Mi   Mi6
__ __ Aux cris du marchand d'glaces. __
Fa#m   La
__ __ Non mais t'as vu c'qui s'passe
Fa#m Mi   Mi6
__ J'veux l'feuill'ton à la place
__ Vertige de l'amour
Mi7M Mi6 Mi Mi6 Mi7M Mi6

Si __ __ __ __ __ __   Si4/La
__ Mon légionnaire attend qu'on l'chunte __
Si   Si4/La
__ Et la tranchée vient d'êtr' repeinte écoutez __
Si   Si4/La
__ Si ça continue j'vais m'découper __
__ Suivant les pointillés yeah !

Mi   Mi6
Vertige de l'amour
Mi7M Mi6   Mi   Mi6
__ __ J'ai du rêver trop fort __
Mi7M Mi6   Ça m'prend les jours fériés
                              Mi   Mi6
Mi7M Mi6
__ __ Quand Gisèle clap' dehors __
         Mi   Mi6
Mi7M Mi6
__ J'ai crevé l'oreiller
         Mi   Mi6
Mi7M Mi6
__ __ J'ai du rêver trop fort. __
} bis

© 1981 Éditions ALLO MUSIC & P.E.M. CHARLES TALAR -
Tous droits réservés pour tous pays. All rights reserved.
International Copyright secured.

À AMSTERDAM
Paroles et musique : Guy BÉART

1- À Amsterdam *(Sol Do Sol)*
 Il y a Dieu il y a des dames *(Do)*
 J'ai vu les dames de mes yeux *(Sol Sol7)*
 J'ai pas vu Dieu à Amsterdam. *(Do Ré Sol)*

2- À Amsterdam
 Il y a les eaux il y a les âmes
 J'ai vu les eaux dans les canaux
 J'ai pas vu d'âmes à Amsterdam.

3- À Amsterdam
 Y a des vélos et y a des trams
 Et des bateaux qui font l'amour
 Au carrefour à Amsterdam.

R- Il y a Dieu il y a des dames *(Sol Do7)*
 J'ai vu les dames où donc est Dieu ?

4- À Amsterdam
 Y a des florins avec des diams
 Et tout s'achète et tout se vend
 Même le vent à Amsterdam.

5- À Amsterdam
 Il y a Van Gogh il y a Van Dam
 Les chimpanzés sont exposés
 Dans les musées à Amsterdam.

© Éditions Espace
2bis, rue du Marquis de Morès
92380 Garches.

BAL CHEZ TEMPOREL
Paroles et musique : Guy BÉART

GUY BÉART

6- À Amsterdam
 La Chine, l'Afrique et l'Islam
 Sont réunies et toutes les races
 Enfin s'embrassent à Amsterdam.

7- À Amsterdam
 Les fourmis, les hippopotames
 Sont assemblés dans un baiser
 Plutôt osé à Amsterdam.

8- À Amsterdam
 J'ai cherché le Dieu d'Abraham
 Jésus est-il ce jeune bonze
 Qui se trouve à Amsterdam.

9- À Amsterdam
 Il y a Dieu il y a les dames
 J'ai vu les dames de mes yeux
 J'ai pas vu Dieu à Amsterdam.

© Éditions Espace - 2bis, rue du Marquis de Morès - 92380 Garches.

1- Si tu reviens jamais danser chez *(La La#m)*
 Chez Temporel un jour ou l'autre *(Sim Mi7 La7dim)*
 Pense à ceux qui tous ont laissé *(Mi7)*
 Leurs noms gra - vés auprès du nôtre *(Sim7 Mi7 Mi5 La)*
 D'une rencontre au bord de l'eau *(Lam)*
 Ne restent que quatre initiales *(Rém Si7 Mi7)*
 Et deux cœurs taillés au couteau *(Do)*
 Dans le bois des tables bancales. *(Rém Lam Si7)*

2- Si tu reviens jamais danser
 Chez Temporel un jour ou l'autre
 Pense à ceux qui tous ont laissé
 Leurs noms gravés auprès du nôtre.

 Sur le vieux comptoir tu pourras
 Si le cœur t'en dit boire un verre
 En l'honneur de nos vingt carats
 Qui depuis se sont fait la paire.

3- Si tu reviens jamais danser
 Chez Temporel un jour ou l'autre
 Pense aux doigts qui tous ont laissé
 Quelques "je t'aime" auprès du nôtre.

 Dans ce petit bal mal famé
 C'en est assez pour que renaisse
 Ce qu'alors nous avons aimé
 Et pour que tu le reconnaisses.

4- Si tu reviens jamais danser
 Chez Temporel un jour ou l'autre
 Pense aux bonheurs qui sont passés
 Là simplement comme le nôtre.

CHAHUT-BAHUT

Paroles et musique :
Guy BÉART

© Éditions Espace
2bis, rue du Marquis de Morès
92380 Garches.

1- Grand-<u>pè</u>re est prolé<u>taire</u> *(Do / Rém)*
   Pa<u>pa</u>, consomma<u>teur</u> *(Sol7 / Do)*
   <u>Fa</u>   <u>Sol7</u>
   Moi, je <u>suis</u> contestataire
   Voici pour<u>quoi</u> quand <u>il</u> s'a<u>git</u> de démén<u>ager</u> *(Fa / Rém / Do / Lam)*
   Le bahut __ de la salle à man<u>ger</u> : *(Ré / Sol7)*

   Quel cha<u>hut</u> *(Fa)*
   On a <u>eu</u> *(Rém)*
   Pour <u>dé</u>placer le ba<u>hut</u> ! *(Fa / Rém)*
   <u>Cha</u>cun tenait sa mé<u>tho</u> - <u>de</u> *(Sol7 / Do / Do7)*
   Pour le glis<u>ser</u> le long de l'esca<u>lier</u> *(Fa / Do)*
   Et <u>le</u> conduire <u>au</u> gre<u>nier</u> *(Rém / Sol / Do7)*
   Chacun s'accrochait <u>à</u> son opi<u>nion</u> *(Fa / Do)*
   En é<u>chan</u>geant quelques <u>gnons</u>. *(Ré / Sol)*

   Corps à <u>corps</u> *(Do)*
   Méta<u>phore</u> *(Do7)*
   Et <u>vases</u> dans le dé<u>cor</u> ! *(Fa / Rém)*
   <u>Moi</u> je <u>ne</u> suis pas d'ac<u>cord</u> ! *(Sol / Sol7 / Do)*
   Cha<u>hut</u>-bahut, cha<u>hut</u>-ba<u>hut</u> *(bis)* *(Do / Sol7 / Do)*

2- Grand-mère lit son bréviaire
   Maman, l'observateur
   Moi, je suis contestataire
   Sacré bahut, quand on se mit à l'emporter
   Chacun tira de son côté.

   Quel chahut
   On a eu
   Pour déplacer le bahut !
   Moi, je veux le mettre en pièces :
   "Pour le manier plus commodément
   Faut le couper en éléments."
   Ma sœur veut se servir d'une manivelle :
   C'est une intellectuelle.

   Et papa
   Pas à pas
   Le pousse par le bas
   Moi, je ne transige pas
   Chahut-bahut, chahut-bahut. *(bis)*

3- Enfin, vaille que vaille
   Le bahut s'ébranla
   En f'sant trembler les murailles
   Ne me demandez pas comment il arriva
   Cahin-caha dans le brouhaha.

   Quel chahut
   On a eu
   Pour déplacer le bahut !
   On en discutait encore
   Lorsque, soudain, comme je l'avais prévu
   Dans un grand chahut-bahut
   Le revoici qui traverse le plafond
   Et tranche la discussion.

   Et le bahut   ⎫
   On l'a eu   ⎬ bis
   À peine sur les bras ⎪
   Que toute la maison s'effondra ! ⎭

LE MATIN JE M'ÉVEILLE EN CHANTANT

Paroles et musique : Guy BÉART

1- Le ma<u>tin</u> je m'éveille en chan<u>tant</u> *(Ré ... La)*
   Et le <u>soir</u> je me couche en dan<u>sant</u> *(La7 ... Ré)*
   Le matin je m'éveille en chan<u>tant</u> *(La)*
   Et le <u>soir</u> je me couche en dan<u>sant</u>. *(La7 ... Ré)*

   Entre-<u>temps</u> je <u>fais</u> la <u>sieste</u> *(Ré Ré#dim Mim)*
   Voilà <u>tout</u> ce qui me <u>reste</u> *(La7 ... Ré)*
   Ou je me fais <u>du</u> ca<u>fé</u> *(Ré7 Sol)*
   On ne <u>se</u> soigne <u>ja</u>mais as<u>sez</u> *(Ré La7 Ré)*
   <u>La</u>, la, <u>la</u>, la, <u>la</u>, la, la, <u>la</u>, la, <u>la</u>, la, <u>la</u> *(La Ré La7 Ré Sol Ré)*
   <u>La</u>, la, la, la, la, <u>la</u>, la, <u>la</u>, la, la, la, <u>la</u>. *(Sol Ré Mi7 La7)*

2- Le matin je me lave en chantant
   Et le soir je me baigne en dansant.

   Entre-temps je me promène
   Une activité moyenne
   Me conduit à me reposer
   On ne se soigne jamais assez.

3- Le matin on s'embrasse en chantant
   Et le soir on s'enlace en dansant.

   Entre-temps on se caresse
   Y a vraiment rien qui nous presse
   On va mêm' se recoucher
   On ne se soigne jamais assez.

4- Le matin je m'éveille en chantant
   Et le soir je me couche en dansant.

   Jamais je ne m'intéresse
   À la bombe vengeresse
   Qui un jour f'ra tout sauter
   On ne nous soigne jamais assez.

© Éditions Espace - 2bis, rue du Marquis de Morès - 92380 Garches.

QU'ON EST BIEN

Paroles et musique : Guy BÉART

R- Qu'on est <u>bien</u> dans les <u>bras</u> d'une per<u>sonne</u> du sexe oppo<u>sé</u> *(Ré Sol Ré Sol)*
   Qu'on est <u>bien</u> dans ces <u>bras</u> - <u>là</u> __ *(Ré La7 Ré La7)*
   Qu'on est <u>bien</u> dans les <u>bras</u> d'une per<u>sonne</u> du genre qu'on n'a <u>pas</u> *(Ré Sol Ré Mi7)*
   Qu'on est <u>bien</u> dans ces <u>bras</u> - <u>là</u>. __ *(La7 Ré (Si7))*

1- <u>C'est</u> la vraie priè - <u>re</u> *(Mim La Sol)*
   <u>La</u> pro<u>chaine</u> aime <u>le</u> prochain *(Ré La7 Ré)*
   <u>C'est</u> la vraie grammai - <u>re</u> *(Mim La Sol)*
   <u>Le</u> mas<u>culin</u> s'ac<u>corde</u> avec le <u>fémi</u>nin. __ *(Ré La7 Ré Mi7 La La7)*

2- Certains jouent quand même
   Les atouts de même couleur
   Libre à eux moi j'aime
   Les valets sur les dames, les trèfles sur les cœurs.

3- Les creux sur les bosses
   Tout finit par se marier
   Les bons sur les rosses
   Et même les colombes avec les éperviers.

Coda-
   Qu'on est bien dans les bras d'une personne du sexe opposé
   Qu'on est bien dans ces bras-là.

© Éditions Espace - 2bis, rue du Marquis de Morès - 92380 Garches.

SUR L'PONT DE NANTES

**Adaptation :
Guy BÉART**

© Éditions Espace
2bis, rue du Marquis de Morès
92380 Garches.

1- Sur l'pont de Nantes (*La*), un bal y est donné
   Sur l'pont de Nantes (*Mi*), un bal y est donné (*La*).

2- La belle Hélène voudrait bien y aller. *(bis)*

3- Ma chère mère m'y laisserez-vous aller. *(bis)*

4- Non, non ma fille vous n'irez point danser. *(bis)*

5- Monte dans sa chambre et se met à pleurer. *(bis)*

6- Son frère arrive sur un bateau doré. *(bis)*

7- Qu'as-tu ma sœur, qu'as-tu donc à pleurer. *(bis)*

8- Hélas mon frère je n'irai point danser. *(bis)*

9- Mais si ma sœur, moi je t'y conduirai. *(bis)*

10- Prends ta robe blanche et ta ceinture dorée. *(bis)*

11- Elle fit trois tours, le pont s'est écroulé. *(bis)*

12- Hélas mon frère, m'y laiss'rez vous noyer. *(bis)*

13- Non non ma sœur, je vais te retirer. *(bis)*

14- Dans l'eau se jette et les voilà noyés. *(bis)*

15- Toutes les cloches se mirent à sonner. *(bis)*

16- La mère demande, qu'as-tu donc à sonner. *(bis)*

17- C'est pour Hélène et votre fils aîné. *(bis)*

18- Voilà le sort des enfants obstinés. *(bis)*

JE REVIENS TE CHERCHER
Paroles : Pierre DELANOË
Musique : Gilbert BÉCAUD

LE BAIN DE MINUIT
Paroles : Maurice VIDALIN
Musique : Gilbert BÉCAUD

Capo I

1- (Sim)   Mim7
   Je reviens te chercher.
   La7sus4   La7   Ré7M
   __ Je savais que tu m'attendais.
   Sol7M   Do#mdim
   __ Je savais que l'on ne pourrait
   Do#9   Fa#7sus4   Fa#7
   Se passer l'un de l'autre longtemps.
   Sim   Mim7
   __ Je reviens te chercher.
   La7sus4   La7   Ré7M
   __ Je n'ai pas tell'ment changé
   Sol7M   Do#mdim
   __ Et je vois que, de ton côté,
   Do#9   Fa#7   Fa#7/Si Sim
   Tu as bien traversé le temps. __

   Mim   La7   Fa#m   Sim
- Tous les deux, __ on s'est fait la guer - re.
   Mim   La7   Ré
   Tous les deux, __ on s'est pillés, volés, ruinés.
   Sib7dim   Ré/La
   Qui a gagné, qui a perdu ?
                      Mi/Sol#
   On n'en sait rien, on ne sait plus.
   Mim/Sol   Fa#7
   On se retrouve les mains nues
   Sim Sim/La Mi/Sol# Mim/Sol
   Mais après __ la guerre,
   Fa#7   Sim/La Do#/Sol# Do#9
   Il nous reste __ à faire
   Fa#7
   La paix.

Accords du couplet 1 -
3- Je reviens te chercher,
   Tremblant comme un jeune marié
   Mais plus riche qu'aux jours passés
   De tendresse et de larmes et de temps.
   Je reviens te chercher.
   J'ai l'air bête sur ce palier.
   Aide-moi et viens m'embrasser.
   Sim/Fa#   Fa#7   Sim
   Un taxi est en bas qui attend.

Capo III

1-   Ré   Ré/Do
   __ Quand on aura beaucoup dansé,
              Si7
   Beaucoup trop dansé,
   Mi   Mi/Ré
   __ Quand on aura beaucoup fumé,
              La7
   Beaucoup trop fumé,
   Ré   Fa#7/Do#   Sim
   __ On s'en ira de ce zin-zin
           La7   Ré
   Et je te prendrai par la main
           Sol
   Jusqu'à la mer où tout finit
              La4 - 3
   Au bain de minuit. __

2- Quand on aura beaucoup marché,
   Beaucoup trop marché,
   Quand on aura beaucoup flirté,
   Un peu trop flirté,
   Comme le Bon Dieu sera couché,
   J'ai peur qu'on entende siffler
   Tous les serpents du paradis
   Au bain de minuit.

3- Quand on aura tourné viré,
   Bien tourné viré
   Et qu'on aura pomme croquée,
   Bien pomme croquée
   Et qu'on aura déshabillé
   Ces inconnus que l'on était,
   On sera vrai comme la vie
   Au bain de minuit.

4- Quand on sera bien fatigués,
   Bien bien fatigués,
   Quand les pêcheurs seront rentrés,
   Les voiles pliées,
   Alors tu me diras ton nom
   Et moi je te dirai mon nom.
   Et à bientôt, et à Paris,
   On reprendra... dis,
   Nos bains de minuit.

© by BMG Music Publishing France.

© by BMG Music Publishing France (Le Rideau Rouge).

Capo III

L'ORANGE

Paroles : Maurice VIDALIN
Musique : Gilbert BÉCAUD

Intro-
   Mim
Tu as volé, as volé, as volé
   Ré   *Mim*
As volé, as volé, as volé l'orange
  Mim
Tu as volé, as volé, as volé
          Ré   *Mim*
L'orange du marchand (Non).

    Mim   *La7*   *Mim*   *La7*
1- Ça ne peut être que toi
   Mim   *La7*   *Mim La7*
   Tu es méchant et laid.
        Mim   *La7*   *Mim* *La7*
   Il y avait comme du sang sur tes doigts
         Mim   *La7*   *Mim La7*
   Quand l'orange coulait.

   Oui, c'est bien toi qui l'a volée
   Avec tes mains crochues
   Oui c'est bien toi qui l'a volée
   Y a quelqu'un qui t'a vu.

   Mim   *Ré*   *Do*   *Si7*
   Vous vous trompez, je courrais dans la montagne
        Mim   *Ré*   *Do*   *Si7*
   Regardant tout le temps les étoiles dans les yeux,
   Mim   *Ré*   *Do*   *Si7*
   Vous vous trompez, je cherchais dans la montagne
        Mim
   L'oiseau bleu.

R- Tu as volé, as volé, as volé, as volé, as volé, as volé l'orange
   Tu as volé, as volé, as volé l'orange du marchand (Non).

   Vous êtes fous, c'est pas moi (Tu as volé, as volé, as volé)
   J'ai pas volé l'orange (As volé, as volé, as volé l'orange)
   J'ai trop peur des voleurs, j'ai pas pris (Tu as volé, as volé, as volé)
   L'orange du marchand (L'orange du marchand).

2- Y avait longtemps qu'on te guettait
   Avec tes dents de loup
   Y avait longtemps qu'on te guettait
   T'auras la corde au cou (Vous êtes fous, nan !).

   Pour toi ce jour c'est le dernier
   Tu n'est qu'un sale voleur
   D'abord tu n'est qu'un étranger
   Et tu portes malheur.

   Vous vous trompez, je courrais dans la montagne
   Regardant tout le temps les étoiles dans les yeux,
   Vous vous trompez, je cherchais dans la montagne
   L'oiseau bleu.

Coda-
   Pas volé, pas volé, pas volé, pas volé, pas volé, pas volé l'orange, l'orange du marchand.

   Tu as peur ! Jamais plus, (J'ai pas volé, j'ai pas volé, j'ai pas volé)
   Tu ne voleras d'orange (Pas volé pas volé l'orange)
   Tu la vois, derrière toi (Laissez-moi, j'ai rien fait)
   La corde qui te pendra (Vous êtes fous, laissez-moi)
   La corde qui te pendra. *(ter)*

© by BMG Music Publishing France (Le Rideau Rouge).

LE PETIT OISEAU DE TOUTES LES COULEURS

Paroles : Maurice VIDALIN
Musique : Gilbert BÉCAUD

1- Ce matin je sors de chez moi *(Sib, Sib7, Mib)*
   Il m'attendait, il _ était là *(Sib, Fa7, Sib)*
   Il sautillait sur le trottoir *(Sib7, Mib)*
   Mon Dieu, qu'il était _ drôle à voir *(Sib, Fa7, Sib)*
   Le p'tit oiseau de toutes les couleurs *(Sib, Fa7, Sib)*
   Le p'tit oiseau de toutes les couleurs *(Fa7, Sib)*
   Ça f'sait longtemps qu'j'n'avais pas vu *(Sib, Sib7, Mib)*
   Un petit oiseau _ dans ma rue *(Sib, Fa7, Sib)*
   Je ne sais pas ce qu'il m'a pris *(Sib7, Mib)*
   Il faisait beau, je _ l'ai suivi *(Sib, Fa7, Sib)*
   Le p'tit oiseau de toutes les couleurs *(Sib, Fa7, Sib)*
   Le p'tit oiseau de toutes les couleurs *(Fa7, Sib)*
   Où tu m'emmènes, dis où tu m'entraînes, dis *(Sib, Fa7, Sib)*
   Va pas si vite, dis _ attends-moi *(Mib, Fa7, Sib)*
   Comme t'es pressé, dis t'as rendez-vous, dis ? *(Sib6, Fa7, Sib6)*
   Là où tu vas… j'y vais aussi. *(Solm7, Mib, Fa7, Sib)*

2- On passe devant chez Loucho
   Qui me fait Hé ! qui me fait Ho !
   Je ne me suis pas arrêté
   Pardon l'ami, je cours après
   Le p'tit oiseau de toutes les couleurs
   Le p'tit oiseau de toutes les couleurs
   Sur l'avenue je l'ai plus vu
   J'ai cru que je l'avais perdu
   Et puis j'ai entendu siffler
   Et c'était lui qui me cherchait
   Le p'tit oiseau de toutes les couleurs
   Le p'tit oiseau de toutes les couleurs
   Où tu m'emmènes, dis où tu m'entraînes, dis
   Va pas si vite, dis attends-moi
   Comme t'es pressé, dis t'as rendez-vous, dis ?
   Là où tu vas… j'y vais aussi.

3- On est arrivés sur le port
   Il chantait de plus en plus fort
   S'est retourné, m'a regardé
   Au bout d'la mer s'est envolé.

Coda-
   J'peux pas voler, dis j'peux pas nager, dis, *(Sib, Fa7, Sib)*
   J'suis prisonnier dis, _ m'en veux pas *(Mib, Fa7, Sib)*
   Et bon voyage, dis, et reviens-moi, dis *(Sib6, Fa7, Sib6)*
   (ou : Et bon voyage, dis, reviens vite, dis)
   Le p'tit oiseau de toutes les couleurs. *(Dom7, Fa7, Sib)*

© by BMG Music Publishing France (Le Rideau Rouge).

LES CERISIERS SONT BLANCS
Paroles : Maurice VIDALIN
Musique : Gilbert BÉCAUD

_{Do}
Les cerisiers sont blancs,
_{Do6}
Les oiseaux sont contents,
_{Do7M}   _{Do/Mi}   _{La7/Mib}
Revoilà le printemps, _ ah ah ! _ Ah ah !
_{Rém}   _{Sol}
Je dors mal dans mon lit :
_{Rém}   _{Sol Do La7/Do# Rém Sol7}
Ma cousine est trop jolie. _   _

Est-ce normal, maman,
Ce merveilleux tourment
Qui m'fait rougir tout l'temps, ah ?
Si je me mariais,
_{Rém}   _{Sol}   _{Rém}   _{Sol Do}
Est-ce que tu me gronderais ? _ _

_{Do9}
Paul n'a pas d'soucis comm'ça :
     _{Fa}
Le p'tit Paul est trop petit pour ça.
     _{Ré}   _{Ré7}
Le P'tit Paul, c'est encore un gamin.
                    _{Sol}
Il joue aux billes,
Il court dans le jardin,
                        _{Sol5+}
Ne pense pas aux filles. (Mais moi...)

Les cerisiers sont blancs
Et c'est très énervant
Dès qu'on est un peu grand, ah.
Maman, ne te fâche pas,
_{Rém}   _{Sol Do   Si7 Sib7dim La7}
J' n'ai plus l'âge de jouer à la, à la, _ _
_{Rém}   _{La7/Mi}   _{Rém/Fa}
À la bébête qui monte,
     _{Fa#dim}   _{Do/Sol}   _{Sol#dim}   _{La7}
Qui monte, qui monte, qui monte maman !

_{Rém}
Les cerisiers sont blancs,
_{Sol5+}   _{Do (Sol#7)}
_ Les oiseaux sont contents. _

♪

(monter d'un demi-ton)
R2- Les cerisiers sont blancs,
    Les oiseaux sont contents,
    Ma cousin', elle m'attend, ah.
    J'suis pas intimidé,
    Je suis un homme et un vrai.

    Bonjour, comment tu vas ?
    Ta coiffur', c'est pas ça
    T'as un pli à ton bas, ah...
    Cousin', faut pas pleurer !
    Embrasse-moi, on fait la paix.

2- Paul, c'est l'heur' de ton goûter.
    Ecout', Paul, maman va s'inquiéter.
    Au r'voir Paul, va jouer aux quatre coins
    Va jouer aux billes,
    Va jouer à rien,
    Mais laisse-nous tranquilles !

    Les cerisiers sont blancs,
    Les oiseaux sont contents.
    Je n'suis pas mécontent, ah.
    J' n'aurais jamais cru ça.
    Ell' savait jouer à la
    À la, à la bébête qui monte,
    Qui monte, qui monte, qui monte maman !

    Les cerisiers sont blancs,
    Les oiseaux sont contents !

© by BMG Music Publishing France (Le Rideau Rouge).

LES PETITES MAD'MASELLES
Paroles : Maurice VIDALIN
Musique : Gilbert BÉCAUD

_{Ré}
R- Les petites Mad'maselles ah
   _{Mi Sib}   _{La7}
   Atten - tion
          _{Ré}   _{Fa}
   Des fois tu voudrais les "smac smac smac"
         _{Fa}
   Mais Slap !
         _{Ré}
   Faut pas chercher à comprendre
         _{Sol}
   C'qui est pris n'est plus à prendre
   _{Ré La7 Ré La7}
   Rien rien rien.

   Les petites Mad'maselles
   Très important
   Des fois tu t'y attends pas et... Ah Ah Ah
   Faut pas chercher à comprendre
   Faut prendre et pas s'laisser prendre
   _{Ré   La7 Ré La7 Ré}
   Rien rien rien. _ _

   _{Solm}   _{Do}
1- Ces petits animaux-là
                          _{Solm}
   C'est pas fait comme nous
   Ça nous ressemble pas
                              _{Fa}
   Portant c'est fait pour nous (tout pour nous).
   _{Solm}   _{Do}
   C'est doux comme de la soi
                       _{Solm}
   Ou froid comme l'acier
                          _{Do}
   Quelques fois c'est en bois
                              _{Mi7}
   Quelques fois en papier
             _{La7}
   Plié comme ça.

   Coda-
       _{Ré}   _{Mim La7}
       Smac smac smac mais slap ! _
   _{Ré   Mim La7   Ré}
   Ah Ah Ah _ Rien !

© by BMG Music Publishing France
(Le Rideau Rouge).

PLASTIC BERTRAND

ÇA PLANE POUR MOI
Paroles : Yves Maurice LACOMBLEZ
Musique : Lou de PRYCK

1- *Sol*
  Yam ! Bam !
  Mon chat "Splash"
  Gît sur mon lit
  À bouffé sa langue
  Do
  En buvant (tronc) mon whisky
  Sol
  Quant à moi
  Peu dormi, vidé, brimé
  Do
  J'ai dû dormir dans la gouttière
  Où j'ai eu un flash
  Sol
  Hou ! Hou ! Hou ! Hou !
  Ré7
  En quatre couleurs.
  Sol

2- Allez hop !
  Un matin
  Une (louloute) est venue chez-moi
  Poupée de Cellophane
  Cheveux chinois
  Un sparadrap
  Une gueule de bois
  À bu ma bière
  Dans un grand verre
  En caoutchouc
  Hou ! Hou ! Hou ! Hou !
  Comme un indien dans son igloo.

R- *Sol*
  Ça plane pour moi
  Ça plane pour moi
  Do
  Ça plane pour moi moi moi moi moi
  Sol
  Ça plane pour moi
  Ré7
  Hou ! Hou ! Hou ! Hou !
  Sol
  Ça plane pour moi.

3- Allez hop ! La nana
  Quel panard !
  Quelle vibration !
  De s'envoyer
  Sur le paillasson
  Limée, ruinée, vidée, comblée
  "You are the King of the divan !"
  Qu'elle me dit en passant
  Hou ! Hou ! Hou ! Hou !
  I am the King of the divan.

4- Allez hop !
  T'occupe
  T'inquiète
  Touche pas ma planète
  It's not today
  Que le ciel me tombera sur la tête
  Et que l'alcool me manquera
  Hou ! Hou ! Hou ! Hou !
  Ça plane pour moi.

© by RKM Music représenté par BMG Publishing France pour la France, les territoires de perception de la SACEM incluant Radio RTL, Radio Europe 1 et les programmes TV français, mais à l'exception du Luxembourg.

5- Allez hop! Ma nana
   S'est tirée
   S'est barrée
   Enfin c'est (marre) à tout casser
   L'évier, le bar me laissant seul
   Comme un grand connard
   Hou! Hou! Hou! Hou!
   Le pied dans le plat.

Reprendre 2 fois le refrain-

JANE BIRKIN

DI DOO DAH

Paroles et musique :
Serge GAINSBOURG

1- *Rém7*   *Sol7*
Di doo di doo dah
Rém7   *Sol7*
__ O Di doo di doo dah
Rém7   *Sol7*   *Do*
Mélancolique et désabusée
Dom7   *Fa7*
Di doo di doo dah
Dom7   *67 Fa7*
__ O Di doo di doo dah
Dom7   *Fa7*   *Sib*
J'ai je n'sais quoi d'un garçon manqué.

Di doo di doo dah
O Di doo di doo dah
Je n'ai jamais joué à la poupée
Di doo di doo dah
O Di doo di doo dah
Je griffe ceux qui essaient de m'embrasser
Lam7 Ré7   *Solm7*
Les autres filles se posent pas d'questions
Dom7
Elles courent les rues et les dancings
Fa7
Et les garçons pas si cons.

2- Di doo di doo dah, o Di doo di doo dah
Difficile de m'imaginer
En chantant Di doo di doo dah
O Di doo di doo dah
Qu'un de ces quatr' ça va m'arriver.

Di doo di doo dah, o Di doo di doo dah
Mélancolique et désabusée
Di doo di doo dah
O Di doo di doo dah
J'ai je n'sais quoi d'un garçon manqué
Di doo di doo dah, o Di doo di doo dah
Je suis l'portrait d'mon père tout craché
Il chantait : Di doo di doo dah
O Di doo di doo dah
Quand il m'accompagnait au lycée
Les autres filles ont de beaux nichons
Et moi, moi je reste aussi plate qu'un garçon
Que c'est con.

3- Di doo di doo dah, o Di doo di doo dah
Difficile de m'imaginer
En chantant Di doo di doo dah
O Di doo di doo dah
Qu'un de ces quatr' ça va m'arriver.

LA BALLADE DE JOHNNY JANE

Paroles : Serge GAINSBOURG
Musique : Serge GAINSBOURG
et Jean-Pierre SABARD

Parlé-
Sol
Hey Johnny Jane
Do
Te souviens-tu du film de Gainsbourg
Sol   *Lam*
Je t'aime "je t'aime moi non plus"
Ré7
Un joli thème.

1- *Sol*
Hey Johnny Jane
Do   *Sol*
Toi qui traînes tes baskets et tes yeux candides
Lam   *Ré7*
Dans les no man's land et les lieux sordides
Sol
Hey Johnny Jane
Do   *Sol*
Les décharges publiques sont des Atlantide
Lam   *Ré7*
Que survolent les mouches cantharides.

R1- *Si*
Hey Johnny Jane
Mim
Tous les camions à benne
Lam   *Ré7*   *Sol*   *Ré7*
Viennent y déverser bien des peines infanticides.

2- Hey Johnny Jane
Tu balades tes cheveux courts, ton teint livide
À la recherche de ton amour suicide
Hey Johnny Jane
Du souvenir veux-tu trancher la carotide
À coups de pieds dans les conserves vides.

R2- Oh Johnny Jane
   Un autre camion à benne
   Te transportera de bonheur en bonheur sous les cieux limpides.

3- Hey Johnny Jane
   Ne fais pas l'enfant ne sois pas si stupide
   Regarde les choses en face sois lucide
   Hey Johnny Jane
   Efface tout ça, recommence, liquide
   De ta mémoire ces brefs instants torrides.

R3- Hey Johnny Jane
   Un autre camion à benne
   Viendra te prendre pour t'emmener vers d'autres Florides.

4- Hey Johnny Jane
   Toi qui traînes tes baskets et tes yeux candides
   Dans le no man's land et les lieux sordides
   Hey Johnny Jane
   Écrase ton poing rageur ton œil humide
   Le temps ronge l'amour comme l'acide.

© 1976 by MELODY NELSON PUBLISHING
20, avenue Rapp - 75007 Paris.

LA GADOUE
Paroles et musique : Serge GAINSBOURG

1- Du mois de septembre au mois d'*Do*août
   Faudrait des bott's de caout*Ré7*chouc
   Pour patauger dans la ga*Rém7*doue
   La ga*Sol7*doue, la ga*Ré9*doue, la ga*Sol7*doue
   Fam   *Mim*   *Sol7*
   Hou la gadoue, la gadoue.

Une à une les gouttes d'*Do*eau
Nous dégoulinent dans le *Ré7*dos
Nous pataugeons dans la ga*Rém7*doue
La ga*Sol7*doue, la ga*Ré9*doue, la ga*Sol7*doue
Ré9   *Sol7*   *Do*
Hou la gadoue, la gadoue.

R- Vivons un *Sol7*peu
   Sous l'ciel gris-bleu
   D'amour et d'*Do*eau de pluie
   Puis,
   Mettons en *Sol7*marche
   Les essuie-glaces
   Et *Rém7*rentrons *Sol7*à Pa*Do*ris.

2- Ça nous changera pas d'ici
   Nous garderons nos parapluies
   Nous retrouverons la gadoue
   La gadoue, la gadoue, la gadoue
   Hou la gadoue, la gadoue.

Il fait un temps abominable
Heureusement tu as ton imperméable
Mais ça n'empêche pas la gadoue
La gadoue, la gadoue, la gadoue
Hou la gadoue, la gadoue.

Il fallait venir jusqu'ici
Pour jouer les amoureux transis
Et patauger dans la gadoue
La gadoue, la gadoue, la gadoue
Hou la gadoue, la gadoue.

Coda -
   L'année prochaine nous irons
   Dans un pays où il fait bon
   Et nous oublierons la gadoue
   La gadoue, la gadoue, la gadoue. (*Ad lib.*)

© 1962 by Éditions SIDONIE - 24, place des Vosges - 75003 Paris.

AU BOIS DE MON CŒUR

Paroles et musique :
Georges BRASSENS

GEORGES BRASSENS

1- *Lam Lam/Do Ré Ré#7dim Mi   Ré*
    Au bois d'Cla-mart, y'a des petit's fleurs,
    Do   Mi
    Y'a des petit's fleurs
    Lam Lam/Do Ré Ré#7dim Mi   Ré
    Y'a des co-pains au, au bois d'mon cœur,
    Do   Mi   Fa   Lam
    Au, au bois d'mon cœur. ―

    Rém
    Au fond de d'ma cour j'suis renommé,
    Sol7   Do
    Au fond de d'ma cour j'suis renommé,
    La7
    J'suis renommé
    Rém
    Pour avoir le cœur mal famé,
    Lam Si7   Mi7
    Le cœur mal famé.

2- Au bois d'Vincenne' y'a des petit's fleurs,
    Y'a des petit's fleurs,
    Y'a des copains au, au bois d'mon cœur,
    Au, au bois d'mon cœur.

    Quand y'a plus d'vin dans mon tonneau,
    Quand y'a plus d'vin dans mon tonneau,
    Dans mon tonneau,
    Ils n'ont pas peur de boir' mon eau,
    De boire mon eau.

© 1957 Éditions Musicales 57.
Avec l'aimable autorisation d'UNIVERSAL MUSIC PUBLISHING.

3- Au bois d'Meudon y'a des petit's fleurs,
    Y'a des petit's fleurs,
    Y'a des copains au, au bois d'mon cœur,
    Au, au bois d'mon cœur.

    Ils m'accompagn'nt à la mairie,
    Ils m'accompagn'nt à la mairie,
    À la mairie,
    Chaque fois que je me marie,
    Que je me marie.

4- Au bois d'Saint-Cloud y'a des petit's fleurs,
    Y'a des petit's fleurs,
    Y'a des copains au, au bois d'mon cœur,
    Au, au bois d'mon cœur.

    Chaqu'fois qu'je meurs fidèlement,
    Chaqu'fois qu'je meurs fidèlement,
    Fidèlement,
    Ils suivent mon enterrement,
    Mon enterrement.

Lam Lam/Do Ré Ré#7dim Mi
 ―   ―   ―   ―   ―

Coda-
        Ré   Do   Mi
    ...des petites fleurs, ― des petites fleurs...
Lam Lam/Do Ré Ré#7dim Mi
 ―   ―   ―   ―   ―
       Ré   Do   Mi   Fa   Lam
    Au, au bois d'mon cœur, ― au, au bois d'mon cœur. ―

DANS L'EAU
DE LA CLAIRE FONTAINE

Paroles et musique :
Georges BRASSENS

1-   *Do*   *Mi7*
Dans l'eau de la claire fontaine
   Lam   *Do7*
Elle se baignait toute nue
   Fa   *Mi7*
Une saute de vent soudaine
   Lam   *Mi7*   *Lam* *Sol7*
Jeta ses habits dans les nues.

2- En détresse, elle me fit signe
    Pour la vêtir, d'aller chercher
    Des monceaux de feuilles de vigne
    Fleurs de lis ou fleurs d'oranger.

3- Avec des pétales de roses
    Un bout de corsage lui fis
    La belle n'était pas bien grosse
    Une seule rose a suffi.

4- Avec le pampre de la vigne
    Un bout de cotillon lui fis
    Mais la belle était si petite
    Qu'une seule feuille a suffi.

5- Elle me tendit ses bras, ses lèvres
    Comme pour me remercier...
    Je les pris avec tant de fièvre
    Qu'ell' fut toute déshabillée.

6- Le jeu dut plaire à l'ingénue
    Car, à la fontaine souvent
    Ell' s'alla baigner toute nue
    En priant Dieu qu'il fit du vent
    Qu'il fit du vent.

© 1962 Éditions Musicales 57. Avec l'aimable autorisation d'UNIVERSAL MUSIC PUBLISHING.

LA FEMME D'HECTOR

Paroles et musique : Georges BRASSENS

Intro.-
Ré La7 Ré La7

1- *Ré* *La7*
 En notre tour de Babel
 Ré *La7*
 Laquelle est la plus belle
 Ré *La7*
 La plus aimable parmi
 Ré *Fa#7*
 Les femmes de nos amis ?
 Fa#7 *Sim*
 Laquelle est notre vrai nounou
 Fa#7 *Sol*
 La petite sœur des pauvres de nous
 Sol
 Dans le guignon toujours présente
 Fa#7 *Fa#7*
 _ Quelle est cette fée bienfaisante ? _

Mim *Fa#7* *Sim*
R- C'est pas la femme de Bertrand
 Fa#7
 Pas la femme de Gontrand
 Sim
 Pas la femme de Pamphile
 Mim *La7* *Ré*
 C'est pas la femme de Firmin
 Pas la femme de Germain
 Mim *La7* *Ré*
 Ni celle de Benjamin
 Sol *La7* *Ré*
 C'est pas la femme d'Honoré
 Si7 *Sim*
 Ni celle de Désiré
 Fa#7 *Sim*
 Ni celle de Théophile
 Mim *Fa#7* *Sim*
 Encore moins la femme de Nestor
 Fa#7 *Sim* *(La7)*
 Non, c'est la femme d'Hector. _

2- Comme nous dansons devant
 Le buffet bien souvent
 On a toujours peu ou prou
 Les bras criblés de trous...
 Qui raccommode ces malheurs
 De fils de toutes les couleurs
 Qui brode, divine cousette,
 Des arcs-en-ciel à nos chaussettes ?

3- Quand on nous prend la main
 Sacré bon dieu dans un sac
 Et qu'on nous envoie planter
 Des choux à la santé
 Quelle est celle qui, prenant modèle
 Sur les vertus des chiens fidèles
 Reste à l'arrêt devant la porte
 En attendant que l'on ressorte ?

4- Et quand l'un d'entre nous meurt
 Qu'on nous met en demeure
 De débarrasser l'hôtel
 De ses restes mortels
 Quelle est celle qui r'mue tout Paris
 Pour qu'on lui fasse, au plus bas prix
 Des funérailles gigantesques
 Pas nationales, non, mais presque ?

5- Et quand vient le mois de mai
 Le joli temps d'aimer
 Que sans écho, dans les cours,
 Nous hurlons à l'amour
 Quelle est celle qui nous plaint beaucoup
 Quelle est celle qui nous saute au cou
 Qui nous dispense sa tendresse
 Toutes ses économies d'caresses ?

6- Ne jetons pas les morceaux
 De nos cœurs aux pourceaux
 Perdons pas notre latin
 Au profit des pantins
 Chantons pas la langue des dieux
 Pour les balourds, les fess'mathieux
 Les paltoquets, ni les bobèches
 Les foutriquets, ni les pimbêches.

Refrain final-
 Ni pour la femme de Bertrand
 Pour la femme de Gontrand
 Pour la femme de Pamphile
 Ni pour la femme de Firmin
 Pour la femme de Germain
 Pour celle de Benjamin
 Ni pour la femme d'Honoré
 La femme de Désiré
 La femme de Théophile
 Encore moins pour la femme de Nestor
 Mais pour la femme d'Hector.

© 1958 Éditions Musicales 57.
Avec l'aimable autorisation d'UNIVERSAL MUSIC PUBLISHING.

LE PORNOGRAPHE

Paroles et musique :
Georges BRASSENS

1- *Lam*
Autrefois, quand j'étais marmot
Si7   *Mi7*
J'avais la phobie des gros mots
Do
Et si j'pensais « merde » tout bas
Rém   *Mi7*
_ Je ne le disais pas...
Mais
Lam
Maintenant que mon gagne-pain
Si7   *Mi7*
C'est d'parler comme un turlupin
Do
Je n'pense plus "merde", pardi !
Si7   *Mi7*   *Lam*
_ Mais je le dis.

R- *Rém*   *Lam*
J'suis l'pornographe
Si7 *Mi7*   *Lam*
Du phonographe
Rém *Sol*   *Do*
Le polisson
Mi   *Lam*
_ De la chanson.

2- Afin d'amuser la gal'rie
Je crache des gauloiseries
Des pleines bouches de mots crus
Tout à fait incongrus...
Mais
En m'retrouvant seul sous mon toit
Dans ma psyché j'me montre au doigt.
Et m'cri' : « Va t'faire, homme incorrec'
Voir par les Grecs. »

3- Tous les sam'dis j'vais à confess'
M'accuser d'avoir parlé d'fess's
Et j'promets ferme au marabout
De les mettre tabou...
Mais
Craignant, si je n'en parle plus
D'finir à l'Armée du Salut
Je r'mets bientôt sur le tapis
Les fesses impies.

4- Ma femme est, soit dit en passant
D'un naturel concupiscent
Qui l'incite à se coucher nu'
Sous le premier venu...
Mais
M'est-il permis, soyons sincèr'
D'en parler au café-concert
Sans dire qu'elle a, suraigu
Le feu au cul ?

5- J'aurais sans doute du bonheur
Et peut-être la Croix d'honneur
À chanter avec décorum
L'amour qui mène à Rom'...
Mais
Mon ang' m'a dit : « Turlututu !
Chanter l'amour t'est défendu
S'il n'éclôt pas sur le destin
D'une putain. »

6- Et quand j'entonne, guilleret
À un patron de cabaret
Une adorable bucolique
Il est melancolique...
Et
Me dit, la voix noyé' de pleurs :
« S'il vous plaît de chanter les fleurs
Qu'ell's poussent au moins rue Blondel
Dans un bordel. »

7- Chaque soir avant le dîner
À mon balcon mettant le nez
Je contemple les bonnes gens
Dans le soleil couchant...
Mais
N'me d'mandez pas d'chanter ça, si
Vous redoutez d'entendre ici
Que j'aime à voir, de mon balcon
Passer les cons.

8- Les bonnes âmes d'ici bas
Comptent ferme qu'à mon trépas
Satan va venir embrocher
Ce mort mal embouché...
Mais
Mais veuille le grand manitou,
Pour qui le mot n'est rien du tout
Admettre en sa Jérusalem
À l'heure blême.

Coda-
Le pornographe
Du phonographe
Le polisson
De la chanson.

Capo III

1-   ^{Do} Jadis, les parents des morts vous mettaient dans le ^{Sol}bain,
    ^{Do}De bonne grâce ils en f'saient profiter les co^{Sol}pains :
    « Y'a un ^{Do}mort à la mai^{Do7}son, si le cœur vous en ^{Fa}dit,
    ^{Ré}Venez l'pleurer avec ^{Ré7}nous sur le coup de mi^{Sol}di... »^{Sol7}
    ^{Do}Mais les vivants aujourd'hui n'sont plus si géné^{Sol}reux,
    ^{Do}Quand ils possèdent un mort ils le gardent pour ^{Sol}eux.
    ^{Do}C'est la raison pour la^{Do7}quell', depuis quelques an^{Fa}nées,
    ^{Mi}Des tas d'enterrements ^{Lam}vous ^{Ré7}passent sous le ^{Sol}nez.
    ^{Mi}Des tas d'enterre^{Lam}ments ^{Fa}vous ^{Do/Sol}passent ^{Sol7}sous le ^{Do}nez. ^{Ré}

R- ^{Sol}Mais où sont les funéraill's d'an^{Ré7}tan ?
    ^{Sol}Les petits corbillards, corbillards, corbillards, corbillards
    De nos grands-pè^{Ré}-^{Ré#7dim}res,
    ^{Mim}Qui suivaient la route en caho^{Si7}tant,
    ^{Mim}Les petits macchabées, macchabées, macchabées, macchabées
    Ronds et pros^{Ré7}pères...
    ^{Sol}Quand les héritiers étaient con^{Ré7}tents,
    ^{Sol}Au fossoyeur, au croqu'-mort, au curé, aux chevaux même,
    Ils payaient un ^{Do}verre.
    ^{Do}Elles sont ^{Fa#7}révolu^{Sim}'s,
    ^{Si7}Elles ont ^{Mi7}fait leur ^{Lam}temps,
    ^{Ré7}Les belles pom, pom, ^{Sol}pom, pom, pom, ^{Ré7}pompes fu^{Sol}nèbres,
    ^{Do}On ne les r'verra ^{Fa#7}plus^{Sim},
    ^{Si7}Et c'est bien at^{Mi7}tris^{Lam}tant,
    ^{Ré7}Les belles pompes ^{Sol}fu-^{Mim}nèbres ^{Lam}de ^{Ré7}nos vingt ^{Sol}ans.

LES FUNÉRAILLES D'ANTAN

Paroles et musique :
Georges BRASSENS

© 1960 Éditions Musicales 57.
Avec l'aimable autorisation d'UNIVERSAL MUSIC PUBLISHING.

2- Maintenant, les corbillards à tombeau grand ouvert
    Emportent les trépassés jusqu'au diable vauvert,
    Les malheureux n'ont mêm'plus le plaisir enfantin
    D'voir leurs héritiers marron marcher dans le crottin.
    L'autre semain' des salauds, à cent quarante à l'heur',
    Vers un cimetièr' minable emportaient un des leurs...
    Quand, sur un arbre en bois dur, ils se sont aplatis
    On s'aperçut qu'le mort avait fait des petits.

3- Plutôt qu'd'avoir des obsèqu's manquant de fioritur's,
    J'aim'rais mieux, tout compte fait, m'passer de sépultur',
    J'aim'rais mieux mourir dans l'eau, dans le feu, n'importe où,
    Et même, à la grand' rigueur, ne pas mourir du tout.
    Ô, que renaisse le temps des morts bouffis d'orgueil,
    L'époque des m'as-tu-vu-dans-mon-joli-cercueil,
    Où, quitte à tout dépenser jusqu'au dernier écu,
    Les gens avaient à cœur d'mourir plus haut qu'leur cul,
    Les gens avaient à cœur de mourir plus haut que leur cul.

LES TROMPETTES DE LA RENOMMÉE

Paroles et musique : Georges BRASSENS

1- Je vivais à l'écart de la place publique,
Serein, contemplatif, ténébreux, bucolique...
Refusant d'acquitter la rançon de la gloir',
Sur mon brin de lauriers je dormais comme un loir.
Les gens de bon conseil ont su me faire comprendre
Qu'à l'homme de la ru', j'avais des compt's à rendre
Et que, sous pein' de choir, dans un oubli complet,
J'devais mettre au grand jour tous mes petits secrets.

R- Trompettes
De la Renommée,
Vous êtes
Bien mal embouchées !

2- Manquant à la pudeur la plus élémentaire,
Dois-je, pour les besoins de la caus' publicitaire,
Divulguer avec qui, et dans quell' position
Je plonge dans le stupre et la fornication ?
Si je publi' des noms, combien de Pénélopes
Passeront illico pour des fieffé's salopes,
Combien de bons amis me r'gard'ront de travers,
Combien je recevrai de coups de revolver!

3- À toute exhibition ma nature est rétive,
Souffrant d'une modesti' quasiment maladive,
Je ne fais voir mes organes procréateurs
À personne, excepté mes femm's et mes docteurs,
Dois-je, pour défrayer la chroniqu' des scandales,
Battre l'tambour avec mes parti's génitales,
Dois-je les arborer plus ostensiblement,
Comme un enfant de chœur porte un saint sacrement ?

4- Une femme du monde
Et qui souvent me laisse
Fair' mes quat' voluptés
Dans ses quartiers d'noblesse,
M'a surnois'ment passé
Sur son divan de soi',
Des parasites du plus
Bas étage qui soit...
Sous prétexte de bruits
Sous couleur de réclame,
Ai-j'le droit de ternir
L'honneur de cette dame
En criant sur les toits
Et sur l'air des lampions :
"Madame la marquis'
M'a foutu des morpions ?"

5- Le ciel en soit loué
Je dis en bonne entente
Avec le Pèr' Duval
La calotte chantante,
Lui le catéchumène
Et moi, l'énergumèn',
Qu'il me laiss' dire merd'
Je lui laiss' dire amen,
En accord avec lui
Dois-j'écrire dans la presse
Qu'un soir je l'ai surpris
Aux genoux d'ma maîtraisse,
Chantant la mélopé'
Dune voix qui susurre,
Tandis qu'ell' lui cherchait
Des poux dans la tonsure ?

6- Avec qui, ventrebleu!
Faut-il donc que je couche
Pour fair' parler un peu
La déesse aux cent bouches ?
Faut-il qu'un' femm' célèbre
Une étoile, une star,
Vienn' prendre entre mes bras
La plac' de ma guitar' ?

Pour exciter le peuple
Et les folliculaires,
Qui' est-c' qui veut me prêter
Sa croupe populaire,
Qui' est-c' qui veut m'laisser faire
In naturalibus,
Un p'tit peu d'alpinism'
Sur son mont de Vénus ?

7- Sonneraient-ell's plus fort
Ces divines trompettes,
Si, comm' tout un chacun
J'étais un peu tapette
Si je me déhanchait
Comme une demoiselle
Et prenais tout à coup
Des allur's de gazelle ?
Mais je ne sache pas
Qu'ç'a profite à ces drôles
De jouer l'jeu d'l'amour
En inversant les rôles,
Qu'ça confère à leur gloire
Un' onc' de plus-vaul',
Le crime pédérastique
Aujourd'hui ne pai' plus.

8- Après ce tour d'horizon
Des mille et un' recettes
Qui vous val'nt à coup sûr
Les honneurs des gazettes,
J'aime mieux m'en tenir
À ma premièr' façon
Et me gratter le ventre
En chantant des chansons.
Si le public en veut
Je les sors dare-dare
S'il n'en veut pas,
Je les remets dans ma guitare.
Refusant d'acquitter
La rançon de la gloir',
Sur mon brin de lauriers,
Je m'endors comme un loir.

SUPPLIQUE POUR ÊTRE ENTERRÉ À LA PLAGE DE SÈTE

Paroles et musique : Georges BRASSENS

1-   *Sim*
    La Camarde qui ne m'a jamais pardonné
    Fa#
    D'avoir semé des fleurs dans les trous de son nez
    Mim   La7   Ré   Si7
    Me poursuit d'un zèle imbécile. __
    Mim
    Alors cerné de près par les enterrements
    Sim
    J'ai cru bon de remettre à jour mon testament
    Sol   Fa#   Sim   Sol Fa#
    De me payer un codicille. __ __

2-   Trempe dans l'encre bleue du Golf du Lion
    Trempe, trempe ta plume, ô mon vieux tabellion
    Et de ta plus belle écriture
    Note ce qu'il faudrait qu'il advînt de mon corps
    Lorsque mon âme et lui ne seront plus d'accord
    Que sur un seul point : la rupture.

3-   Quand mon âme aura pris son vol à l'horizon
    Vers celle de Gavroche et de Mimi Pinson
    Celles des titis, des grisettes.
    Que vers le sol natal mon corps soit ramené
    Dans un sleeping du Paris-Méditerranée
    Terminus en gare de Sète.

4-   Mon caveau de famille, hélas ! n'est pas tout neuf
    Vulgairement parlant, il est plein comme un œuf
    Et d'ici que quelqu'un n'en sorte
    Il risque de se faire tard et je ne peux
    Dire à ces braves gens : poussez-vous donc un peu
    Place aux jeunes en quelque sorte.

5-   Juste au bord de la mer à deux pas des flots bleus
    Creusez si c'est possible un petit trou moelleux
    Une bonne petite niche.
    Auprès de mes amis d'enfance, les dauphins
    Le long de cette grève où le sable est si fin
    Sur la plage de la corniche.

6-   C'est une plage où même à ses moments furieux
    Neptune ne se prend jamais trop au sérieux
    Où quand un bateau fait naufrage
    Le capitaine crie : « Je suis le maître à bord !
    Sauve qui peut, le vin et le pastis d'abord
    Chacun sa bonbonne et courage ».

7-   Et c'est là que jadis à quinze ans révolus
    À l'âge où s'amuser tout seul ne suffit plus
    Je connus la prime amourette.
    Auprès d'une sirène, une femme-poisson
    Je reçus de l'amour la première leçon
    Avalais la première arête.

8-   Déférence gardée envers Paul Valéry
    Moi l'humble troubadour sur lui je renchéris
    Le bon maître me le pardonne.
    Et qu'au moins si ses vers valent mieux que les miens
    Mon cimetière soit plus marin que le sien
    Et n'en déplaise aux autochtones.

9-   Cette tombe en sandwich entre le ciel et l'eau
    Ne donnera pas une ombre triste au tableau
    Mais un charme indéfinissable.
    Les baigneuses s'en serviront de paravent
    Pour changer de tenue et les petits enfants
    Diront : « Chouette, un château de sable ! »

10- Est-ce trop demander : sur mon petit lopin
Planter, je vous en prie une espèce de pin
Pin parasol de préférence.
Qui saura prémunir contre l'insolation
Les bons amis venus faire sur ma concession
D'affectueuses révérences.

11- Tantôt venant d'Espagne et tantôt d'Italie
Tous chargés de parfums, de musiques jolies
Le Mistral et la Tramontane
Sur mon dernier sommeil verseront les échos
De villanelle, un jour, un jour de fandango
De tarentelle, de sardane.

12- Et quand prenant ma butte en guise d'oreiller
Une ondine viendra gentiment sommeiller
Avec rien que moins de costume
J'en demande pardon par avance à Jésus
Si l'ombre de sa croix s'y couche un peu dessus
Pour un petit bonheur posthume.

13- Pauvres rois pharaons, pauvre Napoléon
Pauvres grands disparus gisant au Panthéon
Pauvres cendres de conséquence
Vous envierez un peu l'éternel estivant
Qui fait du pédalo sur la plage en rêvant
Qui passe sa mort en vacances.

Vous envierez un peu l'éternel estivant
Qui fait du pédalo sur la plage en rêvant
Qui passe sa mort en vacances.

© 1966 Éditions Musicales 57.
Avec l'aimable autorisation
d'UNIVERSAL MUSIC PUBLISHING.

TEMPÊTE DANS UN BÉNITIER

Paroles et musique :
Georges BRASSENS

Capo III

1- Tempête dans un bénitier,
   Le souverain pontife aveсque
   Les évêques, les archevêques,
   Nous font un satané chantier.

   Ils ne savent pas ce qu'ils perdent,
   Tous ces fichus calotins,
   Sans le latin, sans le latin,
   La messe nous emmerde.
   À la fête liturgique,
   Plus de grand's pompes, soudain,
   Sans le latin, sans le latin,
   Plus de mystère magique.
   Le rite qui nous envoûte
   S'avère alors anodin,
   Sans le latin, sans le latin,
   Et les fidèl's s'en foutent.
   Ô très Sainte Marie mèr' de
   Dieu, dites à ces putains
   De moines qu'ils nous emmerdent
   Sans le latin. __ __

2- Je ne suis pas le seul, morbleu !
   Depuis que ces règles sévissent,
   À ne plus me rendre à l'office
   Dominical que quand il pleut.

   Il ne savent pas ce qu'ils perdent
   Tous ces fichus calotins,
   Sans le latin, sans le latin,
   La messe nous emmerde.
   En renonçant à l'occulte,
   Faudra qu'ils fassent tintin,
   Sans le latin, sans le latin,
   Pour le denier du culte.
   À la saison printanière
   Suisse, bedeau, sacristain,
   Sans le latin, sans le latin
   F'ront l'églis' buissonnière,
   Ô très Sainte Marie mèr' de
   Dieu, dites à ces putains
   De moines qu'ils nous emmerdent
   Sans le latin.

3- Ces oiseaux sont des enragés,
   Ces corbeaux qui scient, rognent, tranchent
   La saine et bonne vieille branche
   De la croix où ils sont perchés.

   Ils ne savent pas ce qu'ils perdent,
   Tous ces fichus calotins,
   Sans le latin, sans le latin,
   La messe nous emmerde.
   Le vin du sacré calice
   Se change en eau de boudin,
   Sans le latin, sans le latin
   Et ses vertus faiblissent.
   À Lourdes, Sète ou bien Parme,
   Comme à Quimper Corentin,
   Le presbytère sans le latin
   A perdu de son charme.
   Ô très Sainte Marie mèr' de
   Dieu, dites à ces putains
   De moines qu'ils nous emmerdent
   Sans le latin.

© 1976 Éditions Musicales 57. Avec l'aimable autorisation
d'UNIVERSAL MUSIC PUBLISHING.

JACQUES BREL

AU SUIVANT

Paroles et musique : Jacques BREL

1- Tout nu dans ma ser<u>viette</u> qui me servait de pagne *(Lam)*
   J'avais le rouge au front et le savon à la <u>main</u> *(Mi7)*
   Au suivant, au suivant.

   J'avais juste vingt <u>ans</u> et nous étions cent vingt *(Mi7)*
   À être le suivant de celui qu'on sui<u>vait</u> *(Lam)*
   Au suivant, au suivant.

   J'avais juste vingt <u>ans</u> et <u>je</u> me dénia<u>isais</u> *(Rém Sol Do)*
   Au bordel ambu<u>lant</u> d'une armée en cam<u>pagne</u> *(Si7 Mi)*
   Au suivant, au suivant.

2- Moi j'aurais bien aimé un peu plus de tendresse
   Ou alors un sourire ou bien avoir le temps
   Mais au suivant, au suivant.

   Ce ne fut pas Waterloo mais ce ne fut pas Arcole
   Ce fut l'heure où l'on regrette d'avoir manqué l'école
   Au suivant, au suivant.

   Mais je jure que d'entendre cet adjudant de mes fesses
   C'est des coups à vous faire des armées d'impuissants
   Au suivant, au suivant.

3- Je jure sur la tête de ma première vérole
   Que cette voix depuis je l'entends tout le temps
   Au suivant, au suivant.

   Cette voix qui sentait l'ail et le mauvais alcool
   C'est la voix des nations et c'est la voix du sang
   Au suivant, au suivant.

   Et depuis chaque femme à l'heure de succomber
   Entre mes bras trop maigres semble me murmurer
   Au suivant, au suivant.

4- Tous les suivants du monde devraient se donner la main
   Voilà ce que la nuit je crie dans mon délire
   Au suivant, au suivant.

   Et quand je ne délire pas j'en arrive à me dire
   Qu'il est plus humiliant d'être suivi que suivant
   Au suivant, au suivant.

   Un jour je me ferai cul-de-jatte ou bonne soeur ou pendu
   Enfin un de ces machins où je ne serai jamais plus
   Le sui<u>vant</u>, le sui<u>vant</u>. _ _ *(Mi7 Lam Mi La)*

© Éditions Pouchenel 1964.

JEF

Paroles et musique : Jacques BREL

Capo III

1-   *Mim*   *Lam*   *Mim6*
    Non Jef t'es pas tout seul
    Lam   *Mim*
    Mais arrête de pleurer
           Lam   *Mim6*
    Comme ça devant tout le monde
          Lam   *Mim*
    Parce qu'une demi-vieille
          Lam   *Mim6*
    Parce qu'une fausse blonde
            Mim6 *Ré*
    T'a relaissé tomber
    Sol   *Do*   *Sol7M*
    Non Jef t'es pas tout seul
              Do   *Sol*
    Mais tu sais que tu me fais honte
       Do   *Sol7M*
    À sangloter comme ça
           Lam   *Sol*
    Bêtement devant tout le monde
             Lam   *Mi7M*
    Juste parce qu'une trois quarts putain
          Lam   *Sol Mi6 Si7*
    T'a claqué dans les mains
             Do   *Si7*
    Non Jef t'es pas tout seul
              Do   *Si7*
    Mais tu fais honte à voir
           Do   *Si7*
    Les gens se paient notre tête
             Mim6   *Si7*
    Foutons le camp de ce trottoir.
    Allez viens Jef viens, viens, viens.

© Éditions Pouchenel 1964.

R1-   *Mi*   *Mi7M*
     Viens il __ me reste trois sous
                 Mi6
     On va aller se les boire
                Fa#m7 *Si7*
     Chez la mère Françoise
     Fa#m   *Si7*   *Fa#m*
     Viens il me reste trois sous
                   Si7
     Et si c'est pas assez
                        Mi   *Mi7*
     Ben il me restera l'ardoise
                    Mi6
     Puis on ira manger
                         Sol7M
     Des moules et puis des frites
                      Sol6
     Des frites et puis des moules
              Fa#m   *Si7*
     Et du vin de Moselle
     Fa#m
     Et si t'es encore triste
                Fa#m
     On ira voir les filles
                     Si7
     Chez la madame Andrée
                  Mi7M   *Mi6*
     Paraît qu'y en a de nou-velles
                           Do#m
     On rechantera comme avant
     Sol7
     On sera bien tous les deux
                           Fa#7
     Comme quand on était jeunes.
     Comme quand c'était le temps
                     Ré7
     Que j'avais de l'argent.

2-   Non Jef t'es pas tout seul
    Mais arrête tes grimaces
    Soulève tes cent kilos
    Fais bouger ta carcasse
    Je sais que t'as le cœur gros
    Mais il faut le soulever
    Non Jef t'es pas tout seul
    Mais arrête de sangloter
    Arrête de te répandre
    Arrête de répéter
    Que t'es bon à te foutre à l'eau
    Que t'es bon à te pendre
    Non Jef t'es pas tout seul
    Mais c'est plus un trottoir
    Ça devient un cinéma
    Où les gens viennent te voir
    Allez viens Jef viens, viens.

R2-   Viens il me reste ma guitare
     Je l'allumerai pour toi
     Et on sera espagnols
     Comme quand on était mômes
     Même que j'aimais pas ça
     T'imiteras le rossignol
     Puis on se trouvera un banc
     On parlera de l'Amérique
     Où c'est qu'on va aller tu sais
     Quand on aura du fric
     Et si t'es encore triste
     Ou rien que si t'en as l'air
     Je te raconterai comment
     Tu deviendras Rockefeller
     On sera bien tous les deux
     On rechantera comme avant
     Comme quand on était beau
     Comme quand c'était le temps
     D'avant qu'on soit poivrots.
     Allez viens Jef viens, viens.

JOJO

Paroles et musique : Jacques BREL

1-   *Lam Mi7/Si Lam/Do*
     Jojo, __ __
                  Sol/Si
     Voici donc quelques rires
                Lam Mi7/Si Do
     Quelques vins quelques blondes __ __
          Sol
     J'ai plaisir à te dire
               Lam
     Que la nuit sera longue
           Mi7
     À devenir demain
     Jojo,
     Moi je t'entends rugir
     Quelques chansons marines
     Où des Bretons devinent
     Que Saint-Cast doit dormir
     Tout au fond du brouillard.

R1- *Rém*   *Sol*   *Do Lam*
      __ Six pieds sous terre Jojo, __ tu chantes encore __
     Sol   *Mim*   *Lam*
      __ Six pieds sous terre, __ tu n'es pas mort.

2-   Jojo,
     Ce soir comme chaque soir
     Nous refaisons nos guerres
     Tu reprends Saint-Nazaire
     Je refais l'Olympia
     Au fond du cimetière
     Jojo,
     Nous parlons en silence
     D'une jeunesse vieille
     Nous savons tous les deux
     Que le monde sommeille
     Par manque d'imprudence.

R2- Six pieds sous terre Jojo tu espères encore
      Six pieds sous terre tu n'es pas mort.

3-   Jojo,
     Tu me donnes en riant
     Des nouvelles d'en bas
     Je te dis mort aux cons
     Bien plus cons que toi
     Mais qui sont mieux portants
     Jojo,
     Tu sais le nom des fleurs
     Tu vois que mes mains tremblent
     Et je te sais qui pleure
     Pour noyer de pudeur
     Mes pauvres lieux communs.

R3- Six pieds sous terre Jojo tu frères encore
      Six pieds sous terre tu n'es pas mort.

4-   Jojo.
     Je te quitte au matin
     Pour de vagues besognes
     Parmi quelques ivrognes
     Des amputés du cœur
     Qui ont trop ouvert les mains
     Jojo,
     Je ne rentre plus nulle part
     Je m'habille de nos rêves
     Orphelin jusqu'aux lèvres
     Mais heureux de savoir
     Que je te viens déjà.

R4- Six pieds sous terre Jojo tu n'es pas mort
      Six pieds sous terre Jojo je t'aime encore.

© Éditions Pouchenel 1977.

LA VILLE S'ENDORMAIT

Paroles et musique : Jacques BREL

1-
  Lam   *Sol*
_ La ville s'endor<u>mait</u>
                 Lam
Et j'en oublie le <u>nom</u>
                 Sol
Sur le fleuve en a<u>mont</u>
               Lam
Un coin de ciel brû<u>lait</u>
                 Sol
La ville s'endor<u>mait</u>
                 Lam
Et j'en oublie le <u>nom</u>.

Lam   *Lam7*
_ Et la nuit peu à <u>peu</u>
           Lam6
Et le temps ar<u>rêté</u>
               Fa
Et mon cheval bou<u>eux</u>
      Mim   *Lam*
Et mon <u>corps</u> fati<u>gué</u>
               Lam
Et la nuit bleu à <u>bleu</u>
               Lam7
Et l'eau d'une fon<u>taine</u>
               Lam6
Et quelques cris de <u>haine</u>
               Fa
Versés par quelques <u>vieux</u>
              Lam/Mi
Sur de plus vieilles <u>qu'eux</u>
       Mim   *Lam*
Dont le <u>corps</u> s'ensom<u>meille</u>.

2- La ville s'endormait
   Et j'en oublie le nom
   Sur le fleuve en amont
   Un coin de ciel brûlait
   La ville s'endormait
   Et j'en oublie le nom.

   Et mon cheval qui boit
   Et moi qui le regarde
   Et ma soif qui prend garde
   Qu'elle ne se voie pas
   Et la fontaine chante
   Et la fatigue plante
   Son couteau dans mes reins
   Et je fais celui-là
   Oui est son souverain
   On m'attend quelque part
   Comme on attend le roi
   Mais on ne m'attend point
   Je sais depuis déjà
   Que l'on mèurt de hasard
   En allongeant le pas.

3- La ville s'endormait
   Et j'en oublie le nom
   Sur le fleuve en amont
   Un coin de ciel brûlait
   La ville s'endormait
   Et j'en oublie le nom.

   Il est vrai que parfois
   Près du soir les oiseaux
   Ressemblent à des vagues
   Et les vagues aux oiseaux
   Et les hommes aux rires
   Et les rires aux sanglots
   Il est vrai que souvent
   La mer se désenchante
   Je veux dire en cela
   Qu'elle chante d'autres chants
   Que ceux que la mer chante
   Dans les livres d'enfants.

Pont-

                      Sol
Mais les femmes tou<u>jours</u>
                    Fa
Ne ressemblent qu'aux <u>femmes</u>
                    Do
Et d'entre elles les <u>connes</u>
                    Rém7
Ne ressemblent qu'aux <u>connes</u>
                  Do
Et je ne suis pas bien <u>sûr</u>
                 Rém
Comme chante un cer<u>tain</u>
            Sol   *Mi7*
Qu'elles soient l'<u>a</u>venir de l'<u>homme</u>.

Coda-

  Lam   *Sol*
_ La ville s'endor<u>mait</u>
                 Lam
Et j'en oublie le <u>nom</u> _
 Lam   *Sol*
_ Sur le fleuve en a<u>mont</u>
              Do *Sim* *Mi7*
Un coin de ciel brû<u>lait</u> _ _
 Lam   *Sol*
_ La ville s'endor<u>mait</u>
                 Lam
Et j'en oublie le <u>nom</u>

Lam   *Lam7*
_ Et vous êtes pas<u>sée</u>
             Lam6
Demoiselle incon<u>nue</u>
               Fa
À deux doigts d'être <u>nue</u>
     Mim   *La*
Sous le <u>lin</u> qui dan<u>sait</u>.

© *Éditions Pouchenel 1977.*

Capo III

Do Do7M Do6
Toi, __
          Do7M   Do Do7M
Toi, si tu étais le Bon Dieu __
Do6   *Do7M*   *Ré7*
__ Tu ferais valser les vieux __
     Do7M Do6
Aux étoiles __
Do7M Do6 Do7M
Toi, __
       Do   *Mi7/Si Mi7*
Toi si tu étais le Bon Dieu __
Lam   *Fa*
__ Tu allumerais des bals
          Do7M Do
Pour les gueux. __

ont musical-
Sib/Ré Sib Sol/Si Sol Dom
__ __ __ __
Fa Sib7 Mib Lam Ré7 Sol4-3
__ __ __ __ __

Toi,
Si tu étais le Bon Dieu
Tu ne serais pas économe
De ciel bleu
Mais tu n'es pas le Bon Dieu
Toi tu es beaucoup mieux
Tu es un homme.

ont musical-
Sib/Ré Sib Sol/Si Sol Dom
__ __ __ __
Fa Sib7 Mib Ré Ré/Do Sol/Si Sib
__ __ __ __ __ __

Mib-7M-6-7M Mib-7M-6 Dom
__ __ __

Fam/Lab Mib7M-6
__ __

Mib-7M-6-7M Sol/Si Sol Dom
__ __ __ __

Fam/Lab ...
__

LE BON DIEU
Paroles et musique :
Jacques BREL

Coda -
              Mib7M   Sib13 Mib7M Sib13
Tu es un homme __
              Mib7M   Sib13 Mib7M Sib13 Mib7M
Tu es un homme. __   __   __   __

© Éditions Pouchenel 1977.

LES BIGOTES
Paroles et musique :
Jacques BREL

              Sol
1- Elles vieillissent à petits pas
    De petits chiens en petits chats
       Ré7   Sol   Ré7 Sol
    Les bigo - tes __   __
                Sol
    Elles vieillissent d'autant plus vite
    Qu'elles confondent l'amour et l'eau bénite
                          Ré7   Sol   Ré7 Sol
    Comme toutes les bigo - tes __   __
    Sol7   *Do*
    Si j'étais diable en les voyant parfois
            Dom   *Sol*
    Je crois que je me ferais châtrer
             Mim   *Lam*
    Si j'étais Dieu en les voyant prier
            Ré7
    Je crois que je perdrais la foi
        Do Ré7   Sol   Do Ré7 Sol
    Par les bigo - tes. __ __ __

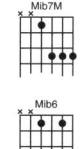

2- Elles processionnent à petits pas
   De bénitier en bénitier
   Les bigotes
   Et patati et patata
   Mes oreilles commencent à siffler
   Les bigotes
                       Sol7   *Do*
   Vêtues de noir comme Monsieur le Curé
             Fa#5dim   *Si7*
   Qui est trop bon avec les créatures
   Elles s'embigotent les yeux baissés
   Comme si Dieu dormait sous leurs chaussures
   De bigotes.

3- Le samedi soir après le turbin
   On voit l'ouvrier parisien
   Mais pas de bigotes
   Car c'est au fond de leur maison
   Qu'elles se préservent des garçons
   Les bigotes
   Qui préfèrent se ratatiner
   De vêpres en vêpres, de messe en messe
   Toutes fières d'avoir pu conserver
   Le diamant qui dort entre leurs f...
   De bigotes.

4- Puis elles meurent à petits pas
   À petit feu, en petits tas
   Les bigotes
   Qui cimetièrent à petits pas
   Au petit jour d'un petit froid
   De bigotes
                       Sol7   *Do*
   Et dans le ciel qui n'existe pas
             Fa#5dim   *Si7*
   Les anges font vite un paradis pour elles
   Une auréole et deux bouts d'ailes
   Et elles s'envolent... à petits pas
   De bigotes.

© Éditions Pouchenel 1962.

LES BOURGEOIS
Paroles : Jacques BREL / Musique : Jean CORTINOVIS

Capo II

1- *Lam*
    Le cœur bien au chaud
    Sol
    Les yeux dans la bière
    Fa   *Mi7*
    Chez la grosse Adrienne de Montalant
    Lam
    Avec l'ami Jojo
    Sol
    Et avec l'ami Pierre
    Fa   *Mi7*
    On allait boire nos vingt ans
    La7   *Rém*
    Jojo se prenait pour Voltaire
    Sol7   *Do*
    Et Pierre pour Casanova
    Fa   *Si5dim*
    Et moi, moi qui étais le plus fier
    Si7   *Mi7*
    Moi, moi je me prenais pour moi
    Lam   *Sol*
    Et quand vers minuit passaient les notaires
    Fa   *Mi7*
    Qui sortaient de l'hôtel des "Trois Faisans"
    Lam   *Sib*
    On leur montrait notre cul et nos bonnes manières
    Mi7   *La*
    En leur chantant…

    Mi   *La*
R1- __ Les bourgeois c'est comme les cochons
                               La
    Plus ça devient vieux plus ça devient bête
    Les bourgeois c'est comme les cochons
                     Mi7
    Plus ça devient vieux plus ça devient...

© 1962 by Éditions SIDONIE - 24, place des Vosges - 75003 Paris.

2- Le cœur bien au chaud
    Les yeux dans la bière
    Chez la grosse Adrienne de Montalant
    Avec l'ami Jojo
    Et avec l'ami Pierre
    On allait brûler nos vingt ans
    Voltaire dansait comme un vicaire
    Et Casanova n'osait pas
    Et moi, moi qui restait le plus fier
    Moi j'étais presque aussi saoul que moi
    Et quand vers minuit passaient les notaires
    Qui sortaient de l'hôtel des "Trois Faisans"
    On leur montrait notre cul et nos bonnes manières
    En leur chantant…

3- Le cœur au repos
    Les yeux bien sur terre
    Au bar de l'hôtel des "Trois Faisans"
    Avec maître Jojo
    Et avec maître Pierre
    Entre notaires on passe le temps
    Jojo parle de Voltaire
    Et Pierre de Casanova
    Et moi, moi qui suis resté le plus fier
    Moi, moi je parle encore de moi
    Et c'est en sortant vers minuit Monsieur le Commissaire
    Que tous les soirs de chez la Montalant
    De jeunes "peigne-culs" nous montrent leur derrière
    En nous chantant…

Final-
    Les bourgeois c'est comme les cochons
    Plus ça devient vieux plus ça devient bête, disent-t-ils,
    Monsieur le commissaire !
    Les bourgeois c'est comme les cochons
    Plus ça devient vieux plus ça devient, plus ça devient..

LES MARQUISES
Paroles et musique : Jacques BREL

1-   Rém   Lam   Rém   Lam
   _ Ils parlent de la mort _ comme tu parles d'un fruit.
   Rém   Lam   Solm   La
   _ Ils regardent la mer _ comme tu regardes un puits.
   Rém   Lam   Rém   Lam
   _ Les femmes sont lascives _ au soleil redouté
   Rém   Lam   Solm   La
   _ Et s'il n'y a pas d'hiver, _ cela n'est pas l'été.
   Rém   Lam   Rém   Lam
   _ La pluie est traversière. _ Elle bat de grain en grain
   Rém   Lam   Sib   La
   _ Quelques vieux chevaux blancs _ qui fredonnent Gauguin.
   Rém   Lam   Rém   Lam
   _ Et par manque de brise, _ le temps s'immobilise
   Rém
   Aux Marquises...

2- Du soir montent des feux et des points de silence
   Qui vont s'élargissant et la lune s'avance
   Et la mer se déchire, infiniment brisée
   Par des rochers qui prirent des prénoms affolés
   Et puis plus loin des chiens, des chants de repentance
   Et quelques pas de deux et quelques pas de danse
   Et la nuit est soumise et l'alizé se brise
   Aux Marquises...

3- Le rire est dans le cœur, le mot dans le regard.
   Le cœur est voyageur. L'avenir est au hasard
   Et passent des cocotiers qui écrivent des chants d'amour
   Que les soeurs d'alentour ignorent d'ignorer.
   Les pirogues s'en vont, les pirogues s'en viennent
   Et mes souvenirs deviennent ce que les vieux en font.
   Veux-tu que je te dise ? Gémir n'est pas de mise
   Aux Marquises…

© Éditions Pouchenel 1977.

Capo II

MADELEINE
Paroles : Jacques BREL
Musique :
Gérard JOUANNEST,
Jacques BREL
et Jean CORTI

1- <u>Ce</u> soir j'attends Madeleine *(La)*
    J'ai apporté du lilas *(Mi)*
    J'en apporte toutes les semaines
    _ Madeleine elle aime bien ça *(La)*
    Ce soir j'attends Madeleine
    <u>On</u> prendra le tram trente-trois *(Mi)*
    Pour manger des frites chez Eugène
    _ Madeleine elle aime tant ça *(La)*
    <u>Ma</u>deleine c'est mon Noël *(La7)*
    <u>C'est</u> mon Amérique à moi *(Ré)*
    <u>Mê</u>me qu'elle est trop bien pour moi *(Si7)*
    <u>Comme</u> dit son cousin Joël *(Mi7)*
    Mais <u>ce</u> soir j'attends Madeleine *(La)*
    <u>On</u> ira au cinéma *(Mi)*
    Je pourrai lui dire des "je t'aime"
    _ Madeleine elle aime tant ça. *(La)*

R1- <u>Elle</u> est tellement <u>jo</u>lie *(Do ... Sol7)*
    Elle est tellement tout <u>ça</u> *(Do)*
    Elle est <u>toute</u> ma <u>vi</u> - e *(Do7 ... Fa Fa#7dim)*
    <u>Ma</u>deleine que <u>j'</u>attends <u>là</u>. _ *(Do/Sol ... Sol7 ... Do Mi)*

© 1962 LES ÉDITIONS MUSICALES CARAVELLE.
Avec l'aimable autorisation de
UNIVERSAL/MCA MUSIC PUBLISHING.

2- Ce soir j'attends Madeleine
    Mais il pleut sur mes lilas
    Il pleut comme toutes les semaines
    Et Madeleine n'arrive pas
    Ce soir j'attends Madeleine
    C'est trop tard pour le tram trente-trois
    Trop tard pour les frites d'Eugène
    Et Madeleine n'arrive pas
    Madeleine c'est mon horizon
    C'est mon Amérique à moi
    Même qu'elle est trop bien pour moi
    Comme dit son cousin Gaston
    Mais ce soir j'attends Madeleine
    Il me reste le cinéma
    Je lui dirai des "je t'aime"
    Madeleine elle aime tant ça.

R2- Elle est tellement jolie
    Elle est tellement tout ça
    Elle est toute ma vie
    Madeleine qui n'arrive pas.

3- Ce soir j'attendais Madeleine
    Mais j'ai jeté mes lilas
    Je les ai jetés comme toutes les semaines
    Madeleine ne viendra pas
    Ce soir j'attendais Madeleine
    C'est fichu pour le cinéma
    Je reste avec mes "je t'aime"
    Madeleine ne viendra pas
    Madeleine c'est mon espoir
    C'est mon Amérique à moi
    Sûr qu'elle est trop bien pour moi
    Comme dit son cousin Gaspard
    Ce soir j'attendais Madeleine
    Tiens le dernier tram s'en va
    On doit fermer chez Eugène
    Madeleine ne viendra pas.

R3- Elle est pourtant tellement jolie
    Elle est pourtant tellement tout ça
    Elle est pourtant toute ma vie
    Madeleine qui ne viendra pas.

4- Mais demain j'attendrai Madeleine
    Je rapporterai du lilas
    J'en rapporterai toute la semaine
    Madeleine elle aimera ça
    Demain j'attendrai Madeleine
    On prendra le tram trente-trois
    Pour manger des frites chez Eugène
    Madeleine elle aimera ça
    Madeleine c'est mon espoir
    C'est mon Amérique à moi
    Tant pis si elle est trop bien pour moi
    Comme dit son cousin Gaspard
    Demain j'attendrai Madeleine
    On ira au cinéma
    Je lui dirai des "je t'aime"
    Et <u>Ma</u>deleine <u>elle</u> aimera <u>ça</u>. _ _ _ _ *(La ... Fa ... La Fa La Fa La)*

MATHILDE

Paroles : Jacques BREL
Musique : Gérard JOUANNEST

    Mim
1- Ma mère voici le temps venu, d'aller prier pour mon salut
   Lam   *Ré*   *Sol Fa#m7 Si7*
   Mathilde est revenue _ _
   Mim
   Bougnat tu peux garder ton vin, ce soir je boirai mon chagrin
   Lam   *Ré*   *Sol* *Fa#m7 Si7*
   Mathilde est revenue _ _
   Mi   *Do#m*
   Toi la servante, toi la Maria, vaudrait p't-être mieux changer nos draps
   La *Fa#m*   *Si   Sol# Fa#m Si7*
   Mathilde est revenue _ _
   Mi   *Do#m*
   Mes amis ne me laissez pas, ce soir je repars au combat
   La   *Fa#m Si7*   *Mim Lam Sim Mim*
   Maudite, Mathilde, puisque te v'la. _ _ _

2- Mon cœur, mon cœur ne t'emballe pas, fais comme si tu ne savais pas
   Que la Mathilde est revenue
   Mon cœur arrête de répéter, qu'elle est plus belle qu'avant l'été
   La Mathilde qui est revenue
   Mon cœur arrête de bringuebaler, souviens-toi qu'elle t'a déchiré
   La Mathilde qui est revenue
   Mes amis ne me laissez pas, non, dites-moi, dites-moi qu'il ne faut pas
   Maudite Mathilde, puisque te v'la.

3- Et vous mes mains restez tranquilles, c'est un chien qui nous revient de la ville
   Mathilde est revenue
   Et vous mes mains ne frappez pas, tout ça ne vous regarde pas
   Mathilde est revenue
   Et vous mes mains ne tremblez plus, souvenez-vous quand je vous pleurais dessus
   Mathilde est revenue
   Vous mes mains ne vous ouvrez pas, vous mes bras ne vous tendez pas
   Sacrée Mathilde, puisque te v'la.

    Fam
4- Ma mère arrête tes prières
   Ton Jacques retourne en enfer
   Sibm   *Ré#*   *Do7*
   Mathilde m'est revenue
   Fam
   Bougnat apporte-nous du vin
   Celui des noces et des festins
   Sibm   *Ré#*   *Do7*
   Mathilde m'est revenue
   Fa
   Toi la servante, toi la Maria
   Rém
   Va tendre mon grand lit de draps
   Sib   *Solm*   *Do   La Solm Do7*
   Mathilde m'est revenue _ _ _
   Fa
   Amis ne comptez plus sur moi
   Rém
   Je crache au ciel encore une fois
   Sib   *Do7*
   Ma belle Mathilde…
   Fa   *Réb Fa* *Sib Fa/La*
   _ Puisque te v'la, te v'la. _ _

© Éditions Pouchenel 1964.

ROSA

Paroles et musique :
Jacques BREL

R- Rosa rosa ro*sam* *Ré*
   Ro*sae* rosae ro*sa*
   Rosae rosae rosas
   Rosarum rosis rosis.

1- C'est le plus vieux des tangos du monde
   Celui que les têtes blondes
   Annon*nent* comme une ronde
   En ap*pre*nant leur latin
   C'est le tango du collège
   Qui prend les rêves au piège
   Et dont il est sacrilège
   De ne pas sortir malin
   C'est le tango des bons pères
   Qui surveillent l'œil sévère
   Les Jules et les Prosper
   Qui seront la France de demain.

2- C'est le tango des forts en thème
   Boutonneux jusqu'à l'extrême
   Et qui recouvrent de laine
   Leur cœur qui est déjà froid
   C'est le tango des forts en rien
   Qui déclinent de chagrin
   Et qui seront pharmaciens
   Parce que papa ne l'était pas
   C'est le temps où j'étais dernier
   Car ce tango rosa rosae
   J'inclinais à lui préférer
   Déjà ma cousine Rosa.

3- C'est le tango des promenades
   Deux par seul sous les arcades
   Cernés de corbeaux et d'alcades
   Qui nous protégeaient des pourquoi
   C'est le tango de la pluie sur la cour
   Le miroir d'une flaque sans amour
   Qui m'a fait comprendre un beau jour
   Que je ne serai pas Vasco de Gama
   Mais c'est le tango du temps béni
   Où pour un baiser trop petit
   Dans la clairière d'un jeudi
   A rosi cousine Rosa.

4- C'est le tango du temps des zéros
   J'en avais tant des minces des gros
   Que j'en faisais des tunnels pour Charlot
   Des auréoles pour Saint François
   C'est le tango des récompenses
   Qui allaient à ceux qui ont de la chance
   D'apprendre dès leur enfance
   Tout ce qui ne leur servira pas
   Mais c'est le tango que l'on regrette
   Une fois que le temps s'achète
   Et que l'on s'aperçoit tout bête
   Qu'il y a des épines aux Rosa.

VIEILLIR

Paroles : Jacques BREL
Musique : Jacques BREL et Gérard JOUANNEST

Intro-
Lam Mi Lam Fam

1-
   Fam   *Fam6*
_ Mourir en rougissant
Fam   *Fam6*
_ Suivant la guerre qu'il fait,
Dom   *Ré7*
_ Du fait des Allemands
             Solm
À cause des Anglais.

Sol7dim   *Rém*
_ Mourir baiseur intègre
Ré7dim   *Dom*
_ Entre les seins d'une grosse,
Do7dim   *Solm/Sib*
_ Contre les os d'une maigre
           Mi7dim
Dans un cul de basse fosse.

Fam   *Fam7M*
_ Mourir de frissonner,
Fam7   *Ré5dim*
_ Mourir de se dissoudre,
Do#7   *Fam/Do*
_ De se racrapoter,
Sibm   *Sol7/Si*
_ Mourir de se découdre.

© Éditions Pouchenel 1977.

R1-
   Mim
_ Ou terminer sa course,
                Ré
La nuit de ses cent ans
           Do
Vieillard tonitruant
                   Si7
Soulevé par quelques femmes
   Mim
Cloué à la Grande Ourse
              Ré
Cracher sa dernière dent
                Do#7
En chantant "Amsterdam".

Dom
_ Mourir cela n'est rien
Dom7M   *Dom7*
_ Mourir la belle affaire
Dom6   *Sol#7M*
_ Mais vieillir... ô vieillir !

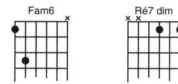

2-
Mourir, mourir de rire
C'est possiblement vrai
D'ailleurs la preuve en est
Qu'ils n'osent plus trop rire.

Mourir de faire le pitre
Pour dérider le désert
Mourir face au cancer
Par arrêt de l'arbitre.

Mourir sous le manteau
Tellement anonyme
Tellement incognito
Que meurt un synonyme.

3-
Mourir couvert d'honneur
Et ruisselant d'argent
Asphyxié sous les fleurs
Mourir en monument.

Mourir au bout d'une blonde
Là où rien ne se passe
Où le temps nous dépasse
Où le lit tombe en tombe.

Mourir insignifiant
Au fond d'une tisane
Entre un médicament
Et un fruit qui se fane.

R2- Ou terminer sa course
La nuit de ses mille ans
Vieillard tonitruant
Soulevé par quelques femmes
Cloué à la Grande Ourse
Cracher sa dernière dent
En chantant "Amsterdam".

Mourir cela n'est rien
Mourir la belle affaire
Dom6   *Sol#7M*   *(Dom)*
_ Mais vieillir... ô vieillir ! _

DANY BRILLANT

QUAND JE VOIS TES YEUX
Paroles et musique : Dany BRILLANT

R- Quand je vois tes yeux je suis amoureux *(Rém / Mi7 / Lam)*
　 Quand j'entends ta voix je suis fou de toi *(Rém / Mi7 / Lam)*
　 Quand je vois tes yeux je suis amoureux *(Rém / Mi7 / Lam)*
　 Quand j'entends ta voix je suis fou de toi. *(Rém / Mi7 / Lam)*

1- Mais tu as tant de charme et c'est là mon drame *(La7 / Rém7 / Sol7 / Do7M)*
　 Car je suis sans arme lorsque tu es là *(La7 / Si5dim / Mi7 / Rém7 / Sol7 / Do7M)*
　 Je voudrais t'le dire je voudrais l'écrire *(Fa7M / Si5dim / Rém7 / Lam)*
　 Mais je n'ose pas te parler de ça.

2- Tu fais des ravages je manque de courage
　 Pour te déclarer toute la vérité
　 J'prépare mes discours pour te faire la cour
　 Mais j'veux plus bouger quand tu es à mes côtés.

3- Mais tu m'impressionnes souvent je frissonne
　 Quand me vient l'idée de te rencontrer
　 Je n'ai pas confiance je manque d'assurance
　 Et je fais semblant de jouer les indifférents.

© Éditions ST-GERMAIN RIV' GAUCHE.

1- Quand tu t'en vas, que tu me laisses *(Rém)*
　 Pour aller vers d'autres amants *(Lam)*
　 Que tu ne tiens plus tes promesses
　 Et joue avec mes sentiments *(Rém)*
　 Alors en moi, je deviens bête
　 Et j'ai de mauvaises pensées *(Lam)*
　 Je songe au temps de ta défaite
　 Lorsque le temps t'aura vidée *(La7)*
　 Quand t'auras perdu ta jeunesse
　 Tu ne seras qu'une fleur fanée *(Rém7)*
　 Je veux que tes amants te laissent
　 Et que tu te mettes à douter *(Fa)*
　 Je veux qu'un jour tu connaisses *(Fam)*
　 La peur de ne plus être aimée *(Do7M)*
　 Qu'un jour, ta beauté disparaisse *(Si5dim)*
　 S'essoufflant avec les années. *(Mi7)*

© Éditions ST-GERMAIN RIV' GAUCHE.

RONSARD 96
Paroles et musique :
Dany BRILLANT

2- Quand tu n'auras plus cette grâce
　 Qu'ont les jeunes filles de quinze ans
　 Ce jour-là, tu perdras la face
　 À la face de tes soupirants
　 Tu auras beau faire des manières
　 Mais tout ça ne changera rien
　 Celle qui vit sur sa chair
　 Ne peut faire un très long chemin
　 Quand t'auras perdu ta jeunesse
　 Tu te lèveras tôt le matin
　 Pour dissimuler les faiblesses
　 De ce visage que tu peins
　 Alors moi, j'aurai un sourire
　 Et je me souviendrai du temps
　 Où tu avais un avenir
　 Dans la splendeur de tes vingt ans.

3- Mais je m'égare et je délire *(Rém)*
　 Car tu es si belle à présent *(Lam)*
　 J'aurai moi aussi à souffrir
　 De ce temps voleur de printemps *(Rém)*
　 Mais, que veux-tu, c'est ma vengeance
　 De penser que ce jour viendra *(Lam)*
　 Où tu connaîtras la souffrance *(Mi7)*
　 Que je connais à cause de toi. *(Lam)*

PATRICK BRUEL

DÉCALÉ

Paroles et musique :
Patrick BRUEL

Intro parlé -
<small>Mim - Fa#7</small>
Mais uma cançao pra vocé
<small>Lam7 - Si7</small>
Pra te dizer que estare sempre aqui
<small>Mim</small>
Que o tempo pode passar
<small>Do7M - Lam6</small>
As em embranças vas ficar
<small>Si7 - 4 - 3</small>
Vas cantaremos mas uma vez...
<small>Mim7</small>
Saudades.

<small>Mim7　　　　　　Fa#7</small>
1- Elle était coincée là depuis trois ou quatre mois,
<small>　Lam7　　　　Si7　　Mim7</small>
　　_ Une sale histoire, je crois.
<small>　　　Do7M　　　　　Lam6</small>
　Elle aurait bien craqué pour une histoire d'amour,
<small>　Si7-4　　　　　　-3　　Mim7</small>
　En échange d'un billet de retour.

2- Elle jouait au poker avec deux, trois dockers,
　Dans un café de Belem.
　Elle m'cherchait du regard comme s'il était trop tard,
　Comme si personne voulait rien voir.

<small>　Mim　Fa#7 Lam7　　Si7　　　Mim7</small>
R- Décalé, _ isso nào fas mal
<small>　Do7M Lam6　　　　Si7-4 - 3　Mim7</small>
　Décalé, eu tambem toma, dé-calé moin.

© 1989 by 14 PRODUCTIONS
66, avenue des Champs Elysées - 75008 Paris.

3- Dans ce vieux piano bar, elle chantait tous les soirs.
　Ici tout l'monde l'appelait : "la star"
　Elle m'a raconté son histoire, mytho ascendant bobards,
　Mais moi, j'faisais semblant d'y croire.

4- Elle avait si souvent dû laisser sa tendresse
　À de mauvaises adresses.
　Elle ne regrettait rien, elle le criait si bien,
　Rien de rien.

(monter d'un demi-ton)
5- Les verres de cachaça nous donnaient du courage.
　On faisait les malins pour pas rester trop sage.
　À l'aube on s'est perdus, je l'ai jamais revue.
　Je l'ai jamais revue...

Coda-
　Mais uma conçao pro vocé
　Pra te dizer que estare sempre aqui
　Que o tempo pode passar
　As em embranças vas ficar
　Vas cantaremos mas uma vez...

DORS

Paroles : Patrick BRUEL
et Bruno GARCIN
Musique : Patrick BRUEL

1-   *Mim*   *Si7/Ré#*
     __ Shampoing qui pique pas les yeux __
     Sol/Ré   *La/Do#*
     __ Une main qui traîne dans mes ch'veux __
     Do   *Sol/Si*
     __ Pas eu l'temps d'faire mes devoirs __
     Lam7   *Si*
     __ Ni envie de dormir seul ce soir. __

     Mim   *Si7/Ré#*
     __ Pas fermer la porte à clé __
     Sol/Ré   *La/Do#*
     __ Juste entr'ouvrir les volets __
     Do   *Sol/Si*
     __ Comme toi j'avais peur la nuit __
     Lam7   *Si*
     __ Bandits cachés sous mon lit. __

     Mim   *Si7/Ré#*
     __ Les histoires pour t'endormir __
     Sol/Ré   *La/Do#*
     __ Ça m'a jamais fait dormir __
     Do   *Sol/Si*
     __ Les batailles de polochon __
     Lam7   *Si*
     __ J'ai toujours trouvé ça con. __

R1-   *Mim*   *Ré#dim*   *Sol/Ré*   *La/Do#*
     <u>Dors</u>, <u>dors</u>,   __ mais ne ferme pas les <u>yeux</u>
     Do   *Sol/Si*
     __ Même quand le doute <u>est</u> plus fort
     Lam7   *Si*
     __ Faut pas glisser, te<u>nir</u> encore
     Mim   *Ré#dim*   *Sol/Ré*   *La/Do#*
     <u>Dors</u>, <u>dors</u>,   __ mais ne ferme pas les yeux __
     Do   *Sol/Si*
     __ En chacun d'nous y'a d'la __ lumière
     Lam7   *Si*   *Sisus4*   *Si*
     __ À toi d'savoir c'qu'il faut __ __ en <u>faire</u>.

2-   À toi qui viens juste derrière
     J'voudrais crier c'qu'il faut faire
     Mets pas tes pieds là, ça fait mal
     C'est pas vrai qu'tous les hommes se valent.

     Les bras trop courts pour embrasser
     Mais bien assez longs pour cogner
     J'en ai vu qui priaient peinards
     Mais qui tournaient tout le temps le regard.

R2- Dors, dors, mais ne ferme pas les yeux
     C'qui nous éclaire vient d'l'intérieur
     Personne peut arrêter c'compteur
     Dors, dors, mais ne ferme pas les yeux
     On ne peut jamais aimer tout l'monde
     Et ceux qui l'disent, disent des mensonges.

3-   *Do*   *Ré*
     __ Mais c'est comme la course <u>au</u> trésor
     Do   *Sol*   *Ré/Fa#*
     __ Si t'y crois plus, __ <u>c'est</u> qu't'es mort
     Do   *Ré7*
     __ Faut chercher encore __ encore
     Sol   *Ré/Fa#*   *Ré*   *Do*   *Sisus4*
     __ Jamais <u>s'at</u>tarder <u>dans</u> __ les <u>ports</u>.

R3- Dors, dors, mais ne ferme pas les yeux
     En chacun d'nous y'a d'la lumière
     À toi d'savoir c'qu'il faut en faire
     Dors, dors, mais ne ferme pas les yeux
     C'qui nous éclaire vient d'l'intérieur
     Personne peut arrêter c'compteur.

R4- Dors, dors, mais ne ferme pas les yeux
     On ne peut jamais aimer tout l'monde
     Et ceux qui l'disent, disent des mensonges
     Même le soir où l'doute est trop fort
     Faut pas glisser, tenir encore
     Dors, dors…

ad lib-

ELLE ME REGARDAIT COMME ÇA

Paroles : Patrick BRUEL et Gérard PRESGURVIC / musique : Patrick BRUEL

- Elle avait un blouson trois fois trop grand pour elle,
Un pantalon qui n'pouvait pas vivre sans bretelles. _
Elle avait dans les yeux ce p'tit air qui agace
Tous les gens bien pensants, bien assis, _ bien en place, _
Elle disait tout ce qu'elle pense
Sans penser tout ce qu'elle disait.
Elle jouait avec sa chance
Temps en temps, elle trichait.

R1- Elle me regardait comme ça, _
Elle me regardait comme ça, _
Elle me regardait comme ça, _
Le monde n'existait pas. _

Elle me regardait comme ça, _
Et moi je restais comme ça. _
Elle me regardait comme ça. _
Ça voulait dire que je suis là. _
_ Mais j'comprenais p'têt'pas. _

- Elle a mis dans ma vie tellement de choses qui manquaient,
Des fenêtres à mes nuits, des bateaux sur le quai.
Elle avait qu'un défaut, c'était d'voir tous les miens.
Chaque fois que j'en faisais trop, d'un petit sourire en coin,
Elle cherchait dans mes yeux
Des réponses, des questions.
Çame rendait malheureux.
Je disais oui, je disais non !

R2- Elle me regardait comme ça,
Elle me regardait comme ça,
Elle me regardait comme ça.
Le monde n'existait pas.

Elle me regardait comme ça,
Et moi je restais comme ça.
Elle me regardait comme ça.
Ça voulait dire que je suis là.
J'comprenais toujours pas.

3- Elle est partie un jour, elle a quitté le bal.
Dans ce monde en mal d'amour, elle respirait trop mal.
Elle avait pas eu le temps d'attendre trop longtemps
Et puis les princes charmants parfois prennent tout leur temps.
Pas besoin d'être en cage
Pour se croire en prison.
P'têt'que j'étais trop sage,
P'têt'que j'étais trop con.

R3- Elle me regardait comme ça,
Elle me regardait comme ça,
Elle me regardait comme ça.
Le monde n'existait pas.

Elle me regardait comme ça,
Et moi je restais comme ça.
Elle me regardait comme ça.
Ça voulait dire que je suis là.

Coda-
Elle avait un blouson trois fois trop grand pour elle,
Un pantalon qui n'pouvait pas vivre sans bretelles.
Elle avait dans les yeux ce p'tit air qui agace
Tous les gens bien pensants, bien assis, bien en place.

Elle me regardait comme ça... *(ad lib.)*

© 1989 by 14 PRODUCTIONS
66, avenue des Champs Elysées - 75008 Paris.
& SCARLET O'LAURA - 35, Bd Malesherbes
75008 Paris.

FLASH BACK

Paroles : Patrick BRUEL et Gérard PRESGURVIC
Musique : Patrick BRUEL

1- _ ^{La}14 mai 59. _ ^{Lam7}
^{Ré/La}
_ J'brise la coquille de mon œuf ^{La}_
Tout va bien, _ tout va mal,^{Lam7}
^{Ré/La}
_ Pour l'instant, ça m'est égal. ^{La}_
^{Mi/Sol# Fa#m}
_ On m'dorlote, on m'tripote,
^{Mi}   ^{Ré}
_ On m'embrasse, on m'agace. _
^{Mi Fa#m}   ^{Mi}
_ _ C'est tout l'portrait d'son papa, _
^{Ré}   ^{Ré7}
_ Mais qui c'est papa, j'<u>con</u>nais pas !

R- Back ^{La Ré/La La}_ _ _
         ^{La Ré/La La Fa Sol}
    Back _ _ _ _
         ^{La Ré/La La}
    Flash back _ _ _
         ^{La Ré/La La Fa Sol}
    Back _ _ _ _
         ^{La Ré/La La}
    Flash back _ _ _
         ^{La Ré/La La Fa Sol}
    Back _ _ _ _
         ^{La}
    Flash back. _

2- 14 mai 72.
   J'ai 13 ans, j'ai le blues.
   J'comprends pas bien tout c'qu'on m'veux
   Mais j'dis rien et j'baisse les yeux.
   Terminale terminée, j'quitte le bal des culturés.
   Encore un petit tour en fac,
   Mais là j'ai l'déclic, j'prends mes clacs !

3- 14 mai 84
   Le show bizz c'est super !
   C'est comme partout, faut un peu s'battre.
   Y'a des cons mais y'a des frères.
   Les années 80 c'est bien !
   J'ai eu d'la chance, j'ai pu monter dans le train.
   Dans ces cas là, on pense qu'à soi,
   Alors je fonce, je fonce mais j'oublie pas !

Pont-
         ^{Fa Sol}   ^{La}   ^{Ré}   ^{Rém}
   _ _ Tu <u>vois</u> si on <u>s'</u>raconte tous notre <u>vie</u>,
              ^{La}   ^{Fa#m7}   ^{Sol Ré/Mi}
   C'est qu'on <u>croit</u> que c'est pas la même _ que celle des autres. _ _
   ^{Mi7} ^{La}
   On s'réveille un jour
              ^{Do#7}   ^{Ré}   ^{Rém}
   Et on <u>s'dit</u> qu'on court tous <u>vers</u> la même histoire, _
              ^{La}   ^{Fa#m7}   ^{Mi7}
   Qu'on <u>court</u> tous vers la même _ histoire d'amour. _

4- 14 mai 3002
   Au paradis, j'suis heureux !
   J'ai rien à faire que des chansons.
   J'les joue à Dieu. Il trouve ça bon
   Mais certains soirs, les anges et moi,
   Quand on a le blues, on regarde en bas
   Et près du vieux piano de Lennon,
   On joue pour vous et y paraît que ça sonne.

Refrain - Ad lib.

© 1989 by 14 PRODUCTIONS
66, avenue des Champs Elysées - 75008 Paris.

LA FILLE DE L'AÉROPORT

Paroles et musique : Patrick BRUEL

© 1989 by 14 PRODUCTIONS
66, avenue des Champs Elysées - 75008 Paris.

1-   *Mim*   *Lam*
   _ Assis en salle d'embarquement
           Sim7   *Mim Lam Sim7*
   Ça fait deux heures que j'fais semblant _ _
   Mim   *Lam*
   _ D'lire un bouquin, j'suis incapable
             Sim7   *Mim*   *Lam Sim7*
   De vous dire même de quoi ça parle. _ _

   Mim   *Lam*
   _ La fille assise en face de moi
            Sim7   *Mim*   *Lam*
   Prend un air détaché, je crois. _ _
   Mim   *Lam*
   _ P'têt'même qu'elle prend l'même avion qu'moi.
                Sim7   *Mim*   *Lam Sim7*
   P'têt'même qu'elle va dans la même ville que moi. _ _

R- *Mim*   *Lam*   *Sim7*   *Mim Lam Sim7*
   La fille, fille, fille de l'aéroport _ _
        Mim   *Lam*   *Sim7*   *Mim Lam Sim7*
   Cette fille, fille, fille, j'y pense encore. _ _ _

2- Attention v'là qu'on appelle un avion, p'têt'le sien.
   Pourvu qu'elle se lève pas, j'ferme les yeux, j'dis plus rien.
   1, 2, 3, 4, 5, 6, 7, 8, 9, 10, j'ouvre les yeux.
   Elle n'a pas bougé, v'là qu'elle me fixe, c'est tout bleu.

   Qu'est-ce que je peux faire bon dieu pour m'donner une contenance ?
   Tiens, si j'prenais un stylo pour écrire tout c'que je pense ?
   J'aurais l'air d'un poète et p'têt'qu'elle aimerait ça
   Et même si c'est nul j'm'en fous, elle le lira pas !

3- Y a des phrases dans la vie que l'on n'oublie jamais.
   Pour moi ce sera "le vol pour Kingston, Porte B".
   Elle s'est levée avec son sac rose sur l'épaule.
   Et a regardé tout autour d'elle dans le hall.

   Elle m'aurait pas souri je crois que j'm'en s'rais sorti,
   En plus le genre de p'tit sourire qui t'dit "c'est la vie !"
   Quand elle a disparu derrière le grand panneau bleu,
   Il ne me restait plus que le souvenir de ses yeux.

4- Il faut quand même que j'vous raconte la fin de mon histoire.
   Elle avait disparu, elle s'promenait dans ma mémoire.
   Quand l'hôtesse m'a demandé mon carton d'embarquement,
   Moi, sans réfléchir, j'l'ai tendu machinalement.

   C'est une fois dans l'avion, pensant toujours au sac rose,
   Que je m'suis aperçu qu'il m'manquait le petit carton rose
   Sur lequel j'avais écrit, sans doute, ma plus belle oeuvre.
   Résultat, plus de fille et plus de trace du chef d'oeuvre.

Reprendre 4 fois le refrain-

Coda-
   Hôtesse de l'air : « Le chanteur remercie l'hôtesse de l'air
   d'avoir bien voulu renvoyer le carton d'embarquement
   pour que la chanson puisse exister. »

   La fille, fille, fille de l'aéroport
   Cette fille, fille, fille, j'y pense encore.

ROCK, HAINE, RÔLES

Paroles et musique :
Patrick BRUEL

Intro-
    Mim   *La/Mi*   *Do/Mi*
Rock comme la voix usée de ces hommes fatigués
                 Ré/Mi   *Mim*
De parcourir les routes afin qu'on les écoute
               La/Mi   *Do/Mi*
De chercher à comprendre, mais comment se faire entendre
                Ré/Mi
Quand personne ne répond au milieu de la haine,
                 La/Mi   *Ré/Mi*
La haine de devoir passer le plus clair de son temps
          Ré/Mi   *Mim*
Au milieu de ces gens, forcés de jouer un rôle
              La/Mi   *Do/Mi*
De plus en plus bancale, dans le plus mauvais des bals
               Ré/Mi
Où personne danse ensemble !

Mim   *Do/Mi*   *Mim* *Ré/Mi*
Rock, haine, rôles. __
Où personne danse ensemble !
Mim   *Do/Mi*   *Mim* *Ré/Mi*
Rock, haine, rôles. __

      Mim   *Do/Mi*
R1- J'ai du rock dans la voix, de la haine, des blessures
        Ré/Mi
Des rôles sur mesure mais tout ça c'est pourquoi ?
          Mim   *Do/Mi*
Pour te dire que j'ai peur, qu'ils sont devenus fous
             Ré/Mi
Que l'monde a mal au cœur, mais que tout le monde s'en fout.

            Mim   *Do/Mi*
Qu'il y a tant de prières qu'on ne peut plus les comprendre
          Ré/Mi
Et tant de mots qu'on croyait ne plus jamais entendre
        Mim   *Do/Mi*
Alors tu montes sur scène comme un gosse sans gêne
          Ré/Mi
Qui vient chercher d'l'amour, qui vient crier au secours
            Mim   *Do/Mi*
J'sais qu'y a quelqu'chose qui t'gêne mais je chante quand même
Peut-être un peu trop fort, mais parfois fais l'effort
        Mim   *La Sol*
De m'écouter un peu. __ __

Mim7   *La/Mi*   *La/Mim*
Rock comme s'il y avait personne quand tu lèves les yeux
               Ré/Mi
Comme s'il y avait maldonne
Mim   *La/Mi*   *Mim*
Haine pour ce marteau rouillé qui s'abat sans pitié
                Ré/Mi
Sur ses propres enfants... Jusqu'à quand ?

Mim   *Do/Mi* *Mim* *Ré/Mi*
Rock, haine, rôles ! __
Jusqu'à quand ?
Mim   *Do/Mi* *Mim* *Ré/Mi*
Rock, haine, rôles ! __

© 1989 by 14 PRODUCTIONS
66, avenue des Champs Elysées - 75008 Paris.

R2- J'ai du rock dans la voix, de la haine, des blessures
Des rôles sur mesure, mais tout ça c'est pourquoi ?
Pour te dire que j'ai peur, qu'ils sont devenus fous
Qu'avant de faire des prières, je voulais te dire tout !

Y'a des fous qui parlent fort, des types qui les écoutent
Qui appellent à la mort quand tu suis pas leur route
Les uns parlent de détails, les autres s'en balancent
Pour faire partie du bal y s'perdraient dans la danse
Il y a même des docteurs, qui soignent rien de tout ça
Qui regardent les erreurs mais qui ne les voient pas
Ça fait partie du jeu mais j'vais pas jouer toujours
Ça m'donne envie d'hurler, ça m'fait perdre mon humour
J'ai du mal à parler lorsque mes yeux se noient
J'ai du mal à chanter, j'ai un voile sur la voix
Même si personne m'écoute, ça changera pas ma route
Celle d'un gosse sans gêne qu'est monté sur cette scène.

Coda-
         Mim   *Do/Mi*   *Ré/Mi*
Qui vient <u>c</u>rier au secours, <u>w</u>here is love <u>n</u>ow ?
                  Mim   *Do/Mi*   *Ré/Mi*
Qui vient chercher d'l'<u>a</u>mour, <u>w</u>here is love <u>n</u>ow ?
         Mim   *Do/Mi*   *Ré/Mi*
Qui vient crier au se<u>c</u>ours, <u>w</u>here is love <u>n</u>ow ?
         Mim   *Do/Mi*
Qui vient <u>c</u>rier, <u>rock</u>,
               Ré/Mi
Qui vient <u>c</u>hercher, haine,
       Mim   *Do/Mi* *Ré/Mi Mim Do/Mi Ré/Mi Mim Do/Mi Ré/Mi*
Qui vient <u>c</u>rier, <u>rôles</u> ! __ __ __ __ __ __ __

J'ai du rock dans la voix, de la haine, des blessures
Des rôles sur mesure mais tout ça c'est pourquoi ?
Pour te dire que j'ai peur, qu'ils sont devenus fous
Que l'monde a mal au cœur, mais que tout le monde s'en fout
Ça suffit pas toujours d'embrasser son étoile
Ou de parler d'amour que sur des cartes postales.

Rock pour te dire que j'ai peur, qu'ils sont devenus fous
Qu'avant de faire des prières, je voulais te dire tout !
Je voulais te dire tout !... Je voulais te dire tout !

MÊME SI ON EST FOU

Paroles : Patrick BRUEL et Gérard PRESGURVIC
Musique : Patrick BRUEL

1- <u>Lam7</u> __ Arrête <u>Fa9/6</u> __ de m'fati<u>guer</u>! <u>Sol</u> __ <u>Mim7</u>
<u>Lam7</u> __ Arrête de toujours <u>Fa9/6</u> __ vouloir nous frei<u>ner</u> <u>Sol</u>
<u>Lam7</u> __ Arrête tu <u>Fa9/6</u> __ m'fais pitié <u>Sol</u> __ <u>Mim7</u>
<u>Lam7</u> __ On a rien fait et <u>t'es</u> déjà fati<u>gué</u>! <u>Sol</u>

<u>Lam7</u> Arrête de <u>Fa7</u> trembler comme un <u>lièvre</u> <u>Sol</u>
De ressembler à ton père __ ^{Ré/Fa#}
De <u>nous</u> faire la mo<u>rale</u> ^{Rém} ^{Sim7/Mi}
^{Do#m} ^{La7} ^{Sol#m7}
Les <u>autres</u>, les <u>autres</u> y font c'qui veulent __ ^{Fa#/La#}
Tant pis si on s'casse la gueule __ ^{Fa#m7} ^{Sol#4}
Tant <u>pis</u> si on s'fait mal! __

^{Réb} ^{Dob/Réb}
Même si on est <u>fous</u> __
^{Réb} ^{Dob/Réb}
On s'en <u>fout</u>! __
^{Sibm7}
Y'aura toujours des fous __
^{Mib9/7} ^{Lab13/7}
Pour dire que __ les fous c'est nous __
^{Réb} ^{Mibm}
Même si on a <u>tort</u>
^{Réb/Fa} ^{Solb}
On attendra d'être <u>morts</u>
^{Sibm7}
Pour y penser __
^{Mib9/7} ^{Lab7}
Mais j'suis <u>sûr</u> d'y croire encore. __

2- Arrête de m'répéter
Qu'le monde a 2000 ans
Qu'on changera rien maintenant
Arrête! tu sais bien que t'es comme moi
T'as envie des mêmes choses
Mais seulement tu l'dis pas.

Arrête y en a des tas comme nous
Qui veulent pas vivre à genoux
Pas rester dans leur trou
D'accord, le monde a 2000 ans
Mais il a plein d'enfants
Alors qu'est-ce que t'attends !

Même si on est fous
On s'en fout!
Y aura toujours des fous
Pour dire qu'les fous c'est nous
Même si on a tort
On attendra d'être morts
Pour y penser
Mais i'suis sûr d'y croire encore.

© 1989 by 14 PRODUCTIONS
66, Avenue des Champs Elysées - 75008 PARIS
& SCARLET O LAURA ÉDITIONS
35, Bd Malesherbes - 75008 PARIS

Coda-
^{Do#m} ^{La7} ^{Sol#m7}
Les <u>autres</u>, les <u>autres</u> y font c'qu'ils <u>veulent</u>
^{Fa#/La#}
Tant pis si on s'casse la <u>gueule</u>
^{Fa#m7} ^{Sol#4}
Tant <u>pis</u> si on s'fait mal __
^{Réb}
Même si on est <u>fous</u>
^{Dob/Réb} ^{Réb}
__ On s'en fout! __
^{Dob/Réb} ^{Sibm7}
__ Y aura toujours des fous __
^{Mib9/7} ^{Lab13/7}
Pour dire que __ les fous c'est nous __
^{Réb}
Même si on a <u>tort</u>
^{Mibm} ^{Réb/Fa}
__ On attendra d'être <u>mort</u>
^{Solb} ^{Sibm7}
__ Pour y penser __
^{Mib9/7} ^{Lab7}
Mais j'suis <u>sûr</u> d'y croire encore. __

Même si on est fous
On s'en fout!
Y aura toujours des fous
Pour dire qu'les fous c'est nous
Même si on a tort.

ad lib-

On attendra d'être morts
Pour y penser
Mais j'suis sûr d'y croire encore
Même si on est fous
On s'en fout!
Y aura toujours des fous
Pour dire qu'les fous c'est nous
Même si on a tort
On attendra d'être morts
Pour y penser
Mais j'suis sûr d'y croire encore.

FRANCIS CABREL

ASSIS SUR LE REBORD DU MONDE
Paroles et musique : Francis CABREL

Mi7
Si j'ai bien toute ma mémoire
Disait Dieu dans un coin du ciel
J'avais commencé une histoire
La7
Sur une planète nouvelle, toute bleue
Mi7
Bleue, pour pas qu'on la confonde
Si   *Do#m*
Je vais aller m'asseoir sur le rebord du monde
    La   *Mi* *Si7*
Voir ce que les hommes en ont fait. _

J'y avais mis des gens de passage
J'avais mélangé les couleurs
Je leur avais appris le partage
Ils avaient répété par cœur
"Toujours"! Tous toujours dans la même ronde
Je vais aller m'asseoir sur le rebord du monde
Voir ce que les hommes en ont fait.

Je me souviens d'avoir dit aux hommes
Pour chaque fille une colline de fleurs
Puis j'ai planté des arbres à pommes
Où tout le monde a mordu de bon cœur
Et partout, partout des rivières profondes
Je vais aller m'asseoir sur le rebord du monde
         La   *Mi* *Si7 Do Si7*
Voir ce que les hommes en ont fait. _ _ _

    Fa#
Soudain toute la ville s'arrête
Il paraît que les fleuves ont grossi
Les enfants s'approchent, s'inquiètent
Et demandent "Pourquoi tous ces bruits ?"
     Si   *Fa#*
Sans doute, Dieu et sa barbe blonde
        Do#   *Ré#m*
Dieu qui s'est assis sur le rebord du monde
              Si   *Fa# Do#7*
Et qui pleure de le voir tel qu'il est! _

Coda-
Fa#7 Si7 Fa#7
—
Si7   Fa#7
 —   —
                 Do#   *Rém*
Dieu qui s'est assis sur le rebord du monde
              Si   *Fa# Si7 Fa#*
Et qui pleure de le voir tel qu'il est. _ _

© 1993 by Chandelle Productions
61, rue de Ponthieu - 75008 Paris.

DAME D'UN SOIR
Paroles : Francis CABREL
Musique :
Georges AUGIER DE MOUSSAC

     Mi   *La*
R- Dame d'un soir _
                     Mi   *La Ré*
    Je t'imagine, sans effort. _ _
         Mi
    Dame d'un soir
    La
    Je te dessine
         Mi   *La Ré*
    Quand je m'endors. _ _

    Fa#m   *Ré*
1- Laisse faire la lumière
                    La   *Ré*
    Laisse-toi soulever doucement _
              Sol Ré
    Ferme les yeux _
                La   *Mi*
    Dehors il pleut, un peu.

    Fa#m   *Ré*
    Tu dérives, captive
           La   *Mi*
    Vers le soleil blanc d'un nouveau jour _
                Sol
    Quelqu'un t'attend
       Ré   *Si*
    Au bout de l'Océan.

2- Les sirènes te préviennent
    Qu'un voilier s'approche de ton corps
    Plein de rubans
    Et de papillons blanc
    Pour tes ailes d'enfant.

    Nos épaules se frôlent
    Nos voiles se fondent au même feu
    Nos corps se glissent
    Jusqu'aux plages d'Atlantis.

3- Des sirènes te préviennent
    Qu'un voilier s'approche de ton corps
    Plein de rubans
    Et de papillons blanc
    Pour ton ventre d'enfant.

    Le silence immense
    Juste la musique de ton cœur
    Personne autour
    Que nos haleines d'amour.

Coda-
    Fa#m   *Ré*
    Aquarelle, nouvelle
              La   *Mi*
    Sur des fils de laine roses et blancs
               Sol
    Ferme les yeux
       Mi   *La*
    Dehors il pleut
       Mi   *La*   *Mi*
    Dehors il pleut, un peu...

© 1983 by Chandelle Productions
61, rue de Ponthieu - 75008 Paris.

LA CORRIDA

Paroles et musique : Francis CABREL

1- Rém   Fa
    __ Depuis le temps que je patiente dans cette chambre noire
                     Do   Sibsus9
    J'entends qu'on s'amuse et qu'on chante au bout du couloir.
                    Rém   Fa
    Quelqu'un a touché le verrou et j'ai plongé vers le grand jour
              Do   Sibsus9
    J'ai vu les fanfares, les barrières et les gens autour.
    Rém Fa Do Sibsus9

2- Dans les premiers moments j'ai cru qu'il fallait seulement se défendre
    Mais cette place est sans issue, je commence à comprendre.
    Il ont refermé derrière moi, ils ont eu peur que je recule
    Je vais bien finir par l'avoir cette danseuse ridicule.

      Rém Fa   Do   Sibsus9
R- __ __ Est-ce que ce monde est sérieux ? __
      Rém Fa   Do   Sibsus9
    __ __ Est-ce que ce monde est sérieux ? __

3- Andalousie je me souviens, les prairies bordées de cactus.
    Je ne vais pas trembler devant ce pantin, ce minus !
    Je vais l'attraper lui et son chapeau, les faire tourner comme un soleil
    Ce soir la femme du torero dormira sur ses deux oreilles.

Reprise du refrain-

Pont-
          Sibsus9   Dosus9
       __ J'en ai poursuivi des fantômes
                      Rém   Résus4 Rém
       Presque touché leurs ballerines. __   __
                    Sibsus9
       Ils ont frappé fort dans mon cou
                              La   Lasus4 La
       Pour que je m'incline. __   __
                 Sibsus9
       Ils sortent d'où ces acrobates
          Dosus9   Rém   Résus4 Rém
       __ Avec leurs costumes de papier ? __   __
                       Sibsus9
       J'ai jamais appris à me battre
                    Dosus9   Sibsus9 Sibsus9
       Contre des poupées. __   __
       Rém Fa Do Sibsus9
       __ __ __ __

4- Sentir le sable sous ma tête, c'est fou comme ça peut faire du bien
    J'ai prié pour que tout s'arrête, Andalousie je me souviens.
    Je les entends rire comme je râle, je les vois danser comme je succombe
    Je ne pensais pas qu'on puisse autant s'amuser autour d'une tombe.

Reprise du refrain-
Coda-
       Si si hombre, hombre, baila baila
       Hay que bailar de nuevo, y mataremos otros
       Otras vidas, otros toros, y mataremos otros
       Venga venga, venga, venga a bailar…

Sib sus9

© 1993 by Chandelle Productions
61, rue de Ponthieu - 75008 Paris.

LA FILLE QUI M'ACCOMPAGNE
Paroles et musique : Francis CABREL

Capo I

1- *Ré*
    _ Elle parle comme l'eau des fontaines
    Sol6   *Ré*   *Sol6*
    _ Comme les matins sur la mon<u>tagne</u> _
    Ré   *Sol*
    _ Elle a les yeux presque aussi <u>clairs</u>
                        Do   *Sol6*
    Que les murs blancs du fond de <u>l'Espagne</u>. _

    Sim   *Sol*
    _ Le bleu nuit de ses rêves m'at<u>tire</u>.
    Sim   *Sol*
    _ Même si elle connaît les mots qui <u>déchirent</u>
                    La
    J'ai promis de ne jamais <u>mentir</u>
                 Do   *Ré* *Do*
    À la fille qui m'ac<u>compagne</u>. _ _

2- Au fond de ses jeux de miroir
    Elle a emprisonné mon image
    Et même quand je suis loin le soir
    Elle pose ses mains sur mon visage.

    J'ai brûlé tous mes vieux souvenirs
    Depuis qu'elle a mon cœur en point de mire
    Et je garde mes nouvelles images
                      Do   *Ré*
    Pour la fille avec qui je <u>voyage</u>. _

R- *Sol*   *La*
    On s'est <u>juré</u> les mots des enfants mo<u>dèles</u>
                Do   *Sol* *Ré*
    On se tiendra <u>toujours</u> loin des tourbillons g<u>éants</u> _
          Sol   *La*
    Elle pren<u>dra</u> jamais mon cœur pour un hô<u>tel</u>
    Je dirai les mots qu'elle at<u>tend</u>.

3- Elle sait les îles auxquelles je pense
    Et l'autre moitié de mes secrets
    Je sais qu'une autre nuit s'avance
    Lorsque j'entends glisser ses colliers.

    Un jour je bâtirai un empire
    Avec tous nos instants de plaisir
    Pour que plus jamais rien ne m'éloigne
    De la fille qui m'accompagne.

R- On s'est juré les mots des enfants modèles
    On se tiendra toujours loin des tourbillons géants
    Je prendrai jamais son cœur pour un hôtel
    Elle dira les mots que j'attends.

4- Elle sait les îles auxquelles je pense
    Et l'autre moitié de mes délires
    Elle sait déjà qu'entre elle et moi
    Plus y'a d'espace et moins je respire.

© 1984 by Chandelle Productions - 61, rue de Ponthieu - 75008 Paris.

OCTOBRE

Paroles et musique : Francis CABREL

1-   *Mi*   *La*
    Le vent fera craquer les branches
              Mi   *La*
    La brume viendra dans sa robe blanche
          Do#m
    Y'aura des feuilles partout
             Fa#7
    Couchées sur les cailloux
     La   *La2*
    Octobre tiendra sa revanche. _

    Le soleil sortira à peine
    Nos corps se cacheront sous des bouts de laine
    Perdue dans tes foulards
    Tu croiseras le soir
   La   *Mi - 4 - 3*
    Octobre endormi aux fontaines. _ _

R1-   *La*
    Il y aura certainement
           Si
    Sur les tables en fer blanc
      Do#m   *La*
    Quelques vases vides qui traînent
   Fa#m   *Si*   *La2 Mi*
    _ Et des nuages pris aux antennes _ _
         La
    Je t'offrirai des fleurs
        Si
    Et des nappes en couleurs
   Do#m   *La*   *La2 Fa#m*
    Pour ne pas qu'Octobre nous prenne. _ _

2-   On ira tout en haut des collines
    Regarder tout ce qu'octobre illumine
    Mes mains sur tes cheveux
    Des écharpes pour deux
   La2   *Mi - 4 - 3*
    Devant le monde qui s'incline. _ _ _

Pont musical-
    Mi La Mi La Do#m Fa#7 La Mi-4-3
    _ _ _ _ _ _ _ _

R2-   Certainement appuyés sur des bancs
    Il y aura quelques hommes qui se souviennent
    Et des nuages pris sur les antennes
    Je t'offrirai des fleurs
    Et des nappes en couleurs
    Pour ne pas qu'octobre nous prenne.

3-   Et sans doute on verra apparaître
    Quelques dessins sur la buée des fenêtres
    Vous, vous jouerez dehors
    Comme les enfants du nord
    Octobre restera peut-être.

Coda-
    Mi La Mi La
    _ _ _ _
                  Do#m
    Vous, vous jouerez dehors
                   Fa#7
    Comme les enfants du nord
   La   *Mi*
    Octobre restera peut-être. _

© 1994 by Chandelle Productions
61, rue de Ponthieu - 75008 Paris.

QUELQU'UN DE L'INTÉRIEUR
Paroles et musique : Francis CABREL

1-
   Ré   *Fa#m*
_ J'avais besoin de chaleur _
Ré
_ Personne autour pour l'amour
Fa#m
_ Le ventre des flippers
Sol   *Sim7*
_ Et pour parler les boules d'a<u>c</u>ier
                    Mi
Et les zéros du co<u>m</u>pteur
Sol   *La*
_ T'étonne pas _ si je suis
Sol
<u>Quel</u>qu'un de l'intérieur (bis)
La
_ J'ai supposé qu'on s'habitue
Sim
_ Et que ce serait ma vie
Do
_ J'étais un peu mal au début
Sol   *Sim*
_ Mais je t'assure _ qu'aujourd'hui
Do
_ J'en ris plus souvent que j'en pleure
La   *Ré*
_ Je suis quelqu'un de l'int<u>é</u>rieur.

2- Ils voulaient que je leur ressemble
Ces hommes qui chassent, qui violent
Qui calculent et qui vendent
Et qui voulaient que j'aille après
Confesser mes erreurs
T'étonne pas si je suis
Quelqu'un de l'intérieur. (bis)

Je les regarde qui dansent
Et qui parlent et qui parlent
Et qui disent plus que ce qu'ils pensent
Qui se séduisent à coup de phrases de rien du tout
Qui parlent tellement
Qu'ils trouvent que je parle pas beaucoup
Alors ils croient que je suis triste
Mais si je mettais mon cœur là
Au milieu de la piste
Ils verraient des couleurs
Ils savent même pas qu'elles existent.

3- C'est pas le courage qui me manque
Qui m'empêche de sourire
Y'a des moments tellement beaux
Y'a que le silence pour le dire
J'en ris plus souvent que j'en pleure
Je suis quelqu'un de l'intérieur
Peut être ils croient que je suis calme
Que je compte les étoiles
Au milieu de leur vacarme
Mais si un jour je dévoile
Les secrets de mon âme...

Final-
C'est pas le courage qui me manque
Qui m'empêche de sourire
Y'a des moments tellement beaux
Y'a que le silence pour le dire
T'as pris toute la place dans mon cœur
Mais je suis quelqu'un de l'intérieur.

© 1984 by Chandelle Productions - 61, rue de Ponthieu - 75008 Paris.

SAMEDI SOIR SUR LA TERRE
Paroles et musique : Francis CABREL

1- Il *Ré* arrive, elle le *Ré2* voit, elle le *Sol* veut
   Et ses yeux font le *Ré* reste *Sol Ré - 4 - 3* __ __ __
   Elle s'arrange pour me*Ré2*ttre du *Sol* feu
   Dans chacun de ses ge*Ré*stes
   Fa#m7
   __ Après c'est une histoire clas*Ré*sique
   Fa#m7
   __ Quelle que soit la fumée
   Sol   *La*   *La2*
   Quelle que soit la musique __
   Elle relève ses *Ré* cheveux,
   Ré2   *Sol*
   Elle espè*Ré*re qu'il de*Sol Ré - 4 - 3*vine
   Dans ses yeux de figurine. __ __ __

2- Il s'installe, il regarde partout
   Il prépare ses phrases
   Comme elle s'est avancée un peu
   D'un coup leurs regards se croisent
   Après c'est une histoire normale
   Le verre qu'elle accepte, les sourires qu'il étale
   En s'approchant un peu, il voit les ombres fines
   Dans ses yeux de figurine.

R- *Sim* __ Pas la peine que je pré*La*cise
   D'où ils viennent et ce qu'ils se *Sol* disent
   C'est une hi*Sim*stoire d'enfant
   Une histoire o*La*rdinaire
   Sol
   On est tout simplement, simplement
   Mim   *Ré Sol Ré Sol2*
   __ Un samedi soir sur la terre. __ __ __ __ (bis)

3- Ils se parlent, ils se frôlent, ils savent bien
   Qu'il va falloir qu'ils sortent
   Ils sont obligés de se toucher
   Tellement la musique est forte
   Après c'est juste une aventure
   Qui commence sur le siège
   Arrière d'une voiture
   Il voit les ombres bleues
   Que le désir dessine
   À son front de figurine.

Coda-
   Pas la peine d'être plus précis
   Cette histoire est déjà finie
   On en ferait autant
   Si c'était à refaire
   On est tout simplement, simplement
   Un samedi soir sur la terre (bis)
   Un samedi soir.

RéM5 dim

© 1994 by Chandelle Productions
61, rue de Ponthieu - 75008 Paris.

TÔT OU TARD S'EN ALLER
Paroles et musique : Francis CABREL

   RéM5dim   *Ré*   *La4*
1- Tôt ou tard s'en aller __
   La
   Par les ruisseaux devant *Sim* nous *Sim7* __
   Fa
   Jusqu'au milieu d'une mer quelconque
   Sol
   Sur __ le pont brisé, d'une jonque
   RéM5dim   *Ré*   *Do*
   On va __ tôt ou tard s'en aller. __

2- Quelques vestes froissées
   Quelques cartons en morceaux
   Dans les brouillards huileux de la nuit
   Juste nos corps frileux endormis
   RéM5dim   *4 - 3*
   Sur __ quelques vestes froissées. __ __

         Mi   *Sol*
R- J'avais des rêves pourtant
   Ré
   J'avais des rêves
          Mi   *Sol4-3*
   J'avais des rêves pourtant.

3- Voir les trains s'éloigner
   Les plafonds chargés de bijoux
   Et tous ces gens attablés, heureux
   Et nous, sur les bas-côtés, fiévreux
   De voir les trains s'éloigner.

Pont-
   Sim   *Fa#*
   __ Quelquefois les enfants demandent
                          Sol   *Ré*
   Comment fait-on pour finir ici __
   Sim   *Fa#*
   __ Sans doute, je dormais sur une feuille
                    Sol   *Mi - 4 - 3*
   Et l'automne m'a surpris! __ __ __

Reprise du refrain et du couplet 1-
   Tôt ou tard s'en aller. (bis)

PETITE SIRÈNE
Paroles : Francis CABREL
Musique : Jean-Pierre BUCOLO

R-   *Mi*   *Sol#m*
    Pleure pas pe<u>ti</u>te sirène
    Do#m   *La*
    La ville dort encore __
          Mi   *Si*
    Ton <u>hi</u>stoire commence à <u>pei</u>ne
    Pleure pas petite sirène
    Le jour attend dehors
    Dans les brumes des fontaines.

1- *La2*   *Mi*   *Si*
    Ce <u>ma</u>tin est si clair __
         La2   *Si*
    Ce <u>si</u>lence si <u>doux</u>
        Mi   *Sol#m*
    Des <u>pa</u>roles d'homme flottent <u>dans</u> l'air
          La2
    Tout l'<u>mon</u>de a rendez-vous
    La nuit est passée toute entière
    A creusé sur nos joues
    Tu déchires tout d'un trait de lumière
    Et c'est la vie tout à coup. *(bis)*

    Ça s'voit que tu viens de chez les anges
    T'es belle comme tout
    Ça s'voit que nos manières te dérangent
    Et ces lumières partout
    Tous ces fantômes qui te touchent
    Ces mains qui te secouent
    Cette bouffée d'air froid dans ta bouche
    C'est la vie tout à coup. *(bis)*

    Voilà qu'tu viens comme une reine
    Juste à la pointe du jour
    Avec dans son écho de porcelaine
    Ton appel au secours
    Comme un signal pour que s'égraine
    Ce temps qui s'enfuit à son tour
    D'abord les heures, les jours, les semaines
    Et puis les années d'amour. *(bis)*

© 1989 by Chandelle Productions - 61 rue de Ponthieu - 75008 Paris.
& B.M.G. Music Publishing France - 4 - 6 Place de la Bourse - 75080 Paris CEDEX 02.

C'EST UNE ANDALOUSE
Paroles :
Étienne RODA-GIL
Musique :
Julien CLERC

Capo IV

1-   *Lam*   *Rém*   *Mi7*   *Lam*
    __ Pauvre loup <u>trem</u>blant <u>et</u> bles<u>sé</u>
    Lam   *Rém*   *Mi7* *Lam*
    __ Mon cœur pleure <u>sa</u> vieille li<u>ber</u>té
    Rém
    __ Depuis que les dents farouches
    Lam
    __ D'un monstre hâlé
    Si7   *Mi7*   *La*
    __ Déchirent mon <u>cœur</u> et mon pas… (<u>c'est</u>…)

R-   *La*   *Sim*
    <u>C'</u>est une Anda<u>lou</u>se
                  Mi
    Et elle peut <u>prend</u>re ma vie
              Do#m
    Quand <u>elle</u> sourit
    Fa#7   *Sim7*
    <u>Quand</u> elle se fait <u>dou</u>ce
    Mi7   *La*
    Elle me <u>bles</u>se aussi tant <u>pis</u>…

    C'est une Andalouse
    Et son cœur insoumis
    Dévore ma vie
    Et sans qu'on la pousse
             Mi7   *Lam*
    Elle peut <u>tu</u>er aussi, tant <u>pis</u>.

2- Mon Dieu bénissez les brebis
    À qui l'amour simple est permis
    Au fond de quels orages
    De quelles mêlées
    Fût créé ce monstre pres… (<u>c'est</u>…).

3- Au fond de ta vie toi qui ris
    Toi qui te crois bien à l'abri
    Demande aux dieux superbes, de ton pays
    De t'épargner cette angois… (<u>c'est</u>…).

© 1964 by Éditions SIDONIE
24, place des Vosges - 74003 Paris
et by Éditions CRÉCELLES
24, place des Vosges - 75003 Paris.

CE N'EST RIEN

Paroles : Étienne RODA-GIL
Musique : Julien CLERC

1- Ce n'est *Fa* rien
Tu le *Mi* sais bien
Le temps passe
Ce n'est *Lam* rien
Tu sais *Fa* bien
Elles s'en *Mi* vont
Comme les bateaux
Et sou*Lam*dain
Ça re*Rém*vient
Pour un *Sol* bateau qui s'en *Do* va
Et re*Rém*vient
Il y a *Mi* mille coquilles de *Lam* noix
Sur ton che*Fa*min
Qui *Mi* coulent et c'est très *Lam* bien.

R- Et ce n'est *Sol* qu'une tourterelle
Qui s'*Do*éloigne à tire-d'aile
En em*Rém*portant le du*Mi*vet
Qui était ton *Lam* lit
Un beau matin
Et ce n'est *Sol* qu'une fleur nouvelle
Et qui *Do* s'en va vers la grêle
Comme un *Rém* petit radeau *Mi* frêle
Sur l'océ*Lam*an.

2- Ce n'est rien
Tu le sais bien
Le temps passe
Ce n'est rien
Tu sais bien
Elles s'en vont
Comme les bateaux
Et soudain
Ça prévient
Comme un bateau qui revient
Et soudain
Il y a mille sirènes de joie
Sur ton chemin
Qui résonnent et c'est très bien.

R- Et ce n'est qu'une tourterelle
Qui reviendra à tire d'aile
En rapportant le duvet
Qui était sur ton lit
Un beau matin.
Et ce n'est qu'une fleur nouvelle
Et qui s'en va vers la grêle
Comme un petit radeau frêle
Sur l'Océan…

© 1969 by Éditions CRÉCELLES – 24, place des Vosges – 74003 Paris
et by Éditions SIDONIE – 24, place des Vosges – 75003 Paris.

Capo III

JE SAIS QUE C'EST ELLE

Paroles : Étienne RODA-GIL
Musique : Julien CLERC

    Mim
\- De ses deux bras tendus
   Sol
Elle __ fait l'horizon et le ciel
Ré
__ Où sa tête en se balançant
Mim   *Si4*
__ Fait toute la course du soleil.

Et d'une épaule à l'autre
Moi je sais que c'est elle
Oui ce nouveau soleil
Moi je sais que c'est elle.

  Mi   *Ré2*   *Mi*
R- Je ne veux pas te dire
               La   *Sol#5+*
Des serments éternels
Do#m
éternels
Fa#m   *Si7*
Les réveils sont cruels
  Mi
Et si l'on me demandait
Sim6
Sur la terre où est mon ciel
  Mi
Ou bien si j'ai de l'amour
Sim6   *Do#7*
Comme une vision nouvelle
Fa#m   *Si7*
Moi sans vouloir te nommer
Fa#m   *Si7*
Notre ciel n'a pas d'oreilles
Mi
Je leur dirais seulement de toi
            Mi   *Sim*
Je sais que c'est elle
            Mi   *Sim*
Je sais que c'est elle __
            Mi   *Mim*
Je sais que c'est elle. __

2- Sur ces deux jambes croisées
Se déchire un murmure
C'est la matière de ces bas
Qui se plaint et qui me torture
Et d'une cheville à l'autre
Moi je sais que c'est elle
Cette prison nouvelle
Moi je sais que c'est elle…

   Mi
3- Et de tes deux bras tendus
Sim6
Tu fais l'horizon et le ciel
   Mi
Où ta tête en se balançant
Sim6   *Do#7*
Fait toute la course du soleil.
Fa#m   *Si7*
Moi sans vouloir te montrer
Fa#m   *Si7*
Je garde toujours mes merveilles
      Mi   *Sim*
Toute la vie __ je leur répondrai
                  Mi   *Sim*
Je sais que c'est elle (La la la la la).*(ter)*

© 1969 by Éditions CRÉCELLES
24, place des Vosges - 74003 Paris
et by Éditions SIDONIE
24, place des Vosges - 75003 Paris.

LA CALIFORNIE

Paroles :
Étienne RODA-GIL
Musique :
Julien CLERC

     Lam Sol *Do* *Rém*   *Mi4-3*
R- La Ca - li - for - nie
     Lam Sol *Fa*   *Mi*   *Lam*
    La Ca - li - for - nie
     Lam Sol *Do* *Rém*   *Mi4-3*
    La Ca - li - for - nie
     Lam Sol *Fa*   *Mi*   *Lam*
    La Ca - li - for - nie.

   Lam   *Mi7*
1- La Californie
         Lam/Do   *Mi7*
   Se dor' près de la mer
   Lam   *Rém*   *Sol Do* *Mi7*
   Et ne connaît pas l'été de la mer
   Lam   *Mi7*
   La Californie
         Lam/Do   *Mi7*
   Est une frontière
   Lam   *Rém*
   Entre mer et terre
             Sol Do *Mi7*
   Le désert et la vie.

2- Les palétuviers dorment sous le vent
   La cannelle fauve embaume ton temps
   La Californie est une frontière
   Entre mer et terre
   Le désert et la vie.

Pont-
       Lam   *Sol*   *Do*
   Près des orangers
     Sol   *Do*
   C'est là que t'attend
   Do7
   Au fond de tes rêves
   Rém   *Sol7* *Mi7*
   Ton prince charmant. __

3- Mais la Californie
   Est si près d'ici
   Qu'en fermant les yeux
   Tu pourrais la voir
   Du fond de ton lit.

© 1969 by Éditions CRÉCELLES
24, place des Vosges - 75003 Paris
& by Éditions SIDONIE
24, place des Vosges - 75003 Paris.

LA CAVALERIE

Paroles : Étienne RODA-GIL
Musique : Julien CLERC

1- Quand ^{Lam} je vois les motos sau^{Rém9}vages
    Qui ^{Sol} traversent nos vil^{Mim7}lages
    Ve^{Lam}nues de Cali^{Rém9}fornie
    De ^{Sol} Flandres ou bien de Pa^{Mim7}ris.

    Quand ^{Do} je vois filer ^{Sol} les bolides
    Les ^{Lam} cuirs fauves et ^{Mi7} les cuivres
    Qui ^{Lam} tra^{Sol}versent le pa^{Do}ys ^{Mi4 - 3} _ _
    Dans ^{Lam} le mé^{Sol}tal et le bru^{Mi4-3}it.

R- Moi ^{Lam Sol} je pense à la ^{Fa Mim} (tabadabadabata) ^{Rém7 Mim} cavalerie
    Moi ^{Lam Sol} je pense à la ^{Fa Mim} (tabadabadabata) ^{Rém7 Mim} cavalerie.

2- Quand s'éloigne la tourmente
    Quand retombe la poussière pesante
    Et que sombre le pays
    Dans le sommeil et l'ennui.

    Comme dans les films héroïques
    Aux moments les plus critiques
    Quand tout croule dans ma vie
    Quand tout semble compromis.

R- Moi j'entends la cavalerie
    Moi je pense à la cavalerie.

3- Un jour je prendrai la route
    Vers ailleurs coûte que coûte
    Je traverserai la nuit
    Pour rejoindre la cavalerie.

    J'aurai enfin tous les courages
    Ce sera mon héritage
    Et j'abolirai l'ennui
    Dans une nouvelle chevalerie.

R- Moi je pense à la cavalerie
    Moi je pense à la cavalerie.

© 1969 by Éditions SIDONIE - 24, place des Vosges - 74003 Paris
et by ECO MUSIC - 20 rue Molitor - 75016 Paris.

THIS MELODY

Paroles : Étienne RODA-GIL
Musique : Julien CLERC

Capo I

1- ^{La} This melody
    ^{Ré} Is a ^{Mi} melody for ^{La} you
    ^{Ré} Cette mé^{Mi}lodie
    _ C'est l'o^{Mim}céan entre ^{La} nous
    ^{Mim} Cette mélodie
    ^{La} D'eau salée et de mé^{Ré}lancolie
    ^{Si7} Dans ton pays
    Elle te revient parfois
    ^{Mi7} Comme ça, voilà, comme ça.

2- Le vent d'ici
    Fait voler tous nos oiseaux
    Les champs d'ici
    Font ce qu'ils peuvent pour les troupeaux
    Les gens d'ici
    Qui ne connaîtront pas d'autre vie
    Dans ce pays
    Dont les fruits sont si beaux
    Qu'on se contente des noyaux.

© 1964 by Éditions SIDONIE
24, place des Vosges - 74003 Paris
et by Éditions CRÉCELLES
24, place des Vosges - 75003 Paris.

R- ^{La} This melody
    ^{Ré} _ Is a ^{Mi} melody for ^{Fa#m} you.
    Les ^{La} gens d'ici ne sont pas ^{Ré} plus grands
    Plus fiers ^{Do#m} ou plus beaux
    _ ^{Ré} Seulement, ils sont d'ici, les ^{La} gens d'
    _ ^{Ré} Comme cette mélo^{La Ré Mi La}die. _ _ _

    Les gens d'ici ne sont pas plus grands
    Plus fiers ou plus beaux
    Seulement, ils sont d'ici, les gens d'ici
    Comme cette mélodie.

3- Tu est partie
    mais ton rêve reste au chaud
    Ce vieux soleil
    Était trop fort pour ta peau
    Cette mélodie
    Qui reviendra parfois dans ta vie
    Cette mélodie
    Dans ta ville s'est transformée
    En pluie, en pluie.

    That's why.

LA COMPAGNIE CRÉOLE

AU MARIAGE DE MA FEMME

Paroles : A. APATOUT
et Daniel VANGARDE
Musique : Daniel VANGARDE
et Jean KLUGER

1- Y'aura du bon ca*Ré7*bri et des accras
   Du punch au citron *Sol* vert qui vient d'là-bas
   Y'aura tous les amis, *Ré7* tous les copains
   Ah, vivement de*Sol* main !

2- Y'aura Bell'Maman et Beau Papa
   Les cousins, les cousines et Tante Julia
   Y'aura les marraines et les parrains
   Ah, vivement demain !

Pont-
   Avec ma che*Si7*mise à jabot et mes chaus*Mim*sures en croco
   Avec mon *La* costume à carreaux et mon nouveau cha*Ré7*peau
   Je serai le plus *Sol* beau !

R- Au mariage *Ré7* de ma femme, je *Sol* suis invité
   On va *Ré7* boire, on va chanter, on va dan*Sol*ser le meringué
   Au mariage *Ré7* de ma femme, je *Sol* suis invité
   On va *Ré7* boire, on va chanter, jusqu'au ma*Sol*tin on va zouker
   Au mariage *Mi7* de ma femme, on est *Lam* tous invités
   On va faire la *Ré7* fête, en nou al*Sol*lé !

3- Je trouverai peut-être une fiancée
   Une jolie capresse aux cheveux tressés
   Moulée dans tailleur bleu et rouge à pois
   Qui n'attendra que moi.

© Éditions Bleu Blanc Rouge / Zagora
9, rue de Versailles - 92430 Marnes la Coquette.

CHAUD AU CŒUR

Paroles et musique :
Daniel VANGARDE et Jean KLUGER

© 1984 by ÉDITIONS ZAGORA /
ÉDITIONS BLEU BLANC ROUGE.

Intro. parlée-
    Les chambres d'hôtel sont toutes les mêmes
    Alors, pour me sentir quand même un peu chez moi
    J'emporte toujours au fond de ma valise
    Quelques bouquins, mes cassettes préférées
    Et surtout, surtout une photo de toi.

Chanté-
                Do   Mim7   Rém7   Sol
R- Tu me fais chaud, chaud au cœur __
                 Do   Mim7   Rém7   Sol7   } bis
   Tu me fais chaud, chaud au cœur. __

     Fa   Sol   Lam
1- Tu es cent pour cent de ma vie
    Do#dim   Mim
   Le matin, quand je m'éveill' __ je te vois, tu es là
   Do#dim   Rém
   Comme un rayon de soleil, tu souris
                Sidim   Do
   Et tes yeux me dis'nt tu n'est pas tout' seule
   Sol7/4
   Tout' seule.

Reprise du refrain-

2- Tu es l'arc en ciel de mes nuits
   Et si parfois je m'ennuie (je m'ennuie)
   Tu mets du bleu sur le gris (sur le gris)
   Et ma mélancolie s'enfuit
   S'enfuit.

Guitare solo-
   Do Mim7 Rém7 Sol7
 __   __   __   __ (bis)

Reprise du refrain-

Reprise du couplet 1-

Reprise du refrain ad lib.-

COLLÉ, COLLÉ

Paroles et musique : Jean KLUGER et Daniel VANGARDE

R1-   Ce soir on <u>dans'</u> *(La)* Collé Collé
     Mets tes mains sur mes <u>hanch's</u> *(Sim)* Collé Collé
     On va fair' connais<u>sanc'</u> *(La)* Collé Collé
     <u>Co</u>*(Mi7)*llé Collé _ Hé hé hé hé <u>hé</u>*(Mi7)*. *(La entre)*

     Viens tenter ta chanc' Collé Collé
     En suivant la cadenc' Collé Collé
     C'est si bon quand on dans' Collé Collé
     Collé Collé Hé hé hé hé hé.

1-   _ *(La)* La chaleur de la nuit
    _ *(Sim)* Me donn' envie, envie
    _ *(Mi7)* D'être tout près de toi
    _ *(La)* Et que sera sera
    _ *(La)* C'est un' question d'énergie
    _ *(Sim)* Un problèm' de contact
    _ *(Mi7)* Pour que le courant passe (passe)
    _ *(La)* Faut que les pôl's se touch'nt.

2-   Balancez, balancez
    Choisissez qui vous voulez
    Emboitez-lui le pas
    Et que sera sera
    C'est promis, c'est promis
    Pas de jalousie
    Pas de mots malheureux
    Tes amis sont mes amis.

R2-   Ce soir on dans' Collé Collé
     Mets tes mains sur mes hanch's Collé Collé
     On va fair' connaissanc' Collé Collé
     Collé Collé Hé hé hé hé hé.

     On peut danser à deux Collé Collé
     On peut danser à trois Collé Collé
     Ou à la queue-leu-leu Collé Collé
     Collé Collé Hé hé hé hé hé.

3- *Solo (1/2 couplet)-*
    C'est un' question d'énergie
    Un problèm' de contact
    Pour que le courant passe (passe)
    Faut que les pôl's se touch'nt.

Reprise R2-

R3-   Viens tenter ta chanc' Collé Collé
     C'est la nouvell' tendanc' Collé Collé
     C'est si bon quand on dans' Collé Collé
     Collé Collé Hé hé hé hé hé.

     … Collé Collé
     … Collé Collé
     … Collé Collé
     Collé Collé Hé hé hé hé hé.

Reprendre 1 fois R3 et 2 fois R1-

© 1984 by Éditions ZAGORA / Éditions BLEU BLANC ROUGE.

LE QUATORZE JUILLET

Paroles et musique : Jean KLUGER
et Daniel VANGARDE

R1- *Fa*
J'attendrai, j'attendrai
Do7
Le quatorze juillet
Fa   *Do7*
Que tu vienn's me retrouver
Pour danser, pour danser
Fa
J'attendrai, j'attendrai
Do7
Le quatorze juillet
Fa   *Do7*
Que tu viennes me retrouver
Fa
Pour danser, pour danser
Do7
En toute liberté
Fa
Pour danser, pour danser
En toute égalité
Do7   *Fa*
Pour danser, pour danser
En tout' fraternité
Do7
Pour danser, pour danser
Fa
Moin ké attend fête
Do7
Quatorze juillet
Pour danser, pour danser
Fa
Moin ké attend fête
Do7
Quatorze juillet
Pour danser, pour danser.

R2- J'attendrai, j'attendrai
Le quatorze juillet
Que tu vienn's au rendez-vous
Pour zouker, pour zouker
J'attendrai, j'attendrai
Le quatorze juillet
Que tu vienn's au rendez-vous
Pour danser, pour zouker
En toute liberté
Pour zouker, pour zouker
En toute égalité
Pour zouker, pour zouker
En tout' fraternité
Pour zouker, pour zouker
Moin ké attend fête
Quatorze juillet
Pour danser, pour danser
Je viendrai peut-être
J'attendrai, j'attendrai
Je viendrai
J'attendrai, j'attendrai.

Fa   *Do7*   *Fa*   *Do7*
Aie Aie Aie, Aie Aie Aie
Aie Aie Aie, Aie Aie Aie.

© Éditions Bleu Blanc Rouge / Zagora
9, rue de Versailles - 92430 Marnes la Coquette.

PA KITÉ MOIN

Paroles et musique :
Clémence BRINGTOWN

Lam Rém7 Sol7 Do7M
Lam Rém6 Mi7 Lam

       Lam   Rém7
1- __ Ça fé dix ans moin en ménage __
             Sol7   Do
    Ça ka passé pou ni nuage __
                Fa   Rém6
    Moin négligé n'homm moin changé __
          Mi7   Lam
    Pa ni cadeau, pa ni l'amou __
                               Rém7
    Tout ça moin fé pou faille plaisi __
         Sol7   Do
    Kaille la brique, moin mim pimpant __
            Fa   Rém6
    Baille ti café ï baille ti madouï __
        Mi7   Lam
    I ka pati domi dero __ Doudou.

            Mi7
R1- Moin __
    Si ou kité moin
                  Lam
    Ça pa kaille bon Doudou
              Mi7
    Pa kité moin __
    Qui ca moin fé ou,
              Lam
    Ou pas le moin Doudou
             Mi7
    Pa kité moin __
    Si ou kité moin
             Lam
    Ça pa faille bon.

2- Gadé douvant, gadé deyé
    Moin za maigri, moin ka vieilli
    Moin di mafi ça pas en la vie
    Foc ou allé gadé zaffé ou
    Moin allé oué en marabou
    Moin di missié, moin vini oué ou
    Moin ba n'homm moin toute sénesse moin
    I ka pati kité moin la Doudou.

R2- Pa kité moin
    Si ou kité moin
    Ca pa kaille bon Doudou
    Pa kité moin
    Mare en n'homm,
    Ca pa jin bon Doudou
    Pa kité moin
    Qui ça moin fé où
    Du palé moin Doudou.

3- I reté, i gadé moin
    I di mafi ça ou ka fé ya
    Mare en n'homm,
    Ça pa jin bon Doudou
    Ça ka atire malédiction
    Kité n'homm la, baille i valise li
    Ou jen ou bel ou kaille fleuri
    Passe en proverbe toujou di nou
    Cé ça ou simin ou ka récolté Doudou.

R3- Pa kité moin
    Qui ca moin fé où,
    Ou palé moin Doudou
    Pa kité moin
    Pré die bon Dié
    Pa pede la foi
    Pa kité moin
    Si ou kité moin
    Ça pa kaille bon Doudou
    Pa kité moin
    Qui ça moin fé où
    Ou pa le moin Doudou
    Pa kité moin…

© 1984 by Éditions ZAGORA / Éditions BLEU BLANC ROUGE.

ÉTIENNE DAHO

TOMBÉ POUR LA FRANCE
Paroles : Étienne DAHO
Musique : Arnold TURBOUST

Intro-
Ré La Mi
—   —   —

      Ré   La   Mi
1- Be bop pieds nus sous la lune, sans foi ni toit ni fortune
    Ré   La   Mi
   Je passe mon temps à faire n'importe quoi
   Ré   La   Mi
   Sur les pistes noires de préférence, quand le démon de la danse
   Ré   La   Mi   Ré La Mi
   Me prend le corps, je fais n'importe quoi, tout va bien.

      Ré La Mi
      —   —   —

2- Sur un jerk électronique se nouent des amours ludiques
   Be bop la vie c'est n'importe quoi
   C'est la fête, c'est psychédélique, me demande pas c'que je fabrique
   Je te répondrai n'importe quoi, j'en sais rien.

     La   Fa#m   Mi
R1- _ Dum di la, je m'étourdis, ça ne suffit pas
                Ré   La
    À m'faire oublier que t'es plus là.
    Fa#m   Mi   Ré   La
    J'ai gardé cette photo sur moi, ce photomaton que t'aimais pas
    Fa#m   Mi   Ré   La
    Si tu r'viens n'attends pas qu'au bout d'une corde mon corps balance.

3- Be bop pieds nus sous la lune, sans foi ni toit ni personne
   Je crois bien que j'f'rais n'importe quoi
   Pour te voir cinq minutes encore à Sables d'or près des dunes
   Je te racont'rai n'importe quoi, ce s'ra bien.

R2- Dum di la, je m'étourdis, ça ne suffit pas
    À m'faire oublier que t'es plus là
    J'ai gardé cette photo sur moi, ce photomaton que t'aimais pas
                                                            Ré
    Si tu r'viens n'attends pas que je sois tombé pour la France.

      Ré La Mi

4- Pour te voir cinq minutes encore à Sables d'or près des dun...
   Je te racont'rai n'importe quoi, ce s'ra bien.

R3- Dum di la, je m'étourdis, ça ne suffit pas
    À m'faire oublier que t'es plus là
    J'ai gardé cette photo sur moi, ce photomaton que t'aimais p...
    Si tu r'viens n'attends pas que je sois tombé pour la France.

© 1985 by Éditions CALL ME (Catalogue LONELY BOPPA) - 24, place des Vosges - 7500...
Paris & by SATORI SONG - 19, rue du Colisée - 75008 Paris.

JOE DASSIN

BILLY LE BORDELAIS
Paroles : Pierre DELANOË
Musique : Joe DASSIN

_{Sol7}   _{Do}
__ Dès sa naiss<u>ance</u>
                    _{Sol7}
C'est fou quand on y p<u>ense</u>
Avec violence
               _{Do}
Il repoussa le l<u>ait</u>
Que sa nourrice
                     _{Sol7}
Une fille sans m<u>alice</u>
Venue de Suisse
                     _{Do}
Gentiment lui do<u>nnait</u>.

        _{Fa}
1- Car le bon v<u>in</u> de Saint Émilion
        _{Do}
Ça v<u>ous</u> donne un cœur de lion
  _{Sol7}   _{Do}
À c<u>ondition</u> d'en mettre dans les bib'<u>rons</u>
            _{Fa}
C'était un b<u>ébé</u> ni beau, ni laid
       _{Do}
Av<u>ec</u> des petits mollets
Mais déjà le monde l'appelait
_{Sol7}   _{Do}
B<u>illy</u> le Borde<u>lais</u> (qui ?)
_{Sol7}   _{Do}
B<u>illy</u> le Borde<u>lais</u>.

© 1969 MUSIC 18.
Publié avec l'autorisation de MUSIC 18 – Paris – France.

2- L'enfant terrible
Avait l'horreur morbide
De ce liquide
Que l'on appelle de l'eau
La plus mauvaise
Etant la flotte anglaise
Billy à l'aise
Nous vengea de Waterloo.

R2- Car le bon vin de Saint Emilion
Ça vous donne un cœur de lion
Ah qu'il était content le Napoléon
Il dit à Billy : « Toi tu me plais
Pour tout ce que tu as fait
Moi je te donne la Bourgogne. »
Billy le Bordelais (qui ça ?)
Billy le Bordelais.

3- De la Castille
À la mer des Antilles
Toutes les filles
De Billy raffolaient
Des Mesalines
Des reines et des tsarines
Des Ursulines
Tout le monde y passait.

R3- Car le bon vin de Saint Émilion
Ça vous donne un cœur de lion
Pour trousser les jupons et les cotillons
Avec tous les enfants qu'il a fait
Je me demande si tu n'es
Ou si je ne suis pas bâtard de
Billy le Bordelais (qui ?)
Billy le Bordelais.

                                  _{Dom}
4- Messieurs, Mesd<u>ames</u>
              _{Lab7} _{Sol7}
Voici la fin du d<u>ra</u> - <u>me</u>
L'adieu aux armes
                          _{Dom}
Laissez vos larmes cou<u>ler</u>
Billy l'unique
                _{Lab7} _{Sol7}
Billy le magnifi - <u>que</u>
C'est historique
                   _{Dom}
Est mort assassi<u>né</u>.

R4- Car le bon vin de Saint Émilion
Ça vous donne un cœur de lion
Mais l'ennemi guettait le pauvre garçon
On lui a glissé dedans son verre
De l'eau à dose mortelle
Il est mort dans un dernier glouglou.

Billy le Bordelou (qui ?)
Billy le Bordeli (non !)
Billy le Bordelon (c'est vrai ?)
Billy le Bordelais.

"Envoi !"
Prince, Duc ou Marquis
Ou Monsieur de Bordeaux
Ton sang est fait de vin
Bien plus qu'il ne l'est d'eau
Aussi, je te dédie cette histoire attachante
Espérant que demain, toi aussi tu la chantes.

LES DALTON

Paroles : Jean-Michel RIVAT et Frank THOMAS
Musique : Joe DASSIN

Intro-
           Lam
_ Écoutez, bonnes gens, la cruelle
Et douloureuse histoire des frères Dalton
Qui furent l'incarnation du mal
Et que ceci serve d'exemple
À tous ceux que le diable écarte du droit chemin.

1- Tout petits à l'école…
     Lam
À la place de crayons ils avaient des limes
       Ré
En guise de cravates des cordes de lin
                  Lam
Ne vous étonnez pas, si leur tout premier crime
      Ré   *Lam*
Fut d'avoir fait mourir leur maman de chagrin.

R-   *Lam*
   Tagada, tagada, voilà les Dalton
     Ré
   Tagada, tagada, voilà les Dalton
                Lam
   C'étaient les Dalton
     Ré   *Lam*
   Tagada, tagada, y'a plus personne.

2- Les années passèrent…
Ils s'étaient débrouillés pour attraper la rage
Et ficeler le docteur qui faisait les vaccins
Et puis contaminèrent les gens du voisinage
S'amusant à les mordre, puis accusaient les chiens.

3- Ils devinrent des hommes…
Un conseil, mon ami, avant de les croiser
Embrasse ta femme, serre-moi la main
Vite sur la vie va te faire assurer
Tranche-toi la gorge et jette-toi sous l'train.

4- Mais la Justice veillait…
Comme tous les jours leurs têtes augmentaient…
d'vingt centimes (des centimes américains)
Qu'ils étaient vaniteux et avides d'argent
Ils se livrèrent eux-mêmes pour toucher la prime
Car ils étaient encore plus bêtes que méchants !

© 1967 MUSIC 18. Publié avec l'autorisation de MUSIC 18 – Paris – France.

MON VILLAGE DU BOUT DU MONDE

Paroles : Pierre DELANOË
Musique : Joe DASSIN

1-   *Sim*   *Mi7*   *La*   *La4 - La*
Le vent s'engouffre dans ma valise _ _
          Sim   *Mi7*   *La*   *La4 - La*
Et sur ma route il y a des trous _ _
          Sim   *Mi7*   *La*   *La4 - La*
J'ai vu tant de rues, j'ai vu tant d'églises _ _
             Sim *Mi7*   *La*   *La4 - La*
Mais les plus belles étaient chez nous. _ _

R1-   *La*   *Mi*
Mon village est loin, à l'autre bout du monde
      Fa#   *Si7*   *Mi* *Mi4 - Mi*
Et ma maison n'est plus qu'une chanson _ _
            Sim   *Mi7*   *La*   *La4 - La*
Comme les neiges, mes rêves fondent _ _
          Sim   *Mi7*   *La* *La4 - La*
Buvons, mes frères, les vagabonds. _ _

2- Des Caraïbes aux Philippines
J'ai traîné ma carcasse un peu partout
Mais les chemins qui mèn'nt à nos collines
Avaient des pierres douces à mes pieds nus.

R2- Mes camarades à l'autre bout du monde
C'est bien justice, m'ont oublié
Je leur adresse une colombe
Buvons, mes frères, à leur santé.

3- Le vent s'engouffre dans ma valise
Pourtant la chance est souvent venue
Elle est bien brave, quoi qu'on en dise
Mais il ne faut pas trop dormir dessus.

R3- La pauvreté manque parfois de charme
Mais l'herbe est douce aux malheureux
Pas de discours et plus de larmes
Venez mes frères nous dire adieu.

© 1969 MUSIC 18. Publié avec l'autorisation de MUSIC 18 – Paris – France.

DOC GYNÉCO

NÉ ICI

Paroles et musique :
Bruno BEAUSIR dit Doc GYNÉCO

Sibm2   Sol6/7M/Réb   Lab2/Mib

     Sibm2
1- Là-bas il fait chaud, on boit l'eau du coco
   Sol6/Réb   Lab2/Mib
   Sous les cocotiers, les filles sont dorées
     Sibm2
   Les maillots mouillés et les bondas bombés
   Sol6/Réb   Lab2/Mib
   Ça sent le colombo, les plats épicés
     Sibm2
   Y'a du zouk à fond, des fruits de la passion
   Sol6/Réb   Lab2/Mib
   Frankie, Vincent est le saint patron
     Sibm2
   On coupe la canne pour en prendre la sucre
   Sol6/Réb   Lab2/Mib
   Mélanger citron vert et rhum Trois Rivière
     Sibm2
   Bologne ou Lamony et oui est clair
   Sol6/Réb   Lab2/Mib
   Clair comme l'eau, comme l'eau de la mer
     Sibm2
   J'y vais quand c'est gratuit, congés bonifiés
   Sol6/Réb   Lab2/Mib
   Dis-moi ti mal est-ce que tu connais ?
     Sibm2
   Suis moi dans les hauteurs de la Soufrière
   Sol6/Réb   Lab2/Mib
   Je suis le guide touristique qui t'emmène en Basse-Terre
     Sibm2
   On tape une pointe pour aller à la pointe
   Sol6/Réb   Lab2/Mib
   C'est du _ frotté-frotté et des gens qui s'éreintent
     Sibm2
   Ma mère est née là-bas, mon père est né là-bas ⎫
   Sol6/Réb   Lab2/Mib   ⎬ bis
   Moi je suis né ici dans la misère et les cris. ⎭

2- C'est le deuxième couplet, l'espère qu'on va clipper
   Tu pourras voir la tristesse de mon quartier
   Ici tout est gris, ça s'appelle Paris
   Les rues sont mortes, les filles décolorées
   Pour rester bronzées, elles brûlent sous U.V.
   Toujours fâchée la fille de la ville
   Est agressive comme un flic en civil
   Y'a comme une odeur de gaz sur les Champs-Elysées
   Et les bombes pètent dans le RER D
   Ma mère est fatiguée, je la laisse se reposer
   Je vis de mon côté et tente de subsister
   Arrête de rapper me crie-t-elle toute la journée
   Ce n'est pas sérieux, trouve un métier
   Fumer ça donne faim, je suis Arsène Lupin
   Je tape à E.D. : même sans les mains
   Sur mon canapé, on est moins serré
   C'est sûr certains se sont fait soulever   ⎫
                                                        ⎬ bis
   Je pense aux novices et n'oublie pas mes complices. ⎭

3- J'veux porter des shorts toute ma vie
   Avec mon escorte quitter Paris
   Manger du poisson grillé sur la plage du Gosier
   Prendre des bains de mer avec le Ministère
   Mais je me suis noyé, je ne sais pas nager
   Les rues sont profondes
   Et mènent toutes au Boulevard Ney
   Comment s'en sortir pour la fille du quartier ?
   Elle croit que pour percer, il faut se faire trouer
   Certains jouent au foot et veulent devenir pro
   D'autres dealent et rêvent de kilos
   Les seringues mortes se ramassent à la pelle
   Sur les trottoirs de la rue La Chapelle
   On protège nos fils de tout ce vice
   Dans les cours d'école, on ne sniffe plus de colle
   Drogue et alcool ont pris le monopole
   Ma vie n'est pas simple, elle n'est pas funky ⎫
                                                    ⎬ bis
   Moi je suis né ici et mon enfant aussi. ⎭

© 1996 by DELABEL ÉDITIONS - 24, places des Vosges - 75003 Paris.

YVES DUTEIL

LA MER RESSEMBLE À TON AMOUR
Paroles et musique : Yves DUTEIL

1-
   La   Sim/La   Do#m/La
  __ La mer ressemble à ton amour
     Sim/La   La
Sa couleur change au gré des jours
          Sim/La   La
Mais dans son âme elle est la même
     Sim/La   La   Sim/La Do#m/La Sim/La La
Elle est fidèle à ceux qui l'aiment. __ __ __ __

Si5 dim-7

Do7M   Fa/Sol
  __ Elle a le temps pour paysage
Do7M   Fa/Sol
  __ Elle est le but et le voyage
Do7M   Fa/Sol
  __ Elle se nourrit de liberté
Do7M   Si5dim-7   Mi4 Mi La7
  __ De l'espace et d'éternité. __ __

Ré
  __ Entre ses digues, entre ses rives
                        La/Do#
Elle n'est jamais vraiment captive
                       Sim
Elle veut sentir qu'on la désire
         Mi La   La7 Rém/La
Elle s'avance, et puis se retire. __

Rém/La
  __ Elle est sauvage, elle est rebelle
                       La
Mais elle est toujours la plus belle
                 Mi/Si   Mi
Il faut la conquérir toujours… __
                     La
La mer ressemble à ton amour.

2- Elle a des vagues de tendresse
Qui m'épousent et qui me caressent
Elle s'abandonne autour de moi
Pour rejaillir entre mes doigts.

Elle me berce et elle me chavire
Elle m'emporte comme un navire
Elle me pousse à prendre le vent
Vers le large et les océans.

Je ne sais plus où elle s'achève
Elle est plus vaste que mon rêve
Son horizon et ses frontières
Font déjà le tour de la Terre.

Elle est profonde et transparente
Aussi pure aussi apaisante
Que ton regard à mon cœur lourd…
La mer ressemble à ton amour.

3- Elle vit des drames et des naufrages
En rapportant jusqu'au rivage
Les souvenirs qu'elle a sauvés
Des profondeurs de son passé.

Elle a parfois dans ses reflets
Tant de regards et de regrets
Qu'elle va noyer son amertume
Derrière un grand rideau de brume.

Elle vient se perdre entre les dunes
Habillée de rayons de lune
Ouvrir son âme à son chagrin
Verser des larmes entre mes mains.

Au soleil après la tempête
Elle se rassemble et elle s'apprête
Elle avance encore et toujours…
La mer ressemble à ton amour.

Lorsque la nuit déploie ses ailes
Je suis encore amoureux d'elle
Peut-être un jour si je m'y noie
Me prendra-t-elle entre ses bras.

Mais si je plonge en solitaire
Dans l'océan de tes yeux verts
Quand je m'y baigne jusqu'au jour…
La mer ressemble à ton amour.

Parlé-
Ai-je assez d'une vie pour en faire le tour ?..

© 1987 les Éditions de l'Écritoire.

LA RUMEUR

Paroles et musique :
Yves DUTEIL

1- La rumeur ouvre ses ai*Ré*les
   Elle s'envole à travers nous
   C'est une fausse nouvelle
   Mais si belle, après tou*Mim*t.

   Elle se propage à voix basse
   À la *La7* messe et à mi*Ré*di
   Entre l'é*Sol*glise et les gla*Ré*ces
   Entre con*La7*fesse et confi*Ré*t.

2- La rumeur a des antennes
   Elle se nourrit de cancans
   Elle est bavarde et hautaine
   Et grandit avec le temps.

   C'est un arbre sans racines
   À la sève de venin
   Avec des feuilles d'épines
   Et des pommes à pépins.

Pont-
   Ça occupe, ça con*La*ver*Ré*se
   Ça nourrit la contro*La*ver*Ré*se
   Ça pi*Si7*mente les pas*Mim*sions
   Le sel *Mi7* des conversa*La*tions…

3- La rumeur est un microbe
   Qui se transmet par la voix
   Se déguise sous la robe
   De la vertu d'autrefois.

   La parole était d'argent
   Mais la rumeur est de plomb
   Elle s'écoule, elle s'étend
   Elle s'étale, elle se répand.

Pont-
   C'est du miel, c'est du fiel
   On la croit tombée du ciel
   Jamais nul ne saura
   Qui la lance et qui la croit…

4- C'est bien plus fort qu'un mensonge
   Ça grossit comme une éponge
   Plus c'est faux, plus c'est vrai
   Plus c'est gros et plus ça plaît.

   Calomnie, plus on nie
   Plus elle enfle se réjouit
   Démentir, protester
   C'est encore la propager.

Pont-
   Elle peut tuer sans raison
   Sans coupable et sans prison
   Sans procès ni procession
   Sans fusil ni munitions…

5- C'est une arme redoutable
   Implacable, impalpable
   Adversaire invulnérable
   C'est du vent, c'est du sable.

   Elle rôde autour de la table
   Nous amuse ou nous accable
   C'est selon qu'il s'agit
   De quiconque ou d'un ami.

Pont-
   Un jour elle a disparu
   Tout d'un coup, dans les rues
   Comme elle était apparue
   À tous ceux qui l'avaient crue…

Coda-
   La ru*Do7dim*meur qui s'est tu*La7*e
   Ne revien*Do7dim*dra jamais plu*La7*s
   Dans un *La7* cœur, la ran*Ré*cœur
   Ne s'en i*La7*ra pas non plu*Ré*s.

LE CIRQUE

Paroles et musique : Yves DUTEIL

Intro-
```
     Sim         Mi        La       Fa#
     Un petit cirque a installé sa toile
     Sim               Mi    La  Fa#
     Au cœur de la cité __
     Sim                      La        Fa#
     Le magicien comme un maître de bal
     Sim
     Commence à répéter.
     Sim                       La
     Lance la Terre au milieu des étoiles
     Sim                La
     Dresse la chapiteau
     Mi                    La         Fa#
     Trouve un soleil en fouillant dans ses malles
     Sim     Mi       La
     Ajuste son chapeau…
```

```
        La               La4
1-      J'ai l'honneur, l'avantage
        La
        De vous présenter
              La                       La  La4
        Quelques scènes à peine imaginées __
              La          La4
        Les décors, les costumes
              La           La4
        Sont un peu passés
                                 La
        Mais ça pourrait bien vous arriver.
        Do#m             Sol#7
        Des bateaux venus de Chine
        Do#m         Sol#7
        Nous ont apporté
                              Sol#7         Do#m
        Quelques tonneaux d'encre et du papier
            Mi           Si7
        Les Pierrots les Colombines
            Mi          Si7
        Et même un Arlequin
                               Mi
        Sont venus d'eux-mêmes et jouent pour rien.
```

```
   La       La4       La        La4
   Un orage a prêté ses plus beaux éclairs
   La              La4         La   La4
   Pour illuminer la ville entière __
   La                  La
   Pour un bal sans égal
          La       La4         La
   Dans la nuit des temps
                La4              La
   Où sont invités les habitants.
   Do#m              Sol#7
   Si le temps nous accompagne
                     Sol#7
   Comme il l'a promis
   Do#m             Sol#7           Do#m
   Nous verrons les clés du Paradis
         Mi              Si7
   Rapportées en taxi
       Mi       Si7
   De la Galaxie
                       Si7         Mi
   A mille années lumières d'ici…
   La  La4       La     La4
   La-la-la-la-la-la-la-la
   La        La4   La La4
   La-la-la-la-la-la-la __
   La       La4    La  La4
   La-la-la-la-la-la-la
   La       La4   La La4
   La-la-la-la-la-la-la
   Do    Do4     Do    Do4
   La-la-la-la-la-la-la
   Do     Do4    Do    Do4
   La-la-la-la-la-la-la
   Do    Do4    Do  Mi7
   La-la-la-la-la-la-la
   LaM
   La-la.
```

2- Une aurore boréale, décor idéal
    Pour une aquarelle originale
    Jaillira du chapeau de Monsieur Loyal
    Au moment le plus sentimental.

    Tous les anges et Lucifer
    Prévus au dessert
    Apportent un gâteau d'anniversaire
    Qu'on verra de la Terre
    Comme une étincelle
    Arriver de l'autre bout du ciel.

    Carnaval sans rival
    La réalité
    Le hasard et la fatalité
    Nous préparent dans le noir
    Une éternité
    Qu'il vaut mieux ne pas imaginer.

    J'ai l'honneur, l'avantage
    De vous inviter
    Dans un univers à mon idée
    Rien n'est vrai rien n'est faux
    Tout est inventé
    Si vous voulez bien m'accompagner…

    La-la-la-la-la-la-la-la…

Coda-
    … Le petit cirque a fermé ses lumières
    Plié son chapiteau
    Il a laissé ses images en arrière
    Dans nos cœurs bien au chaud.

    La caravane a repris le chemin
    Des rêves et des chagrins
    Tout est rangé dans les malles en rotin
    Du petit magicien.

LE MUR DE LIERRE
Paroles et musique : Yves DUTEIL

Ré   La   Ré
1- Il s'est cou<u>v</u>ert de <u>lie</u>rre
   La   Ré
   Le <u>mur</u> de la mai<u>son</u>
   La   Ré
   Il s'est cou<u>v</u>ert de <u>lie</u>rre
   Sol   Ré/La   La
   Et <u>dans</u> mon <u>cœur</u> au plus pro<u>fond</u>
   Mim7   La
   Plus jamais <u>ne</u> re<u>pouss</u>ent
   Ré La   Ré
   L'or<u>tie</u> _ ni le char<u>don</u>
   La   Ré
   La vie de<u>vient</u> plus <u>douce</u>
   Sol Ré/La   La
   Et <u>de</u> l'<u>hiv</u>er jusqu'aux mois<u>sons</u>
   Mim7   La
   Plus jamais <u>ne</u> re<u>pouss</u>ent
   Ré La   Ré
   Ni <u>ne</u> _ <u>repouss</u>eront
   Mim   La   La
   Les <u>ronces</u> <u>ni</u> la <u>mousse</u>
   Sol   Ré La   Ré
   <u>Ni</u> le <u>li</u> - <u>se</u> - <u>ron</u>.

2- Mon rêve et mes chimères
   C'est faire des chansons
   Mais mon bonheur sur terre
   Il est au cœur de ma maison
   Plus tendre est la bergère
   Plus belle est la chanson
   Plus claire est ma rivière
   Et plus sereine est ma raison
   Le bonheur et le lierre
   S'accrochent à la maison
   Ni philtres ni sorcières
   Ne nous sépareront.

3- Si l'on bâtit la terre
   Sans cœur et sans passion
   Il n'en restera guère
   Au fil des jours et des saisons
   Il reste de naguère
   Les pierres et les chansons
   Je n'ai que ma clairière
   Et ton regard pour horizon
   Je veux t'aimer bergère
   À perdre la raison
   Et faire un mur de lierre
   Ré   La   Ré
   Au <u>mur</u> de <u>pierre</u> de la mai<u>son</u>.

© 1976 Éditions de l'Écritoire / Francis Day.

REGARD IMPRESSIONNISTE
Paroles et musique :
Yves DUTEIL

© 1987 les Éditions
de l'Écritoire.

* La   Rém/La   La*
1- Il y avait au jardin des <u>bouquets</u> de lu<u>mière</u>
   Rém/La   La
   Le soleil traversait les <u>couleurs</u> du sous-<u>bois</u>
   La   Rém/La   La
   <u>Au</u> bord du bel étang un <u>pê</u>cheur soli<u>taire</u>
   La   Rém/La   La
   S'en<u>dormait</u> doucement, sa <u>canne</u> entre les <u>bras</u>.
   Fa   La
   _ C'était un jour d'été, léger comme un di<u>manche</u>
   Fa
   _ L'air était transparent sous le feuillage <u>clair</u>
   Fa   La
   _ Le bonheur était là, paisible, entre les <u>branches</u>
   Fa   Mi4   Mi
   _ Et les reflets mouvants des arbres et des fou<u>gères</u>. _

2- Le soleil inondait le bord de la rivière
   Des couples enlacés dansaient sur le ponton
   Près des tables encombrées de bouteilles et de verres
   Des guirlandes accrochées croulaient sous les balcons.

   Une femme debout regardait quelque chose
   Une lueur magique au fond de son regard
   Son bras disparaissait sous un bouquet de roses
   Elle était appuyée sur un divan bizarre.

   La   Ré/La   La
3- <u>C</u>'était au Grand Palais, sur <u>des</u> toiles de <u>maî</u>tres
   La   Mi
   Il y avait un Monet et deux ou trois Re<u>noir</u>
   La   Ré/La   La
   Le cœur dans les tableaux je <u>me</u> sentais re<u>naître</u>
   La   Mi   La
   Et en fermant les yeux je pou<u>vais</u> les re<u>voir</u>.

   Le monde a la beauté du regard qu'on y pose
   Le jardin de Monet, le soleil de Renoir
   Ne sont que le reflet de leur vision des choses
   Dont chacun d'entre nous peut être le miroir.

4- La vie nous peint les jours au hasard du voyage
   En amour en douleur ou en mélancolie
   C'est un peu de ce temps qu'on laisse en héritage
   Enrichi du regard qu'on a posé sur lui.

TON ABSENCE

Paroles et musique :
Yves DUTEIL

1- Comme une bouffée de chagrin
   Ton visage ne dit plus rien
   Je t'appelle et tu ne viens pas
   Ton absence est entrée chez moi.

   C'est un grand vide au fond de moi
   Tout ce bonheur qui n'est plus là
   Si tu savais quand il est tard
   Comme je m'ennuie de ton regard.

   C'est le revers de ton amour
   La vie qui pèse un peu plus lourd
   Comme une marée de silence
   Qui prend ta place et qui s'avance.

C'est ma main sur le téléphone
Maintenant qu'il n'y a plus personne
Ta photo sur la cheminée
Qui dit que tout est terminé.

Tu nous disais qu'on serait grands
Mais je découvre maintenant
Que chacun porte sur son dos
Tout son chemin comme un fardeau.

Les souvenirs de mon enfance
Les épreuves et les espérances
Et cette fleur qui s'épanouit sur le silence…
Ton absence.

2- Je dors blotti dans ton sourire
   Entre le passé, l'avenir
   Et le présent qui me retient
   De te rejoindre un beau matin.

   Dans ce voyage sans retour
   Je t'ai offert tout mon amour
   Même en s'usant l'âme et le corps
   On peut aimer bien plus encore.

   Bien sûr, là-haut de quelque part
   Tu dois m'entendre ou bien me voir
   Mais se parler c'était plus tendre
   On pouvait encore se comprendre.

   Mon enfance a pâli, déjà
   Ce sont des gestes d'autrefois
   Sur des films et sur des photos
   Tu es partie tellement trop tôt.

   Je suis resté sur le chemin
   Avec ma vie entre les mains
   À ne plus savoir comment faire
   Pour avancer vers la lumière.

   Il ne me reste au long des jours
   En souvenir de ton amour
   Que cette fleur qui s'épanouit sur le silence…
   Ton absence.

© 1987 les Éditions de l'Écritoire.

VIRAGES

Paroles et musique : Yves DUTEIL

1-   *Sim*
    _ Mes paupières s'alourdissent un peu
    Mais dans un kilomètre ou deux
    Do7
    Après le village, au virage

                   Sim
    Dans un petit bar, _ il y a du feu
    Toi tu dors depuis l'autoroute
    Fatiguée énervée sans doute
    Do7
    Plus qu'un kilomètre peut-être

                Sim
    Et puis du café, _ auprès du feu
    Mim   *Mi7dim*
    _ Je regarde un instant vers toi
    Ré7M   *Fa#4-7*   *Sim*
    _ Tu es presque appuyée sur moi
    Sol
    Un virage à droite un peu sec, qui te plaque à moi
    Do#7
    Je voudrais que ce virage n'en finisse pas
            Mim6
    Je redresse doucement sans à coups
               Fa#4 - 7
    Ton visage sur mon cou. _

Reprendre 2 fois le refrain -
   Sim
R- Passeront les jours et les semaines et les années
   Sol
   Tant que je t'aurai à mes côtés
   Do#7   *Mim6*
   Dans chacun des gestes de la vie
                 Fa#4 - 7
   Je t'aimerai aussi. _

2- Dans une heure on y verra mieux
   Le brouillard se dissipe un peu
   L'essuie-glace passe et repasse
   En laissant des traces devant mes yeux
   Des lumières au travers des phares
   Le village et là-bas le bar
   Retenant ta tête je m'arrête
   Sur le bas-côté, près du café
   Et dans un bruissement d'abeilles
   Le silence peu à peu t'éveille
   Je me sens vidé, fatigué, mais si près de toi
   Je voudrais que ce voyage n'en finisse pas
   Tu souris brusquement sans un mot
   Ta main glisse dans mon dos.

© 1974 Éditions de l'Écritoire / Éco Music.

JACQUES DUTRONC

LE PETIT JARDIN

Paroles : Jacques LANZMANN
Musique : Jacques DUTRONC

1- C'é*t*ait un petit jardin *(Mim)*
   Qui sentait bon le métropoli*t*ain *(La / Si7)*
   Qui sentait bon le Bas*sin* Pari*sien* *(Lam / Mim / Si7 / Mim)*
   C'était un petit jardin
   A*v*ec un' tabl' et une chaise *de* jardin *(La / Si7)*
   Avec deux *a*rbres, un pom*m*ier et un sa*p*in *(Lam / Mim / Si7 / Mim)*
   Au fond d'un' *c*our à la *C*haussée d'An*t*in *(Lam / Mim / Mim)*
   Mais un *j*our près *du* jardin *(Lam7 / Ré7 / Sol / Sol6)*
   Pas*s*a un homm' qui *a*u revers de son ves*t*on *(Lam7 / Ré7 / Sol / Sol6)*
   Por*t*ait une *f*leur de bé*t*on *(Lam7 / Ré7 / Si7)*
   Dans *l*e jardin *u*ne voix chan*t*a.

R- De *g*râc', de *g*râc' *(Mi7M / Do#m7)*
   Monsieur le Promo*t*eur *(Fa#m / Mi7M)*
   De grâc', de *g*râc' *(Do#m7)*
   Pré*s*ervez cette *g*râc' *(Fa#m / Mi7M)*
   De grâc', de *g*râc' *(Mi7)*
   Mon*s*ieur le Promo*t*eur *(La / Sol#m)*
   Ne *c*oupez *p*as mes *f*leurs. *(Fa#m / Si7 / Mi7M)*

2- C'était un petit jardin
   Qui sentait bon le métropolitain
   Qui sentait bon le Bassin Parisien
   C'était un petit jardin
   Avec un rouge-gorg' dans son sapin
   Avec un homm' qui faisait son jardin
   Au fond d'un' cour à la Chaussée d'Antin
   Mais un jour prés du jardin
   Passait un homm' qui au revers de son veston
   Portait une fleur de béton
   Dans le jardin une voix chantait.

3- C'était un petit jardin
   Qui sentait bon le Bassin Parisien
   À la plac' du joli petit jardin
   Il y a l'entrée d'un souterrain
   Où sont rangées comm' des parpaings
   Les automobil's du centre urbain
   C'était un petit jardin
   Au fond d'un' cour à la Chaussée d'Antin
   C'était un petit jardin
   Au fond d'un' cour à la Chaussée d'Antin.

© 1972 by Éditions Musicales ALPHA.
Avec l'aimable autorisation des Éditions Musicales ALPHA.

LES CACTUS

Paroles : Jacques LANZMANN
Musique : Jacques DUTRONC

1- <u>Mi</u>
 Le monde entier est un cactus
 <u>Mi7</u>
 Il est impossible de s'asseoir
 <u>La7</u>
 Dans la vie, il y a qu'des cactus
 <u>Mi7</u>
 Moi je me pique de le savoir
 Aïe aïe <u>aïe</u>,^{Si7} <u>ouille</u>,^{La7} aïe aïe <u>aïe</u>.^{Mi7 Si7}

2- Dans leurs cœurs, il y a des cactus
 Dans leurs porte-feuilles, il y a des cactus
 Sous leurs pieds, il y a des cactus
 Dans leurs gilets, il y a des cactus
 Aïe aïe aïe, ouille ouille ouille, aïe.

3- Pour me défendre de leurs cactus
 À mon tour j'ai mis des cactus
 Dans mon lit, j'ai mis des cactus
 Dans mon slip, j'ai mis des cactus
 Aïe aïe aïe, ouille, aïe aïe aïe.

4- Dans leurs sourires, il y a des cactus
 Dans leurs ventres, il y a des cactus
 Dans leurs bonjours, il y a des cactus
 Dans leurs cactus, il y a des cactus
 Aïe aïe aïe, ouille, aïe.

5- Le monde entier est un cactus
 Il est impossible de s'asseoir
 Dans la vie, il y a qu'des cactus
 Moi je me pique de le savoir
 Aïe aïe aïe, ouille, aïe aïe aïe.

 Aïe… Aïe… Ouille…

© 1964 by Éditions Musicales Alpha
avec l'aimable autorisation des Éditions Musicales Alpha.

LES PLAYBOYS

Paroles : Jacques LANZMANN
Musique : Jacques DUTRONC

1- ^{La} Il y a les play-boys de <u>pro</u>^{Do7dim}fession
 Habill<u>és</u>^{Rém6} par Cardin et chauss<u>és</u>^{Mi5+} par Car<u>vil</u>^{La Do7dim Rém6 Mi5+}
 ^{La}Qui roul'nt en Ferrari à la <u>plag</u>'^{Do7dim} comme en ville
 Qui vont <u>chez</u>^{Rém6} Cartier comme ils <u>vont</u>^{Mi5+} chez Fau<u>chon</u>.^{La Do7dim Rém6 Mi5+}

R1- ^{La}Croyez-vous que <u>je</u>^{La7M} sois ja<u>loux</u>^{La7} ? Pas du <u>tout</u>^{Ré}, pas du <u>tout</u>^{Rém} !
 ^{La}Moi j'ai <u>un</u>^{Fa#m} piège à <u>fille</u>^{Sim7}, un <u>piè</u>^{Mi}ge ta<u>bou</u>^{La}
 Un <u>jou</u>^{Fa#m}jou ex<u>tra</u>^{Sim7} qui <u>fait</u>^{Mi} crac boum <u>hu</u>^{La}
 Les <u>fill's</u>^{Mi} en tomb'nt à mes <u>g'noux</u>.^{La Mi7}

2- J'ai pas peur des petits minets
 Qui mangent leur ronron au Drugstore
 Ils travaill'nt tout comme les castors
 Ni avec leurs mains, ni avec leurs pieds.

3- Je ne crains pas les costauds, les Supermans
 Les bébés aux carrur's d'athlètes
 Aux yeux d'acier, aux sourir's coquets
 En Harley Davidson ils se promènent.

4- Il y a les drogués, les fous du Zen
 Ceux qui lis'nt et ceux qui sav'nt parler
 Aux mann'quins d'chez Cath'rine Harle
 Ceux qui se marient à la Mad'leine.

© 1966 by Éditions Musicales Alpha
avec l'aimable autorisation des Éditions Musicales Alpha.

ON NOUS CACHE TOUT, ON NOUS DIT RIEN
Paroles : Jacques LANZMANN
Musique : Jacques DUTRONC

© 1966 by Éditions Musicales Alpha
avec l'aimable autorisation
des Éditions Musicales Alpha.

MINI, MINI, MINI
Paroles : Jacques LANZMANN
Musique : Jacques DUTRONC

1- *Mi*
  Petit, petit, petit
  La   Ré   Mi
  Tout est mini dans notre vie
  Mi
  Mini-moke et mini-jupe
  La   Ré   Mi
  Mini-moche et lilliput
  Mi
  Il est mini Docteur Schweitzer
  La   Ré   Mi
  Mini mini ça manque d'air
  Mi
  Mini-jupe et mini-moque
  La   Ré   Mi
  Miniature de quoi j'me moque
  Mi
  Ministère et terminus
  La   Ré   Mi
  Minimum et minibus.

© 1966 by Éditions Musicales Alpha
avec l'aimable autorisation des Éditions Musicales Alpha.

2- Petit, petit, petit
  Tout est mini dans notre vie
  Mini-moke et mini-jupe
  Mini-moche et lilliput
  Il est mini Docteur Schweitzer
  Mini mini ça manque d'air
  Mini, mini, mini

3- Moi je préfère les maxis
  Maxi-moke et maxi-jupe
  Maxi-moche et maxi-pute
  Il est maxi Docteur Schweitzer
  Maxi maxi ça respire l'air
  Maxitère et termaxus
  Maximum et maxibus
  Maxistère et termaxus
  Maximum et maxibus
  Maxistère et termaxus.

R- *Mi   Ré   Sol   La   Mi*
  On nous cache tout, on nous dit rien
  Mi   Ré   Sol   La   Mi
  Plus on apprend plus on ne sait rien
  Mi   Ré   Sol   La   Mi
  On nous informe vraiment sur rien.

1- *Mi*
  Adam avait-il un nombril ?
  Ré   Mi
  On nous cache tout on nous dit rien
  Mi
  Socrate a-t-il bu sa ciguë ?
  Ré   Mi
  L'aventure est-elle au coin de la rue ?
  Mi
  On nous cache tout on nous dit rien
  Ré   Mi
  _ La vérité sur Dagobert
  Mi
  _ Quel était son manager ?

2- La vérité sur La Palice
  Quand c'est rugueux c'est pas lisse
  On nous cache tout on nous dit rien
  Et l'affaire du masque de fer
  Est-ce que Louis Quatorze était son frère ?
  On nous cache tout on nous dit rien
  La vérité sur l'Obélisque
  A-t-il été déclaré au fisc ?

3- Savoir pourquoi Napoléon
  Mettait la main dans son giron
  On nous cache tout on nous dit rien
  L'affaire trucmuche et l'affaire machin
  Dont on ne retrouve pas l'assassin
  On nous cache tout on nous dit rien
  On nous cache-cache et cache-tampon
  Colin-maillard et tartempion
  Ce sont les rois de l'information.

TOUS LES GOÛTS SONT DANS MA NATURE

Paroles et musique :
Jacques DUTRONC

1- Certains l'aiment tôt *(Do)*
   Certains l'aiment tard *(DoM7 / Solm7)*
   Certains l'aiment chaud *(Do)*
   D'autres tartare. *(DoM7 / Solm7)*

   Le plaisir n'a pas de mesure *(Do / Do7 / Fa)*
   Tous les goûts sont dans ma nature *(Rém7 / Sol7 / Do / Lam)*
   Tous les goûts sont dans la nature. *(Fa / Sol7 / Do / Sol5+)*

2- Certains recto
   D'autres pétard
   Certains verseau
   D'autres s'agitent tard.

   Le plaisir n'a pas de censure
   Toutes les tendances sont dans ma nature
   Tous les goûts sont dans la nature.

3- Certains l'aiment haut
   Avec Icare
   Certains plumeau
   D'autres océdar.

   Faut pas faire de littérature
   Tout est écrit dans ma nature
   Tous les goûts sont dans la nature.

4- Certains auto
   Certains motard
   Certains métro
   D'autres moutard.

   Le plaisir n'a pas de figure
   Toutes les formes sont dans ma nature
   Tous les goûts sont dans la nature.

5- Certains l'aiment faux
   D'autres sans fard
   Certains bravo
   D'autres bavard.

   Le plaisir n'est pas la luxure
   Tous les goûts sont dans ma nature
   Tous les goûts sont dans la nature.

6- Certains l'aiment tôt
   Certains l'aiment tard
   Certains l'aiment chaud
   D'autres tartare.

   Le plaisir n'a pas de mesure
   Tous les goûts sont dans ma nature
   Tous les goûts sont dans la nature.

© 1982 by Éditions Musicales ALPHA.
Avec l'aimable autorisation des Éditions Musicales ALPHA.

STEPHAN EICHER

COMBIEN DE TEMPS
Paroles : Corinne DACLA / Musique : Stephan EICHER

1- L'<u>o</u>mbre de mes cils un seul regard *(Ré)*
   L'<u>o</u>mbre de mes cils comme un _ rempart _ *(Sim / Sol / La)*
   _ Le plaisir facile, les amours d'un soir *(Ré)*
   _ Meurent d'un oubli subtil *(Sim)*
   _ Dans le nœud d'un f<u>ou</u>lard. *(Sol / La)*

R- _ Combien de temps, combien de temps *(Ré)*
   Si on r<u>est</u>ait face à face sans un mot *(Sim)*
   _ Sans une gomme _ qui <u>e</u>fface *(Sol / Ré/Sol / La)*
   _ Combien de temps, combien de temps *(Ré)*
   Et je bois, _ je bois *(Sim)*
   Et je suis _ saoul de toi, saoul <u>de</u> toi. _ *(Sol / La7 / Ré)*

2- L'ombre de mes cris flèches invisibles
   L'ombre de mes cris comme une cible
   Les mots inutiles sourires illusoires
   À vos questions futiles je réponds au hasard.

Reprendre 2 fois le refrain-

3- _ Ces jours-là, _ j'ai de la peine _ *(Sol/Ré / Ré / La)*
   _ À vivre loin, _ loin <u>de</u> toi _ *(Sol/Ré / Ré / Sol/Ré / La)*
   _ J'ai de la folie _ plein les veines _ *(Sol/Ré / La)*
   _ Je bois, je bois et je suis _ saoul <u>de</u> toi _ *(Sol/Ré / Ré / Sol/Ré / La)*
   _ Combien de temps. *(La / Ré)*

Final-
   _ Combien de temps, combien de temps *(La)*
   Si on r<u>est</u>ait face à face, sans un mot *(Sim)*
   _ Sans une gomme qui <u>e</u>fface *(Sol / La7)*
   _ Combien de temps, combien de temps *(Ré)*
   Et je bois, _ je bois et je suis _ saoul de toi. _ *(Sim / Sol / La7)*

Reprise ad lib.-

© 1987 by ELECTRIC UNICORN Music World.

PAS D'AMI (COMME TOI)

Paroles et musique :
Stephan EICHER

© ELECTRIC UNICORN.
Publié avec l'autorisation de
Electric Unicorn Music
Zurich Suisse.

Intro-
Do Ré Sol Do Ré Mim

Do Ré Sol Do Ré Sol
— — — — —

1- Quand tu tra<u>ver</u>ses la <u>piè</u>ce en si<u>len</u>ce
    Que tu passes _ de<u>vant</u> <u>moi</u>
    <u>Je</u> re<u>gar</u>de tes <u>jam</u>bes, la lu<u>miè</u>re
    Tombant _ _ sur tes che<u>veux</u>.

2- Quand tu t'approches de moi, ton parfum
    Me fais baisser les yeux
    Et si tu touches mes mains, je m'arrange
    Pour ne pas y penser.

    Je n'ai pas d'<u>a</u>mi comme <u>toi</u>, oh <u>non</u> non <u>non</u>
    Pas d'autre <u>a</u>mi _ comme <u>toi</u>
    Je n'ai pas d'<u>a</u>mi comme <u>toi</u>, oh <u>non</u> non <u>non</u>
    Pas d'autre <u>a</u>mi _ comme <u>toi</u>, comme <u>toi</u>…

3- Je comprends mieux le monde en t'observant
    Je crois j'y vois plus clair
    Je n'ai pas trouvé la clé du mystère
    Mais je m'en suis approché.

4- Ne te lasse pas de moi j'ai encore
    Beaucoup à découvrir
    Mais danse autour de moi j'abandonne
    Si tu danses autour de moi.

Coda-
    Oh non non non, oh non non non
    Je n'ai pas d'ami comme toi, oh non non non   } bis
    Pas d'autre ami comme toi

RIVIÈRE

Paroles :
Philippe DJIAN
Musique :
Stephan EICHER

© ELECTRIC UNICORN.
Publié avec l'autorisation de
Electric Unicorn Music
Zurich Suisse.

1- J'at<u>tends</u> à la ri<u>viè</u>re
    <u>Je</u> surveille le che<u>min</u>
    <u>Je</u> n'ai <u>rien</u> d'autre à <u>faire</u>
    Mais <u>rien</u> ne vient
    J'at<u>tends</u> le nez en l'<u>air</u>
    Je n'me <u>tords</u> pas les <u>mains</u> _
    On <u>gagne</u> ou bien l'on <u>perd</u>
    Mais <u>c'est</u> plutôt rien.

2- Je m'en irai tout à l'heure
    Je reviendrai demain
    On n'sort pas du désert
    On tourne sans fin
    Le jour tombe et l'enfer
    N'est pas aussi lointain
    Mais je n'suis pas amer
    Toujours on en revient.

R- Et les bles<u>sures</u> se ferment
    Et at<u>tendre</u> n'est rien
    Et les <u>larmes</u> sont vaines
    Et c'est le <u>même</u> refrain.

3- Je garde les bras ouverts
    Le vent passe entre mes mains
    C'est l'heure de la prière
    Mais rien ne vient
    On finit par s'y faire
    Avec un peu d'entrain
    On sait bien qu'nos misères
    Ne prennent jamais fin.

Reprendre 2 fois le refrain-

TU NE ME DOIS RIEN
Musique : Stephan EICHER

© ELECTRIC UNICORN.
Publié avec l'autorisation de
Electric Unicorn Music
Zurich Suisse.

1- Je ne t'entends pas très bien (La / Mi)
   Il y a si longtemps (Ré2)
   D'où m'appelles-tu ? D'où vient (La / Mi)
   Ce besoin si pressant (Ré2)
   De m'écouter soudain (Mi)
   Les poules __ auraient-elles des dents ? __ __ (Ré2 / La / Mi Ré2)

2- Ma voix t'a-t-elle manqué
   Après bientôt un an ?
   Ce serait une belle journée
   Et il n'y en a pas tant
   Je sais me contenter
   De petites choses à présent.

3- On enterre ce qui meurt (Fa#m)
   On garde les bons moments (Sim7)
   J'ai eu quelquefois peur (Ré2)
   Que tu m'oublies vraiment (La)
   Tu as sur mon humeur (Mi/Sol#)
   Encore des effets gênants. (Ré2 / La)

R- Mais tu ne me dois rien (Mi)
   J'ai eu un mal de chien (Ré2 / Ré2/Do#-Si / La)
   À me faire à cette idée (Mi/Sol#)
   À l'accepter en fin (Ré2 / Ré2/Do#-Si / La)
   Est-ce qu'au moins tu m'en sais gré ? (Fa#m)
   Chacun poursuit son chemin (Sim7)
   Avec ce qu'on lui a donné (Ré2)
   Mais toi tu ne me dois rien. __ __ (La / Mi Ré2)

4- Tu ne m'as pas dérangé
   Je vis seul pour l'instant
   Mais je ne suis pas pressé
   Tu sais je prends mon temps
   Tout est si compliqué
   Tout me parait si différent.

5- On ne refait pas sa vie
   On continue seulement
   On dort moins bien la nuit
   On écoute patiemment
   De la maison les bruits
   Du dehors l'effondrement.

Accords du couplet 3 -

6- Je vais bien cela dit
   Appelle-moi plus souvent
   Si tu en as envie
   Si tu as un moment
   Mais il n'y a rien d'écrit
   Et rien ne t'y oblige vraiment.

LARA FABIAN

HUMANA
Paroles et musique :
Lara FABIAN et Rick ALLISON

1-
   La
   __ Il te faudra partir
   Ré/La   La
   __ Au lever du soleil
   Fa#m
   __ Quitter cette vie
      Do#/Fa#   Fa#m
   Qui tous les jours pareil
   Ré   La/Ré
   __ Détruira tes rêves __
   Mi
   __ Dérangera ton ciel
        Ré   La
   Huma - na.

2- Plier tous tes bagages
   Partir avec les tiens
   Entreprendre un voyage
   Qui te mènera plus loin
   Ne te retourne pas
   Mon visage sera toi
   Humana.

R-
             Ré
   Et poussé par tous les vents
                  Fa#m
   Même si certains retiendront ta foi
               Ré
   Ne regarde que la lumière
           Sim Mi4 - 3
   Et élève la voix __ __ __
        La
   Humana.

Pont-
      La
   Chante plus fort
        Fa#m
   Et marche encore
     Ré   Mi
   On parle de toi
         La
   Humana.

(monter d'un ton)
3- Assouvir ce désir
   D'être enfin le roi
   D'étendues si vastes
   Que tu n'imaginais pas
   Tout tenir dans tes mains
   Mais tu y es déjà
   Humana.

Refrain + pont 3 fois

JE T'AIME
Paroles et musique :
Lara FABIAN
et Rick ALLISON

© Éditions Fabsong.

1-
        Mim   *Sim*
   D'accord, il existait d'autres façons de se quitter
             Mim   *Sim*
   Quelques éclats de verre auraient peut-être pu nous aider
        Do   *Do/Si*   *Lam*
   Dans ce silence amer, j'ai décidé de pardonner
       Lam/Fa#   *Si7*
   Les erreurs qu'on peut faire à trop s'aimer
   D'accord souvent la petite fille en moi te réclamait
   Presque comme une mère, tu me bordais, me protégeais
   Je t'ai volé ce sang qu'on aurait pas dû partager
   À bout de mots, de rêves
               Si7 Si7/Ré
   Je vais crier. __

R-
   Mim   *Lam/Fa# Mim/Sol*   *Lam*
   Je t'aime, __ Je t'aime __
               Mim   *Ré*   *Do*
   Comme un fou comme un soldat
   Do/Si   *Lam*   *Si7*
   Comme une star de cinéma
   Mim   *Lam/Fa# Mim/Sol*   *Lam*
   Je t'aime, __ Je t'aime __
              Mim   *Ré*   *Do*
   Comme un loup, comme un roi
   Do/Si   *Lam*   *Si7*
   Comme un homme que je ne suis pas
                      Mim
   Tu vois, je t'aime comme ça.

2- D'accord, je t'ai confié tous mes sourires, tous mes secrets
   Même ceux, dont seul un frère est le gardien inavoué
   Dans cette maison de pierre, Satan nous regardait danser
   J'ai tant voulu la guerre de corps qui se faisaient la paix.

R- Je t'aime, Je t'aime
   Comme un fou comme un soldat
   Comme une star de cinéma
   Je t'aime, je t'aime
   Comme un loup, comme un roi
   Comme un homme que je ne suis pas
   Tu vois, je t'aime comme ça.

Reprise du couplet 1

TOUT

Paroles et musique :
Lara FABIAN et Rick ALLISON

R1-   *Sol*
     Tout, tout
        Ré/Fa#   *Mim*
     Tout est fini entre nous
     Mim7   *Do*
     J'ai plus la force du tout
     Mib   *Sol*
     D'y croire et d'espérer.

     Tout, tout
     À présent, je te dis tout
     De ce vide entre nous
     De tes mains désabusées.

1- *Sim*   *Do*
    Tout, tout ce qui nous unit
                  Sol
    Tout ce qui nous détruit au corps
    Lam   *Fa*
    Est à présent fini.

    Tous ces moments indécis
    Ces instants incompris s'écrivent
    Lam   *Fa*
    Au passé aujourd'hui…
         Ré
    C'est fini…

R2- Nous, on était pas comme les autres,
     On décidait d'être entre autres
     Les plus forts, les plus fous.

     Nous on avait rien à prouver
     Nous on avait rien à gâcher
     Sauf notre liberté.

© Éditions Fabsong.
Avec l'aimable autorisation
des éditions SONY/ATV Music Publishing.

2- Nous, on a rien vu passer
    Rien vu se déchirer
    Pas même la force de ces années.

    Nous, on a joué le tout pour le tout
    On s'est dit on s'en fout
    On a l'univers rien qu'à nous
    On a tout.

R3- Sors, sors
     De mon sang, de mon corps
     Sors, toi qui me gardes encore
     Au creux de tes regrets.

     Parle, parle
     Dis-le moi sans trembler
     Que t'en a plus rien à cirer
     Parle, pleure et je comprendrai.

Pont-
     Si7   *Lam*
     Tu sais, tu sais que je peux tout entendre
            Ré   *Sol*
     Partir rester ou même me rendre
     Lam   *Fa* *Ré*
     Que le ciel là-haut m'entende. _

R4- Tout, tout, tout est fini entre nous,
     J'ai plus la force du tout d'y croire et d'espérer.

Coda-
     Tout, tout, tout est fini entre nous,
     Mais je garde l'espoir fou qu'un jour on redira
     Nous…

JEAN FERRAT

LA FEMME
EST L'AVENIR DE L'HOMME
Paroles et musique : Jean FERRAT

R1- *Do* _ Le poète *Sol* a toujours *Lam* raison
Do _ Qui voit plus *Sol* haut que l'ho*Lam*rizon
Do _ Et le fu*Sol* tur est son ro*Lam* yau-*Mim* me
Do _ Face à no*Sol* tre géné*Lam* ration
Do _ Je déclare *Sol* avec Ara*Lam* gon
Do _ La femme est l'*Sol* avenir de l'*Lam* hom *Sol* - *Do* me.

1- *Do* _ Entre l'ancien et le nou*Sol/Si* veau
Solm/Sib _ Votre lutte à tous les ni*La4* veaux
La7 _ De la nôtre est indivi*La#7dim* si - *Rém* ble
Dans les hommes qui font les *Mim* lois
Si les uns chantent par ma *Fa* voix
D'autres décrètent par la *Ré* bi-*Sol* ble.

R2- Le poète a toujours raison
Qui détruit l'ancienne oraison
L'image d'Ève et de la pomme
Face aux vieilles malédictions
Je déclare avec Aragon
La femme est l'avenir de l'homme.

2- Pour accoucher sans la souffrance
Pour le contrôle des naissances
Il a fallu des millénaires
Si nous sortons du moyen âge
Vos siècles d'infini servage
Pèsent encor lourd sur la terre.

R3- Le poète a toujours raison
Qui annonce la floraison
D'autres amours en son royaume
Remet à l'endroit la chanson
Et déclare avec Aragon
La femme est l'avenir de l'homme.

3- Il faudra réapprendre à vivre
Ensemble écrire un nouveau livre
Redécouvrir tous les possibles
Chaque chose enfin partagée
Tout dans le couple va changer
D'une manière irréversible.

R4- Le poète a toujours raison
Qui voit plus haut que l'horizon
Et le futur est son royaume
Face aux autres générations
Je déclare avec Aragon
La femme est l'avenir de l'homme.

© 1975 Productions ALLELUIA
10, rue Saint-Florentin - 75001 Paris.

MA FRANCE

Paroles et musique : Jean FERRAT

Capo II

1- <u>Lam</u>
   De plaines en forêts, de vallons en collines
   <u>Fa</u>
   Du printemps qui va naître à tes mortes saisons
             Do   Sol
   De ce que j'ai vécu à ce que j'imagine
                                Lam
   Je n'en finirai pas d'écrire ta chanson
   Sol Lam
   Ma Fran-ce.

R- Do   Sol
   Au grand soleil d'été qui courbe la Provence
   Do   Sol   Mi7
   Des genêts de Bretagne aux bruyères d'Ardèche
   Lam   Rém
   Quelque chose dans l'air a cette transparence
                   Sol   Mi7
   Et ce goût du bonheur qui rend ma lèvre sèche
   Lam
   Ma France.

© 1969 Productions Alleluia - 10, rue Saint-Florentin - 75001 Paris.

2- Cet air de liberté au-delà des frontières
   Aux peuples étrangers qui donnaient le vertige
   Et dont vous usurpez aujourd'hui le prestige
   Elle répond toujours du nom de Robespierre
   Ma France.

3- Celle du vieil Hugo tenant de son exil
   Des enfants de cinq ans travaillant dans les mines
   Celle qui construisit de ses mains vos usines
   Celle dont Monsieur Thiers a dit : « Qu'on la fusille
   Ma France. »

4- Picasso tient le monde au bout de sa palette
   Des lèvres d'Éluard s'envolent des colombes
   Ils n'en finissent pas tes artistes-prophètes
   De dire qu'il est temps que le malheur succombe
   Ma France.

5- Leurs voix se multiplient à n'en plus faire qu'une
   Celle qui paie toujours vos crimes, vos erreurs
   En remplissant l'histoire et ses fosses communes
   Que je chante à jamais celle des travailleurs
   Ma France.

6- Celle qui ne possède en or que ses nuits blanches
   Pour la lutte obstinée de ce temps quotidien
   Du journal que l'on vend le matin d'un dimanche
   À l'affiche qu'on colle au mur du lendemain
   Ma France.

7- Qu'elle monte des mines, descende des collines
   Celle qui chante en moi, la belle, la rebelle
   Elle tient l'avenir inséré dans ses mains fines
   Celle de trente-six à soixante-huit chandelles
   Ma France.

ON NE VOIT PAS LE TEMPS PASSER

Paroles et musique :
Jean FERRAT

Capo III

1- *Sol* On se marie tôt à vingt *Mim* ans
   Et l'on n'attend pas des an*Sol*nées
   Lam Pour faire trois ou quatre en*Ré7* fants
   Qui vous occupent vos journées
   Mi7 Entre les courses la vais*Do* selle
   Entre ménage et dé*Sim* jeuner
   Si7 Le monde peut battre de l'*Mim* aile
   On n'a pas le temps d'y pen*Lam* ser. *Ré* *Ré7*

R- *Sol* Faut-il pleurer, *Si7* faut-il en *Mim* rire
   Fait-elle envie ou bien *Do* pitié
   Je n'ai pas le cœur à le *Sol* dire
   Ré7 On ne voit pas le temps *Sol* passer.

2- Une odeur de café qui fume
   Et voilà tout son univers
   Les enfants jouent, le mari fume
   Les jours s'écoulent à l'envers
   À peine voit-on ses enfants naître
   Qu'il faut déjà les embrasser
   Et l'on n'étend plus aux fenêtres
   Qu'une jeunesse à repasser.

3- Elle n'a vu dans les dimanches
   Qu'un costume frais repassé
   Quelques fleurs ou bien quelques branches
   Décorant la salle à manger
   Quand toute une vie se résume
   En millions de pas dérisoires
   Prise comme marteau et enclume
   Entre une table et une armoire.

*1980 by Productions Alleluia.
1965 by Productions Gérard Meys
10, rue Saint-Florentin
75001 Paris.
Générique du film de René Allio
"La vieille dame indigne".*

LÉO FERRÉ

GRAINE D'ANANAR

Paroles et musique :
Léo FERRÉ

1- La vie m'a dou*Do* blé
   C'est pas régulier
   Pour un pauv' lézard
   Qui vit par hasard
   Dans la société
   Mais la socié*Sol* té
   Faut pas s'en mêler
   J'suis un type à part
   Un' grain' d'ana*Do* nar.

   On m'dit qu'j'ai poussé
   En d'ssous d'un gibet
   Où mon grand-papa
   Balançait déjà
   Avec un collier
   Un collier tressé
   De chanvre il était
   Un foutu foulard
   À gueul' d'ananar.

2- J'avais des copains
   Qui mangeaient mon pain
   Car le pain c'est fait
   Pour êtr' partagé
   Dans notr' société
   C'est pas moi qui l'dis
   Mais c'est Jésus-Christ
   Un foutu bavard
   À gueul' d'ananar.

   Si j'avais des sous
   On m'd'manderait : « Où
   Les as-tu gagnés
   Sans avoir trimé
   Pour la société ? »
   Mais comm' j'en ai pas
   Faut lui dir' pourquoi
   C'est jamais peinard
   La grain' d'ananar.

3- On m'dit qu'c'est fini
   J'vous l'dit comme on l'dit
   Et qu'on me pendra
   Au nom de la loi
   Et d'la société
   D'la bell' société
   Qui s'met à s'mêler
   De mettre au rancart
   La grain' d'ananar.

   Potence d'oubli
   L'oiseau fait son nid
   Messieurs les corbeaux
   Passeront ma peau
   Comme à l'étamis
   Mais auparavant
   J'aurai comm' le vent
   Semé quelque part
   Ma grain' d'ananar.

© LES NOUVELLES ÉDITIONS MÉRIDIAN & LA MÉMOIRE ET LA MER.
Publié avec l'autorisation des NOUVELLES ÉDITIONS MÉRIDIAN
Paris – France et les Éditions LA MÉMOIRE ET LA MER – Monte Carlo.

LES ANARCHISTES
Paroles et musique : Léo FERRÉ

R1-   _ Y'en a pas un sur cent et pourtant ils existent
     La plupart Espagnols allez savoir pourquoi
     _ Faut croire qu'en Espagne on ne les comprend pas
     _ Les anarchi - stes.

1- Ils ont tout ramassé
    Des beignes et des pavés
    Ils ont gueulé si fort
    Qu'ils peuv'nt gueuler encore
    Ils ont le cœur devant
    Et leurs rêves au mitant
    Et puis l'âme toute rongée
    Par des foutues idées. _

R2- Y'en a pas un sur cent et pourtant ils existent
     La plupart fils de rien ou bien fils de si peu
     Qu'on ne les voit jamais que lorsqu'on a peur d'eux
     Les anarchistes.

© Publié avec l'autorisation des Éditions Musicales LA MÉMOIRE ET LA MER
1, avenue H. Dunant 98000 Monaco.

2- Ils sont morts cent dix fois
    Pour que dalle et pour quoi ?
    Avec l'amour au poing
    Sur la table ou sur rien
    Avec l'air entêté
    Qui fait le sang versé
    Ils ont frappé si fort
    Qu'ils peuvent frapper encor. _

R3- Y'en a pas un sur cent et pourtant ils existent
     Et s'il faut commencer par les coups d'pied au cul
     Faudrait pas oublier qu'ça descend dans la rue
     Les anarchistes.

3- Ils ont un drapeau noir
    En berne sur l'Espoir
    Et la mélancolie
    Pour traîner dans la vie
    Des couteaux pour trancher
    Le pain de l'amitié
    Et des armes rouillées
    Pour ne pas oublier.

R4- Qu'y'en a pas un sur cent et pourtant ils existent
     Et qu'ils se tiennent bien le bras dessus bras dessous
     Joyeux, et c'est pour ça qu'ils sont toujours debout
     Les anarchistes.

PAUVRE RUTEBEUF

Paroles : RUTEBEUF
Musique : Léo FERRÉ

1-   *Sol*
    _ Que sont mes amis devenus
                                Ré4 - 3
    Que j'avais de si près te<u>nus</u> _
              Sol
    Et tant ai<u>més</u> ?
    Mim   *Lam7*
    _ Ils ont été trop clair<u>semés</u>
                       Ré4 - 7
    Je crois. Le vent les a ô<u>tés</u> _
    Ré7   *Sol*
    _ L'amour est <u>morte</u>
    Sol
    _ Ce sont amis que vent emporte
                      Ré4 - 3
    Et il ventait devant ma p<u>orte</u> _
           Sol
    Les empor<u>ta</u>.

2-   Avec le temps qu'arbre défeuille
    Quand il ne reste en branche feuille
    Qui n'aille à terre
    Avec pauvreté qui m'atterre
    Qui de partout me fait la guerre
    Au temps d'hiver
    Ne convient pas que vous raconte
    Comment je me suis mis à honte
    En quell' manière.

3-   Que sont mes amis devenus
    Que j'avais de si près tenus
    Et tant aimés ?
    Ils ont été trop clairsemés
    Je crois. Le vent les a ôtés.
    L'amour est morte
    Le mal ne sait pas seul venir
    Tout ce qui m'était à venir
    M'est avenu.

4-   Pauvre sens et pauvre mémoire
    M'a Dieu donné le roi de gloire
    Et pauvre rente
    Et droit au cul quand bise vente
    Le vent me vient. Le vent m'évente
    L'amour est morte
    Ce sont amis que vent emporte
    Et il ventait devant ma porte
    Les emporta.

Coda-
          Ré
    L'espé<u>rance</u> de lendemain
                  Sol
    Ce sont mes <u>fêtes</u>.

© LES NOUVELLES ÉDITIONS MÉRIDIAN
& LA MÉMOIRE ET LA MER.
Publié avec l'autorisation des NOUVELLES ÉDITIONS MÉRIDIAN – Paris – France
et les Éditions LA MÉMOIRE ET LA MER – Monte Carlo.

CLAUDE FRANÇOIS

C'EST LA MÊME CHANSON
(IT'S THE SAME OLD SONG)
Paroles et musique : B. HOLLAND, L. DOZIER, E. HOLLAND
Adaptation française : C. RIVAT et C. FRANÇOIS

Capo I

Intro-

                La
    Ces mots-là peuvent paraître simples
Sim
Mais ils sont vrais
             Ré   *Mi7*
Et puis c'est mon histoire __
      La
Ces mots-là
Et un peu de musique
       Sim
Et c'est la chanson
                Ré   *Mi7*
Que tout le monde peut chanter un soir
      La
Et ce soir
Cette mélodie
   Sim
Me rappelle un amour
    Ré   *Mi7*
Qui vivait autrefois.

         La   *Sim*   *Mi7*
R- C'est la même chan - son
      Sim
Mais la différence
             Fa7
C'est que toi tu n'es plus là
            La   *Sim*   *Mi7*
Oui c'est la même chan - son
      Sim
Mais la différence
             Fa7   *Solm*
C'est que toi tu n'l'entends pas __ (non, oh non).

© STONE AGATE MUSIC. Tous droits réservés.
Avec l'aimable autorisation de EMI Music Publishing
France SA – 20 rue Molitor 75016 Paris.

                    La
1- Je suis vraiment fou
D'écouter cette chanson
  Sim   *Ré*
Et de pleurer tout seul comme un idiot
Mi7   *La*
Mais elle me poursuit inlassablement
    Sim
Me rappelant le temps
             Ré   *Mi7*
Où tout me semblait beau
         La
Nous l'avons dansé
Des nuits entières
  Sim
On s'aimait pour toujours
       Ré   *Mi7*
Mais ça c'était hier.

              La
2- Toutes ces choses
J'ai voulu te les dire
  Sim
Pour que tu saches
             Ré   *Mi7*
Combien tu m'as rendu heureux
           La
Bien sûr j'ai souffert
J'ai même cru en mourir
Mais ça valait la peine
    Ré   *Mi7*
Oui c'était merveilleux
            La
On dansait sur cette musique
(On dansait sur cette musique)
           Sim
On a fait l'amour sur cette musique
           Ré   *Mi7*
(On a fait l'amour sur cette musique).

Refrain ad lib.-

CETTE ANNÉE-LÀ
(OH WHAT A NIGHT)
Paroles et musique : B. GAUDIO,
J. PARKER et E. BACRI

1- Cette année-là   *(Do Fa)*
   Je chantais pour la première fois *(Sol7 Do Fa)*
   Le public ne me connaissait pas *(Sol Do Fa)*
   Quelle année, cette année-là. *(Sol Do)*

2- Cette année-là
   Le rock'n'roll venait d'ouvrir ses ailes
   Et dans mon coin je chantais "belle, belle, belle"
   Et le public aimait ça. __ __ *(Sol Do Fa Sol)*

   Déjà, les Beatles étaient quatre garçons dans le vent __ *(Rém Fa Fa7M Lam Sol)*
   Et moi, ma chanson disait "marche tout droit". *(Rém Fa Sol)*

3- Cette année-là
   Quelle joie d'être l'idole des jeunes
   Pour des fans qui cassaient les fauteuils
   Plus j'y pense et moins j'oublie.

   J'ai découvert mon premier mon dernier amour
   Le seul le grand l'unique et pour toujours le public.

4- Cette année-là
   Dans le ciel passait une musique
   Un oiseau qu'on appelait Spoutnik
   Quelle année, cette année-là.

   C'est là qu'on a dit adieu à Marilyn au cœur d'or
   Tandis que West Side battait tous les records.

5- Cette année-là
   Les guitares tiraient sur les violons
   On croyait qu'une révolution
   Arrivait cette année-là.

   C'était hier, mais aujourd'hui rien n'a changé
   C'est le même métier qui ce soir recommence encore.
   C'était l'année soixante deux. *(4 fois)*

© JOBETE MUSIC CO INC/SEASONS MUSIC CO. Tous droits réservés.
Avec l'aimable autorisation de EMI Music Publishing France SA – 20 rue Molitor 75016 Paris.

LA FERME DU BONHEUR
(MOCKING BIRD HILL)

Paroles originales et musique : Vaugh HORTON
Paroles françaises : Vline BUGGY et René ROUZAUD

Capo I

1- Sha-la-la (Mi7), Twi-hi-li-di (La)
Sha-la-la (Ré), Twi-hi-li-di
J'entends les (Mi7) oiseaux qui chantent
À la ferme (La) du (Ré) bonheur. (La)

Sha-la-la, Twi-hi-li-di
Sha-la-la, Twi-hi-li-di
Soyez les bienvenus
À la ferme du bonheur.

Pont-
Je n'ai (Mi7) qu'un' ferme (La) chancelante
Un (Ré) moulin trop vieux
Un bout de terre (Mi7) en pente
Et trois (La) arbres au (Ré) milieu (La)
Mais il suffit (Mi7) parfois (La)
Pour être heu (Ré)reux et comblé
D'un peu (Mi7) de bonne terre
Et de (La) bonn' vo (Ré)lonté. (La)

2- Sha-la-la, Twi-hi-li-di
Sha-la-la, Twi-hi-li-di
J'entends les oiseaux qui chantent
À la ferme du bonheur
Mais quand le soir je monte
Sur ma colline en fleurs
Je respire dans le silence
La paix et le bonheur.

3- Sha-la-la, Twi-hi-li-di
Sha-la-la, Twi-hi-li-di
Soyez les bienvenus
À la ferme du bonheur
Sha-la-la, Twi-hi-li-di
Sha-la-la, Twi-hi-li-di
La porte est grande ouverte
À la ferme du bonheur.

© Éditions S.E.M.I.
Publié avec l'autorisation de la
SOCIÉTÉ D'ÉDITIONS
MUSICALES INTERNATIONALES
(S.E.M.I.) - Paris - France.

LE LUNDI AU SOLEIL

Paroles : Jean Michel RIVAT et Franck THOMAS
Musique : Patrick JUVET

1- <u>Ré</u>m
   <u>R</u>egarde ta montre
   Solm
   Il <u>est</u> déjà huit heures
   Do7   Fa
   <u>E</u>mbrassons nous tendre<u>ment</u>
   Rém
   <u>Un</u> taxi t'emporte
   Solm
   Tu <u>t'en</u> vas, mon cœur
   Sol7   La7
   <u>Par</u>mi ces milliers de <u>gens</u>
   Rém   La
   <u>C'est</u> une journée idé<u>ale</u>
                         Sib
   Pour marcher dans la fo<u>rêt</u>
                         La
   On trouverait plus nor<u>mal</u>
                 Rém
   D'aller se cou<u>cher</u>
                        La
   Seuls dans les ge<u>nêts</u>.

R1- <u>Ré</u>
    <u>Le</u> lundi au soleil
    C'est une chose
          Sol
    Qu'on n'au<u>ra</u> jamais
           Do   Fa
    <u>C</u>haque fois c'est pa<u>reil</u>
                       Ré
    C'est quand on <u>est</u>
           Sol
    Derrière les car<u>reaux</u>
                La
    Quand on tra<u>vaille</u>
                   Ré
    Que le ciel est <u>beau</u>
                        Sol
    Qu'il doit faire <u>beau</u> sur les routes
        Mim   Fa#7
    Le <u>lun</u>di au sol<u>eil</u>.

R2- Le lundi au soleil
    On pourrait le passer à s'aimer
    Le lundi au soleil
    On serait mieux dans l'odeur des foins
    On aimerait mieux cueillir le raisin
    Ou simplement ne rien faire
    Le lundi au soleil.

2- Toi, tu es à l'autre
   Bout de cette ville
   Là-bas, comme chaque jour
   Les dernières heures
   Sont les plus difficiles
   J'ai besoin de ton amour
   Et puis dans la foule au loin
   Je te vois, tu me souris
   Les néons des magasins
   Sont tous allumés
   C'est déjà la nuit.

R3- Le lundi au soleil
    C'est une chose qu'on n'aura jamais
    Chaque fois c'est pareil
    C'est quand on est derrière les carreaux
    Quand on travaille que le ciel est beau
    Qu'il doit faire beau sur les routes
    Le lundi au soleil.

R4- Le lundi au soleil
    On pourrait le passer à s'aimer
    Le lundi au soleil
    On serait mieux dans l'odeur des foins
    On aimerait mieux cueillir le raisin
    Ou simplement ne rien faire
    Le lundi au soleil.

MICHEL FUGAIN

2000 ANS ET UN JOUR

Paroles : Claude LEMESLE
Musique : Michel FUGAIN

1-   *Do*   *Fa*
    2000 ans et un jour
       Sol   *Do*   *Fa*
    On fait le bilan, il est lourd.
         Sol   *Lam* *Mim* *Fa* *Mim*   *Sol4 - 3*
    Sans perdre de temps, ça repart pour un tour. _
                    Do   *Fa*   *Sol*
    Faut pas se miner, s'faire de bile
              Do *Fa* *Sol*
    Car pour les années paraît-il
       Mim   *Fa*   *Sol4 - 3*
    Ce sont toujours les premières deux mille les plus difficiles. _

    2000 ans et deux jours
    On rase les cons et les tours
    On voit mieux les gens, les couleurs, les contours.
    On passe du venin au velours
    Et on rend la main à l'amour
    Et on voit que c'est bon, que c'est beau et on est plutôt pour.

R-   *Lam*   *Mim*   *Solm*   *Rém*
    C'est peut-être la dernière chan - ce
       Fa7M   *Sol*   *Do Sol#7*
    On n'a plus le droit de se planter. _

(monter d'un demi-ton)
2- 2000 ans et trois jours
    On chasse le smog et, bonjour
    Il y a de nouveau du soleil dans la cour.
    On met de l'ozone tout autour
    Et puis après, on fait l'amour
    Et ça va de mieux en mieux et on est de plus en plus pour.

    2000 ans, quatre jours
    Fini Marignan, Pearl Harbour.
    On jette les flingues et le fric n'a plus cours.
    On a fait la peau aux tambours.
    L'humeur de l'humain, c'est l'humour
    Et n'importe quand, n'importe où, n'importe qui fait l'amour.

(monter d'un demi-ton)
3- 2000 ans et cinq jours
    Y a tant de boulot à la bourre
    Qu'il y en aura bien pour tout l'monde, pour toujours
    Mais, du sixième au septième jour
    On baille et on bulle, on savoure
    Ce monde nouveau, pourvu qu'il dure un peu plus de huit jours.
    La la la…

© 1998 Shokaway Music.
Avec l'aimable autorisation de Khi Music.

FORTERESSE

Paroles : Brice HOMS
Musique : Michel FUGAIN

```
         Lam                     Lam/Sol
1-  L'amour est une forteresse
        Ré/Fa#                              Fa7M
    Dont les murs sont faits de promesses
         Si7                    Lam
    C'est là que dorment les amants
         Rém             Mi4      Mi
    Cachés de tout, cachés du temps _
         Lam                  Lam/Sol
    Et quand leurs lèvres se rejoignent
         Ré/Fa#             Fa7M
    C'est tout l'univers qui s'éloigne
         Si5dim-7              Lam
    Autour le silence est parfait
              Si7        Mi    Lam
    Comme un instant d'éternité.

    Rém7      Sol7       Do7M        Fa7M
R-  Tourne le, tourne le, tourne le temps
    Si5dim-7   Mi7    Lam
    Tout autour des amants.
```

2- L'amour est une forteresse
    Dont les murs sont faits de tendresse
    Aussi fin qu'un papier de soie
    Mais qui ne se déchire pas
    La peau et la peau qui se touchent
    Les mots qui naissent sur la bouche
    Disent tout bas comme un secret
    Qu'on peut tout prendre ou tout donner.

3- L'amour est une forteresse
    Qu'il faut réinventer sans cesse
    Pour qui oublie de la rêver
    Elle disparaît à tout jamais
    Si devant vous des amants passent
    Quoi qu'ils se disent ou quoi qu'ils fassent
    Ne vous posez pas de questions
    L'amour a toujours ses raisons.

© 1992 Shokaway music.
Avec l'aimable autorisation de Khi Music.

JUSQU'À DEMAIN PEUT-ÊTRE

Paroles : Pierre DELANOË
Musique : Michel FUGAIN

Intro-
```
       Mim7                  La7         Ré7M
    _ Rapproche-toi de moi
       Mim7           Fa#7      Sim
    _ J'ai besoin de parler
       Mim7          Fa#7       Sim
    _ Parler de toi, de moi
       Mim7                 Fa#7       Sim7
    _ Jusqu'à demain peut-être
       Mim7                        
    _ Ou bien jusqu'à la mort.
```

1- Je n'sais pas encore
    Le temps qu'il durera
    Cet amour que nous vivons là
    Jusqu'à demain peut-être
    Ou bien jusqu'à la mort
    Jusqu'à demain peut-être
    Ou bien jusqu'à la mort.

```
      Sol7M         Ré7M Sol7M      Ré7M
    _ On se jette       dans l'amour
      Sol7M      Ré7M         Do#   Fa#7
    _ Comme dans une eau clai - re
      Sol7M       Ré7M           Ré7M
    _ Et l'on fête _ chaque jour
      Sol7M         Ré7M         
    _ Comme un anniversai - re.

      Mim7        La7      Ré7M
    _ Et je te donne tout
      Mim7         Fa#7    Sim
    _ Et tu te donnes toi
      Mim7            Fa#7       Sim
    _ On dit qu'on ira jusqu'au bout
      Mim7       Fa#7     Sim7
    _ On ne dit pas de quoi
      Mim7              Fa#7
    _ On dit que l'on y croit
      Mim7         Fa#7     Sim
    _ On dit n'importe quoi.
```

2- Je n'sais pas encore
    Le temps qu'il durera
    Cet amour que nous vivons là
    Jusqu'à demain peut-être
    Ou bien jusqu'à la mort
    Jusqu'à demain peut-être
    Ou bien jusqu'à la mort.

    On ressemble toi et moi
    À ces bêtes sauvages
    Qui se mordent quelques fois
    pour s'aimer davantage.

    Jamais on n'a fait mieux
    Jamais on le fera
    Avec un peu d'eau et de feu
    Plus grand amour que ça
    Plus bel amour que ça
    Plus bel amour que toi.

Coda-
    (Je ne sais pas encore
    Le temps qu'il durera
    Ça durera)
    Jusqu'à demain peut-être
    Ou bien jusqu'à la mort.

© 1973 Éditions Musicales le Minautore.
Avec l'aimable autorisation
d'UNIVERSAL MUSIC PUBLISHING.

RING ET DING

Paroles : Claude LEMESLE / Musique : Michel FUGAIN

1-   *Do*   *Mi7*   *Lam*   *Fa*   *Sol*   *Do*
Je vais te raconter l'histoire (Faut c'qu'y faut)
        Do   *Mi7*   *Lam*   *Fa*   *Sol* *Do*
D'un gars qui voulait changer l'histoire (Trop c'est trop)
 Do7   *Fa*   *La7*   *Rém*
Il était fils de militaire et né dans un canon (Boum)
 Sol   *Do*
__ Sur sa brassière __ y avait déjà des galons.
Fa   *Sol*   *Do*   *Lam*   *Rém*   *Sol*   *Do*
__ Un homme de guerre, c'est pas la moitié d'un con.

R- *Sol*   *Do*
Un petit coup de Marseillaise (Oh non)
  Sol   *Do*
Un petit coup de la Madelon (Sûrement pas)
 Sol   *Do*   *Do7dim*
Vive l'amour à la française (Et vive la France et la Corrèze)
         Sol   *Do*
Oooh. Tout finit par des chansons
Fa   *Sol*   *Do*   *Lam* *Fa*   *Sol*   *Do*
Moi mon gars, je veux pas, changer l'histoire, je veux rien changer du tout
Fa   *Sol*   *Do*   *Fa*   *Sol*   *Do*
Je laisserai, rien de rien, dans les mémoires, mais je m'en fous
Fa   *Sol*   *Do*   *Lam*
Ring a ding, ring a ding, ring a ding, dinge don
 Fa   *Sol*   *Do*
Ring a ding, ring a ding Dee
 Fa   *Sol*   *Do*   *Lam*
Ring a ding, ring a ding, ring a ding, dinge don
 Fa   *Sol*   *Do*
Ouais je m'en fous.

2- Il épousa un jour de gloire (Faut c'qu'y faut)
Une demoiselle nommée victoire (Trop c'est trop)
Elle était fille de légionnaire, d'ailleurs elle sentait bon (Beurk)
Devant le Maire, la belle n'a pas dit non.
Elle était fière d'être la moitié d'un con (Allez).

R- Un petit coup de Marseillaise (Ouais allez tiens)
Un petit coup de la Madelon (Non)
Vive l'amour à la française
Et vive Pimpaul et ses falaises
Oooh, tout finit par des plongeons
Moi mon gars je n'veux pas changer l'histoire
Je veux rien changer du tout
Je laisserai rien de rien dans les mémoires, mais je m'en fou
Ring a ding, ring a ding, ring a ding, dinge don
Ring a ding, ring a ding Dee
Ring a ding, ring a ding, ring a ding, dinge don
Ouais je m'en fous.

3- Voici la fin de mon histoire (Faut c'qu'y faut)
Bien sûr c'est difficile à croire (Trop c'est trop)
Un jour au cœur de la mitraille, un boulet de canon (Boum)
Fit une entaille plus large que ses gallons
Du champ d'batailles, sortit la moitié d'un con (Et allez).

R- Un petit coup de Marseillaise (Hola non, non)
Un petit coup de la Madelon (J'ai dit non)
Vive l'amour à la française
Et vive enfin le Père Lachaise
Oooh, tout finit au goupillons
Ah moi mon gars je veux pas changer l'histoire
Je veux rien changer du tout
Je laisserai rien de rien dans les mémoires
Mais je m'en fous
Ring a ding, ring a ding, ring a ding, dinge don
Ring a ding, ring a ding Dee
Ring a ding, ring a ding, ring a ding, dinge don
Ouais je m'en fous.

© 1976 Éditions Musicales le Minautore. Avec l'aimable autorisation d'UNIVERSAL MUSIC PUBLISHING.

VIVA LA VIDA

Paroles : Brice HOMS
Musique : Michel FUGAIN

© 1986 Éditions Le Minotaure.
Avec l'aimable autorisation
de UNIVERSAL MUSIC PUBLISHING.

1-
    Dom7   *Rém7⁵⁻*   *Sol7*
_ Tu claques la porte et tu descends l'escalier
Dom7   *Rém7⁵⁻ Sol7*
_ T'arrives en bas, la rue est là
Dom7   *Rém7⁵⁻*   *Sol7*
_ C'est plein de bruit, d'odeurs et de fruits défendus _
Solm7/Sib   *Lam7/5 Rém7*   *Sol7*
Et c'est qu'un début, _   et t'as pas tout vu _
                Fam7   *Sib7*
Allez, tope là dans ma main, _ tope là, hop là
MibM7   *LabM7*
Tope encore une fois _
Rém7⁵⁻   *Sol7⁺⁴*   *Sol7*   *Dom*
_ T'as tout, t'as l'choix, _ c'est tout _ à toi _
Fam7   *Sib7*
Tope là dans ma main, _ tope là, hop là
MibM7   *LabM7*
Tope encore une fois _
Rém7⁵⁻   *Sol7⁺⁴*   *Sol7*   *Dom*
_ Tu rêves ou quoi, _ t'en reviens pas !

                       Rém7
La rue c'est la vie qui va _
Dom/Sol   *Sol*   *Dom7*
_ Viva la vi - va la vida _
                            Rém7
C'est là qu'on vit, là qu'on va _
Dom/Sol   *Sol*   *Dom7*
_ Viva la vi - va la vida. _

2- Sur les trottoirs ça déboule de tous les côtés
    Tu te surprends à regarder
    Un bas de soie qui file au pied d'une inconnue
    T'en es tout ému, t'as pas tout perdu
    Allez, tope-là dans ma main, tope-là, hop là
    Tope encore une fois
    C'est le Sud en bas de chez toi
    Tope-là dans ma main, tope-là, hop là
    Tope encore une fois
    C'est tell'ment beau que t'y crois pas !

    La rue c'est la vie qui va
    Viva la viva la vida
    C'est la qu'on vit, là qu'on va
    Viva la viva la vida.

inter-
Fam7   *Sib7*   *MibM7*   *LabM7*
Lè - ve les yeux de ta vie _
Rém7⁵⁻ *Sol7⁺⁴*   *Sol7*   *Dom*
Du   bleu en haut _ des toits _
Fam7   *Sib7*   *MibM7*   *LabM7*
Chaud le soleil et chaud chaque pas
Rém7⁵⁻   *Sol7⁺⁴* *Sol7*
Qui va viva la vida _
Dom   *Rém7*
_ La rue c'est la vie qui va _
Dom/Sol   *Sol*   *Dom7*
_ Viva la vi - va la vida. _
                             Rém7
C'est là qu'on vit, là qu'on va _
Dom/Sol   *Sol*   *Dom7*
_ Viva la vi - va la vida. _

La rue c'est la vie qui va   ⎫
Viva, la viva la vida   ⎬ bis
C'est la qu'on vit, là qu'on va ⎪
Viva la viva la vida.   ⎭

Coda-
    La rue c'est la vie qui va
    Viva la viva la vida
    C'est la qu'on vit, là qu'on va
Dom/Sol   *Sol*   *Dom*
_ Viva la vi - va la vida. _

SERGE GAINSBOURG

AUX ENFANTS DE LA CHANCE

Paroles et musique :
Serge GAINSBOURG

Chœurs-
  Shoot
  Shit
  Shoot
  Shit

1- <u>Do</u>
   <u>Aux</u> enfants de la chance
         <u>Sol</u>
   Qui n'ont ja<u>mais</u> connu les transes
         <u>Lam</u>
   Des <u>shoot</u> et du *shit*
              <u>Fa</u>
   Je dirai en sub<u>stance</u>
   Ceci :
      <u>Do</u>   <u>Sol</u>
   <u>Tou</u>chez pas à la poussière <u>d'ange</u>
   Angel dust en
       <u>Lam</u>
   <u>Shoot</u> ou en *Shit*
              <u>Fa</u>
   Zéro hé<u>ro</u> ou à l'infini
       <u>Mim</u>   <u>Si/Ré#</u>
   <u>Je</u> dis, dites-leur et dis-<u>leur</u>
                           <u>Sim5dim/Ré</u>
   De casser la gueule aux <u>dealers</u>
                    <u>La/Do#</u>
   Qui dans l'ombre attendent <u>leur</u>
   Heure
       <u>Lam/Do</u>
   <u>L'hor</u>-
       <u>Do</u>
   <u>Reur</u>
       <u>Sol/Si</u>
   De <u>mi</u>-
       <u>Fa#/La#</u> <u>Si/Ré#</u>
   <u>Nuit</u>.

2- Aux enfants de la chance
   Qui n'ont jamais connu les transes
   Des *shoot* et du *shit*
   Je dirai en substance
   Ceci :
   Ne commettez pas d'imprudences
   Surtout n'ayez pas l'impudence
   De vous foutre en l'air avant l'heure dite
   Comme Samantha, Édith
   Et dites
   Je dis, dites-leur et dis-leur
   De casser la gueule aux dealers
   Qui dans l'ombre attendent leur
   Heure
   L'hor-
   Reur
   D'mi-
   Nuit.

3- Aux enfants de la chance
   Qui n'ont jamais connu les transes
   Des *shoot* et du *shit*
   Je dirai en substance
   Ceci :
   N'approchez pas le magic mushroom
   N'essayez surtout pas le free base
   Car c'est lui qui vous baise
   C'est celui qui vous baise
   À l'aise
   Je dis, dites-leur et dis-leur
   De casser la gueule aux dealers
   Qui dans l'ombre attendent leur
   Heure
   L'hor-
   Reur
   D'mi-
   Nuit.

4- Aux enfants de la chance
   Qui n'ont jamais connu les transes
   Des *shoot* et du *shit*
   Je dirai en substance
   Ceci :
   Touchez pas au dragon chasing
   Chasse au dragon
   Qui se prend en shoot ou en shit
   Zéro héro à l'infini
   Je dis, dites-leur et dis-leur
   De casser la gueule aux dealers
   Qui dans l'ombre attendent leur
   Heure
   L'hor-
   Reur
   D'mi-
   Nuit.

Final ad lib.-
   Shoot
   Shit
   Shoot
   Shit.

© 1987 by MELODY NELSON PUBLISHING
20, Avenue Rapp - 75007 Paris

BONNIE AND CLYDE

Paroles et musique :
Serge GAINSBOURG

© 1964 by Éditions SIDONIE
24, place des Vosges - 75003 Paris
et by MELODY NELSON
20, avenue Rapp - 75007 Paris.

Intro-
       Lam   Do
_ Vous avez lu l'histoire
       Sol   Ré4 - 3
De Jesse James _ _
    Lam   Do
_ Comment il vécut
        Sol   Ré4 - 3
Comment il est mort _ _
     Lam   Do
_ Ça vous a plus hein ? _
                  Sol   Ré4 - 3
Vous en d'mandez encore _ _
Et bien
  Lam   Do
Écoutez l'histoire _
         Sol   Ré - 4 - 3
De Bonnie and Clyde. _ _

     Lam   Do   Sol Ré4 - 3
1- Alors voilà _ Clyde a une petite amie _ _
    Lam   Do   Sol   Ré4 - 3
   Elle est belle et son prénom c'est Bonnie _ _
   Lam   Do   Sol   Ré4 - 3
   À eux deux ils forment le gang Barrow _ _
   Lam   Do   Sol
   Leurs noms Bonnie Parker et Clyde Barrow.

     Ré   Lam   Do Sol
R- Bonnie and Clyde _
     Ré   Lam   Mi7
   Bonnie and Clyde. _

2- Moi lorsque j'ai connu Clyde autrefois
   C'était un gars loyal, honnête et droit
   Il faut croire que c'est la société
   Qui l'a définitivement abîmé.

3- Qu'est c' qu'on a pas écrit sur elle et moi
   On prétend que nous tuons de sang froid
   C'e'st pas drol' mais on est bien obligé
   De fair' tair' celui qui s'met à gueuler.

4- Chaqu'fois qu'un polic'man se fait buter
   Qu'un garage ou qu'un' banque se fait braquer
   Pour la polic' ça ne fait pas d'mystère
   C'est signé Clyde Barrow - Bonnie Parker.

5- Maint'nant chaq'fois qu'on essaie d'se ranger
   De s'installer tranquill's dans un meublé
   Dans les trois jours voilà le tac tac tac
   Des mitraillett's qui revienn't à l'attaqu'.

6- Un de ces quatr' nous tomberons ensemble
   Moi j'm'en fous c'est pour Bonnie que je tremble
   Qu'elle importanc' qu'ils me fassent la peau
   Moi Bonnie je tremble pour Clyde Barrow.

7- D'tout' façon ils n'pouvaient plus s'en sortir
   La seule solution c'était mourir
   Mais plus d'un les a suivis en enfer
   Quand sont morts Barrow et Bonnie Parker.

COULEUR CAFÉ

Paroles et musique :
Serge GAINSBOURG

1- J'aime ta couleur café [Mi] [Si7]
   Tes cheveux café [Mi] [Si7]
   Ta gorge café [Mi] [Si7]
   J'aime quand pour moi tu danses [Mi] [Si7]
   Alors j'entends murmurer [Mi] [Si7]
   Tous tes bracelets [Mi] [Si7]
   Jolis bracelets [Mi] [Si7]
   À tes pieds ils se balancent.

R- Couleur café [Mi] [Fa#m]
   Que j'aime ta couleur café. [Si7] [Mi]

2- C'est quand même fou l'effet
   L'effet que ça fait
   De te voir rouler
   Ainsi des yeux et des hanches
   Si tu fais comme le café
   Rien qu'à m'énerver
   Rien qu'à m'exciter
   Ce soir la nuit sera blanche.

3- L'amour sans philosopher
   C'est comm' le café
   Très vite passé
   Mais que veux tu que j'y fasse
   On en a marr' de café
   Et c'est terminé
   Pour tout oublier
   On attend que ça se tasse.

© 1964 by SIDONIE - 24, Place des Vosges - 75003 Paris.
& MELODY NELSON PUBLISHING - 20, Avenue Rapp - 75007 PARIS.

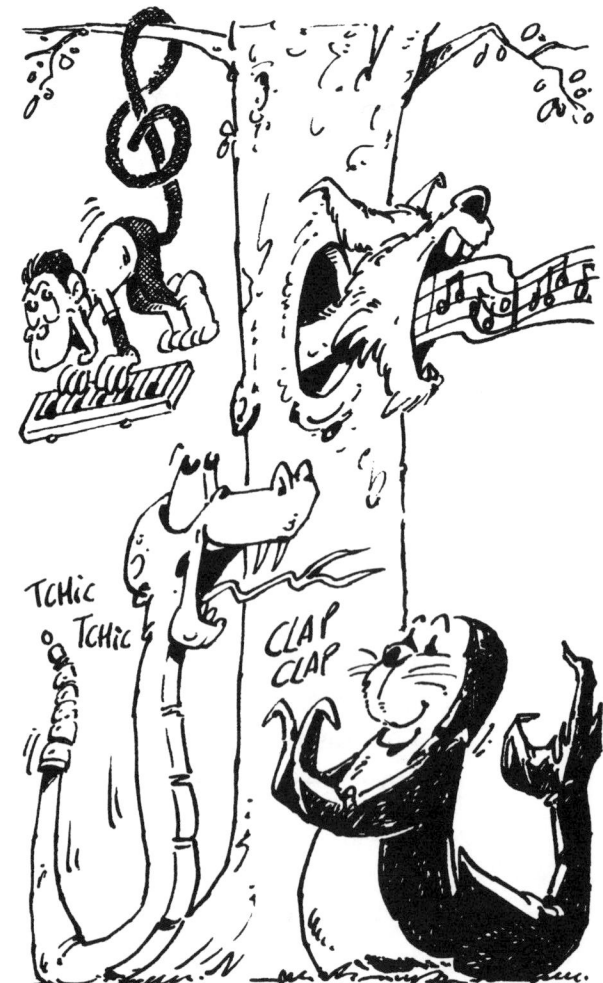

L'AMI CAOUETTE

Paroles et musique : Serge GAINSBOURG

1-   *Sol*
    L'ami Caouette
    Me fait la tête
    Ré7
    Qu'a Caouette ?
    Sol
    La p'tite Noé
    Veut plus m'parler
    La7 Ré7 Sol
    Qu'a No - é ?
    L'ami Cao
    M'a mis k.o.
    Ré7
    Qu'a Cao ?
    Sol
    La p'tite Ramel
    M'est infidèle
    La7 Ré7 Sol
    Qu'a Ra - mel ?
    M'sieur Hannibal
    M'mine le moral
    Ré
    Qu'a Hannibal ?
    Sol
    Mam'zelle Leçonlon
    Me traite de con
    La7 Ré7 Sol
    Qu'a Leçon - lon ?

2- L'ami Caouette
    Me fait la tête
    Qu'a Caouette ?
    Mam'zelle Gibi
    M'traite d'bruti
    Qu'a Gibi ?
    L'ami Outchou
    M'jette des cailloux
    Qu'a Outchou ?
    Mam'zelle Binet
    S'est débinée (oh)
    Qu'a Binet ?
    Le p'tit Member
    Me jette des pierres
    Qu'a Member ?
    Mam'zelle Lamar
    D'moi en a marre
    Qu'a Lamar ?

3- L'ami Caouette
    Me fait la tête
    Qu'a Caouette ?
    Mam'zelle Ramba
    Veut plus qu'j'la vois
    Qu'a Ramba ?
    Monsieur Nasson
    M'donne du bâton
    Qu'a Nasson ?
    Mam'zelle Nassucre
    Me traite de trouduc
    Qu'a Nassucre ?

© 1975 by MELODY NELSON
PUBLISHING
20, Avenue Rapp
75007 PARIS.

SENSUELLE ET SANS SUITE

Paroles et musique : Serge GAINSBOURG

© 1974 by MELODY NELSON
PUBLISHING
20, Avenue Rapp
75007 PARIS.

      La Mi/Sol#   Fa#m   Mi
1- Une histoire sensuelle et sans suite
    Fa#m   Mi   Ré   Mi
    Ça fait crac, ça fait pschtt
    Lam   Mim/Sol   Rém6/Fa   Mi
    Crac je prends la fille et puis pschtt
                   Ré   Mi
    J'prends la fuite.
    Elles en pincent toutes pour ma pomme cuite
    J'suis un crack pour ces p'tites
    Crac les v'la sur l'dos et moi pschtt
    J'en profite.

      Rém   Lam/Do
R- Leurs p'tits cœurs palpitent
    Si5dim   Lam
    Tandis qu'elles s'excitent
    Mim/Sol   Fa   Mi
    Qu'elles s'envoient au Zénith.

3- Elles sont gonflées, ouais, mais très vite
    Elles craquent et alors pschtt
    Crac c'est les nerfs, et puis pschtt
    Y'a comme une fuite.
    J'aime jouer avec la dynamite
    Quand ça craque, ça fait pschtt
    Crac, j'allume la mèche et puis pschtt
    Je m'exit.

Reprise du refrain -

Coda-
    Ces histoires sensuelles et sans suite
    Ça fait crac, ça fait pschtt
    Crac je prends la fille et puis pschtt
    J'prends la fuite.

LAISSE TOMBER LES FILLES

Paroles et musique : Serge GAINSBOURG

Capo III

1- *Lam*
   Laisse tomber les filles
   Laisse tomber les filles
   Mi7   *Lam*
   Un jour c'est toi qu'on laissera
   Laisse tomber les filles
   Laisse tomber les filles
   Mi7   *Lam*
   Un jour c'est toi qui pleureras.

   Rém   *Lam*
   Oui, je pleurais mais ce jour-là
   Mi7
   Non, je ne pleurerai pas
                   Lam
   Non, je ne pleurerai pas
   Rém   *Lam*
   Je dirai "c'est bien fait pour toi"
                 Mi7
   Je dirai "ça t'apprendra"
                Lam
   Je dirai "ça t'apprendra".

2- Laisse tomber les filles
   Laisse tomber les filles
   Ça te jouera un mauvais tour
   Laisse tomber les filles
   Laisse tomber les filles
   Tu le payeras un de ces jours.

   On ne joue pas impunément
   Avec un cœur innocent
   Avec un cœur innocent
   Tu verras ce que je ressens
   Avant qu'il ne soit longtemps
   Avant qu'il ne soit longtemps.

Pont-
   Do
   La chance abandonne
   Lam
   Celui qui ne sait
   Do   *Fa*   *Do*
   Que laisser les cœurs blessés
   Lam   *Rém*   *Mi7*   *Lam*
   Tu n'auras personne pour te consoler
   Fa   *Mi7*   *Lam*   *Mi7*
   Tu ne l'auras pas volé. __

3- Laisse tomber les filles
   Laisse tomber les filles
   Un jour c'est toi qu'on laissera
   Laisse tomber les filles
   Laisse tomber les filles
   Un jour c'est toi qui pleureras.

   Non, pour te plaindre il n'y aura
   Personne d'autre que toi
   Personne d'autre que toi
   Alors tu te rappelleras
   Tout ce que je te dis là
   Tout ce que je te dis là.

Coda-
   Alors tu te rappelleras
   Tout ce que je te dis là
   Tout ce que je te dis là
   Alors tu te rappelleras
   Tout ce que je te dis là
   Tout ce que je te dis là.

© 1964 by Éditions SIDONIE
24, place des Vosges – 75003 Paris.

JE T'AIME, MOI NON PLUS
Paroles et musique : Serge GAINSBOURG

© 1969 by ÉDITIONS TRANSATLANTIQUE.
© 1985 by MELODY NELSON PUBLISHING - 20, Avenue Rapp - 75007 Paris.

Intro-
```
      Do   Fa  Sol Fa   Do  Fa
      __   __  __  __   __  __
```

```
    Sol          Do         Fa     Sol9   Rém7
1-  _ Je t'aime, je t'aime, _ oh oui je _ t'aime
    Mim
    _ Moi non plus
       Sol7        Do  Fa
    Oh _ mon amour _
    Sol      Fa    Mim7
    _ Comme la vague irrésolue
    Rém   Sol9    Do          Fa Sol4 Lam            Fa7
    _ Je vais, je vais et je viens _  _  entre tes reins _
    Sol7  Do       Lam Fa7       Rém7
    _ Je vais et je viens entre tes reins
    Mim7  Fa7     Sol7
    Et je me retiens.
```

2- Je t'aime, je t'aime oh oui je t'aime
Moi non plus
Oh mon amour
Tu es la vague, moi l'île nue
Tu vas, tu vas et tu viens entre mes reins
Tu vas et tu viens entre mes reins et je te rejoins.

Reprise du couplet 1-

Tu vas, tu vas et tu viens entre mes reins
Tu vas et tu viens entre mes reins et je te rejoins.

3- Je t'aime, je t'aime oh oui je t'aime
Moi non plus
Oh mon amour
L'amour physique est sans issue
Je vais, je vais et je viens entre tes reins
Je vais et je viens, je me retiens.

Non maintenant, viens...

FRANCE GALL

LA DÉCLARATION D'AMOUR
Paroles et musique :
Michel BERGER

© 1974 Éditions SIDONIE
24, place des Vosges - 75003 Paris
& by APACHE
20, rue des Fossés Saint Jacques
75005 Paris.

```
     Sol Sim
1-   Quand je suis seule et que je peux rêver
     Mim Sol7
     Je rêve que je suis dans tes bras
     Do Si7 Mim
     Je rêve que je te fais tout bas
     La7dim  Si7  Mim La7dim  Si7   Mim
     Une déclaration, ma déclaration.
```

2- Quand je suis seule et que je peux inventer
Que tu es là tout près de moi
Je peux m'imaginer tout bas
Une déclaration, ma déclaration.

```
       Do                    Lam
R-   Juste deux ou trois mots d'amour
     Fa                Sol
     Pour te parler de nous
     Mim                     Lam
     Deux ou trois mots de tous les jours
                        Ré  Ré5+
     C'est tout. __
```

3- Je ne pourrai jamais te dire tout ça
Je voudrais tant mais je n'oserai pas
J'aime mieux mettre dans ma chanson
Une déclaration, ma déclaration

4- Quand je suis seule et que je peux rêver
Je rêve que je suis dans tes bras
Je rêve que je te fais tout bas
Une déclaration, ma déclaration.

Parlé-
Je veux des souvenirs avec toi
Des images avec toi
Des voyages avec toi
Je me sens bien quand tu es là
Une déclaration, ma déclaration.

J'aime quand tu es triste
Et que tu ne dis rien
Je t'aime quand je te parle
Et que tu ne m'écoutes pas
Je me sens bien, quand tu es là
Une déclaration, ma déclaration.

JEAN-JACQUES GOLDMAN

C'EST PAS DE L'AMOUR
Paroles et musique : Jean-Jacques GOLDMAN

1-
    Sol   Ré/Fa#   Mim   Do   Sol
    _ Ça ressemble à la Toscane douce et belle de Vinci
    Mim   Sol/Si   Do   Ré7
    Les sages et beaux paysages font les hommes sages aussi
    Mim   Sol/Si   Ré   Sol
    Ça ressemble à des images, aux saisons tièdes, aux beaux jours
    Mim   Sol/Si   Lam   Sol
    Au silence après l'orage, au doux toucher du velours.

    Ré/Fa#   Mim   Sim
    C'est un peu comme ces musiques qu'on entend sans écouter
    Do   Lam   Lam/Sol   Ré/Fa#
    Ces choses qui n'existent jamais tant que le manque qu'elles ont laissé
    Sol   Ré/Fa#   Mim   Do   Sol
    _ Ça ressemble à ces grand-routes, sans virage, sans détour
    Ré/Fa#   Do   Lam
    La dolce vita sans doute _
    Ré   Sol Ré Lam Do Sol Ré Lam Do
    Mais en tout cas, c'est pas d'l'amour. _ _ _ _ _ _

2- Ça ressemble à la sagesse, à ces paix qu'on signe un jour
    Juste au prix de nos jeunesses, sans trompette ni tambour
    C'est plein de baisers caresses, plein de mots sucrés d'enfants
    Attestations de tendresse, rituel rassurant.

    Harmonie, intelligence et raison ou sérénité
    Complice connivence, autant de mots pour
    Exprimer tout ce que c'est.

    C'est un peu tout ça tour à tour
    Mais en tout cas c'est pas d'l'amour.

© 1990 Éditions Musicales J.R.G.

3-
    Ré/Fa#   Mim   Sim
    Sans peur et sans solitude, le bonheur à ce qu'on dit
    Do   Lam
    Y a bien des vies sans Beethoven et sans avis
    Lam/Sol   Ré/Fa#
    Pourquoi pas des vies sans cri.

    Mais qu'on soit contre ou qu'on soit pour
    Et tout cas c'est pas d'l'amour.

Coda-
    C'est pas d'l'amour
    C'est plus d'l'amour.

C'EST TA CHANCE

Paroles et musique :
Jean-Jacques GOLDMAN

Intro-
Sib Rém7 Do Fa6 Sib Rém7 Dom
— — — — — — (bis)
Do Fa
— — — — — —
— —

1-
Sib   Rém7   Do   Fa
_ Il faudra que tu sois douce _
  Sib   Rém7   Do Fa
_ Et solitaire aussi _
Sib   Rém7   Do   Fa
_ Il te faudra gagner pouce à pouce
Sib   Rém7   Do
_ Les oublis de la vie _
Fa   Sib   Rém7   Do
_ Oh, tu s'ras jamais la reine du bal
Fa   Sib   Rém7
Vers qui se tournent les yeux éblouis
   Do   Fa
_ Pour que tu sois belle
   Sib   Rém7   Do Fa
Il faudra que tu le deviennes
Puisque tu n'es pas née jolie.

2- Il faudra que tu apprennes
À perdre, à encaisser
Tout ce que le sort ne t'a pas donné
Tu le prendras toi même
Oh, rien ne sera jamais facile
Il y aura des moments maudits
Oui mis chaque victoire ne sera que la tienne
Fa   Sib   Rém7   Do Do7 Lam7 Do
_ Et toi seule en sauras le prix. _ _ _

                          Fa
R1- C'est ta chance
   Do Sib   Do   Fa Do
_ Le cadeau de ta naissance _
Sib   La   Sib   Rém7
_ Y'a tant d'envie, tant de rêves
Do   Sib   Fa
Qui naissent d'une vraie souffrance
Solm7   Fa/La   Sib   Do7
_ Qui te lance et te soutient.
           Fa   Do
C'est ta chance _
Sib   Do   Fa   Do
_ Ton appétit ton essence _
Sib   La   Rém7
_ La blessure où tu viendras puiser
Do   Sib   Fa
La force et l'impertinence
Solm7 Fa/La   Sib   Do Fa
_ Qui t'avance un peu plus loin. _

3- Toi t'es pas très catholique
Et t'as une drôle de peau
Chez toi les fées soi-disant magiques
Ont loupé ton berceau
Oh tu seras sûrement jamais notaire
Pas de privilèges hérités
Et si t'as les papiers pour être fonctionnaire
Tout seul apprend à fonctionner.

R2- C'est ta chance
    Ta force, ta dissonance
    Faudra remplacer tous les "pas de chance"
    Par de l'intelligence
    C'est ta chance, pas le choix.
    C'est ta chance
    Ta source, ta dissidence
    Toujours prouver deux fois plus
    Que les autres assoupis d'évidence.
    Solm7   Fa/La   Sib   Do7 Do-7 Lam7 Do
    _ Ta puissance naîtra là. _ _ _

Reprise du refrain 1-

© 1988 Éditions Musicales J.R.G.

CONFIDENTIEL
Paroles et musique :
Jean-Jacques GOLDMAN

1-   *Do*   *Ré7-4*   *Ré7*
    __ Je voulais simple<u>ment</u> te dire __
      Sol/Si   *Do*   *Sol/Si*
    __ Que ton visage et <u>ton</u> sourire __
      Lam7   *Ré7-4*   *Ré7*   *Sol Sol/Si*
    __ Resteront prés de <u>moi</u> sur <u>mon</u> che<u>min</u>. __

2-   Te dire que c'était pour de vrai
      Tout ce qu'on c'est dit, tout ce qu'on a fait
      Qu'c'était pas pour de faux, que c'était bien.

3-   Faut surtout jamais regretter
      Même si ça fait mal, c'est gagné
      Tous ces moments, tous ces mêmes matins.

4-   J'vais pas te dire qu'faut pas pleurer
      Y a vraiment pas de quoi s'en priver
      Et tout c'qu'on a pas loupé, le valait bien.

5-   Peut-être que l'on se retrouvera
      Peut-être que, peut-être pas
      Mais sache qu'ici bas, je suis là.

6-   Ça restera comme une lumière
      Qui m'tiendra chaud dans mes hivers
      Un petit feu de toi qui s'éteint pas.

Coda-
    Mmm…

© 1985 Éditions Musicales J.R.G.

ENVOLE-MOI
Paroles et musique :
Jean-Jacques GOLDMAN

             Mim
1- Minuit se <u>lève</u> en haut des tours
                  Do   *Ré*   *Mim*
    Les voix se <u>taisent</u> et tout de<u>vient</u> aveugle et <u>sourd</u>
               Mim
    La nuit ca<u>moufle</u> pour quelques heures
               Do   *Ré*   *Mim*
    La zone <u>sale</u> et les é<u>paves</u> et la lai<u>deur</u>
    Ré   *Mim*   *Ré*   *Mim*
    J'ai <u>pas</u> choisi de <u>naître</u> ici
              Do   *Ré*   *Mim*
    Entre l'i<u>gnorance</u> et la <u>violence</u> et l'en<u>nui</u>
       Ré   *Mim*   *Ré*   *Mim*
    Je m'en <u>sortirai</u>, je me <u>le</u> pro<u>mets</u>
          Do   *Ré*   *Mi*
    Et s'il le <u>faut</u> j'emploierai <u>des</u> moyens lé<u>gaux</u>.

       Lam   *Fa*   *Rém*
R- Envole-<u>moi</u>, envole-<u>moi</u>, envole-<u>moi</u>
            Fa   *Sol*   *Lam*
    Loin de cette <u>fatalité</u> <u>qui</u> colle à ma <u>peau</u>
               Fa   *Rém*
    Envole-<u>moi</u>, envole-<u>moi</u>
             Fa   *Sol*   *Ré*
    Remplis ma <u>tête</u> d'autres ho<u>rizons</u>, d'autres <u>mots</u>
         Lam   *Mi*
    Envole-<u>moi</u>.

JE COMMENCE DEMAIN

Paroles et musique :
Jean-Jacques GOLDMAN

1- Faudrait que __ j'me clôture __
    Faudrait que __ j'coupe du bois __
    Que j'me mette __ en costume __
    Et que je __ marche plus droit. __

R- Faudrait que j'devienne plus sage __
    Que j'sois plus raisonnable à mon âge __ __ __
    Hou hou hou hou __
    __ J'sais bien, j'sais bien, j'sais bien __ __ __
    __ Je commence demain.

2- Faudrait que j'quitte la route
    Et que j'pose ma guitare
    Faudrait que j'les écoute
    Avant qu'il soit trop tard.

3- Faudrait que __ j'trouve une femme __
    Une gentille, __ une "maman" __
    Faudrait que __ j'quitte ces dames __
    Qui me font rougir le sang.

Faudrait que je t'oublie ....

© 1987 Éditions Musicales J.R.G.

2- Pas de question, ni rébellion
    Règles du jeu fixées, mais les dés sont pipés
    L'hiver est glace, l'été est feu
    Ici, il n'y a jamais de saison pour être mieux
    J'ai pas choisi de vivre ici
    Entre la soumission, la peur ou l'abandon
    Je m'en sortirai, je te le jure
    À coup de livres, je franchirai tous ces murs.

Coda-
    Me laisse pas là, emmène-moi, envole-moi
    Croiser d'autres yeux qui ne se résignent pas
    Envole-moi, tire-moi de là
    Montre-moi ces autres vies que je ne sais pas
    Envole-moi
    Regarde-moi bien, je ne leur ressemble pas
    Me laisse pas là
    Envole-moi
    Avec ou sans toi, je ne finirai pas comme ça
    Envole-moi.

© by BMG MUSIC PUBLISHING FRANCE.

FAMILLE

Paroles et musique :
Jean-Jacques GOLDMAN

1- *Sol*   *Sim7*
   _ Et crever le silence
     Do   *Ré*   *Sol*
   Quand c'est à toi que je pense
     Do/Mi   *Ré/Fa#*
   Je suis loin de tes mains
     Sol
   Loin de toi, loin des tiens
     Lam   *Do/Ré*   *Ré*
   Mais tout ça n'a pas d'importance. _

   Sol   *Sim7*
   _ J'connais pas ta maison
     Do   *Ré*   *Mim*
   Ni ta ville, ni ton nom
     Do
   Pauvre riche ou bâtard
           Sol
   Blanc tout noir ou bizarre
     Lam7   *Do/Ré*   *Ré*
   Je reconnais ton regard. _ _
     Rém   *Mi7*
   Et tu cherches une image
     Lam
   Et tu cherches un endroit
     Dom   *Do/Ré*
   Où je dérive parfois.

R- *Sol*   *Sol/Si*
   _ Tu es de ma famille
     Do   *Ré*   *Sol*
   De mon ordre et de mon rang
     Do/Mi   *Ré/Fa#*
   Celle que j'ai choisie
       Sol
   Celle que je ressens
     Lam   *Do/Ré*   *Ré*
   Dans cette armée de simples gens.

   Sol   *Sol/Si*
   _ Tu es de ma famille
     Do   *Ré*   *Mim*
   Bien plus que celle du sang
     Do   *Ré*
   Des poignées de secondes
     Sol   *Lam*
   Dans cet étrange monde
    Do/Ré
   _ Qu'il te protège s'il entend.

2- Tu sais pas bien où tu vas
   Ni bien comment ni pourquoi
   Tu crois pas à grand chose
   Ni tout gris ni tout rose
   Mais ce que tu crois, c'est à toi.

   T'es du parti des perdants
   Consciemment, viscéralement
   Et tu regardes en bas
   Mais tu tomberas pas
   Tant qu'on aura besoin de toi.

   Et tu prends les bonheurs
   Comme grains de raisin
   Petits bouts de petits riens.

Pont (x4)
   Sol   *Lam*
   _ Tu es de ma famille, _ tu es de ma famille
   Mib   *Fa*   *Sol*
   _ Du même rang, du même vent
   Sol   *Lam*
   _ Tu es de ma famille, _ tu es de ma famille
   Mib   *Fa*   *Sol*
   _ Même habitant du même temps
   Sol   *Lam*
   _ Tu es de ma famille, _ tu es de ma famille
   Mib   *Fa*   *Sol*
   _ Croisons nos vies de temps en temps.

© 1985 Éditions Musicales J.R.G.

IL SUFFIRA D'UN SIGNE

Paroles et musique : Jean-Jacques GOLDMAN

Capo III

R- Il suffira d'un signe – *un matin*
   Un matin tout tranquille – *et serein*
   Quelque chose d'infime – *c'est certain*
   C'est écrit dans nos livres – *en latin.*

1- Déchirées nos guenilles – *de vauriens*
   Les fers à nos chevilles – *loin bien loin*
   Tu ris mais sois tranquille – *un matin*
   J'aurai tout ce qui brille – *dans mes mains.*

Pont-
   Regarde ma vie tu la vois face à face
   Dis-moi ton avis que veux-tu que j'y fasse
   Nous n'avons plus que ça au bout de notre impasse
   Le moment viendra tout changera de place.

2- L'acier qui nous mutile – *du satin*
   Nos blessures inutiles – *au lointain*
   Nous ferons de nos grilles – *des chemins*
   Nous changerons nos villes – *en jardins.*

3- Tu verras que les filles – *oui tu verras bien*
   Auront les yeux qui brillent – *le matin*
   Plus de faim de fatigue – *des festins*
   De miel et de vanille – *et de vin.*

Reprise du couplet 1 + Refrain-

Coda-
   Il suffira d'un signe…
   Il suffira d'un signe…
   Il suffira d'un signe…
   Il suffira d'un signe…

© 1981 B.M.G. MUSIC PUBLISHING France.

NÉ EN 1917 À LEIDENSTADT

Paroles et musique : Jean-Jacques GOLDMAN

Intro-

   Ré Sol/Si La/Do#

   Ré Sol/Si La/Do#

   Sol/Si Sol La4-3 Sim

   Sol La Sol...

        Ré   La   Sim Sol
1- Et si j'étais né en dix-sept à Leidenstadt __
     Ré   La   Sim   Sol
   __ Sur les ruines d'un champ de bataille __
     Ré   La   Sim   Sol
   __ Aurais-je été meilleur ou pire que ces gens
   Ré/La   La7   Ré4
   __ Si j'avais été allemand ?

2- Bercé d'humiliation, de haine et d'ignorance
   Nourri de rêves de revanche
   Aurais-je été de ces improbables consciences
   Larmes au milieu d'un torrent.

          Sol   Ré/Fa#   Mim Do Ré
3- Si j'avais grandi dans les docklands de Belfast __ __
    Sol   Ré/Fa#   Mim   Do Ré
   __ Soldat d'une foi, d'une caste __ __
    Sol   Ré/Fa#   Mim   Do
   __ Aurais-je eu la force envers et contre les miens
   Sol/Ré   Sol4
   __ De trahir : tendre une main.

               Do   Sol/Si   Lam Fa Sol
4- Si j'étais née blanche et riche à Johannesburg __ __
    Do   La   Sim   Lam Fa Sol
   __ Entre le pouvoir et la peur __ __
    Do   Sol/Si   Lam   Fa
   __ Aurais-je entendu ces cris portés par le vent
   Do/Sol   Sol7   Do4
   __ Rien ne sera comme avant.

            Fa   Lam   Rém   Sib
5- On saura jamais c'qu'on a vraiment dans nos ventres __
    Fa   Do/Mi   Rém   Sib Do
   __ Caché derrière nos apparences __ __
    Fa   Do/Mi   Rém   Sib
   __ L'âme d'un brave ou d'un complice ou d'un bourreau ?
   Fa/Do   Do7   Rém
   __ Ou le pire ou le plus beau ?
                                                                 Rém   Sib
   Serions-nous de ceux qui résistent ou bien les moutons d'un troupeau
   Fa/Do   Do7   Fa4   Fa La
   __ S'il fallait plus que des mots ? __ __

Reprise du couplet 1-
Coda-
                     Sol   La   Sim   Sol
   Et qu'on nous épargne à toi et moi si possible très longtemps
   Ré/La   La7   Sol   La Sol La Sol La Ré
   __ D'avoir à choisir un camp. __ __ __ __ __ __

ON IRA
Paroles et musique :
Jean-Jacques GOLDMAN

1- *La9*
   _ On partira de nuit, l'heure où l'on doute
   Mi4 - 3
   Que demain revienne encore.
   Ré
   Loin des villes soumises, on suivra l'autoroute.
   Fa#m7   Mi4 - 3
   Ensuite, on perdra tous les nord. _ _

   La9
   _ On laissera nos clés, nos cartes et nos codes
   Mi4 - 3
   Prisons pour nous retenir
   Sim7
   Tous ces gens qu'on voit vivre comme s'ils ignoraient
   Fa#m7   Mi
   Qu'un jour, il faudra mourir.
   Sim7   Fa#m7   Mi
   Et qui se font surprendre au soir.

R1- *La9   Mi*
    Oh belle, on ira.
    Fa#m7   Ré
    On partira toi et moi. Où? Je sais pas.
    La9   Mi
    _ Y'a que les routes qui sont belles
    Sim7   Fa#m7   Mi
    Et peu importe où elles nous mènent.
    La9   Mi
    Oh belle, on ira.
    Fa#m7   Ré
    On suivra les étoiles et les chercheurs d'or.
    Sim7   La9   Mi4 - 3
    _ Si on en trouve, on cherchera encore. _

2- On échappe à rien, pas même à ses fuites.
   Quand on se pose, on est mort.
   Oh j'ai tant obéi, si peu choisi, petite
   Et le temps perdu me dévore.

   On prendra les froids, les brûlures en face.
   On interdira les tiédeurs
   Des fumées, des alcools et des calmants cuirasses
   Qui nous ont volé nos douleurs.
   La vérité nous fera plus peur.

R2- Oh belle, on ira.
    On partira toi et moi. Où? Je sais pas.
    Y'a que des routes qui tremblent.
    Les destinations se ressemblent.
    Oh belle, tu verras.
    On suivra les étoiles et les chercheurs d'or.
    On s'arrêtera jamais dans les ports.

   Belle, on ira
   Et l'ombre ne nous rattrapera peut-être pas.
   On ne changera pas le monde
   Mais il nous changera pas.
   Ma belle, tiens mon bras.
   On sera des milliers dans ce cas, tu verras.
   Et même si tout est joué d'avance, on ira, on ira.

Coda-
   Même si tout est joué d'avance
   À côté de moi
   Tu sais y'a que les routes qui sont belles
   Et crois-moi, on partira, tu verras.
   Si tu me crois, belle
   Si tu me crois, belle
   Un jour on partira.
   Si tu me crois, belle
   Un jour…

© 1997 Éditions Musicales J.R.G.

PAS L'INDIFFÉRENCE

Paroles et musique :
Jean-Jacques GOLDMAN

Capo III

1-   *Lam*   *Do*
    J'accepterai la douleur
    Rém   *Lam Mim*
    D'accord aussi pour la peur
    Fa   *Sol*   *Do*
    Je connais les conséquences
    Rém   *Mi7*
    Et tant pis pour les pleurs.

    J'accepte quoi qu'il m'en coûte
    Tout le pire du meilleur
    Je prends les larmes et les doutes
    Et risque tous les malheurs.

R- *Fa*   *Sol*   *Lam*
    Tout mais pas l'indifférence
    Fa   *Sol*   *Lam*
    Tout mais pas le temps qui meurt
    Fa   *Sol*   *Lam*
    Et les jours qui se ressemblent
    Fa   *Sol*   *Lam*
    Sans saveur et sans couleur.

2- Et j'apprendrai les souffrances
    Et j'apprendrai les brûlures
    Pour le miel d'une présence
    Le souffle d'un murmure.

    J'apprendrai le froid des phrases
    J'apprendrai le chaud des mots
    Je jure de n'être plus sage
    Je promets d'être sot.

Final-
    Lam   *Mi*
    Je donnerais dix années pour un regard
    Mim   *Ré*
    Des châteaux des palais pour un quai de gare
    Fa   *Lam*
    Un morceau d'aventure contre tous les conforts
    Ré#dim   *Mi*
    Des tas de certitudes pour désirer encore.
    Lam   *Mi*
    Échangerais années mortes pour un peu de vie
    Mim   *Ré*
    Chercherais clé de porte pour toute folie
    Fa   *Lam*
    Je prends tous les tickets pour tous les voyages
  Ré#dim   *Mi*
    Aller n'importe où mais changer de paysage.
    Fa   *Sol*   *Lam*
    Effacer ces heures absentes
    Fa   *Sol*   *Lam*
    Et tout repeindre en couleur
    Fa   *Sol*   *Lam*
    Toutes ces âmes qui mentent
    Fa   *Sol*   *Lam*
    Et qui sourient comme on pleure.

© 1981 B.M.G. Music Publishing France

PUISQUE TU PARS

Paroles et musique : Jean-Jacques GOLDMAN

1- *Do*
Puisque l'ombre gagne
Sol/Si   *Lam*
   Puisqu'il n'est pas de montagne
Lam/Sol   *Fa*   *Fa/Mi*   *Rém7*   *Rém/Do*
   Au-delà des vents, plus haute que les marches de l'oubli __
Sol   *Sol/Fa*
Puisqu'il faut apprendre
     Do/Mi   *Fa*
À défaut de comprendre
   Rém7   *Rém/Do*   *Sol4 - 3*
À rêver nos désirs et vivre des ainsi soit-il
Do
Et puisque tu penses
Sol/Si   *Lam*
   Comme une intime évidence
Lam/Sol   *Fa*   *Fa/Mi*   *Rém7*   *Rém/Do*
   Que parfois même tout donner n'est pas forcément suffire __
Sol   *Sol/Fa*
Puisque c'est ailleurs
    Do/Mi   *Fa*
Qu'ira mieux battre ton cœur
   Rém7   *Rém/Do*   *Sol4 - 3*
Et puisque nous t'aimons trop pour te retenir __
          Do   *Sol/Si*   *Lam*   *Lam/Sol*   *Fa*   *Fa/Mi*   *Rém7*   *Sol*
Puisque tu pars. __   __   __   __   __   __

2- Que les vents te mènent
Où d'autres âmes plus belles
Sauront t'aimer mieux que nous puisque l'on ne peut t'aimer plus
Que la vie t'apprenne
Mais que tu restes le même
Si tu te trahissais, nous t'aurions tout à fait perdu
Garde cette chance
Que nous t'envions en silence
Cette force de penser que le plus beau reste à venir
Et loin de nos villes
Comme octobre l'est d'avril
Sache qu'il reste de toi comme une empreinte
Indélébile.

3- Sans drame, sans larme
Pauvres et dérisoires armes
Parce qu'il est des couleurs qui ne pleurent qu'à l'intérieur
Puisque ta maison
Aujourd'hui, c'est l'horizon
Dans ton exil, essaie d'apprendre à revenir
Mais pas trop tard.

Pont-
       Sol   *Do*
Dans ton histoire
      Sol/Si   *Lam*
Garde en mémoire
    Mim   *Fa*
Notre au revoir
       Fa/Mi   *Rém7*
Puisque tu pars.

4- J'aurais pu fermer, oublier toutes ces portes
Tout quitter sur un simple geste, mais tu ne l'as pas fait
J'aurais pu donner tant d'amour et tant de force
Mais tout ce que je pouvais, ça n'était pas encore assez
Pas assez, pas assez, pas assez…

© 1988 Éditions Musicales J.R.G.

QUAND TU DANSES

Paroles et musique :
Jean-Jacques GOLDMAN

    Rém7   *Sib9*   *Do*   *Fa*
1- _ J'ai fait <u>la</u> liste de ce <u>qu'on</u> ne sera <u>plus</u>.
    Sib9   *Fa*   *Sib9*   *Do*
    _ Quand tu <u>danses</u>, _ quand tu <u>danses</u>
    Rém7   *Sib9*   *Rém7*
    _ Mais que de<u>vien</u>nent les <u>amou</u>reux per<u>dus</u>?
    Sib9   *Fa*   *Do*   *Rém7*
    _ Quand tu <u>danses</u>, _ y songes-<u>tu</u>?
    Sib   *Fa*   *Do*
    _ Quand tu <u>danses</u>, _ y songes-<u>tu</u>?
    (Sib9 Fa Do Rém7 Sib9 Fa Do Rém7)
    _ _ _ _ _

2- Amis non, ni amants, étrangers non plus
    Quand tu danses, quand tu danses.
    Mais quel après, après s'être appartenus?
    Quand tu danses, y songes-tu?
    Quand tu danses, y songes-tu?

3- Je crois bien que j'aurai besoin de te voir
    Quand tu danses, quand tu danses
    Sans te parler, ni déranger, mais te voir.
    Quand tu danses, y songes-tu?
    Quand tu danses, y songes-tu?

4- Et toutes les peines, toutes, contre une seule de nos minutes…
    Mais n'être plus rien après tant, c'est pas juste.
    Quand tu danses, y songes-tu?
    Quand tu danses, y songes-tu?

5- Et j'ai fait la liste de ce qu'on ne sera plus…
    Mais que deviennent les amours éperdues?
    Quand tu danses, y songes-tu?
    Quand tu danses, y songes-tu?

Coda-
    Sib9 Fa Do Rém7 Sib9 Fa Do Si2
    _ _ _ _ _

ROUGE

Paroles et musique :
Jean-Jacques GOLDMAN

© 1994 Éditions Musicales J.R.G.

      Sol   *Sim*   *Mim*
1- _ Y aura des jar<u>dins</u>, d'l'amour et du <u>pain</u>
    Do   *Sol/Si*   *Lam*
    _ Des chansons, du <u>vin</u>, on manquera de <u>rien</u>
              Ré/Fa#
    Y aura du <u>soleil</u> sur nos fronts
               Do7dim   *Mim*
    Et du bon<u>heur</u> plein nos mai<u>sons</u>
        Do   *Lam* *Do*   *Ré4*
    C'est <u>une</u> nouvelle <u>ère</u>, <u>ré</u>volution<u>naire</u>.

2- On aura du temps pour rire et s'aimer
    Plus aucun enfant n'ira travailler
    Y aura des écoles pour tout l'monde
    Que des premières classes, plus d'secondes
    C'est la fin de l'histoire, le rouge après le noir.

                      Do
3- On aura nos di<u>manches</u>
                Mim
    On ira voir la <u>mer</u>
                       Do
    Et nos frères de si<u>lence</u>
                    Si7
    Et la paix sur la <u>terre</u>
                     Mim
    Mais si la guerre é<u>clate</u>
                     Do
    Sur nos idées trop <u>belles</u>
                    Sol7dim
    Autant crever pour <u>elles</u>
                       Si7
    Que ramper sans com<u>battre</u>.

4- Y aura des jardins, d'l'amour et du pain
    On s'donnera la main tous les moins que rien
    Y aura du soleil sur nos fronts
    Et du bonheur plein nos maisons
    C'est une nouvelle ère, révolutionnaire.

Coda-
                  Ré/Fa#
    Un monde <u>nouveau</u>, tu comprends
            Do7dim   *Mim*
    Rien ne sera plus <u>ja</u>mais comme a<u>vant</u>
      Do   *Lam*   *Do*   *Ré4*
    C'est <u>la</u> fin de l'his<u>toire</u>, le <u>rouge</u> après le <u>noir</u>.

SACHE QUE JE...
Paroles et musique :
Jean-Jacques GOLDMAN

1- <u> Mim   Mim/Ré   Mim/Do#   Do9
  __ Il y a des <u>om</u>bres dans "je t'<u>ai</u>me" __
  Mim   Mim/Ré   Mim/Do# Do9
  __ Pas que de l'<u>a</u>mour, pas que <u>ç</u>a __
  Mim   Mim/Ré   Mim/Do#
  __ Des tra<u>ces</u> de temps qui tra<u>în</u>ent
  Do9   Si7
  __ Y'a du contrat dans ces mots-<u>là</u>.

2- Tu dis l'amour a son langage
  Et moi les mots ne servent à rien
  S'il te faut des phrases en otage
  Comme un sceau sur un parchemin.

              Mim Do Lam7
R- Alors sache que... __ __ __ __
  Si7   Mim Do Lam7
  __ Je... __ __ __ __
  Si7   Mim Do Lam7
  __ Sache le... __ __ __ __
  Si7   Mim Do Lam7
  __ Sache que... __ __ __ __
  Si7   Mim Do Lam7
  __ Je... __ __ __ __

2- Il y a à mourir dans "je t'aime"
  Il y a je ne vois plus que toi
  Mourir au monde, à ses poèmes
  Ne plus lire que ses rimes à soi.

  Un malhonnête stratagème
  Ces trois mots-là n'affirment pas
  Il y a une question dans "je t'aime"
  Qui demande "et m'aimes-tu, toi ?"

© 1997 Éditions Musicales J.R.G.

TOUT PETIT MONDE
Paroles et musique :
Jean-Jacques GOLDMAN

              Solsus4   Sol   Do
1- C'est un tout pe<u>-</u>   <u>tit</u> monde
  Résus   Ré   Sol
  <u>Où</u> s'abritent <u>nos</u> sai<u>sons</u>
      Solsus4   Sol   Mim
  Petite bou<u>-</u>   <u>le</u> ron<u>de</u>
  Résus4   Ré   Mim
  <u>Sous</u> les ailes d'un <u>a</u> - <u>vion</u>
              Do   Sol
  Et partout <u>des</u> gens qui dan<u>sent</u>
      Sol   Mim
  <u>Pour</u> oublier un in<u>stant</u>
      Ré/Do Ré   Sol/Ré
  La nuit <u>et</u>   <u>le</u> silence<u>-</u>
  Do/Ré   Ré   Sol Do/Sol Ré/Sol
  <u>Et</u> les peines du <u>pré</u> - <u>sent</u>. __ __
  Mim   Ré
  <u>Hou</u>... __
  Do Ré Sol
  __ __ __

2- C'est un tout petit monde
  L'eau le soleil et le sel
  Les naissances et les tombes
  Et l'essentiel et le ciel
  Partout la même prière
  D'une mère qui attend
  Que baisse la fièvre
  Dans les mêmes yeux d'enfants
  Hou...

      Sol   Do/Sol Mim Ré Do
3- <u>Hou</u>... __   __   __ __ __
  Résus4 Sol Do/Sol Sol Do/Sol
  Mim Ré Ré/Do La
                    Résus4 Ré Sol
  C'est un tout pe<u>-</u>   <u>tit</u> monde
  Lasus4   Ré
  <u>Fragile</u> au creux de nos <u>mains</u>
  Résus4   Ré   Sol
  Balançants <u>ses</u>   <u>secondes</u>
  Lasus4   Sim
  <u>Entre</u> tellement et <u>rien</u>
                  Sol   Ré
  Et partout <u>la</u> même his<u>toire</u>
  La   Sol
  <u>De</u> pouvoirs à parta<u>ger</u>
          Sol   La
  Si peu __ de mémoi<u>re</u>.

Final-
  Lasus4   Sim
  <u>Du</u> sang des larmes ver<u>sées</u>
              Sol   Ré
  Et partout <u>déteignent</u> et <u>règnent</u>
  La   Sim
  <u>Nouveaux</u> rois sans philoso<u>phe</u>
              Sol   Lasus4 La
  Le rock, le <u>dollar</u>, les an<u>tennes</u> __
  Sol/Ré   La/Ré Ré
  <u>Coca</u> et kalachni - <u>kov</u>.
  Sol/Ré   La/Ré Sim La
  <u>Hou</u>... __   __   __
  Sol La Ré Sol/Ré La La/Ré
  __ __ __ __

© 1988 by J-R-G Éditions.

VEILLER TARD
Paroles et musique : Jean-Jacques GOLDMAN

1-
   Lam   Mi
Les lueurs immobiles d'un jour qui s'achève
Solm   Ré
La plainte douloureuse d'un chien qui aboie
Rém   Mi7   Lam
Le silence inquiétant qui précède les rêves
     Rém   Mi7
Quand, le monde disparu, l'on est face à soi
   Lam   Mi
Les frissons où l'amour et l'automne s'emmêlent
Solm   Ré
Le noir où s'engloutissent notre foi, nos lois
Rém   Mi7   Lam
Cette inquiétude sourde qui coule en nos veines
Rém   Mi7
Qui nous saisit même après les plus grandes joies
Do   Sol
Ces visages oubliés qui reviennent à la charge
Sib   Fa
Ces étreintes qu'en rêve on peut vivre cent fois
Lam   Mi
Ces raisons-là qui font que nos raisons sont vaines
Fa6   Lam
Ces choses au fond de nous qui nous font veiller tard.
Rém   Lam
Ces raisons-là qui font que nos raisons sont vaines
Fa6   Mi7   Lam
Ces choses au fond de nous qui nous font veiller tard.

2- Ces paroles enfermées que l'on n'a pas su dire
    Ces regards insistants que l'on n'a pas compris
    Ces appels évidents ces lueurs tardives
    Ces morsures aux regrets qui se livrent à la nuit
    Ces solitudes dignes au milieu des silences
    Ces larmes si paisibles qui coulent inexpliquées
    Ces ambitions passées mais auxquelles on repense
    Comme un vieux coffre plein de vieux jouets cassés
    Ces biens que l'on sécrète et qui joignent les êtres
    Ces désirs évadés qui nous feront aimer
    Ces raisons-là qui font que nos raisons sont vaines
    Ces choses au fond de nous qui nous font veiller tard
    Ces raisons-là qui font que nos raisons sont vaines
    Ces choses au fond de nous qui nous font veiller tard.

© 1982 B.M.G. Music Publishing France.

DANIELA

Paroles : André PASCAL
Musique : Georges GARVARENTZ

JOHNNY HALLYDAY

R1- <u>Sol</u> <u>Mim</u> <u>Do</u> <u>Ré7</u>
<u>Oh</u> Da<u>nie</u>la la <u>vie</u> n'est qu'un <u>jeu</u> pour toi
<u>Sol</u> <u>Mim</u> <u>Do</u> <u>Ré7</u>
<u>Oh</u> Daniela pour<u>tant</u> ne crois <u>pas</u>
<u>Sol</u> <u>Mim</u> <u>Lam</u> <u>Ré7</u>
Que tu <u>peux</u> oh Da<u>nie</u>la jou<u>er</u> avec l'<u>a</u>mour
<u>Sol</u> <u>Mim</u> <u>Lam</u> <u>Ré7</u>
Sans ris<u>quer</u> de <u>te</u> brûler un <u>jour</u>.

<u>Sol</u> <u>Mim</u> <u>Do</u> <u>Ré7</u>
<u>Oh</u> Da<u>nie</u>la tu <u>prends</u> ton air in<u>no</u>cent
<u>Sol</u> <u>Mim</u> <u>Do</u> <u>Ré7</u>
<u>Oh</u> Da<u>nie</u>la pour <u>faire</u> un ser<u>ment</u>
<u>Sol</u> <u>Mim</u> <u>Si7</u> <u>Do</u> <u>Ré7</u>
Et tu <u>dis</u> les mots <u>les</u> plus <u>beaux</u> du <u>monde</u>
<u>Sol</u> <u>Mim</u> <u>Lam</u> <u>Ré7</u> <u>Sol</u>
<u>Sans</u> ja<u>mais</u> les <u>penser</u> un <u>ins</u> - <u>tant</u>.

1- <u>Sol</u> <u>Do</u>
<u>Mais</u> si tu <u>n'as</u> pas vingt ans
<u>Sol</u>
Tu <u>n'es</u> plus une enfant
<u>Ré7</u> <u>Sol</u>
<u>Chaque</u> nuit tu attends en <u>rê</u>vant
<u>Sol7</u> <u>Do</u> <u>Sol</u>
<u>Un</u> visage <u>a</u>doré, qui viendra <u>t'é</u>veiller
<u>La7</u> <u>Ré7</u>
En <u>po</u>sant sur tes lèvres un <u>bai</u>ser…

R2- Oh Daniela la vie n'est qu'un jeu pour toi
Oh Daniela pourtant ne crois pas
Que tu peux oh Daniela jouer avec l'amour
Sans risquer de te brûler un jour
Oh Daniela tu découvriras
Oh Daniela celui qui saura
Partager tes jours tes rêves et tes peines
<u>Sol</u> <u>Mim</u> <u>Lam</u> <u>Ré7 Sol</u>
<u>Pour</u> en <u>faire</u> un univers de joie
<u>Sol</u> <u>Mim</u> <u>Lam Ré7</u> <u>Sol</u>
<u>Ce</u> jour <u>là</u> ta <u>vie</u> commen<u>ce</u>ra.

© ÉDITIONS MUSICALES DJANIK.
Publié avec l'autorisation des Éditions musicales Djanik.

ELLE EST TERRIBLE
(SOMETHIN' ELSE)

Paroles et musique originales :
S. SHEELEY et B. COCHRAN
Adaptation française : JIL-JAN

Refrain orchestral-
Fa#-Sol Fa#-Sol Fa#-Sol Fa#-Sol
Fa#-Sol Fa#-Sol Ré7

1- Hé r'garde un peu __ *(Sol)*
　Celle qui vient !
　C'est la plus belle de tout l'quartier
　Et mon plus grand désir s'rait d'lui parler
　Elle <u>a</u>guiche mes amis *(Ré7)*
　Même les plus p'tits
　Pour<u>tant</u> pour elle je n'ai pas l'impression d'exister *(Do)*
　Mais <u>tout</u> ceci ne m'em<u>pê</u>che pas de penser… *(Ré7 / Do7)*
　__ Cette fille-là mon vieux… *(Sol)*
　__ Elle est terrible ! *(Ré7)*

Reprise du refrain orchestral-

2- Hé r'garde un peu
　Cette voiture !
　On la dirait vraiment faite pour moi
　Et il doit faire bon rouler avec ça
　Hélas lorsque je pense
　Au prix de l'essence
　Je perds subitement l'envie d'me la payer
　Mais tout ceci ne m'empêche pas de penser…
　Cette voiture-là mon vieux…
　Elle est terrible !

Reprise du refrain orchestral-

3- Attends un peu
　Que j'travaille !
　Quand j'pourrai m'la payer comptant
　J'invit'rai la belle fille à monter dedans
　La capote baissée
　Sans trop nous presser
　Nous descendrons les Champs-Elysées
　Et les copains nous voyant passer diront médusés…
　Y'a pas à dire c'gars-là…
　Il est terrible !

Reprise du refrain orchestral-

4- C'est beau de rouler
　En rêvant !
　Voilà qu'j'arrête ma vieille citron
　Et j'ai bonne mine devant la belle maison
　De celle que j'aime
　Les poches à plat
　Pourtant si elle m'embrassait rien qu'une fois
　Je dirais simplement en parlant de moi
　Y'a pas à dire c'gars-là…
　Il est terrible !

J'AI OUBLIÉ DE VIVRE
Paroles : Pierre BILLON
Musique : Jacques REVAUX

Intro-
   Do Fa Do Fa Ré9/Fa# Sol4-3
   __   __   __   __   __   __

     Do   Rém
1- __ À force de briser dans mes mains des guitares
    Sol   Do
   __ Sur des scènes violentes sous des lumières bizarres
              Do7   Fa
   À force de forcer ma force à cet effort
                            Do
   Pour faire bouger mes doigts
                         Sib Sol
   Pour faire vibrer mon corps __
    Do   Rém
   __ À force de laisser la sueur brûler mes yeux
   Sol   Do
   __ À force de crier mon amour jusqu'aux cieux
            Do7   Fa
   À force de jeter mon cœur dans un micro
                    Do
   Portant les projecteurs
   Sol   Do Fa
   __ Comme une croix dans le dos. __

    Do   Rém
R- __ J'ai oublié de vivre
   Sol   Fa Do Sol Do Fa
   __ J'ai oublié de vi __ - vre. __

2- À force de courir la terre comme un éclair
   Brisant les murs du son en bouquets de laser
   À force de jeter mes trésors au brasier
   Brûlant tout en un coup
   Pour vous faire crier.
   À force de changer la couleur de ma peau
   Ma voix portant les cris qui viennent du ghetto
   À force d'être indien Hell's Angel ou bohème
   L'amour dans une main
   Et dans l'autre la haine.

© Art Music France.

3- À force de briser dans mes mains des guitares
   Sur des scènes violentes sous des lumières bizarres
   À force d'oublier qu'il y a la société
   M'arrachant du sommeil
   Pour me faire chanter.
   À force de courir sur les routes du monde
   Pour les yeux d'une brune ou le corps d'une blonde
   À force d'être enfin sans arrêt le coupable
   Le voleur, le pilleur
   Le violent admirable.

Reprendre 2 fois le refrain-

JE SUIS NÉ DANS LA RUE
Paroles : Long CHRIS
Musique : Tommy BROWN et Micky JONES

Capo III

    Sol
1- Je m'appelle Jean-Philippe Smet je suis né à Paris
   Vous m'connaissez mieux sous le nom de Johnny
   Un soir de juin en dix neuf cent quarante trois
        Sol
   Je suis né dans la rue par une nuit d'orage
                   Ré7   Do7
   Oh oui je suis né dans la rue, oui je suis né dans la rue
         Sol   Ré7
   Dans la rue…

2- Je suis né dans la ville où les murs sont toujours gris
   Derrière un terrain vague où se trouvent les taudis
   Dans un berceau de fer, je devais grandir
   Ne vous étonnez pas si je ne sais pas sourire
   Parce que je suis né dans la rue, oui je suis né dans la rue
   Dans la rue…

3- Je n'ai pas eu de père pour me faire rentrer le soir
   Et bien souvent me mère travaillait pendant la nuit
            Do7
   Je jouais de la guitare assis sur le trottoir
   Le cœur comme une pierre je commençais ma vie
   Parce que je suis né dans la rue, oui je suis né dans la rue
   Dans la rue…

© 1969 Éditions Johnny Hallyday Music. Avec l'aimable autorisation des Éditions FANTASIA.

L'ENVIE

Paroles et musique : Jean-Jacques GOLDMAN

1-   Qu'on me donne l'obscurité puis la lumière
      Qu'on me donne la faim, la soif puis un festin
      Qu'on m'enlève ce qui est vain et secondaire
      Que je retrouve le prix de la vie enfin.

2-   Qu'on me donne la peine pour que j'aime dormir
      Qu'on me donne le froid pour que j'aime la flamme
      Pour je j'aime ma terre qu'on me donne à l'exil
      Et qu'on m'enferme un an pour rêver à des femmes.

Mi Mi/Ré Mi/Do Mi/Si

R-   On m'a trop donné bien avant l'envie
      J'ai oublié les rêves et les mercis
      Toutes ces choses qui avaient un prix
      Qui font l'envie de vivre et le désir
      Et le plaisir aussi
      __ Qu'on me donne l'envie
      __ L'envie d'avoir envie
      __ Qu'on allume ma vie. __

3-   Qu'on me donne la haine pour que j'aime l'amour
      La solitude aussi pour que j'aime les gens
      Pour que j'aime le silence qu'on me fasse des discours
      Et toucher la misère pour respecter l'argent.

4-   Pour que j'aime être sain, vaincre la maladie
      Qu'on me donne la nuit pour que j'aime le jour
      Pour que j'aime le jour qu'on me donne la nuit
      Pour que j'aime aujourd'hui, oublier les toujours.

LAURA

Paroles et musique :
Jean-Jacques GOLDMAN

1- <u>La</u>ura, y'a tant d'hommes que <u>je</u> ne suis pas [Fa / Rém]
   Y'a tant de <u>phra</u>ses qu'on dit, <u>que</u> je ne te di<u>rais</u> pas __ [Sib / Rém / Do / Sib Do7]
   Oh oh, <u>La</u>ura, j'aurais tant à ap<u>pren</u>dre de toi [Fa / Rém]
   Tous ces mots <u>ten</u>dres qu'on sait, <u>moi</u> je ne les <u>sais</u> pas. [Sib / Rém / Do]

   J'ai pous<u>sé</u> comme on res<u>pi</u>re __ [Sib / Do4 - 3]
   Sans a<u>bri</u>, ni foi, ni <u>loi</u> [Fa / Sib]
   <u>Ce</u> qui m'a fait <u>vi</u>vre était à <u>moi</u> [Solm7 / Do7 / Fa]
   Des ca<u>res</u>ses et des sou<u>ri</u>res __ [Sib / Do4 - 3]
   J'ai sou<u>vent</u> passé mon <u>tour</u> [Fa / Sib]
   Je n'ai ja<u>mais</u> appris à donner tant d'a<u>mour</u> __ __ [Solm7 / Mib Do4 - 7]

2- Laura, le temps passe et me remplit de toi
   J'n'avais besoin de personne et tant de place pour toi
   Oh oh, Laura, petit rien du tout mais tout pour moi
   Tous ces conseils qu'on donne, tu ne les entendras pas.

   J'ai dépensé tant de forces
   Pour des empires en papier
   Des rêves déjà presque oubliés
   Mais que le diable les emporte
   Tout me semble dérisoire
   Evaporé dans le bleu de ton regard.

Coda- <u>La</u>ura __ __ [Fa / Rém Sib Do7]
   <u>La</u>ura __ __ [Fa / Rém Sib Do7]
   Oh oh oh, <u>Lau</u>ra… __ [Fa / Ré]

   Je n'at<u>ten</u>dais rien de <u>toi</u> [Do / Ré4]
   Qu'une <u>rai</u>son d'être <u>là</u> [Ré / Sol / Do]
   <u>Jus</u>te une trace a<u>vant</u> de par<u>tir</u> [Lam7 / Ré / Sol]
   Oh oh, mais de tes <u>ri</u>res [Do]
   Et de tes <u>bras</u> __ [Ré4 - 3]
   Tu m'in<u>ven</u>tes un avenir [Sol / Do]
   Mais te re<u>gar</u>der pousser [Lam7]
   Me fera <u>gran</u>dir. [Fa]

   Oh oh oh, <u>Lau</u>ra. __ __ __ [Sol Mim Do Ré]
   Oh oh oh, <u>Lau</u>ra… __ __ __ [Sol Mim Do Ré]

Ad lib.-

© 1986 Éditions Musicales J.R.G.

NOIR C'EST NOIR
(BLACK IS BLACK)

Paroles et musique originales : S. WADEY,
A. HAYES et M. GRAINGER
Adaptation française : Georges ABER

R-   ^{Sim} Noir c'est noir, ^{La} il n'y a plus d'espoir
    Oui, ^{Sim}gris c'est gris et c'est ^{Mi7}fini oh oh oh oh
    Ça ^{La}me rend fou j'ai ^{Sim}cru à ton a^{Mi7}mour
    Et je perds ^{La}tout
    Je ^{Sim}suis dans le noir, j'^{La}ai du mal à croire
    Au ^{La}gris de l'ennui ^{Sim}et je te crie oh oh oh oh
    Je fe^{La}rai tout pour sau^{Sim}ver notre amour
    Tout jusqu'^{Mi7}au bout.

1-   ^{Sim} Si un mot peut ^{Do#m}tout changer, je ^{Ré}le trouve^{Do#}rai
    Il ne ^{Si7}faut plus en douter, il faut essa^{Mi7}yer
    Noir c'est noir, il n'est jamais trop tard
    Pour moi du gris je n'en veux plus
    Ça me rend fou, de perdre ton amour, je te l'avoue.

2-   Maintenant pour le sauver, à tout je suis prêt
    À l'instant de la vérité, pourquoi en douter
    Noir c'est noir, il me reste l'espoir
    Oui gris c'est gris, je n'veux plus d'ennuis oh oh oh oh
    Ça vaut le coup de sauver notre amour, rien que pour nous
    De sauver notre amour rien que pour nous !

© EMI MUSIC PUBLISHING LTD. Tous droits réservés.
Avec l'aimable autorisation de EMI Music Publishing France SA
20 rue Molitor 75016 Paris.

JOËLLE URSULL

WHITE AND BLACK BLUES
Paroles : Serge GAINSBOURG
Musique : Georges AUGIER DE MOUSSAC

1-   *Si*   *Fa#*
    Lorsque l'on me parle de couleur de peau
                                       Si
    J'ai le blues qui me fait froid dans le dos.

2-   Je m'sens dans un conte d'Edgar Allan Poe
      C'est le never more les vumètres à zéro.

       Mi   *Si*   *Mi4/La*
R1- White and Black
     Mi   *Si*
    __ Danse balance sur le White and Black Blues
              Mi/La
    Nous les Blacks
     Mi   *Si*
    __ Nous sommes quelques millions treize à la douze
           Mi4/La
    Paradisiaque
     Mi   *Si*
    __ Africa mon amour, j't'ai dans la peau
                    Mi4/La
    White and Black
     Mi   *Si*
    __ Qu'importe la couleur, tous égaux.

3-   Entendez-vous les percussions des tam-tams
      Elles vous vont droit au cœur, vous transpercent l'âme.

4-   Comme la flèche d'un chasseur, équateur
      Une lame de couteau où scintillent des pleurs.

R2- White and Black
     Danse balance sur le White and Black Blues
     Nous les Blacks
     Nous sommes quelques millions treize à la douze
     Le long du fleuve
     Sous le soleil ambré des marécages
     Où qu'il pleuve
     Sur nos amours que vienne l'orage.

R3- White and Black
     Danse balance sur le White and Black Blues
     Nous les Blacks
     Nous sommes quelques millions treize à la douze
     Oh White and Black
     Danse balance sur le White and Black Blues
     That's all right
     Danse balance sur le White Blues and Black.

© 1990 by Éditions SIDONIE – 24, place des Vosges – 75003 Paris
et by MELODY NELSON – 20, avenue Rapp – 75007 Paris.

PATRICIA KAAS

IL ME DIT QUE JE SUIS BELLE

Paroles et musique : Sam BREWSKI

1-   *Sol*   *Sim*
Et <u>quand</u> le temps se <u>lasse</u>
     Mim   *Lam*
De <u>n'ê</u>tre que tu<u>é</u>
             Fa
Plus une se<u>con</u>de passe
               Lam   *Ré*
Dans les vies d'<u>uniformité</u>
              Sol
Quand <u>de</u> peine en mé<u>fiance</u>
   Mim   *Lam*
De <u>lar</u>mes en plus ja<u>mais</u>
        Fa
Puis de <u>dé</u>pit en défiance
             Lam   *Ré*
On apprend <u>à</u> se rési<u>gner</u>
   Do
<u>Vien</u>nent les heures sombres
             Mim
Où tout peut <u>en</u>fin s'allumer
                       Lam
Où quand <u>les</u> vies ne sont plus <u>qu'om</u>bres
              Ré
Restent nos <u>rê</u>ves à inventer.

R1-   *Sol*
Il me dit que je suis <u>belle</u>
Et qu'il n'attendait que <u>moi</u>
                Lam
Il me dit que je suis <u>celle</u>
                  Ré
Juste faite pour ses <u>bras</u>
                    Sol
Il parle comme on c<u>aresse</u>
                   Mim
De mots qui n'existent <u>pas</u>
                  Lam
De toujours et de ten<u>dresse</u>
                 Ré
Et je n'entends que sa <u>voix</u>.

2- Éviter les regards, prendre cet air absent
Celui qu'ont les gens sur les boul'vards
Cet air qui les rend transparents
Apprendre à tourner les yeux
Devant les gens qui s'aiment
Éviter tous ceux qui marchent à deux
Ceux qui s'embrassent à perdre haleine
Y a-t-il un soir, un moment
Où l'on se dit c'est plus pour moi
Tous les mots doux, les coups de sang
Mais dans mes rêves, j'y ai droit.

R2-   *Sol*
Il me dit que je suis <u>belle</u>
Et qu'il n'attendait que <u>moi</u>
                Lam
Il me dit que je suis <u>celle</u>
                  Ré
Juste faite pour ses <u>bras</u>
                       Si7
Des mensonges et des bê<u>tises</u>
                    Mim
Qu'un enfant ne croirait <u>pas</u>
            Lam   *Sol*
Mais les nuits <u>sont</u> mes é<u>glises</u>
   Ré7   *Sol*
<u>Et</u> dans mes rêves j'y <u>crois</u>.

Il me dit que je suis belle…
Je le vois courir vers moi
Ses mains me frôlent et m'entraînent
C'est beau comme au cinéma
Plus de trahison, de peines
Mon scénario n'en veut pas
Il me dit que je suis reine
Et pauvre de moi, j'y crois
   Ré7
<u>Hmm</u>, pauvre de moi, j'y <u>crois</u>.

© NOTES DE BLUES/RÉSERVES – I.R.G.
Avec l'aimable autorisation des éditions SONY/ATV Music Publishing.

LES HOMMES QUI PASSENT

Paroles : Didier BARBELIVIEN
Musique : François BERNHEIM

Capo IV

1- Les hommes qui *passent* Maman (Mim)
M'envoient toujours des cartes postales
Des Baha*mas* Maman (Si7)
Les hommes qui passent tout l'temps
Sont musiciens artistes peintres
Ou comé*diens* souvent. (Mim)

2- Les hommes qui passent Maman
M'offrent toujours une jolie chambre
Avec terrasse Maman
Les hommes qui passent je sens
Qu'ils ont le coeur à marée basse
Des envies d'océan.

R- Les hommes qui *passent* pourtant (Lam)
Qu'est-ce que j'aimerai en voler un
Pour un mois *pour* un an (Mim)
Les hommes qui *passent* Maman (Fa#7)
Ne m'donnent jamais rien que d'l'argent.

3- Les hommes qui passent Maman
Leurs nuits d'amour sont des étoiles
Qui laissent des traces Maman
Les hommes qui passent violents
Sont toujours ceux qui ont gardé
Un coeur d'enfant perdant.

(monter d'un demi-ton)

4- Les hommes qui passent Maman
Ont des sourires qui sont un peu
Comme des grimaces Maman
Les hommes qui passent troublants
Me laissent toujours avec mes rêves
Et mes angoisses d'avant.

Les hommes qui passent Maman
Les hommes qui passent Maman
Les hommes qui passent pourtant
Les hommes qui passent Maman…

© ZONE MUSIC / BACK TO PARIS.

SERGE LAMA

CHEZ MOI

Paroles : Serge LAMA / Musique : Alice DONA

1- <u>Do</u>
   <u>Viens</u>, laisse un peu tomber tes poupées
      Rém   Do
   À ton âge il <u>faut</u> s'en <u>aller</u>
                 Rém7   Mi7
   Je sais que tes parents sont <u>très gentils</u>
   Lam7   Ré7   Sol7
   Mais <u>eux</u>, à ton <u>âge</u>, ils étaient <u>partis</u>.

      Do
   <u>Viens</u>, je ne suis pas encore très vieux
      Rém   Do
   J'ai la <u>pas</u>sion au fond des <u>yeux</u>
                      Rém7 Mi7
   Et j'ai besoin d'un cœur tendre <u>à</u> ai<u>mer</u>
           Lam7   Ré7   Sol7
   Oh <u>oui</u>, j'ai be<u>soin</u> de te pro<u>té</u>ger
         Do   Rém7   Sol7
   J'ai tell<u>e</u>ment d'a<u>mour</u> à te don<u>ner</u>.

          Do   Lam   Do   Fa   Do   Rém7
   Chez <u>moi</u>, il y a des ca<u>na</u>pés où <u>je</u> ber<u>ce</u>rai, <u>tou</u>tes tes <u>poupées</u>
         Rém   Fa   Sol   Fa   Sol   Do   Sol7
   Chez <u>moi</u>, je <u>t'in</u>stallerai le mar<u>ché</u> aux <u>fleurs</u> pour te <u>parfumer</u>
         Do   Lam   Fa   Do   Rém7
   Chez <u>moi</u> t'auras des vio<u>lons</u> pen<u>dus</u> au bal<u>con</u> <u>pour</u> te faire dan<u>ser</u>
         Rém   Fa   Sol   Fa   Sol   Lam   Sol7
   Chez <u>moi</u> tu re<u>trou</u>veras tout <u>ce</u> que <u>tu</u> as si <u>peur</u> de <u>quitter</u>.

2- Viens, laisse un peu tomber tes poupées
   Laisse tes livres et tes cahiers
   La vie, tu sais, ça s'apprend au dehors
   D'ailleurs, je sais que quelque fois tu sors.

   Viens, j'ai peur que ton cœur prenne froid
   J'ai peur qu'un jeune maladroit
   Te fasse mal sans le vouloir vraiment
   Oh oui, méfie-toi des jeunes amants
   Qui ont le cœur coupant comme un diamant.

   Chez moi, les tigres sont morts, y'a un chat qui dort, un chien pas méchant
   Chez moi, tu auras le choix entre aimer un roi ou bien un mendiant
   Tu vois, mes ongles sont courts, je peux pas griffer même par amour
   Chez moi, pour tes insomnies, même en pleine nuit, je ferais grand jour.

   Coda-
   Chez moi, y a des berceaux blancs, ou tous nos enfants s'endorment déjà
      Rém7   Sol7   Fa   Sol7   Do   Fa Do
   Tu <u>vois</u> tout ce que tu <u>veux</u>, <u>tout</u> ce que tu <u>as</u> est déjà chez <u>moi</u>. _ _

© Productions et Éditions SERGE LAMA.
Publié avec l'autorisation de PESL.

L'ALGÉRIE

Paroles : Serge LAMA / Musique : Alice DONA

1- Dans ce port nous étions des milliers de garçons
   Nous n'avions pas le cœur à chanter des chansons
   L'aurore était légère, il faisait presque beau
   C'était la première fois que je prenais le bateau
   L'Algérie écrasée par l'azur, c'était une aventure, dont on ne voulait pas
   L'Algérie, du désert à Blida, c'est là qu'on est partis jouer les petits soldats
   Au balcon séchaient draps et serviettes comme en Italie
   On prenait de vieux trains à banquettes, on était mal assis
   L'Algérie, même avec un fusil, c'était un beau pays, l'Algérie.

2- Ce n'était pas un sport à faire du mélo, et pourtant
   Je vous jure que j'avais le cœur gros
   Quand ils ont vu le quai s'éloigner, s'éloigner
   Y en a qui n'ont pas pu s'empêcher de pleurer
   L'Algérie écrasée par l'azur, c'était une aventure dont on ne voulait pas
   L'Algérie du désert à Blida, c'est là qu'on est partis jouer les petits soldats
   Nos fiancées nous écrivaient des lettres avec des mots menteurs
   Le soir on grillait des cigarettes afin d'avoir mains peur
   L'Algérie, même avec un fusil, c'était un beau pays, l'Algérie.

3- Un port c'est un port, mais dans mes souvenirs certains soirs
   Malgré moi, je me vois revenir sur le pont délavé de ce bâteau-prison
   Quand Alger m'a souri au bout de l'horizon
   L'Algérie écrasée par l'Azur, c'était une aventure dont on ne voulait pas
   L'Algérie, du désert à Blida, c'est là que j'étais parti jouer les petits soldats
   Un beau jour, je raconterai l'histoire à nos petits enfants
   Du voyage où notre seule gloire, c'était d'avoir vingt ans
   L'Algérie, même avec un fusil, c'était un beau pays, l'Algérie.

GLORIA LASSO

BUENAS NOCHES MI AMOR
Paroles : Marc FONTENOY
Musique : Hubert GIRAUD

R1- Buenas noches mi a*Do*mor
    Bonne nuit que *Dodim7* Dieu te *Sol7* garde
    Rém7 *Sol7* *Rém7*
    _ À l'instant où tu t'endors
    Sol7 *Rém7* *Sol7*
    N'oublie jamais que moi
    Do
    Je n'aime que toi
    Fam7
    Buenas noches mi amor…
    Dodim7 *Sol7*
    Avec toi mon cœur bavarde
    Rém7 *Sol7* *Rém7*
    _ À la vie et à la mort
    Sol7 *Rém7 Sol7* *Do*
    Tu es à moi sinon, prends garde !
    Mim
    J'attendrai ton réveil
    Lam *Mim*
    _ J'attendrai le retour du soleil
    Lam *Dom5* *Sol*
    _ Quand le ciel sera bleu
    Sol#dim7 *Ré7*
    Nous serons tous les deux
    Sol7
    Et pour la vie entière !
    Fam7 *Do*
    Buenas noches, mi amor
    Do *Dodim7* *Sol7*
    _ Mon chéri, fais de beaux rêves
    Rém7 *Sol7* *Rém7*
    _ Pens' à moi quand tu t'endors
    Sol7 *Rém7*
    Toujours, toujours
    Sol7 *Do*
    Pens' à notr' amour !

1- *Rém7* *Sol7*
    J'entends au loin des guitares
    Sib7/Sol *Do*
    Qui enchantent la nuit noire
    Lab7 *Rém7* *Sol7* *Sib7/Sol* *Do*
    Et résonnent sous le beau soleil andalou
    Mib *Sib7/Mi*
    Je remercie la Madone
    Mib *Sib7/Mi*
    Pour les joies qu'elle nous donne
    Mib *Ré7* *Sol7*
    Pour ce bel amour qui n'appartient qu'à nous !

R2- Buenas noches mi amor
    Bonne nuit que Dieu te garde
    À l'instant où tu t'endors
    N'oublie jamais que moi
    Je n'aime que toi.
    Buenas noches mi amor
    Les étoiles te regardent
    T'apportant des rêves d'or
    Où près de toi mon cœur s'attarde
    Et demain tu verras
    Que la vie contient toutes les joies
    Quand l'aurore succède à la nuit
    C'est l'espoir qui fleurit sur la terre !
    Buenas noches mi amor
    Bonne nuit, fais de beaux rêves
    Pens' à moi quand tu t'endors
    Toujours, toujours
    Pens' à notr' amour !
    Do *Fam*
    _ Buenas noches mi amor !
    Do
    Buenas noches mi amor…

© 1957 by Éditions ARPÈGE.
© 1997 by Éditions PAUL BEUSCHER.
Avec l'aimable autorisation des Éditions PAUL BEUSCHER.

PHILIPPE LAVIL

LA CHICA DE CUBA

Paroles : Brice HOMS et Philippe LAVIL
Musique : Patrick LEMAITRE

1- Elle a les yeux noirs d'un soir d'orage
    Le regard brûlant, le cœur sauvage
 La beauté lointaine des paradis
 Tout ce qui vous fait mourir d'envie
 Elle a des visages différents
    Des sourires et des regards d'enfant
 Elle a la chaleur, celle qui vient du cœur
 Elle est encore plus belle à l'intérieur.

R- La chica de Cuba
 Ne danse que la salsa
 Elle ondule, belle bulle
 À petits pas de haut en bas
 La chica de Cuba
 Ne danse que la salsa
 Sous le charme, il y a les larmes
 Qu'on ne voit pas.

2- Elle ne vit que pour des guitaristes
 Des joueurs de violon aux yeux tristes
 Elle donne l'amour qu'elle n'a pas
 Ne demande rien quand elle s'en va
 Elle s'envole haut comme un oiseau
 Un grain de folie à fleur de peau
 Elle est aussi belle qu'elle est infidèle
 Elle est comme ça, rien ne la changera.

3- Vous pouvez l'aimer si vous voulez
 Mais ne pensez pas qu'elle peut rester
 Elle est la musique, rebelle et magique
 Elle est diva jusqu'au bout de ses doigts.

© 1989 APA/TABATA
21, rue de Téhéran - 75008 PARIS.

LA GRANDE MARÉE
Paroles et musique : Bernard LAVILLIERS

1- <u>Un</u> colosse aux <u>pieds</u> d'argile (Mim / Ré)
<u>Su</u>rveille la fron<u>tière</u> (Do / Si7)
<u>Des</u> gosses aux <u>mains</u> fragiles (Mim / Ré)
<u>Jou</u>ent avec la pous<u>sière</u> (Do / Si7)
<u>Des</u> veuves aux longs <u>doigts</u> fébriles (Mim / Ré)
<u>Dis</u>tillent le <u>thé</u> (Do / Si7)
<u>Un</u> vieillard au <u>re</u>gard tranquille (Mim / Ré)
<u>Sort</u> de <u>la</u> fu<u>mée</u>. (Do / Si7 / Mim)

R- <u>C'est</u> la grande ma<u>rée</u>, la grande <u>marée</u> *(bis)*. (Mim / Mim/La / Mim/Do)

2- Un roi perclus de solitude
Sur son trône dérisoire
Un café, une pendule
Un bout de trottoir
Un réveil sinistre et drôle
Sur l'épaule d'un ouvrier
Qui s'en va au bout du môle
Vers l'éternité.

3- Des enfants qui jouent à l'ombre des matraques
Le temps qu'il fait, six mois de prison à un maniaque
Une étoile est tombée dans ma guitare
Si j'étais un croyant, ce serait un don du ciel.

4- Les rues n'ont plus de recoins, plus d'angles morts ;
Ça facilite les rapports de force
Il n'y a plus d'amoureux
Plus de bancs publics
Nous sommes éternellement bronzés.

5- Notre vocabulaire est réduit à cinquante mots ;
nous branchons nos sexes dans la secteur, et nos spermatozoïdes sont
calibrés ; et placés dans des banques ils servent de monnaie d'échange
aux eunuques qui nous gouvernent.
Notre société d'abondance fait merveille ; il n'y a plus qu'une classe !
Quoique en y réfléchissant bien il y en ait une autre ; mais il est déconseillé
de réfléchir. Nous ne faisons plus jamais l'amour, sauf de
temps en temps, avec les gardiens qui nous surveillent.
Le mien est frigide ; c'est la grande…

BERNARD LAVILLIERS

© Big Brother Cie.

SI

Paroles originales : Rudyard KIPPLING
Paroles françaises : Bernard LAVILLIERS
Musique : Bernard LAVILLIERS

Lam   Lam/Sol   Ré/Fa#
__ Si tu peux voir détruit l'ouvrage de ta vie
Lam   Lam/Sol   Ré/Fa#
__ Et sans dire un seul mot te mettre à rebâtir
Sol Do   Ré2
__ __ Ou perdre d'un seul coup le gain de cent parties
Rém   Do/Mi   Fa9
__ Sans un geste __ et sans un soupir.

Si tu peux être amant sans être fou d'amour
Si tu peux être fort sans cesser d'être tendre
Et, te sentant haï, sans haïr à ton tour
Pourtant lutter et te défendre.

parlé-
Fa#m Fa#m/Mi
Si tu peux supporter d'entendre tes paroles
Ré Ré/Do#
Travesties par des gueux pour exciter des sots
Sim Sim/La
Et d'entendre mentir sur toi leurs bouches folles
Sol Ré
Sans mentir toi-même d'un mot.

© Big Brother Cie.

parlé-
Fa#m   Fa#m/Mi
Si tu peux rester digne en étant populaire
Ré   Ré/Do#
Si tu peux rester peuple en conseillant les rois
Sim Do#m Ré
Et si tu peux aimer tous tes amis en frère
Sim Do#m Fa#4-3
Sans qu'aucun d'eux soit tout pour toi.

Mi   La   Si   Mi   La   Si
__ __ Si tu sais méditer, observer et con - naître
Mi La   Si   Do#m
__ __ Sans jamais devenir sceptique ou destructeur
Do7dim   Mim
__ Rêver, mais sans laisser ton rêve être ton maître
Mi7dim   Sim   Sim/La Sol
__ Penser sans n'être qu'un penseur. __ __

Sim   Sim/La   Sol
__ Si tu peux être dur sans jamais être en rage
Sim   Sim/La   Sol
__ Si tu peux être brave et jamais imprudent
Sol7dim   Ré
__ Si tu sais être bon, __ si tu sais être sage
Fa7dim   Lam Lam/Sol Ré/Fa# Lam Lam/Sol Ré/Fa#
__ Sans être moral ni pédant. __ __   __   __   __

Lam   Lam/Sol   Ré/Fa#
__ Si tu peux rencontrer Triomphe après Défaite
Lam   Lam/Sol   Ré/Fa#
__ Et recevoir ces deux menteurs d'un même front
Sol Do   Ré2
__ __ Si tu peux conserver ton courage et ta tête
Rém   Do/Mi   Fa9   Sol4 - 3
__ Quand tous les autres __ les perdront. __ __

Lam   Lam/Sol   Ré/Fa#
__ Alors les rois, les dieux, la chance et la victoire
Lam   Lam/Sol   Ré/Fa#
__ Seront à tout jamais tes esclaves soumis
Sol Do   Ré2
__ __ Et, ce qui vaut bien mieux que les rois et la gloire
Rém   Do/Mi   Fa9
__ Tu seras un homme, mon fils
Rém   Do/Mi   Fa9
__ Tu seras un homme, mon fils.

IF (SI)
Version anglaise

If you can keep your head when all about you
Are losing theirs and blaming it on you
If you can trust yourself when all men doubt you
But make allowance for their doubting too
If you can wait and not be tired by waiting
Or being lied about, don't deal in lies
Or being hated, don't give way to hating
And yet don't look too good or talk too wise :
If you can dream and not make dreams your master
If you can think and not make thoughts your aim
If you can meet with Triumph and Disaster
And treat those two impostors just the same
If you can bear the words you've spoken
Twisted by knaves to make a trap for fools
Or watch the things you gave your life to, broken
And stoop and build 'em up with worn-out tools :
If you can make one heap of all your winnings
And risk it on one turn of pitch-and-toss
And lose, and start again at your beginnings
And never breathe a word about your loss
If you can force your heart and nerve and sinew
To serve your turn long after they are gone
And so hold on when there is nothing in you
Except the Will which says to them : "Hold on!"
If you can talk with crowds and keep your virtue
Or walk with Kings-nor lose the common touch
If neither foes nor loving friends can hurt you
If all men count with you, but none too much ;
If you can fill the unforgiving minute
With sixty seconds worth of distance run
Yours is the Earth and everything that's in it
And-which is more-you'll be a man, my son!

MARC LAVOINE

ELLE A LES YEUX REVOLVER
Paroles : Marc LAVOINE
Musique : Fabrice ABOULKER

1- *Do* Un peu spé*Fa*ciale, elle est céli*Sol9*bataire
Le visage *Mim* pâle, les cheveux en ar*Lam*rière
Et j'aime *Sol4 - 3* ça
Do Elle se des*Fa*sine sous des jupes fen*Sol9*dues
Et je de*Mim*vine des histoires défen*Lam*dues
C'est comme *Sol4 - 3* ça
Fa Tell'ment si *Mi* belle quand elle *Lam* sort
Fa Tell'ment si *Mi* belle, je l'aime tell'ment si *Lam* fort.

R- *Fa* Elle a les *Sol* yeux revol*Do*ver, elle a *Fa* le regard qui *Sol* tue
Mim Elle a tiré la *Sol* première, m'a tou*Do*ché, c'est foutu
Fa Elle a les *Sol* yeux revol*Do*ver, elle a *Fa* le regard qui *Sol* tue
Mim Elle a tiré la *Fa* première, elle m'a *Sol* touché, c'est fou*Fa*tu.

2- Un peu larguée, un peu seule sur la terre
Les mains tendues, les cheveux en arrière
Et j'aime ça
À faire l'amour sur des malentendus
On vit toujours des moments défendus
C'est comme ça
Tell'ment si femme quand elle mord
Tell'ment si femme, je l'aime tell'ment si fort.

3- Son corps s'achève sous des draps inconnus
Et moi je rêve de gestes défendus
C'est comme ça
Un peu spéciale, elle est célibataire
Le visage pâle, les cheveux en arrière
Et j'aime ça
Tell'ment si femme quand elle dort
Tell'ment si belle, je l'aime tell'ment si fort.

© by BMG Music Publishing France
et RADIOMUSIC France.

PARIS

Paroles : Marc LAVOINE
Musique : Fabrice ABOULKER

1- *Rém*
   Je marche dans tes **rues** *Solm*
   Qui me marchent sur le pie**ds** *La7*
   Je bois dans tes ca**fés**. *Rém*

   Je traîne dans tes métros
   Tes trottoirs m'aiment un peu trop
   Je rêve dans tes bistrots.

   Solm
   Je m'assoie sur tes **bancs** *La*
   La7
   Je regarde **tes** monu**ments** *Rém*
   Je trinque à la santé de tes a**mants**. *Solm*

   Je laisse couler ta **seine** *La7*
   Sous tes ponts ta ren**gaine** *Dom*
   Toujours après la **peine**. *Do*

2- Je pleure dans tes taxis
   Quand tu brilles sous la pluie
   C'que t'es belle en pleine nuit.

   Je pisse dans tes caniveaux
   C'est d'la faute à Hugo
   Et j'picolle en argot.

   Je dors dans tes hôtels
   J'adore ta tour Eiffel
   Au moins elle, elle est fidèle.

   Quand j'te quitte un peu loin
   Tu ressembles au chagrin
   Ça m'fait un mal de chien.

3- J'me réveille dans tes bras
   Sur tes quais y'a d'la joie
   Et des loups dans tes bois.

   J'me glisse dans tes cinés
   J'me perds dans ton quartier
   Je m'y retrouverai jamais.

   Je nage au fil de tes gares
   Et mon regard s'égare
   J'vois passer des cafards sur tes bars.

   J'm'accroche aux réverbères
   Tes pigeons manquent pas d'air
   Et moi de quoi j'ai l'air.

R- *Rém*   *Solm/Ré*   *Rém*
   Paris, Paris com**bien**, Paris tout c'que tu **veux**
               Solm/Sib   *Rém7/Do*
   Boul'vard des bouleversé**s**, Paris tu m'as renver**sé**
               Do7
   Paris tu m'as lai**ssé**.

   Rém   *Solm/Ré*   *Rém*
   Paris, Paris com**bien**, Paris tout c'que tu **veux**
               Solm/Sib   *Rém7/Do*
   Paris, Paris te**nu**, Paris Paris per**du**
               Do7
   Paris tu m'as lai**ssé**
               Rém
   Sur ton pa**vé**.

4- Je marche dans tes rues
   Qui me marchent sur le pieds
   Je bois dans tes cafés.

   Je traîne dans tes métros
   Tes trottoirs m'aiment un peu trop
   Je rêve dans tes bistrots.

*© by BMG Music Publishing France (AVREP)
et Les Amours du Dimanche.*

CHIENNE D'IDÉE

Paroles : Maxime LE FORESTIER et Boris BERGMAN
Musique : Maxime LE FORESTIER

MAXIME LE FORESTIER

1- *Mi* *Mi7*
    _ D'quelle imagination _ ça sort
      Mi   *Mi7/9*
    La chose qui balance _ ses trésors
    Mi   *Mi7*
    Pas d'collier pas d'matricule
       Mi   *Mi7/9*
    Ça met l'feu à ton vestibule
    La
    _ Prends sa lumière choisit son heure
                       Mi *Mi7*
    Paye pas son écot au passeur _
    Mi *Mi7/9*   *Sol*
    _ _ Elle passe quand même ça vous épate
        La   *La7*
    Elle passe bien, même, à quatre pattes
  Mi *Mi7/9*   *Si7*
    _ _ Voilà une chienne d'idée qu'en a plus pour longtemps
           La7   *Mi* *Si7*
    Voilà une chienne d'idée faut qu'on la pique avant. _ _

2- De quel bois ça peut bien s'chauffer
    La chose qui s'fait jamais coffrer
    La p'tite cousine à Houdini
    Quitte la rivière du fond d'son lit
    Dis, tu vas pas fermer maint'nant
    En plein cocktail, rien d'étonnant
    À c'qu'elle leur glisse entre les doigts
    Les hommes sans plumes, les hommes de lois
    Voilà une chienne d'idée qu'en a plus pour longtemps
    Voilà une chienne d'idée faut qu'on la pique avant.

3- *Reprise du couplet instrumental-*

    Si7 *Mi*   *Mi7*
4- _ _ Avant qu'elle s'efface _ sous leurs gommes
    Mi   *Mi7/9*
    _ Qu'elle participe à un sitcom
    Mi   *Mi7*
    _ Qu'elle se mélange à leurs crayons
           Mi *Mi7/9*   *La*
    Qu'elle sache plus jamais écrire non _
                                  Mi *Mi7*
    J'voudrais qu'tu l'invites à boire Oscar _ _
    Mi   *Mi7*
    _ Et m'répète pas qu'il est trop tard
                 Sol
    Voilà une chienne d'idée qu'en a plus pour longtemps
             La   *La7*
    Voilà une chienne d'idée faut qu'on la pique avant _
    Mi *Mi7*   *Si7*
    _ _ Voilà une chienne d'idée qu'en a plus pour longtemps
           La7   *Mi* *Mi7*
    Voilà une chienne d'idée faut qu'on la pique avant
    Voilà une chienne d'idée qu'en a plus pour longtemps
    Voilà une chienne d'idée faut qu'on la pique avant
    Voilà une chienne d'idée qu'en a plus pour longtemps
           La7   *La*   *Si* *Mi*
    Voilà une chienne d'idée faut qu'on la pique avant. _ _

© 1995 by Éditions Coïncidences.

ENTRE QUATORZE ET QUARANTE ANS

Paroles et musique :
Maxime LE FORESTIER

1- *Do*
   Fallait déjà se lever tôt
   La7   *Rém*
   Pour trouver un brin d'herbe
   Do   *Sol7*   *Do*
   J'ai filé la trace aux oiseaux.

   J'les ai suivis et ce matin
   La7   *Rém*
   Découverte superbe
   Do   *Sol7*   *Do*
   Y'en avait au quartier Latin.

   Fa7M   *Sol*
   Comm' je ne savais pas voler
                       Mi
   Et qu'il y avait des grilles
   Do   *Ré7*   *Sol*
   J'ai dû m'asseoir devant l'entrée. _

   Do
   C'est dur de vouloir par beau temps
   La   *Rém*
   Embrasser une fille
   Do   *Sol7*   *Do*
   Entre 14 et 40 ans.

   Fa7M   *Mim*
   Le Larzac leur a pas suffi
   Sol   *Do*
   Ils viennent s'installer ici…

   Fa7M   Do   Sol7   Do
   —   —   —   —

2- On voulait juste s'allonger
   Un peu sur l'herbe verte
   Regarder les oiseaux manger.

   On voulait juste imaginer
   Une terre déserte
   Où on ferait l'amour en paix.

   Quand on aura enfin atteint
   Leur âge il me semble
   Qu'on aura plus le goût à rien.

   On voulait jouer aux enfants
   Avant qu'on leur ressemble
   Entre 14 et 40 ans.

   Dienh Bien Phu leur a pas suffi
   Ils viennent s'entraîner ici…

3- Savent pas qu'les oiseaux ont des ailes
   Quand on a des visières
   On ne regarde pas le ciel.

   Allez les piafs allez nombreux
   Et bouffez leurs parterres
   Puisqu'il paraît que c'est à eux.

   On peut rêver il est toujours
   Possible qu'il se perdent
   Dans les jardins du Luxembourg.

   Répétons leur en attendant
   Qu'ensemble on les emmerde
   Entre 14 et 40 ans.

   Le treize mai leur aura pas suffi
   Ils viennent nous chercher ici…

© 1973 by Éditions Coïncidences.

FÉVRIER DE CETTE ANNÉE-LÀ
Paroles : KERNOA
Musique : Maxime LE FORESTIER

1- *Sib*
Février de cette année-là
   Sol
C'est le début de mon his<u>toi</u>re
                 Mi
Bien avant ma première gui<u>ta</u>re
           La   *Fa#*
Quatre ans après Hi<u>ro</u>shima
Sib
Février de cette année-là
                Sol
Le Vietnam se disait Indo<u>chi</u>ne
                     Mi
Un homme s'installait en <u>Chi</u>ne
                         La *Mi*
Mais les chansons n'en parlaient <u>pas</u> —
Lam   *Rém*   *Lam*
Février de <u>cet</u>te an<u>née</u>-là
 Rém   *Lam*   *Si7*   *Mi*
La <u>mort</u> a-<u>t-el</u>le fait <u>une</u> <u>trê</u>ve
Lam *Do*   *Ré*   *Lam*
Au cœur <u>des</u> hô<u>pitaux</u> en <u>grè</u>ve
         Fa   *Mi*
Les jour<u>naux</u> ne le disent <u>pas</u>.

               Lam
R- Sur le calendri<u>er</u>
   Sol   *Do*
Au <u>mois</u> de févri<u>er</u>
   La7   *Rém*   *Si7* *Mi7*
Les <u>jours</u> allongent <u>peu</u> à <u>peu</u>
 Mi   *Lam*
<u>On</u> se lève assez <u>tard</u>
    Sol   *Do*   *La Rém*
Les <u>yeux</u> pleins de <u>brouil</u>lard —
           Mi7
Heureux ou <u>mal</u>heureux.

© 1973 by Éditions Coïncidences.

2- Si j'ouvrais déjà grand les yeux
   Un jour, c'est jeune pour comprendre
   Mes chansons d'alors étaient tendres
   J'avais un public merveilleux
   Février de cette année-là
   On parlait d'un docteur miracle
   Mais loin des chroniques spectacles
   Ferré chantait rue Saint-Benoît
   Vagabond fantasqu'hors la loi
   Le vent qui venait de Norvège
   Transportait des relents de neige
   Février de cette année-là.

   Sib
3- <u>Fé</u>vrier de cette année-là bien sûr
               Sol
   Je ne m'en souviens <u>guè</u>re
   On parlait encore de <u>la</u> guerre
                          La
   De ceux qui n'en re<u>ve</u>naient pas
   Sib
   <u>On</u> parlait en Corée déjà
                 Sol
   De tension <u>in</u>ternationale
                          Mi
   De jugements et de <u>scan</u>dales
                   La Mi
   Février de cette an<u>née</u>-là
   Lam   *Rém*   *Lam*
   Quelqu'un s'est <u>je</u>té du Pont-<u>Neuf</u>
       Rém *Lam*   *Si7* *Mi*
   Sur le <u>Quai</u> de Javel <u>en</u> flamme
   Lam   *Rém*   *Lam*
   Se dé<u>rou</u>lait un <u>autre</u> drame
   Rém *Fa*   *Fa#*   *Mi7*
   En <u>fé</u>vrier Quarante-<u>neuf</u>
       Mi   *Lam*
   <u>Sur</u> le calendrier
    Sol   *Do*
   C'<u>est</u> un prénom gra<u>vé</u>
   La   *Rém*   *Mi7*
   Qui n'a jamais été le <u>mien</u>
   Mi   *Lam Sol*
   Le 10 de ce <u>mois</u>-là
                      Do
   Tu peux venir chez <u>moi</u>
   La7 Rém   *Mi7*
   Des <u>ca</u>deaux pleins les <u>mains</u>
   Mi   *Lam*
   <u>Tu</u> peux venir chez <u>moi</u>
   Sol   *Do*
   Même si tu n'as <u>pas</u>
   La Rém   *Mi7*
   De <u>ca</u>deaux dans les <u>mains</u>
   Mi
   <u>On</u> s'arrangera bien.

LE STEAK

Paroles et musique : Maxime LE FORESTIER

Sous-titre : La complainte de ceux qui ont le ventre vide considérée comme une gaudriole par ceux qui ont le ventre plein.

1- Si le **steak** qui te **résiste** *(Ré / Sim)*
    Est meilleur qu'mes chansons **tristes** *(Sim)*
    Si tu **es** venu pour **lui** *(Ré / Do La)*
    Faudrait **pas** que je **t'**empêche *(Ré / Sim)*
    De di**gé**rer ta viande **fraî**che *(Ré / Sim)*
    Au prix **où** ça s'paye **ici**. *(Ré / Fa#m)*

R- **Fais** deux **boules** de **pain** **pareilles** *(La / Ré / Ré7 / Sol)*
    Mets-les **toi** dans les o**reilles** *(Solm / Ré)*
    Fais comme **si** je n'étais **pas là** *(Sim / Mi La)*
    Je ne chante pas pour **toi**. *(Ré)*

2- Si la fille qui te cajole
    Est plus gaie que mes chansons drôles
    Allez mets-toi bien à l'aise
    Je vois ta main qui s'occupe
    Qui s'insinue sous sa jupe
    C'est pas si souvent qu'on baise.

3- Si les banquettes moelleuses
    Sont meilleures que mes berceuses
    Je te vois déjà tu dors
    Que tu bouffes ou que tu manges
    Faudrait pas que j'te dérange
    Et je vais chanter moins fort.

4- Si tu es seul qui écoute
    Si tu viens et si tu goûtes
    La chanson pour ce qu'elle est
    Quatre rimes maladroites
    Que l'on trouve ou que l'on rate
    Mais qui forment des couplets

Coda-
(sur les accords du refrain)
    Alors ouvre tes oreilles
    Je te chanterai des merveilles
    C'est pour toi que je suis là
    Et je chanterai pour toi.

© 1973 by Éditions Coïncidences.

MARIE, PIERRE ET CHARLEMAGNE

Paroles et musique : Maxime LE FORESTIER

1-   Lam   Rém   Mi
Marie s'éveille s'ensommeille
         Lam   Rém
Pourtant Marie se lève
     Do#7dim Mi4-3
Bonne élève, enfant
         Lam   Ré Mi   Lam
Prend son cartable sur la ta - ble et sort
      Rém   Do#7dim Mi4 - 3
Ses yeux picotent, papillotent en - core.

     La   Ré   La   Mi
R1- Marie, c'est bien Charle - magne
         La   Ré   Mi
Qui t'a fait lever si tôt
     La   Ré   La   Mi
Marie maudis Charle - magne
     La   Ré   Mi4 - 3
Souffle une voix dans son dos.

2-   Et Marie cueille
     Quelques feuilles jaunies
     Rencontre Pierre
     Sur le lierre assis
     Marie paresse et caresse sa joue
     S'assied par terre
     Près de Pierre et joue.

R2- Marie, bénis Charlemagne
     Qui t'a fait lever si tôt
     Marie oublie Charlemagne
     Souffle une voix dans son dos.

3-   Un jour d'école, sans parole
     C'est long, la cloche sonne
     Mais l'automne sent bon
     Marie se terre près de Pierre
     Dehors, Marie s'éloigne
     Charlemagne est mort.

© BMG MUSIC PUBLISHING FRANCE.

PASSER MA ROUTE

Paroles : Maxime LE FORESTIER
Musique : Jean-Pierre SABAR

1-   *Ré*   *Ré7M*   *Mim*
    __ Laissez-les dans les car<u>tons</u>, les <u>plans</u> d'la planète
               Fa#m   *La7*   *Ré*
    Faites-les <u>sans</u> moi, oubl<u>iez</u> pas les <u>fleurs</u>
      Ré   *Fa#m*   *Mim*
    __ Quand ces rétroviseurs-<u>là</u> m'<u>passent</u> par la tête
          Fa#m   *La7*   *Ré*
    J'ai du <u>feu</u> sur l'gaz __ et j'm'attends ail<u>leurs</u>.

R-   *Ré*   *Fa#m Mim*
    Je fais que <u>passer</u> __ <u>ma</u> route
    Sol   *La7*   *Ré*
    <u>Pas</u> vu <u>celle</u> tra<u>cée</u>
     Ré   *Fa#m*   *Mim*
    <u>Passer</u> __ <u>entre</u> les gouttes
    Sol   *La7*   *Ré*
    __ Évadé <u>belle</u>, <u>mhhh</u>.

2-   Tell'ment bien soignée la pose, on s'prendrait pour elle
    Faut que j'pense à m'trouver un métier
    Autant manger de c'qu'on aime, j'f'rais bien rebelle
    Mais l'école d'la rue, comme les autres, j'ai séché.

3-   Elle tape dans l'œil, la grosse caisse, on dirait du cash
    C'qu'il faut livrer d'pizzas pour l'avoir
    Autour de moi les dollars jouent à cache-cache
    Demain j'commence à chercher, pas ce soir.

4-   Parole après parole, note après note
    Elle voulait tout savoir sur ma vie
    J'ai tourné sept fois ma clé dans ses menottes
    Sept fois ma langue dans sa bouche et j'ai dit…

5-   Est-c' que c'est un marabout, un bout d'ficelle
    Un gri-gri qu'j'aurais eu sans l'savoir
    Chez les tambours des sorciers, sous les échelles,
    Dans les culs-d'-sac infestés de chats noirs.

© 1995 by Éditions Coïncidences.

FÉLIX LECLERC

BOZO

Paroles et musique : Félix LECLERC

1- Dans un ma<u>rais</u> de joncs mau<u>vais</u> y'a<u>vait</u>
      Un vieux châ<u>teau</u> aux longs rideaux dans l'<u>eau</u>
      Dans ce châ<u>teau</u> y'avait Bozo, le <u>fils</u> du matelot
      Maître <u>céans</u> de ce palais bran<u>lant</u>.

(Sol, Si7, Do, Ré7, Sol, Mi7, Lam, La7, Ré7)

2- Par le hublot de son château Bozo
      Voyait entrer ses invités poudrés
      De vieilles rosses traînant carrosse, et la fée Carabosse
      Tous y étaient moins celle qu'il voulait.

3- Vous devinez que cette histoire est triste à boire
      Puisque Bozo, le fou du lieu, est amoureux
      Celle qu'il aime n'est pas venue, c'est tout entendu
      Comprenez ça, elle n'existe pas.

4- Ni le château aux longs rideaux dans l'eau
      Ni musiciens vêtus de lin très fin
      Y'a que Bozo vêtu de peau, le fils du matelot
      Qui joue dans l'eau avec un vieux radeau.

5- Si vous passez par ce pays la nuit
      Y'a un fanal comme un signal de bal
      Dansez, chantez, bras enlacés afin de consoler
      Pauvre Bozo pleurant sur son radeau.

6- Si vous passez par ce pays la nuit
      Y'a un fanal comme un signal de bal
      Dansez, chantez, bras enlacés afin de consoler
      Pauvre Bo<u>zo</u> pleu<u>rant</u> sur son ra<u>deau</u>…

(La7, Ré7, Sol)

LOUISE ATTAQUE

J'T'EMMÈNE AU VENT

Paroles et musique : Robin FEIX,
Alexandre MARGRAFF,
Gaëtan ROUSSEL, Arnaud SAMUEL

© 1997 by DELABEL ÉDITIONS
24, place des Vosges - 75003 Paris.

Capo IV

1- Allez viens, j't'emmène au vent *(Mim / Sol)*
   Je t'emmène au-dessus des gens *(Mim / Sol)*
   Et je voudrais que tu te rappelles *(Lam / Mim)*
   Notre amour est éternel *(Ré)*
   Et pas artificiel. *(Fa)*

2- Je voudrais que tu te ramènes devant
   Que tu sois là de temps en temps
   Et je voudrais que tu te rappelles
   Notre amour est éternel
   Et pas artificiel.

3- Je voudrais que tu m'appelles plus souvent
   Que tu prennes parfois les devants
   Et je voudrais que tu te rappelles
   Notre amour est éternel
   Et pas artificiel.

4- Je voudrais que tu sois celle que j'entends
   Allez viens j't'emmène au-dessus des gens
   Et je voudrais que tu te rappelles
   Notre amourette éternelle
   Artificielle…

TON INVITATION

Paroles et musique :
Robin FEIX, Alexandre MARGRAFF,
Gaëtan ROUSSEL et Arnaud SAMUEL
Arrangements : Gaëtan ROUSSEL

Fa#　　　　　　　　　　　Sim
_ J'ai accepté par erreur _ ton invitation
Fa#　　　　　　　　　Sim
_ J'ai dû me gourrer dans l'heure
　　　　　　　　　　　　　　Fa# Sim Fa#
J'ai dû me planter dans la saison _ _ _
T'sais j'ai confondu
_ Avec celle qui sourit pas
Fa#
_ Mais celle qu'est belle bien entendu
_ Et qui dit belle, dit pour moi
Fa#
_ Tu sais j'ai pas toute ma raison
Sim　　　　　　　　　Fa#
_ T'sais j'ai toujours raison
　　　　　　　　　　　　Sim
Tu sais j'suis pas un mec sympa
Et j'merde tout ça, tout ça
Fa#　　　　　　　Sim
_ Tu sais j'ai pas confiance
J'ai pas confiance en moi
　　　　　　　Sim
J'ai pas d'espérance
　　　　　　　　　　　　　Fa#
Et je merde tout ça, tout ça.

Sol　La　Sib　Sim
Sol　Sib　La　Fa#　　} bis
_　_　_　_

Si tu veux on parle de toi
Sim
_ Si tu veux on parle de moi
Fa#　　　　　　　　　　　　Sim
_ Parlons de ta future vengeance
　　　　　　　　　　　　Fa#
Que tu auras toi sur moi
Disons entrecoupé d'silence
Qu'on est bien seul pour une fois
Fa#　　　　　　　　　　　　　　　Sim
_ Qu'on est bien parti pour une danse
Fa#
Ça ira pas plus loin tu vois
　　　　　　　　　　　　　Sim
_ J'ai accepté par erreur _ ton invitation
Fa#　　　　　　　　　Sim
_ J'ai dû me gourrer dans l'heure
　　　　　　　　　　　　　　　　　　Fa#
J'ai dû me planter dans la saison. _

Sol　La　Sib　Sim
Sol　Sib　La　Fa#　　} bis
_　_　_　_

Fa#　　　　　　　　　　　Sim
_ J'ai accepté par erreur _ ton invitation
Fa#　　　　　　　　　Sim
_ J'ai dû me gourrer dans l'heure
　　　　　　　　　　　　　　Fa# Sim Fa#
J'ai dû me planter dans la saison _ _ _
Reste à savoir si on trace
Sim
_ un trait, un point dans notre espace
Fa#
_ T'sais j'ai pas toute ma raison
Sim　　　　　　　　　Fa#
_ T'sais j'ai toujours raison
Fa#
_ T'sais j'ai pas toute ma raison.

© 1997 by DELABEL ÉDITIONS
24, place des Vosges - 75003 PARIS.

MANNICK

C'EST PAR AMOUR
Paroles : Mannick
Musique : Bernard GÉRARD

1- C'est par a*Do*mour que je t'ai dit "*Do7M*oui" et que j'ai pris ta *Fa*route
   C'est par a*Rém*mour *Lam*que je t'ai sui*Si7*vi et sans l'ombre d'un *Mim*doute
   _ C'est *Rém7* par *Sol7* a*Do*mour que je t'ai donn*Do7M*é les enfants de nos s*Fa*èves
   C'est par a*Rém*mour _ *Sib*que je suis rest*Rém6*ée au fo*Rém7*yer de tes r*Rém*ê - *Mim*ves.

   C'est *Fa6* par *Sol* a*Do*mour que j'ai renon*Do7M*cé à vivre pour moi-m*Solm*ême
   _ C'est *La7* par *Rém* a*Rém*mour que j'ai dés*Rém7*erté mes livres et mes po*Si7/4*èmes
   _ C'est *Si7* par *Si9m* a*Mi*mour qu'alors j'ai dit *Mi7M*non à mon métier de f*Mi7*emme *Si*
   _ C'est *Si* par *Fa#m* amour que j'ai tenu bon en te cachant mes *Si7/4*lar - *Si*mes.

2- C'est par amour que je m'en irai loin de nos habitudes
   C'est par amour que je t'offrirai un peu de solitude
   C'est par amour que j'irai chercher les chemins de ma terre
   C'est par amour que je veux trouver mes nouvelles frontières.

   Mais c'est par amour que je reviendrai habiter nos promesses
   Lorsque par amour, je t'apporterai mon butin de tendresse
   Alors par amour, nous entonnerons le chant des retrouvailles
   _ Et puis par a*Si7/4*mour, nous inventerons le temps des fianç*Si7*ail - *Mi*les. _

© Droits réservés.

C'EST UN ENFANT-SOLEIL
Paroles : Mannick / Musique : Jo Akepsimas

R- C'est un en*Rém*fant
   Solm Qui ne sera *La7*jamais
   La7 _ Comme les au*Rém*tres,
   C'est un en*Rém*fant,
   Solm Pas tout à *La9b*fait pareil,
   C'est un en*Rém*fant - *La7* so - *Rém*leil.

1- Depuis long*Rém*temps, *Rém7#/Do#* nous *Rém7/Do*l'avons dési - *Sib7M*ré
   Sib7M/La Depuis long*Solm*temps, *Solm7/Fa*nous l'avons des*Do7*siné *Fa7m*
   À l'intérieur de *Solm6*tous nos paysa *Sol#7dim* - *La7*ges.
   Et puis un *Rém*jour, *Rém7#/Do#* un jour il *Rém7/Do* est *Sib7M*venu
   Sib7M/La Presqu' étranger, *Solm* tout *Solm7/Fa* à fait in*Do7*connu *Fa7m*
   Avec en *Sib7M* plus un *Solm6* drôle de vi*Sol#7dim*sa - *La7*ge…
   Nous avons détourné le c*Fa7*œur un ins*Sib*tant
   Solm Pour accueillir avec des *Sib/Do*pleurs, notre en*Fa*fant. *La7/4/Mi* _

2- Il a grandi, un peu plus lentement,
   Mais aujourd'hui c'est lui qui nous apprend
   Tous les secrets d'un bel éclat de rire.

   Si la tendresse habite quelque part,
   C'est à coup sûr, au bout de son regard,
   Si vous saviez tout ce qu'il peut nous dire…
   Au fil des heures, au fil des jours, maintenant
   Nous apprenons les mots d'amour, d'un enfant !

© Droits réservés.

DE QUEL BLEU

Paroles et musique : Mannick

R- <u>De</u> quel bleu, de quel <u>vert</u>, tu repeins tes <u>yeux</u>, couleur de la <u>mer</u> ?
    Lam   Sol   Fa   Mi
(*Lam*) <u>Et</u> de quel arc-en-<u>ciel</u> ta bouche se <u>fend</u> sur l'eau d'un so<u>leil</u> ?
(*Lam Sol Lam Sol Fa Mi*) Je <u>t'ai</u> - <u>me</u>, mon a<u>mi</u>, mon a<u>mour</u>, je t'ai<u>me</u>, mon a<u>mour</u>.

1- *Lam   Do   Ré   Fa Mi*
   <u>Toi</u>, tu es ve<u>nu</u> dans un <u>bruit</u> de tempê - <u>te</u>
   Lam   Do   Fa   Mim
   <u>Toi</u>, comme un so<u>leil</u>, comme un <u>fruit</u> défen<u>du</u>
   Fa   Lam   Mim   Fa   Do
   Tu as <u>fait</u> de ma <u>vie</u> un pa<u>lais</u> qui s'éveille
   Fa   Lam   Sol   Lam
   Dans u<u>ne</u> sympho<u>nie</u> écla<u>tée</u> de ton <u>ciel</u>
   Fa   Do   Mim7   Mi
   Dans u<u>ne</u> sympho<u>nie</u> écla<u>tée</u> de ton <u>ciel</u>.

2- Toi, tu es venu dans le feu et la fièvre
   Toi, comme un brasier sous un vent de folie
   Tu as fait de ma vie un foyer sans vestale
   Qui s'embrase la nuit sous des flots de corail. *(bis)*

3- Toi, tu es venu par un jour de colère
   Toi, comme un éclair dans le ciel de minuit
   Tu as fait de ma vie un torrent de lumière
   Échappé d'un volcan qui dormait sous la mer. *(bis)*

© Droits réservés.

DEMAIN, JE FAIS RÉGIME

Paroles :
Mannick
Musique :
Jo AKEPSIMAS

© Droits réservés.

1- Ils s'entassent en catimini
Sans provoquer d'intempéries particulières
Soudain la taille s'épaissit
Les kilos font des arrondis supplémentaires.

Alors ça coince aux entournu - res
Les pantalons ne ferment plus
Les jupes serrent à la ceinture
Les pull-over sont exigus !

R- Demain, c'est décidé, je fais régi - me
J'mangerai plus de gâteaux
Ni de beurre avec du pain
Quand j'aurai faim !
Fini la confiture et les tarti - nes
J'prendrai plus de dessert
Mêm' pas d'mousse au chocolat
Tant pis pour moi !

2- Ils débarquent sur l'estomac
L'hémisphère sud où l'on s'assoit et sur les hanches
Naturell'ment où faudrait pas
Ils en rajoutent aux bons endroits, c'est l'avalanche.

Alors on trie sa garde robe
Et puis on prend la taille au d'ssus
Au fur à m'sur' que l'on s'enrobe
Avec les kilos superflus.

3- Ils font semblant d'être intégrés
Au paysage démodé de notre ligne
Soudain, c'est l'heur' de vérité
On n'peut vraiment plus les cacher à la piscine.

Alors on met en quarantaine
Le bikini de l'an passé
Et dans l'armoire aux chrysanthèmes
Tous les blue jean's un peu serrés.

FILS DE LA TERRE

Paroles : Mannick
Musique : Jo Akepsimas

© Droits réservés.

1- Enfantés dans la lumière
Nous avons grandi
Depuis l'âge de la pierre
Jusqu'à l'homme d'aujourd'hui
Enfantés dans les tempêtes
Nous portons la peur
Des enfants de la planète
Devant un soleil qui meurt !

R- Nous les fils de la ter - re
Habités du même chant, du même cri
Nous les fils de la ter - re
Envoyés du fond des temps, du fond des nuits
Pour donner l'a - mour à l'infini
Pour donner l'a - mour à l'infini.

2- Arrachés à l'esclavage
Nous avons trouvé
Le secret d'un nouvel âge
Aux parfums de liberté
Arrachés à l'ignorance
Nous pouvons choisir
De briser tous les silences
Qui nous fermaient l'avenir.

3- Façonnés dans l'impatience
Nous avons brûlé
Les remparts d'indifférence
Qui nous tenaient prisonniers
Façonnés dans la tendresse
Nous forçons la vie
À nous tenir ses promesses
Dans un monde en agonie.

JE VIENS DU FOND DE MON ENFANCE

Paroles et musique : Mannick

R- Je viens du fond de mon enfan - ce
Et c'est vrai qu'il m'a fallu beaucoup d'années
Pour rompre avec vous ce silen - ce
Mais pour moi ce n'était pas du temps gâché.

1- J'ai glané mes chansons
Dans les rues de ma vie
Je cherchais le bon ton
Et j'ai trouvé mon cri !
J'ai pleuré mes chansons
En marchant sous la pluie,
De réponse en question
J'ai surtout désappris.

2- Je n'ai pas dix-huit ans
Mes yeux sont ce qu'ils sont
Mes cheveux dans le vent
Ne font pas assez blonds
Mais j'ai forcé le temps
À m'offrir la chanson
D'un visage d'enfant
Pour fleurir ma maison.

© Droits réservés.

PAPA FREUD

Paroles et musique : Mannick

© Droits réservés.

1- Depuis le [Do]temps qu'on [Fa]nous [Do]disait
Que cette [Mim]chose [Lam]nous man[Mim]quait
Nous avions [Rém]fini [Mim]par le [Fa]croi - [Do]re
Depuis le [Do]temps qu'on [Fa]nous [Do]prêtait
L'envie de [Mim]la chose [Lam]en ques[Mim]tion
Nous avions, [Rém]à ce [Mi7]qu'il pa[Lam]raît
Le com[Mi7]plexe de castra[Fa]tion, lon-[Sol]lè - [Do]re…
Le com[Sim]plexe de [Mi7]castra[Lam]tion.

[Lam]_ Oui mais voilà qu'un beau ma[Mim]tin
Dans nos [Lam]petites [Mim]têtes [Lam]folles
On a fait [Sib]rentrer le [Lam]latin
Les sciences et [Fa]la bo[Sol]nne pa[Lam]role
Alors on [Mi7]s'est mis à pen[Lam]ser
Et l'on a [Sol7]même su le [Do]dire
Et quelques [Mi7]unes, sans tar[Lam]der
Se sont en[Mi7]fin mises à l'[Fa]écri - [Sol]re.

R- [Do]Dans son mausolée d'assuran - [Sol]ce [Lam]Papa [Fa]Freud a [Do]du sou[Sol7]ci [Do]:
_ Les [Do7]petites [Fa]filles de son en[Sol7]fan - [Do]ce [Fa]ont dé[Sol7]so - [Do]bé - [Fa]i ! [Do]_ _
[Mi7]Elles ont changé [Lam]de nature [Sol7]en dédaignant [Do]soudain
[Mi7]La belle envie [Ré7]sur mesure [Sol7]qui leur allait si [Lam]bien !

2- Depuis le temps qu'on nous disait
De n'engendrer que des garçons
Et le moins possible de filles
Depuis le temps qu'on nous dictait
Les lois de leur éducation
De mère en fille on nous voyait
Répéter la même leçon, lon-lère…
Répéter la même leçon.

Oui mais voilà qu'un beau matin
Nous avons brisé nos idoles
En découvrant qu'au féminin
Le monde est une camisole
Alors on s'est mis à douter
De tout ce que disaient nos pères
Et quelques une ont inventé
La maternité buissonnière.

R-   *Lam*   *Fa*
R- Un jour il m'est venu des ailes
                  Sol   *Do*
     Alors vous m'en avez voulu
         Sib
     Car depuis lors vous n'êtes plus
             Lam   *Mim*
     Ma seule planche de salut.

UN JOUR
IL M'EST VENU DES AILES
Paroles et musique : Mannick

     Lam   *Sol*
1- Vous aviez su mieux que personne
    Do   *Rém*
     M'entretenir à vos genoux
    Fa   *Sol*
     À cause d'un pépin de pomme
          Do   *Mi7*
     Qui vous est resté dans le cou !
    Lam   *Sol*
     Il faudra que je vous pardonne
    Do   *Rém*
     À vous mon père ou mon époux
    Fa   *Sol*
     Toutes ces années de torchonne
           Do   *Mi7*
     Où vous ne m'aidiez pas beaucoup !

2- Écoutez bien le glas qui sonne
     Du temps qui me liait à vous
     Pour être servante ou madone
     Et pour vous cajoler surtout !
     Les mots que je dis vous étonnent
     Et vous dérangent tout à coup
     Mais les devoirs qui m'emprisonnent
     J'apprends qu'ils me venaient de vous !

3- Vous n'aimez pas que je raisonne
     Et vous en êtes un peu jaloux
     Dès que la liberté me donne
     L'audace de parler sans vous !
     Ne dites plus que je braconne
     Dans vos forêts de loups-garous
     Mes fruits sont mûrs, ma terre est bonne
    Mi7   *Lam*
     Je vous en donnerai le goût !

© Droits réservés

UN JOUR LES ENFANTS
Paroles et musique : Mannick

    Do   *Sol7* - 3 *Fa*   *Mi4⁷*   *Lam*
1- Un jour les enfants viendront, __ un jour les enfants diront
    Fa   *Sol*   *Do* *Sol7*   *Lam*   *Rém*   *Sol⁴ 4 - 3*
     Qu'ils veulent habiter la ter - re sans verser le sang __
    Fa   *Sol*   *Do*   *Sol7*   *Lam*   *Rém7*   *Sol⁴ 4 - 3*
     Et qu'ils ne f'ront pas __ la guerre quand ils seront grands.

     Un jour les enfants viendront, un jour les enfants diront
     Qu'il faut arracher la guerre jusqu'au fond du cœur
     Des hommes et des militaires de toutes couleurs.

    Lam   *Mim*   *Lam*   *Mim*   *Fa*   *Do*   *Ré*   *Mi*
R- Ils vont prendre un oiseau blanc, pour passer les frontiè - res
    Lam   *Mim*   *Lam*   *Mim*   *Fa*   *Do*   *Ré*   *Mi*
     Au nom des autres enfants qui vivent sur la ter - re
    Lam   *Ré*   *Do*   *Ré*   *Fa*   *Sol*   *Do*   *Mi7*
     Ils vont réclamer la paix à tous les présidents
    Lam   *Ré*   *Do*   *Ré* *Do*   *Sol7*   *Fa*   *Mi*
     Ils vont déclarer la paix au nom de tous les enfants.

2- Un jour les enfants viendront, un jour les enfants diront
     Qu'il faut désarmer le monde avant qu'il soit fou
     Et que les faiseurs de bombes soient au rendez-vous.

     Un jour les enfants viendront, un jour les enfants diront
     Qu'ils n'ont pas choisi de naître pour trembler sans fin
     De voir sauter la planète au dernier matin.

© Droits réservés.

EDDY MITCHELL

TOUJOURS UN COIN QUI ME RAPPELLE

Adaptation française de (There's) Always
Something There to Remind Me
Paroles originales et musique : Burt
BACHARACH et Hal DAVID
Paroles françaises : Ralph BERNET

1-   Do   Do7M   Do7
   Je marche seul le long des rues
             Fa   Fam
   Où nous allions tous deux avant
   Do   Do7M
   A chaque pas je me souviens
         Fa
   Comme on s'aimait auparavant
                  Do
   Comment pouvoir t'oublier ?

R- Sol7   Do7   Fa   Do
   Il y a toujours un coin qui me rappelle __
   Do7   Fa   Do
   Toujours un coin qui me rappelle __
        Mim7   Lam7
   Je suis né pour t'aimer
        Fa7M   Sol
   Et je serai toujours ainsi
                Do
   Tu restes la vie de ma vie
   Wowowo…

2- Quand l'ombre vient mon pas m'entraîne
    Où l'on allait danser le soir
    Je me revois là t'embrassant
    Et serrant fort tous mes espoirs
    Comment pouvoir t'oublier
    Il y a toujours un coin qui me rappelle
    Toujours un coin qui me rappelle
    Je suis né pour t'aimer
    Et je serai toujours ainsi
    Tu restes la vie de ma vie
    Wowowo…

3- Mais si ton cœur regrette un jour
    Ce grand amour que l'on vivait
    Reviens alors dans cet endroit
    Où l'on allait et j'y serai
    Comment pouvoir t'oublier
    Il y a toujours un coin qui me rappelle
    Toujours un coin qui me rappelle
    Je suis né pour t'aimer
    Et je serai toujours ainsi
    Tu restes la vie de ma vie
    Wowowo…

    Je n'aimerai personne d'autre
    Je n't'oublierai pas pour une autre
    Tu restes la vie de ma vie.

© Casa David Music Inc (ASCAP)
et New Hidden Valley Music.
Avec l'aimable autorisation de Rondor Music France
et d'UNIVERSAL/MCA MUSIC PUBLISHING.

YVES MONTANT

LE CHAT DE LA VOISINE
Paroles : René LAGARY
Musique : M. PHILIPPE-GÉRARD

R-   *La*
Le chat de la voisine
    La5dim   *Mi7*
Qui mange la bonne cuisine
Et fait ses gros ronrons
              La
Sur un bel édredon dondon
Mi7 *La*
Le chat de la voisine
    La7   *Ré*
Qui s'met pleines les babines
Rém6 *Si7dim*   *La*
De poulet, de fois gras
Fa#7 *Si9* *Mi7* *La*
Et ne chasse pas les rats
 Ré   *La*
Miaou, miaou
   Sim   *Mi7*   *La*
Qu'il est touchant le chant du chat
 Ré   *La*
Ronron, ronron
  Sim7   *Mi7*   *La*
Et vive le chat et vive le chat.

1- *Lam*   *Fa7*   *Lam6*   *Mi9m*
Je ne dessin'rai pas l'homme et son agonie
Lam   *Fa7*   *Lam6*   *Mi9m*
L'enfant des premiers pas qui gèle dans son nid
Lam7 *Ré7* *Lam7*   *Ré7*
Je ne parlerai pas du soldat qui a peur
  Rém   *Sol*   *Fa7* *Rém6* *Mi7*
D'échanger une jambe contre une croix d'honneur
Lam   *Fa7*   *Lam6*   *Mi9m*
Du vieillard rejeté aux poubelles de la faim
  Fa7   *Mi7* *Rém6*   *Mi*
Je n'en parlerai pas, mieux vaut ce p'tit refrain.

2- Je n'serai pas l'empêcheur de déjeuner en rond
À louanger la sueur qui brûle sur les fronts
Je ne parlerai pas de l'ouvrier qui pleure
La perte de ses doigts morts aux champs du labeur
De la jeune fille fanée avant d'avoir aimé
Je n'en parlerai pas, il vaut mieux glorifier.

© Éditions SALABERT.

LES GRANDS BOULEVARDS

Paroles : Jacques PLANTE
Musique : Norbert GLANZBERG

1-   J'<u>Do</u>aime flâner sur les grands boulevards
    Y'a tant de choses, tant de choses
    <u>Rém</u>   <u>Sol7</u>
    <u>Tant</u> de choses à <u>voir</u>
    On n'a qu'à choisir au hasard
    On s'fait des ampoules
                          Do
    À zigzaguer parmi la <u>foule</u>
    J'aime les baraques et les bazars
    Les étalages, les loteries
    Rém   Sol7 m
    Et <u>les</u> camelots ba<u>vards</u>
    Qui vous débitent leurs bobards
    Ça fait passer l'temps
                      Do
    Et l'on oublie son ca<u>fard</u>.

Pont-
               Sol7
    Je ne suis pas riche <u>à</u> million
                        Do
    Je suis tourneur chez <u>C</u>itroën
                            Sol7
    J'peux pas me payer des <u>distractions</u>
                        Do
    Tous les jours de la se<u>maine</u>
    Dom   Sol7
    Aus<u>si</u> moi, j'ai mes pe<u>tites</u> manies
            Dom
    Qui me font plaisir et <u>ne</u> coûtent rien
    Do7   Fam
    Ain<u>si</u>, dès le tra<u>vail</u> fini
    Ré7   Sol7   Lab   Sol7
    Je <u>file</u> entre la <u>porte</u> <u>Saint</u> - <u>Denis</u>
    Fam   Sol7
    Et <u>le</u> boulevard des Ita<u>liens</u>.

2-   J'aime flâner sur les grands boulevards
    Y'a tant de choses, tant de choses
    Tant de choses à voir
    On y voit des grands jours d'espoir
    Des jours de colère
    Qui font sortir le populaire
    Là vibre le coeur de Paris
    Toujours ardent, parfois frondeur
    Avec ses chants, ses cris
    Et de jolis moments d'histoire
    Sont écrits partout le long
    De nos grands boulevards.

3-   J'aime flâner sur les grands boulevards
    Les soirs d'été quand tout le monde
    Aime bien se coucher tard
    On a des chances d'apercevoir
    Deux yeux angéliques
    Que l'ont suit jusqu'à République
    Puis je retrouve mon petit hôtel
    Ma chambre où la fenêtre donne
    Sur un coin de ciel
    D'où me parviennent comme un appel
    Toutes les rumeurs, toutes les lueurs
    Du monde enchanteur
    Des grands boulevards.

© 1951 Les Éditions Jacques PLANTE.
Avec l'aimable autorisation de UNIVERSAL/MCA MUSIC PUBLISHING.

MOULOUDJI

COMME UN P'TIT COQUELICOT

Paroles : Raymond ASSO
Musique : Claude VALÉRY

C'en est un qui discute
avec son âme.

Elle lui pose des questions d'âme,
ce qui est très logique !

Et lui, il lui répond des réponses de chair,
ce qui est très humain !

© LES NOUVELLES ÉDITIONS MÉRIDIAN.
Publié avec l'autorisation des NOUVELLES
ÉDITIONS MÉRIDIAN - Paris - France.

1-   __ Le myosotis, et puis la rose *(Lam / Rém6)*
    Ce sont des fleurs qui dis'nt quelqu'chose *(Lam / Rém6)*
    Mais pour aimer les coqu'licots *(Lam/Ré / Lam)*
    Et n'aimer qu'ça… faut être idiot ! *(Rém7 / Ré#7dim / Mi7)*
    T'as p't-être raison, oui mais voilà : *(Lam+6)*
    Quand j't'aurai dit, tu comprendras *(Fa / Mi7)*
    La premièr' fois que je l'ai vue *(Rém6 / Lam/Do)*
    Elle dormait, à moitié nue *(Rém6 / Lam/Do)*
    Dans la lumière de l'été *(Fa7dim / Mi7 / Lam)*
    Au beau milieu d'un champ de blé *(Si7 / Rém6/Fa / Mi)*
    Et sous le corsag' blanc *(Rém)*
    Là où battait son cœur *(Mi7 / Lam/Do)*
    Le soleil, gentiment *(Lam / Rém/Fa)*
    Faisait vivre une fleur *(Si7 / Mi7)*
    Comme un p'tit coqu'licot, mon âme *(Sol7 / Lam)*
    Comme un p'tit coqu'licot. *(Sol7 / Lam)*

2- C'est très curieux comm' tes yeux brillent
   En te rapp'lant la jolie fille
   Ils brill'nt si fort qu'c'est un peu trop
   Pour expliquer… les coqu'licots !
   T'as p't-êtr' raison, seulement voilà
   Quand je l'ai prise dans mes bras
   Elle m'a donné son beau sourire
   Et puis après, sans rien nous dire
   Dans la lumière de l'été
   On s'est aimé, on s'est aimé
   Et j'ai tant appuyé
   Mes lèvres sur son coeur
   Qu'à la plac' du baiser
   Y'avait comme une fleur
   Comme un p'tit coqu'licot, mon âme
   Comme un p'tit coqu'licot

3- Ça n'est rien d'autre qu'une aventure
   Ta p'tite histoire, et je te jure
   Qu'ell' ne mérit' pas un sanglot
   Ni cett' passion… des coqu'licots !
   Attends la fin, tu comprendras
   Un autr' l'aimait qu'ell' n'aimait pas
   Et le lend'main, quand je l'ai revue
   Elle dormait à moitié nue
   Dans la lumière de l'été
   Au beau milieu du champ de blé
   Mais, sur le corsag' blanc
   Juste à la plac' du coeur
   Yavait trois goutt's de sang
   Qui faisaient comme un' fleur
   Comme un p'tit coqu'licot, mon âme
   Un tout p'tit coqu'licot.

RUE DE LAPPE

Paroles : Francis LEMARQUE
Musique : Rudi REVIL

1-   La   Mi
Tous les samedis soirs on allait comme ça
                              La
Dans un bal musette pour danser comme ça
                      La7   Ré
Dans un vieux quartier fréquenté comme ça
Si7   Mi
Par des danseurs de java comme ça.

  La
Rue de Lappe, rue de Lappe au temps joyeux
                                    Mi
Où les frappes, où les frappes étaient chez eux
  La   La7
Rue de Lappe, rue de Lappe en ce temps-là
Fa#7   Sim   Mi   La
A petits pas on dansait la java.

Do#7   Fa#m
Les jules portaient des casquettes
Si7   Mi
Sur leurs cheveux gominés
Do#7   Fa#m
Avec de belles rouflaquettes
Si7   Mi
Qui descendaient jusqu'au nez.

  La
Rue de Lappe, rue de Lappe, c'était charmant
                                Mi
Rue de Lappe, rue de Lappe, mais plus prudent
  La   La7
Rue de Lappe, rue de Lappe, pour les enfants
Fa#7   Sim   Mi   La
De les emm'ner ce soir là au ciné
Fa#7   Sim   Mi   La
Plutôt que d'aller s'faire assassiner.

La   La7M   La6   Sim
Passez la monnaie, passez la monnaie et ça tournait
Mi   La
Et plus ça tournait, et plus ça tournait, plus ça coûtait
La   La7M   Ré
Qu'est c'que ça coûtait, qu'est c'que ça coûtait quelques tickets
Mi   La
Mais on n'les payait, mais on n'les payait presque jamais.

2- Ceux qui n'sortaient pas de Polytechnique
    Pour la politesse avaient leur technique
    Avec les gonzesses c'était à coup d'trique
    Qu'ils discutaient politique comme ça.

    Rue de Lappe, rue de Lappe, on rencontrait
    Une frappe une frappe qui revenait
    Rue de Lappe, rue de Lappe, pour respirer
    Un peu d'air frais de ce bon vieux quartier.

    Il laissait à la Guyane
    Son bel ensemble rayé
    Pour cueillir le cœur d'ces dames
    Comme une pomme au pommier.

    Rue de Lappe, rue de Lappe, c'était parfait
    Rue de Lappe, rue de Lappe, oui mais oui mais
    Rue de Lappe, rue de Lappe, par les poulets
    Un soir de rafle il se faisait cueillir
    Pour la Guyane il devait repartir.

    Passez la monnaie, passez la monnaie et ça tournait
    Pendant qu'ça tournait, pendant qu'ça tournait on l'emmenait
    Et ça lui coûtait, et ça lui coûtait quelques années
    Mais il n'les faisait, mais il n'les faisait presque jamais.

    Rue de Lappe, rue de Lappe, quand il r'venait
    Rue de Lappe, rue de Lappe, il r'commençait.

© Éditions S.E.M.I.
Publié avec l'autorisation de la SOCIÉTÉ D'ÉDITIONS
MUSICALES INTERNATIONALES (S.E.M.I.) - Paris - France.

UN JOUR, TU VERRAS

Paroles : MOULOUDJI
Musique : Georges VAN PARYS

1- Un jour tu verras *(Sol / Mim)*
On se rencontrera *(Lam / Ré)*
Quelque part, n'importe où *(Sim / Mim)*
Guidés par le hasard. *(La7 / Ré7)*

Nous nous regarderons *(Sol / Mim)*
Et nous nous sourirons *(Lam / Ré)*
Et la main dans la main *(Sim / Mim)*
Par les rues nous irons. *(Ré7 / Sol)*

Le temps passe si vite *(Dom / Fa7-9b)*
Le soir cachera bien *(Sib / Solm)*
Nos cœurs, ces deux voleurs *(Dom / Fa)*
Qui gardent leurs bonheurs. *(Sib / Si7dim)*

Puis nous arriverons *(Dom / Fa7-9b)*
Sur une place grise *(Sib / Solm)*
Où les pavés seront doux *(La4 / La7)*
À nos âmes gri - ses. *(Ré4 / Ré7)*

2- Il y aura un bal
Très pauvre et très banal
Sous un ciel plein de brume
Et de mélancolie.

Un aveugle jouera *(Sol / Sol7)*
De l'orgue de barbarie *(Do / Fa7M)*
Cet air pour nous sera *(Mim / La7)*
Le plus beau, le plus joli. *(Ré7 / Sol)*

Puis je t'inviterai *(Sib)*
Ta taille je prendrai *(Mibm/Sib / Mib)*
Nous danserons tranquille *(La7 / Ré7 / Solm)*
Loin des gens de la vil - le. *(Mib7 / Ré7)*

Nous danserons l'amour *(Sol7 / Sol#dim / Dom)*
Les yeux au fond des yeux *(Fa7-9b / Sib7M)*
Vers une fin du monde *(Mib7M)*
Vers une nuit profonde. *(La7 / Ré7)*

3- Un jour tu verras
On se rencontrera
Quelque part, n'importe où
Guidés par le hasard.

Nous nous regarderons *(Sol / Sol7)*
Et nous nous sourirons *(Do / Fa7M)*
Et la main dans la main *(Mim / La7)*
Par les rues nous irons. *(Ré7 / Sol)*

GEORGES MOUSTAKI

ET POURTANT DANS LE MONDE

Paroles et musique : Georges MOUSTAKI

Intro-
    Sib La Sib La
    — — — —

1- <u>Ré</u>m   La   Rém   La
    <u>Tu</u> me diras que j'ai <u>tort</u> de chanter <u>la</u> révolution et <u>la</u> liberté
    Sib   La   Sib   La
    <u>Que</u> tout ça ne <u>sert</u> à rien que ce <u>n'est</u> pas encore <u>pour</u> demain.

R- Solm   Rém
    <u>Et</u> pourtant dans le monde <u>d'autres</u> voix me répondent
    Sib   La   Rém Sib Rém Sib
    <u>Et</u> pourtant dans <u>le</u> monde. — — — —

2- Tu me diras que j'ai tort de rêver en croyant vivre la réalité
    Qu'il faut rester les yeux ouverts et regarder tout ce qui va de travers.

3- Tu me diras que j'ai tort de crier et de clamer mes quatre vérités
    Qui vaut mieux se taire ou mentir surtout savoir garder le sourire.

4- Tu me diras que j'ai tort de parler de l'amour comme s'il existait
    Qu'il ne s'agit que d'un mirage d'une illusion qui n'est plus de mon âge.

5- Tu me diras que j'ai tort ou raison ça ne me fera pas changer de chanson
    Je te la donne comme elle est tu pourras en faire ce qui te plaît.

© 1979 Paille Musique.

GRAND-PÈRE

Paroles et musique : Georges MOUSTAKI

Intro-
Lam

1- C'est pour <u>toi</u> que je <u>joue</u>, grand-<u>pè</u>re, c'est pour toi
   Rém   Sol   Do
   Tous les <u>au</u>tres m'écoutent, mais <u>toi</u>, tu m'entends
        Mi7   Lam
   On est <u>du</u> même <u>bois</u>, on <u>est</u> du même sang
        Fa   Rem   Mi7
   Et je porte ton nom et <u>tu</u> es un peu moi
                          Lam
   E<u>xi</u>lé de Corfou et de Cons<u>tan</u>tinople
   Sol   Do
   <u>U</u>lysse qui jamais ne revint <u>sur</u> ses pas
   Mi   Lam
   <u>Je</u> suis de ton pays, mé<u>tè</u>que comme toi
   Rém   Lam
   Un en<u>fan</u>t de l'enfant qui <u>te</u> fit Pénélope
        Mi7   Lam
   Tu <u>é</u>tais déjà vieux quand je ve<u>nais</u> de naître
      Sol   Do
   Arr<u>i</u>vé juste à temps pour prendre le re<u>lais</u>
   Rém   Lam
   __ Et je finirai bien __ un jour par ressembler
   Rém   Lam
   __ À la photo ou tu as posé en an<u>cê</u>tre.
   Mi7   Lam

2- C'est pour toi que je joue, grand-père, c'est pour toi
   Que je glisse mes doigts le long de mes six cordes
   Pour réveiller un air tranquille et monocorde
   C'est tout ce que je sais faire de mes dix doigts
   Maître en oisiveté, expert en braconnage
   Comme toi, j'ai vécu à l'ombre des bateaux
   Et pour faire un festin, je volais les oiseaux
   Que le vent de la mer me ramenait du large
   Comme toi, j'ai connu les filles et les rêves
   Buvant à chaque source que je rencontrais
   Mais sans être jamais vraiment désaltéré
   Sans jamais être las de répandre ma sève.

Coda-

C'est pour <u>toi</u> que je <u>joue</u>, grand-<u>pè</u>re, c'est pour toi
           Rém   Sol   Do
Pour re<u>met</u>tre au pré<u>sent</u> tout <u>ce</u> qui s'est passé
       Fa   Mi   Lam
Depuis <u>que</u> je ne <u>par</u>le plus __ que le français
       Fa   Rém   Mi7
                                    Lam
Et j'écris des chansons que <u>tu</u> ne comprends pas
                            Lam
C'est pour <u>toi</u> que je <u>joue</u>, grand-<u>pè</u>re, c'est pour toi
           Rém   Sol   Do
Tous les <u>au</u>tres m'en<u>tour</u>ent mais __ toi tu m'attends
         Rém   Sol   Do
Même <u>si</u> tu es <u>loin</u> dans <u>l'es</u>pace et le temps
     Mi7   Lam
Quand il <u>fau</u>dra mourir, on se retrouve<u>ra</u>.

© 1971 Paille Musique.

HEUREUSEMENT QU'IL Y A DE L'HERBE

Paroles et musique :
Georges MOUSTAKI

Capo III

1-   *Lam*   *Sim* *Mi7*
Il y a des chansons qui reviennent comme revient le mois de mai
    Sim   *Mi7*   *Sim* *Mi7*   *Sim*   *Mi7*   *Lam*
Chansons d'amour vieilles rengaines _ où toujours rime avec jamais
                                  La7   *Rém*
Je veux sur la même musique parler du monde d'aujourd'hui
                      Lam   *Si7*   *Mi7*
Mi-souriant, mi-nostalgique conclure en déclarant ceci :

R-   *La*   *Fa#7*   *Sim* *Mi7*
Heureusement qu'il y a de l'herbe dans nos villes polluées _
   Sim   *Mi7*   *Sim*   *Mi7*   *Sim*   *Mi7*   *La*
Et que la nature est superbe _ quand elle pousse en secret.
                                    La7   *Ré*
Et ce n'est pas demain la veille qu'on viendra nous l'arracher
 Rém   *La Fa#7* *Sim*   *Mi7*   *La Fa#7*   *La - 7*
Un peu d'amour et de soleil _ suffit à la faire pousser _
  Ré   *Rém*   *La Fa#7* *Sim*   *Mi7*   *La*
Un peu d'amour et de soleil _ suffit à la faire pousser.

2- Oui je voudrais en quelques strophes livrer messages et discours
Et être un nouveau philosophe en allant chanter dans les cours
Avec mon piano à bretelles j'irai de pays en pays
Répandre la bonne nouvelle et faire un peu d'écologie.

3- Et, si par malheur je m'essouffle à vouloir tout dire en chantant
Je me mettrai dans mes pantoufles, je m'arrêterai quelque temps
Mais comme revient l'hirondelle un jour à la belle saison
Je reviendrai à tire d'aile célébrer pelouse et gazon.

Heureusement qu'il y a de l'herbe, elle est douce et si parfumée.

LA CARTE DU TENDRE

Paroles et musique : Georges MOUSTAKI

© 1969 Paille Musique.

1-
    Do
    Le long du fleuve qui remonte
                     Lam
    Par les rives de la rencontre
    Fa   *Sol*   *Do*
    Aux sources d'émerveillement
    Do   *Lam*
    On voit dans le jour qui se lève
    Mi
    S'ouvrir tout un pays de rêve
    Lam   *Ré7*   *Mim*
    Le tendre pays des amants
    Do
    On part avec le cœur qui tremble
    Lam   *Do*
    Du bonheur de partir ensemble
                         Sib
    Sans savoir ce qui nous attend
                     Do
    Ainsi commence le voyage
    Sol   *Lam*
    Semé d'écueils et de mirages
    Fa   *Sol*   *Do*
    De l'amour et de ses tourments.

2- Quelques torrents de médisance
Viennent déchirer le silence
Essayant de tout emporter
Et puis on risque le naufrage
Lorsque le vent vous amène au large
Des îles d'infidélité
Plus loin le courant vous emporte
Vers les rochers de la discorde
Et du mal à se supporter
Enfin la terre se dénude
C'est le désert de l'habitude
L'ennui y a tout dévasté.

3- Quand la route paraît trop longue
Il y a l'escale du mensonge
L'auberge de la jalousie
On y déjeune de rancune
Et l'on s'enivre d'amertume
L'orgueil vous y tient compagnie
Mais quand tout semble à la dérive
Le fleuve roule son eau vive
Et l'on repart à l'infini
Où l'on découvre au bord du Tendre
Le jardin où l'on peut s'étendre
La terre promise de l'oubli.

REQUIEM POUR N'IMPORTE QUI
Paroles et musique : Georges MOUSTAKI

1- <u>Lam7</u>
   Il est mort comme du bois sec
   <u>Sim7</u>
   Ça pouvait être n'importe qui
          <u>Fa</u>
   Un en<u>fant</u> de l'Andalousie
       <u>Mim7</u>
   Ou un <u>frère</u> du soldat Schweick.
       <u>Fa</u>
   Il est <u>mort</u>, la guerre est finie
         <u>Do</u>
   On lui a <u>fait</u> des funérailles
          <u>Rém7</u>
   Chacun re<u>tourne</u> à son travail
       <u>Lam7</u>   <u>Mi7</u>
   Il est <u>mort</u>, nous sommes en <u>vie</u>.

2- Il est mort comme un feu de paille
   Ça s'est passé très loin d'ici
   C'est loin l'Afrique et loin l'Asie
   Les mercenaires et ses GI's
   Il est mort de n'avoir su vivre
   Quand il fallait vivre à genoux
   Noyé de sang, noyé de boue
   La mort enfin l'a rendu libre.

3- Il est mort comme du bois sec
   Ça pouvait être n'importe qui
   Le frère de Théodorakis
   Ou l'enfant de Zorba le Grec
   Il est mort, je suis en exil
   Et je meurs un peu avec lui
   Chaque fois que tombe la nuit
   Sur le soleil du mois d'avril.

4- Il est mort, pitié pour ses cendres
   Ce n'est ni l'heure ni l'endroit
   Pour demander des comptes à rendre
   Mais les mots viennent malgré moi.

© 1970 Paille Musique.

CLAUDE NOUGARO

ASSEZ

Paroles :
Claude NOUGARO
Musique :
Claude NOUGARO
et Maurice VANDER

© *Éditions du Chiffre Neuf.*

Capo I

1- Il ser*ait* temps que l'homme s'*aime* (La / Mi)
   Depuis qu'il sème son mal*heur* (Sol / Ré)
   Il ser*ait* temps que l'homme s'*aime* (Fa / Ré)
   Il ser*ait* temps, il serait l'*heure* (Ré / Mi)
   Il ser*ait* temps que l'homme *meure* (La / Mi)
   A*vec* un matin dans le cœur (Sol / Ré)
   Il ser*ait* temps que l'homme *pleure* (Fa / La)
   Le *diamant* des jours meil*leurs*. (Ré / Mi)

R1- A*ssez*, a*ssez* (La / Fa#m)
    Crient les *gorilles*, les cét*acés* (Ré / Do#m)
    Ar*rêtez* votre humane*rie* (Sim / La)
    A*ssez*, a*ssez* (La / Mi)
    Crient le *désert* et les gla*ciers* (Ré / Do#m)
    Crient les *épines* héri*ssées* (Sim / La)
    Dé*clouez* votre Jésus-*Christ* (Ré / Mi)
    A*ssez*, su*ffit*. (Ré / La)

2- Il serait temps que l'homme règne
   Sur le grand vitrail de son front
   Depuis les siècles noirs qu'il saigne
   Dans les barbelés de ses fronts
   Il serait temps que l'homme arrive
   Sans l'ombre avec lui de la peur
   Et dans sa bouche la salive
   De son appétit de terreur.

R2- Assez, assez
    Crie le ruisseau dans la prairie
    Crie le granit, crie le cabri
    Assez, assez
    Crie la petite fille en flammes
    Dans son dimanche de napalm
    Éteignez-moi, je vous en prie
    Assez, suffit.

3- Que l'homme s'aime c'est peu dire
   Mais c'est là mon pauvre labeur
   Je le dis à vos poêles à frire
   Moi le petit soldat de beurre
   Que l'homme s'aime, c'est ne dire
   Qu'une parole rebattue
   Et sur ma dérisoire lyre
   Voyez déjà, elle s'est tue.

   Mais voici que dans le silence
   S'élève encore l'immense cri
   Délivrez-nous de vos démences
   Crie l'éléphant, crie le cricri
   Crient le sel, le cristal, le riz
   Crient les forêts, le colibri
   Les clématites et les pensées
   Le chien jeté dans le fossé
   La colombe cadenassée
   Entendez-le ce cri immense
   Ce cri, ce rejet, cette transe
   Expatriez votre souffrance
   Crient les sépulcres et les nids
   Assez, assez, fini.

CÉCILE MA FILLE

Paroles :
Claude NOUGARO
Musique :
Jacques DATIN

© Éditions du Chiffre Neuf.

1-   Dom   Fam
    Elle voulait un enfant
       Sol 7   Dom
    Moi je n'en voulais pas
    Fam7   Sib7   Mib7 Mib6
    Mais il lui fut pourtant facile
        Fam6   Lab   Sol7
    Avec ses arguments
          Dom7   Fa7
    De te faire un papa
    Sibm9 Mib9 Lab7 Rem7 Sol7 Dom6
    Cécile ma fil - le.

             Dom   Fam
    Quand son ventre fut rond
       Sol7   Dom
    En riant aux éclats
          Fam7   Sib7   Mib7
    Elle me dit "allons Jubile"
      Mib6   Lab   Sol7
    Ce sera un garçon
    Dom7   Fa7
    Et te voilà
    Sibm9   Mib9
    Cécile ma fille.

    Lam6   Sol7   Dom
    Et te voilà et me voici moi
    Fam   Sib7   Mib
    Moi j'ai trente ans, toi six mois
    Fam   Sol7   Dom7 Fam7 Mib7 Ré9b
    On est nez à nez, les yeux dans les yeux
    Solm7   Ré7   Sol7
    Quel est le plus étonné des deux ?

2-   Bien avant que je t'aie
    Des filles j'en avais eues
    Jouant mon cœur à face ou pile
    De la brune gagnée
    À la blonde perdue
    Cécile ma fille.

    Et je sais que bientôt
    Toi aussi tu auras
    Des idées et puis des idylles
    Des mots doux sur tes hauts
    Et des mains sur tes bas
    Cécile ma fille.

    Moi, je t'attendrai toute la nuit
    T'entendrai rentrer sans bruit
    Mais au matin c'est moi qui rougirai
    Devant tes yeux plus clairs que jamais.

Final-
    Que toujours on te touche
    Comme moi maintenant
    Comme mon souffle sur tes cils
    Mon baiser sur ta bouche
    Dans ton sommeil d'enfant
    Cécile ma fille.

LE CINÉMA

Paroles :
Claude NOUGARO
Musique :
Michel LEGRAND

Capo II

© Éditions
du Chiffre Neuf /
Warner Chappell
Music France.

IL FAUT TOURNER LA PAGE

Paroles :
Claude NOUGARO
Musique :
Philippe SAISSE

1- <u>Il</u> faut tourner la page [Rém]
  Changer de pay<u>sage</u> [Fa] __ [Do]
  Le pied sur une <u>berge</u> [Fa]
  <u>Vierge</u> [La#]
  Il faut tourner la page
  Toucher l'autre ri<u>vage</u> [Fa] __ [Do]
  Littoral incon<u>nu</u> [Fa]
  <u>Nu</u> [La#]
  Et là, enlacer l'<u>arbre</u> [Rém]
  La colonne de <u>Marbre</u> [Fa] __ [Do]
  Qui fuse dans le <u>ciel</u> [Fa] [Mi] __
  <u>Tel</u>. [La]

2- Que tu quittes la terre
  Vers un point solitaire
  Constellé de pluriel
  Il faut tourner la page
  Redevenir tout simple
  Comme ces âmes saintes
  Qui disent dans leurs yeux
  Mieux
  Que toutes les facondes
  Des redresseurs de monde
  Des faussaires de Dieu.

3- Il faut tourner la page
  Jeter le vieux cahier
  Le vieux cahier des charges
  Oh yeah
  Il faut faire silence
  Traversé d'une lance
  Qui fait saigner un sang
  Blanc
  Il faut tourner la page
  Aborder le rivage
  Où rien ne fait semblant
  Saluer le mystère
  Sourire
  Et puis se taire.

1- __ <u>Sur</u> l'écran noir de mes nuits <u>blanches</u> [Mim] [Si7]
  __ <u>Moi</u> je me fais du ciné<u>ma</u> [Mim] [Si7]
  <u>Sans</u> pognon <u>et</u> sans ca<u>méra</u> [Lam] [Si7] [Mim]
  Bardot peut <u>partir</u> en va<u>cances</u> [Mim/Ré] [Do]
  Ma ve<u>dette</u>, c'est toujours <u>toi</u>. [Si7] [Mim9]

2- Pour te dire que je t'aime, rien à faire, je flanche
  J'ai du cœur mais pas d'estomac
  C'est pourquoi je prends ma revanche
  Sur l'écran noir de mes nuits blanches
  Où je me fais du cinéma.

3- D'abord un gros plan sur tes hanches
  Puis un travelling-panorama
  Sur ta poitrine en grand format
  Voilà comment mon film commence
  Souriant je m'avance vers toi.

4- Un mètre quatre-vingts, des biceps plein les manches
  Je crève l'écran de mes nuits blanches
  Où je me fais du cinéma
  Te voilà déjà dans mes bras
  Le lit arrive en avalanche…

5- Sur l'écran noir de mes nuits blanches
  Où je me fais du cinéma
  Une fois, deux fois, dix fois, vingt fois
  Je recommence la séquence
  Où tu me tombes dans les bras…

6- Je tourne tous les soirs, y compris le dimanche
  Parfois on sonne ; j'ouvre : « C'est toi ! »
  Vais-je te prendre par les hanches
  Comme sur l'écran de mes nuits blanches ?
  Non, je te dis : « Comment ça va ? »
  Et je t'emmène au cinéma…

SING SING SONG
(WORK SONG)

Paroles originales :
Oscar Jr. BROWN
Adaptation française : Claude NOUGARO
Musique : OSCAR Jr. BROWN
et Nat Jr. ADDERLEY

NOUGAYORK

Paroles :
Claude NOUGARO
Musique :
Philippe SAISSE

Capo III

1- <u>Dès</u> l'aérogare *(Mim)*
J'<u>ai</u> senti le choc *(Do)*
<u>Un</u> souffle barbare *(Ré)*
<u>Un</u> remous hard-rock *(Sim)*
<u>Dès</u> l'aérogare *(Mim)*
J'<u>ai</u> changé d'époque *(Do)*
<u>Come</u> on ! Ça démarre *(Ré)*
<u>Sur</u> les starting-blocks. _ _ _ _ *(Sim Mim Do Rém Sim)*

2- Gare gare gare
Là c'est du mastoque
C'est pas du Ronsard
C'est de l'amerloque
Sera-ce la bagarre
Ok j'suis ad hoc
J'aurai l'gros cigare
En or, les pare-chocs.

1- <u>Quand</u> le jour se lève sur Sing-Sing *(Mim)*
On ne s'inquièt' pas pour le temps
Qu'il pleuve ou qu'il fass' beau à Sing-Sing *(Sim)*
<u>On</u> sortira <u>pas</u> pour autant *(Si7)*
<u>Vaut</u> mieux laisser au clou la clé des champs *(Mim)*
Ou sinon ça crach' des pruneaux eaux-eaux.

3- Dès l'aérogare
J'ai senti le choc
Faur rentrer dare-dare
Dans la ligne de coke
Un nouveau départ
Solide comme un roc
Une pluie d'dollars
Ici Nougayork.

4- Ici superstar
J'suis gonflé à bloc
C'est l'enfance de l'art
C'est l'œuf à la coque.

Coda-
<u>A</u> moins qu'un lascar *(Si)*
<u>Au</u> détour d'un block *(Do/Si)*
<u>Et</u> sans crier gare *(Sim7)*
<u>Me</u> découpe le lard _ *(Mi/Si   Si7)*
Façon jambon <u>d'York</u>. *(Mim)*

R1- <u>Sing</u>-Sing, oh <u>Sing</u>-Sing ta chan<u>son</u> *(Mi7 La7 Fa#7)*
Ta chan<u>son</u> colle à la <u>peau</u>. *(Si7 Mim)*

2- Quand le jour se lève sur Sing-Sing
Par contre on s'inquièt' pour le temps
Le temps qu'il reste à tirer à Sing-Sing
Y'a de quoi se faire des cheveux blancs
Il paraît que c'est chouett' d'avoir vingt ans
Oui pas derrière les barreaux.

R2- Sing-Sing, oh Sing-Sing ta chanson
Ta chanson dure un peu trop.

3- Quand le jour se lève sur Sing-Sing
Et qu'c'est dimanche qu'on attend
On va voir l'orchestre de Sing-Sing
Il faut dir' qu'il swing méchamment
L'dernier batteur avait l'rythme dans l'sang
Sur la chaise il fit trois p'tits sauts..

R3- Sing-Sing, oh Sing-Sing ta chanson
Ta chanson chauffe un peu trop.

4- Et quand la nuit tombe sur Sing-Sing
On voit nos amours dans le temps
On s'dit qu'on sortira de Sing-Sing
Quand nos poul's n'auront plus de dents
Pens'nt-elles encor' à nous en ce moment
Ou font-elles brûler nos photos.

R4- Sing-Sing, oh Sing-Sing ta chanson
Ta chanson a le cœur gros.

Coda-
Ainsi meurt la chanson de Sing-Sing
Jusqu'à demain évidemment.

TOULOUSE

Paroles : Claude NOUGARO
Musique : Claude NOUGARO
et Christian CHEVALLIER

Capo I

Intro-
          La   Sol
Qu'il est loin mon pays, qu'il est loin
   La   Sol
Parfois au fond de moi se raniment
         La   Sol   La13 Sol13 Fa13
L'eau verte du canal du Midi
   La9   Sol9   Fam9
Et la brique rouge des Minimes.

       Sim   Do#m7   Sim7   Sib7
Ô mon païs, ô Toulouse, ô Toulou - se.

Je reprends l'avenue vers l'école
Mon cartable est bourré de coups de poings
Ici, si tu cognes, tu gagnes
Ici, même les mémés aiment la castagne.

      Sim7   Mi7
Ô mon païs, ô Toulouse.

    Mim   Do7M
1- Un torrent de cailloux roule dans ton accent
    Sim7   La7   Ré
   Ta violence bouillonne jusque dans tes violettes
   Ré   Si7M
   On se traite de con à peine qu'on se traite
   Sol7   Rém   Mim
   Il y a de l'orage dans l'air et pourtant.

2- L'église Saint-Sernin illumine le soir
   D'une fleur de corail que le soleil arrose
   C'est peut-être pour ça malgré ton rouge et noir
   Solm7   Do
   C'est peut-être pour ça qu'on te dit Ville Rose.

   Mim   Mim6   Mim7 Mi7dim
3- Je revois ton pavé, ô ma cité gasconne
   Rém9   Rém7   Rém11
   Ton trottoir éventré sur les tuyaux du gaz
   Mim   Mim6   Mim7 Mi7dim
   Est-ce l'Espagne en toi qui pousse un peu sa cor - ne
   Rém9   Rém7   Rém11 Rém7
   Ou serait-ce dans tes tripes une bulle de jazz ?

   Mim   Do7M
4- Voici le Capitole, j'y arrête mes pas
   Sim7   Lam7   Ré
   Les ténors enrhumés tremblaient sous leurs ventouses
   Rém   Sib7M
   J'entends encore l'écho de la voix de papa
   Solm9   Do   Dom
   C'était en ce temps-là mon seul chanteur de blues.

Coda-
   La   Sol
   Aujourd'hui, tes buildings grimpent haut
   La   Sol
   À Blagnac, tes avions ronflent gros
      La   Sol   La13 Sol13 Fa13
   Si l'un me ramène sur cette ville
      La9   Sol9   Fam7
   Pourrai-je encore y revoir ma pincée de tuiles ?

       Sim7   Mi9   La   Mim7 Mi La
   Ô mon païs, ô Toulouse, ô Toulouse.

© Éditions du Chiffre Neuf / EMI Music Publishing France.

PASCAL OBISPO

LUCIE
Paroles : Lionel FLORENCE
Musique : Pascal OBISPO

1-   *Mim*   *Sim*
   Lucie, Lucie c'est moi
      Ré   *La*
   Je sais _ y a des soirs comme ça
    Do   *Si*
   Où tout s'écroule autour de vous
      Do   *Si7*
   _ Sans trop savoir pourquoi.

   Toujours regarder devant soi
   Sans jamais baisser les bras
   Je sais c'est pas le remède à tout
   Mais faut s'forcer parfois.

   Sol   *Ré*
   Lucie, Lucie dépêche-toi
     Mim   *Do*
   On vit, on ne meurt qu'une fois
    Sol   *Ré*
   _ Et on a l'temps de rien
    Mim   *Do* *Si7*
   _ Que c'est déjà la fin.

R-   *Sol*   *Ré*
   _ C'est pas marqué dans les livres
    Mim   *Do*
   _ Que le plus important à vivre
   Ré   *Lam*
   _ Est de vivre au jour le jour
      Do   *Si7*
   Le temps c'est de l'amour.

2- Même si je n'ai pas le temps
   D'assurer mes sentiments
   J'en ai en moi de plus en plus forts
   Des envies d'encore.

   Tu sais, non je n'ai plus à cœur
   De réparer mes erreurs
   Ou de refaire c'qu'est plus à faire
   Revenir en arrière.

   Lucie, t'arrête pas
   On ne vit qu'une vie à la fois
   À peine le temps de savoir
   Qu'il est déjà trop tard.

Reprise 2 fois du refrain-

3- Lucie, j'ai fait le tour
   De tant d'histoires d'amour
   J'ai bien, bien assez de courage
   Pour tourner d'autres pages.

   Sache que le temps nous est compté
   Faut jamais se retourner
   En s'disant que c'est dommage
   D'avoir passé l'âge.

   Lucie, Lucie t'encombre pas
   De souvenirs, de choses comme ça
   Aucun regret ne vaut le coup
   Pour qu'on le garde en nous.

Reprise 3 fois du refrain-

© 1997 by Éditions LAURELENN.

BIENVENUE CHEZ MOI
Paroles et musique : Érick BENZI

FLORENT PAGNY

1- À toi qui <u>Fa</u>
mar</u>ches longtemps, quand <u>Sib</u>
la</u> pluie fait rage, quand <u>Solm</u>
par</u>tent les ans
<u>Rém7</u> Quand la rue te <u>vo</u>le tes nuits, quand c'est <u>Sib</u>
tou</u>jours dimanche, <u>Fa</u> tant pis <u>Do</u>
À toi qui <u>Fa</u>
cher</u>ches un abri, qui <u>Sib</u>
don</u>nerais ses mains pour un <u>Solm</u>
peu</u> de travail
<u>Rém7</u> Qui essaie de <u>res</u>ter fier, <u>quand</u> tes chaussures s'écaillent… _

Y'a tou<u>Rém7</u>
jours</u> un poème, pour le <u>Sib</u>
des</u>tin qui te blesse
Et <u>Rém7</u>
Quel</u>qu'un qui t'aime pour les <u>Sib</u>
re</u>grets que tu laisses
Et <u>Rém7</u>
Si</u> tu peux rester le <u>Sib</u>
même</u> toi qui changes <u>Do</u>
tant</u> d'adresses…

R1- Tu seras <u>Sib</u>
bien</u>venu chez <u>Do</u>
moi</u>, <u>Fa</u> bienvenu chez <u>Sib</u>
moi</u>
Pour parta<u>Solm</u>
ger</u> l'ivresse, les <u>Rém7</u>
dou</u>tes, les peines et les <u>Do</u>
joies</u>
<u>Sib</u>
Bien</u>venu chez <u>Do</u>
moi</u>, tu seras <u>Fa</u> bienvenu chez <u>Sib</u>
moi</u>
Si tu <u>Solm</u>
n'a</u>bandonnes pas, tu vaux <u>Rém7</u>
plus</u> que ce que tu <u>Do</u>
crois</u>…

2- Souvent les lèvres sont sèches, et les portes closes
Quand la ville s'endort, quand le corps est fatigué
Quand la solitude brûle plus fort
À toi qui mérites mieux, que des barreaux solides comme unique décor
À ces rires invisibles, qui n'te réveillent pas quand tu dors…

Y'a toujours un soleil dans les larmes que tu verses
Et quelqu'un qui sait ta patience et ta tendresse
À toi qui restes fort et droit, devant les murs qui se dressent…

R2- Oh, sois le bienvenu chez moi, bienvenu chez moi
Sans or et sans promesse, j'ai tant à apprendre de toi
Bienvenu chez moi, tu seras bienvenu chez moi
Si tu n'abandonnes pas, tu vaux plus que ce que tu crois
Que ce que tu crois…

Pont-
_ Et si tu veux cri<u>Sib</u>er tes dé<u>Do</u>sirs
<u>Fa</u> _ Ici tu peux pleu<u>Sib</u>rer sans rou<u>Sib</u>gir
<u>Solm</u> _ Ici tu peux par<u>Rém7</u>ler
Sans mentir, men<u>Do</u>tir, mentir…
<u>Sib</u> _ Et si tu veux hur<u>Do</u>ler ton amour
<u>Fa</u> _ Ne pas se taire des <u>Sib</u>
jours</u> et des jours
<u>Solm</u> _ Tu seras bienve<u>nu</u>
Toujours, tou<u>Do</u>jours, toujours…

Coda-
Sois le <u>Sib</u>
bien</u>venu chez <u>Do</u>
moi</u>
<u>Fa</u> _ Reste le même, je se<u>Sib</u>rai moi
<u>Solm</u> _ Et si je plonge un <u>Rém7</u>
jour</u>, dis-moi
Tu seras <u>Do</u>
là</u>, dis-moi
<u>Fa</u>
Bien</u>venu chez moi…

© 1995 Édition Kevin Organisation.

CHANTER

Paroles : Lionel FLORENCE
Musique : Pascal OBISPO

Capo III

1- <u>Chan</u>ter *(Mim)*
    Pour oublier ses <u>peines</u> *(Do)*
    Pour bercer un en<u>fa</u>nt *(Ré)*
    Chanter
    Pour pouvoir dire je <u>t'aime</u> *(Sim)*
    __ Mais chanter <u>tout</u> le temps. *(Do / Ré)*

    __ Pour implorer le ciel *(Mim)*
    En<u>se</u>mble *(Do)*
    En une seule et même é<u>g</u>lise *(Ré)*

    Retrouver l'essentiel
    Et <u>faire</u> *(Sim)*
    <u>Que</u> les silen<u>ces</u> se <u>brisent</u>. *(Do / Ré / Mim)*

    En haut des barricades
    Les pieds et poings liés
    Couvrant les fusillades
    Chanter sans s'arrêter.

    Et faire s'unir nos voix
    Autour du vin qui enivre
    Chanter quelqu'un qui s'en va
    Pour ne pas cesser de vivre
    Pour quelqu'un qui s'en va
    Pour ne pas cesser de vivre.

© 1997 by Éditions LAURELENN.

2- Chanter
    Celui qui vient au monde
    L'aimer
    Ne lui apprendre que l'amour
    En ne formant qu'une même ronde
    Chanter encore et toujours.

    Un nouveau jour qui vient d'éclore
    Pouvoir
    Encore s'en émerveiller
    Chanter
    Malgré tout toujours plus fort
    Je ne sais faire que chanter.

    Et faire s'unir nos voix
    Autour du vin qui enivre
    Chanter quelqu'un qui s'en va
    Pour ne pas cesser de vivre
    Pour quelqu'un qui s'en va
    Pour ne pas cesser de vivre.

3- Chanter
    Pour oublier ses peines
    Pour bercer un enfant
    Chanter
    Pour pouvoir dire "je t'aime"
    Mais chanter tout le temps.

    En haut des barricades
    Les pieds et poings liés
    Couvrant les fusillades
    Chanter sans s'arrêter.

    Et faire s'unir nos voix
    Autour du vin qui enivre
    Chanter quelqu'un qui s'en va
    Pour ne pas cesser de vivre
    Pour quelqu'un qui s'en va
    Pour ne pas cesser de vivre.

2ᵉ voix en italique-

4- Chanter
    Pour oublier ses peines
    Pour bercer un enfant
    Chanter…
    Je n'sais faire que chanter
    Pour pouvoir dire je t'aime
    Mais chanter tout le temps
    Pour ne pas cesser de vivre.

    En haut des barricades
    Les pieds et poings liés
    Je n'sais faire que chanter
    Couvrant les fusillades
    Chanter sans s'arrêter
    Pour ne pas cesser de vivre.

    Et faire s'unir nos voix
    Autour du vin qui enivre
    Chanter quelqu'un qui s'en va
    Pour ne pas cesser de vivre
    Je n'sais faire que chanter
    Pour quelqu'un qui s'en va
    Pour ne pas cesser de vivre
    Je n'sais faire que chanter.

SAVOIR AIMER

Paroles : Lionel FLORENCE
Musique : Pascal OBISPO

Capo III

1- <u>Lam</u>
   S<u>a</u>voir sourire
   <u>Mim</u>
   À une <u>in</u>connue qui passe
   <u>Fa</u>
   N'en gar<u>der</u> aucune trace
   <u>Sol</u>
   Sinon <u>celle</u> du plaisir.
   <u>Fa</u>
   S<u>a</u>voir aimer
   <u>Mim7</u>
   Sans rien <u>at</u>tendre en retour
   <u>Rém</u>
   Ni re<u>gard</u> ni grand amour
   <u>Sol</u>   <u>Mi7</u>
   Pas même l'<u>es</u>poir d'être ai<u>mé</u>.

R- <u>Lam</u>
   Mais s<u>a</u>voir donner
   <u>Fa</u>
   Donner <u>sans</u> reprendre
   <u>Sol</u>
   Ne rien <u>faire</u> qu'apprendre.
   <u>Lam</u>
   Apprendre <u>à</u> aimer
   <u>Fa</u>
   Aimer <u>sans</u> attendre
   <u>Sol</u>
   Aimer <u>à</u> tout prendre.
   <u>Lam</u>
   Apprendre <u>à</u> sourire
   <u>Fa</u>
   Rien que <u>pour</u> le geste
   <u>Sol</u>
   Sans voul<u>oir</u> le reste
   <u>Lam</u>
   Et ap<u>prendre</u> à vivre
   <u>Sol</u>
   Et s'en al<u>ler</u>…

2- Savoir attendre
   Goûter à ce plein bonheur
   Qu'on vous donne comme par erreur
   Tant on ne l'attendait plus.
   Se voir y croire
   Pour tromper la peur du vide
   Encrée comme autant de rides
   Qui ternissent les miroirs.

3- Savoir souffrir
   En silence, sans murmure
   Ni défense ni armure
   Souffrir à vouloir mourir.
   Se relever
   Comme on renaît de ses cendres
   Avec tant d'amour à revendre
   Qu'on tire un trait sur le passé.

Coda-
   Apprendre à rêver
   À rêver pour deux
   Rien qu'en fermant les yeux
   Et savoir donner
   Donner sans rature
   Ni demi-mesure.
   Apprendre à rester
   Vouloir jusqu'au bout
   Rester malgré tout.
   Apprendre à aimer
   S'en aller
   <u>Lam</u>
   Et s'en al<u>ler</u>. *(ter)*

SI TU VEUX M'ESSAYER

Paroles et musique :
Jean-Jacques GOLDMAN

1- Si tu veux m'e*ssayer* *(Sol)*
   Même une se*maine* *(Lam7)*
   Si tu veux m'e*ssayer* *(Ré)*
   C'est pas un pro*blème*. *(Sol)*

   Si tu veux m'e*ssayer* *(Sol)*
   Ma tête et mes *veines* *(Lam7)*
   Si tu veux m'e*ssayer* *(Ré)*
   Mes peurs et mes *haines*. *(Sol)*

   Je me ferai *tendre* *(Mim)*
   Pour t'apprivoi*ser* *(Sim7)*
   Pour te *garder*, pour te *défendre* *(Do / Sol)*
   S'il le *faut*, je me ferai sor*cier*. *(Lam7 / Ré)*

   Si tu veux m'e*ssayer* *(Sol)*
   Sans jurer tou*jours* *(Lam)*
   Juste pour y go*ûter* *(Ré)*
   Sans parler d'a*mour*. _ _ _ *(Do Sol/Si Lam7 Ré)*

2- Si tu veux m'essayer
   Mes mots, mes caresses
   Me prendre ou me jeter
   Sans que l'on se blesse.

   Si tu veux m'essayer
   Si ça t'intéresse
   Sans vraiment t'engager
   Mensonges et promesses.

   Je serai le plus doux
   Pour te décider
   Le plus inspiré, le plus fou
   Tu ne pourras jamais m'oublier.

   Si tu veux m'essayer
   Sans risque ou contrat
   Juste quelques journées
   Ça ira ou pas.

3- Je me ferai *géant* *(Fa#m7)*
   Pour t'impressio*nner* *(Do#m7)*
   Je nous *construirai* des *moments* *(Ré / La)*
   Comme *des* morceaux d'éterni*té*. *(Sim7 / Mi)*

   Si tu veux m'é*prouver* *(La)*
   Sans cri, sans dis*cours* *(Sim7)*
   Me jauger, me ju*ger* *(Mi)*
   Sans parler d'a*mour*. _ _ _ _ *(Sim7 La Ré Mi La)*

© 1996 Éditions Musicales J.R.G.

LA BÊTE EST REVENUE
Paroles et musique : Pierre PERRET

PIERRE PERRET

1- *Do*
   Sait-on pourquoi, un matin
   Lam
   Cette bête s'est réveillée
   Au milieu de Pantin
   Fa
   Qu'elle a tous émerveillé
   Sol   *Do*
   En proclamant partout, haut et fort :
   Si7   *Mi* *Mi7*
   "Nous mettrons l'étranger dehors" __
   Do
   Puis cette ogresse aguicheuse
   Lam
   Fit des clos limitatifs
   Leurs tirades insidieuses
   Fa
   Convainquirent les naïfs
   Sol   *Do*
   Qu'en suivant leurs dictats xénophobes
   Si7   *Mi* *Mi7*
   On chasserait tous les microbes. __

R- *Lam*   *Rém/La*   *Lam*
   Attention mon ami, je l'ai vue
   Do   *Ré*   *Mi4 - 3*
   Méfie-toi : la bête est revenue ! __
   Lam   *Sol*   *Fa*
   C'est une hydre au discours enjôleur
   Lam/Mi *Fa* *Si7*   *Mi4 - 3*
   Qui forge une nouvelle race d'oppresseurs __
   Lam
   Y'a nos libertés sous sa botte
   Fa   *Si5dim*   *Mi4 - 3*
   Ami, ne lui ouvre pas ta por - te.

2- D'où cette bête a surgi
   Le ventre est encore fécond
   Bertold Brecht nous l'a dit
   Il connaissait la chanson
   Celle qu'Hitler a tant aimé
   C'est la valse des croix gammées
   Car, pour gagner quelques voix
   Des nostalgiques de Pétain
   C'est les juifs, encore une fois
   Que ces dangereux aryens
   Brandiront comme un épouvantail
   Dans tous leurs sinistres éventails ?

3- N'écoutez plus, braves gens
   Ce fléau du genre humain
   L'aboiement écœurant
   De cette bête à chagrin
   Instillant par ces chants de sirènes
   La xénophobie et la haine
   Laissons le soin aux lessives
   De laver plus blanc que blanc
   Les couleurs enjolivent
   L'univers si différent
   Refusons d'entrer dans cette ronde
   Qui promet le meilleur des mondes.

Coda-
   Lam
   Car, vois-tu, petit, je l'ai vue
   Fa   *Mi*   *Lam*
   La bête, la bête est revenue.

© by Éditions Musicales ADÈLE - LA GARDE-DIEU
77370 NANGIS.
Avec l'aimable autorisation des Éditions ADÈLE.

LE PLOMBIER

Paroles et musique : Pierre PERRET

R- Je suis l'plom<u>bier</u> bier bier bier bier <small>Sol</small>
   J'ai un <u>beau</u> mé<u>tier</u> <small>Mi7/Sol# Lam</small>
   J'fais mon turbin bin bin bin <u>bin</u> <small>Ré7</small>
   Dans les salles de <u>bain</u> <small>Sol</small>
   Il faut qu'on m'im<u>plore</u> de l'aube à l'au<u>rore</u> <small>Si7 Mim</small>
   J'colmate les tu<u>yaux</u> <small>La7</small>
   J'guéris tous les maux d'mon p'tit chalu<u>meau</u>. <small>Ré7</small>

1- On m'at<u>tend</u> pendant des mois <small>Sol</small>
   On m'réclame on m'apitoie
   Et on insiste à genoux
   "Venez donc chez <u>nous</u>, venez donc chez <u>nous</u>." <small>Mi7 Lam</small>
   On m'appelle d'urgence au <u>d'ssus</u> <small>Ré</small>
   On m'sup<u>plie</u> de v'nir en d'sous <small>Lam</small>
   Y a des immeubles co<u>ssus</u> <small>Ré</small>
   Sans des<u>sus</u>-dessous, sans dessous-des<u>sus</u>. <small>La7 Ré</small>

2- Y en a qui s'tirent à Monaco
   Sans fermer les robicots
   Quand ils r'trouvent leur salle de bain
   Y a d'quoi baptiser une armée de païens
   J'amène mon collègue Henry
   Qui change les moquettes pourries
   Et on partage le bénef'
   Dans cett' combine-là on bosse comme des chefs !

3- L'aut' jour j'vais chez un client
   Qui s'lavait plus d'puis longtemps
   Y m'dit "mon chauffe-eau marche pu
   Ya même pas un mois qu'vous m'l'avez vendu"
   J'dis "hélas ça s'répare pas :
   On fait pu ce modèl'-là
   Y a pu d'pièce, y a pu d'main d'oeuv'
   Moi j'dis à vot' place j'm'en payerais un neuf !"

4- Quand une belle cliente me dit
   "Ma chaudière s'est refroidie
   Mon mari est en voyage
   C'est lui d'habitude qui m'réglait l'chauffage"
   Je déballe tous mes outils
   Mon label de garantie
   En échange d'nos groupes sanguins
   Et c'est le seul cas où j'reviens l'lend'main !

Coda-
   Je suis l'plombier bier bier bier bier
   J'ai un beau métier
   J'fais mon turbin bin bin bin bin
   Dans les salles de bain
   Il faut qu'on m'implore de l'aube à l'aurore
   On m'appelle en mars
   Et j'reviens en juin pour changer un joint !

© 1973 by Éditions Musicales ADÈLE - LA GARDE-DIEU - 77370 NANGIS.
Avec l'aimable autorisation des Éditions ADÈLE.

LES MAJORETTES

Paroles et musique : Pierre PERRET

R- *Ré*
   Regardez les majorettes passer
   La7   *Ré*
   Elles-z-ont pas un poil de trop sur les gambettes
   Elles défilent-t-au pas cadencé
   Mi7   *La7*
   En faisant gonfler leur chemisette.

           Mi7   *La7*   *Ré*
   Et puis hop, un p'tit coup d'menton
           Mi7   *La7*
   Et puis hop, Elles envoient l'bâton.

1- *Ré*   *La7*   *Ré*
   Pour mériter ce joli costu-me
                                 La7
   Faut pas craindr' d'arpenter le bitume
   Mim   *Si7 Mim*
   Faut pas avoir du sang de scaro - le
   Mi7
   Ni du tapioca dans les guiboles.

     Ré   *La7*   *Ré*
   Faut les voir au départ d'la kermes - se
                                     La7
   Leurs p'tits seins en crête de coq se dressent
             Si7 Mim
   Mais hélas, à la 28ᵉ bor - ne
   Mi7   *La7*
   Ils sont red'venus comme des pop - corn !

2- Tout l'monde applaudit mademoiselle Jeanne
   Qui marche à r'culons en lançant sa canne
   Et qui s'dit en souriant à M'sieu l'Maire
   Pourvu qu'je m'foule pas la gueule par terre !

   La grosse moustachue qui les gouverne
   À du faire l'exode sur une citerne
   Autour d'ses 120 kg d'graisse pure
   Sa minijupe a l'air d'une ceinture !

3- La p'tite Marie-jo dit à Ginette
   Vise les ravachis d'la sous-préfette
   C'est pourtant pas qu'elle manque d'exercice
   Avec le mari d'l'institutrice.

   Toutes ces jambes roses et ces jupettes
   Démoralisent toutes les femmes honnêtes
   Par contre les vieux matous d'la tribune
   N'en peuv'nt plus d'aboyer à la lune.

© 1974 by Éditions Musicales ADÈLE - LA GARDE-DIEU - 77370 NANGIS.
Avec l'aimable autorisation des Éditions ADÈLE.

ÉDITH PIAF

DE L'AUTRE CÔTÉ DE LA RUE

Paroles et musique : Michel EMER

1
  Ré7   Solm7
  Des murs qui se lézardent
  Do7   Fa
  Un escalier étroit
  Sib   Mim7/Sib
  Une vieille mansarde
  La7   Rém
  Et me voilà chez moi
  Ré7   Solm7
  Un lit qui se gondole
  Do7   Fa
  Un' table de guingois
  Sib   Mim7/Sib
  Une lampe à pétrole
  La7   Rém
  Et me voilà chez moi
  Solm7   Do7   Fa6   FaM7
  Mais le soir quand le cafard me pénètre
  Solm7   Do7   Fa   Fa#7dim
  Et que mon cœur est par trop malheureux
  Solm   La7   Rém   Rém/Do
  J'écarte les rideaux de ma fenêtre
  Sib6   Mim7/Sib   La - 7
  Et j'écarquille les yeux. _

R1-
   Ré   Sim7   Sol6 La7
   D'l'autr' côté d'la rue
              Ré
   Y a un' fille
      Sol   Ré   Si7
   Y'a _ un' bell' fil - le
              Mim   La7/Do#
   Qui a tout c'qu'il lui faut
        Fa#7   Sim
   Et mêm' le superflu
   Mim   La7   Ré
   D'l'autr' côté d'la rue
   Sol6   La7   Ré/Do#
   Elle a d'l'argent, un' maison, des voitures
   Sim7   Mi7   La7
   Des draps en soie, des bijoux, des fourrures
   Ré   Sol6 La7
   D'l'autr' côté d'la rue
              Ré
   Y a un' fille
      Sol   Ré   Si7
   Y'a _ un' bell' fil - le
              Mim   La7
   Si j'en avais le quart
       Fa#7   Sim
   Je n'en d'mand'rais pas plus
   Mim   La7   Ré   (La7)
   D'l'autr' côté d'la rue. _

2- Souvent l'âme chagrine
   Quand je rentre chez moi
   Je vais courbant l'échine
   Il pleut ou il fait froid
   Faut monter sept étages
   Suivre un long corridor
   Je n'ai plus de courage
   Je me couche et je dors
   Et le lend'main faut que tout recommence
   J'pars au travail dans le matin glacé
   Alors je m'dis y'en a qui ont trop d'chance
   Et les autres pas assez.

R2- D'l'autr' côté d'la rue
    Y'a un' fill'
    Y'a un' bell' fille
    Pour qui tout's nos misèr's
    S'ront toujours inconnues
    D'l'autr' côté d'la rue
    Quand il fait froid, ell' dans' des nuits entières
    Quand il fait chaud, ell' s'en va en croisière
    D'l'autr' côté d'la rue
    Y'a un' fill'
    Y'a un' bell' fille
    Vivre un seul jour sa vie
    Jje n'en d'mand'rais pas plus
    D'l'autr' côté d'la rue.

© 1943 by Éditions PAUL BEUSCHER.
Avec l'aimable autorisation des Éditions PAUL BEUSCHER.

3- J'le connaissais à peine
   On s'était vu trois fois
   Mais à la fin d'la s'maine
   Il est venu chez moi
   Dans ma chambre au septième
   Au bout du corridor
   Il murmura : « Je t'aime. »
   Moi j'ai dit : « Je t'adore. »
   Il m'a comblée de baisers, de caresses
   Je ne désire plus rien dans ses bras
   Je vois ses yeux tout remplis de tendresse
   Alors je me dis tout bas :

R3- D'l'autr' côté d'la rue
    Y'a un' fill'
    Y'a un' pauvr' fille
    Qui n'connaît rien d'l'amour
    Ni d'ses joies éperdues
    D'l'autre côté d'la rue
    Ell' peut garder son monsieur qu'ell' déteste
    Ses beaux bijoux, tout son luxe et le reste
    D'l'autr' côté d'la rue
    Y'a un' fill'
    Y'a un' pauvr' fille
    Qui regarde souvent d'un air triste et perdu
    D'l'autr' côté d'la rue.

HYMNE À L'AMOUR

Paroles : Edith PIAF
Musique : Marguerite MONNOT

1-
      La   *Do#7/Sol#*   *Fa#m*
Le ciel bleu sur nous peut s'effondrer
     Sim *Sim/La*   *Mi/Sol#* *Mi*
Et la terre peut bien s'écrouler
      La   *La5+*   *Ré*   *Sim5dim*
Peu m'importe, si tu m'aimes
      La   *Fa#m*   *Sim* *Mi*
Je me fous du monde entier.

Tant qu'l'amour inond'ra mes matins
Tant que mon corps frémira sous tes mains
Peu m'importe les problèmes
       La   *Fa#m* *Sim* *Mi*   *La*
Mon amour puisque tu m'ai - mes.

© Éditions Raoul Breton.
Publié avec l'autorisation
des Éditions Raoul Breton.

Inter-
        Fa#m   *Do#7*   *Fa#m*
J'irais jusqu'au bout du monde
    Ré   *Mi*   *La*
Je me ferais teindre en blonde
   Do7dim   *Do#7*
Si tu me le demandais.

      La   *Mi*   *La*
J'irais décrocher la lune
      Fa#m *Sol#7* *Do#*
J'irais voler la fortune
   Sol#7   *Do#7*
Si tu me le demandais.

     Fa#m   *Do#7* *Fa#m*
Je renierais ma patrie
     Fa#m   *Do#7* *Fa#m*
Je renierais mes amis
   Do7dim   *Do#7*
Si tu me le demandais.

        Sim   *Mi*   *La*
On peut bien rire de moi
 Ré   *Sim*   *Do#7* *Fa#m*
Je ferais n'importe quoi
      Sim   *Mi*
Si tu me le demandais.

2- Si un jour la vie t'arrache a moi
Si tu meurs que tu sois loin de moi
Que m'importe si tu m'aimes
Car moi je mourrais aussi.

Nous aurons pour nous l'éternité
Dans le bleu de toute l'immensité
Dans le ciel plus de problèmes
Mon amour croit-tu qu'on s'aime ?
Dieu réunit ceux qui s'aiment.

Sim5 dim   Do7 dim

L'ACCORDÉONISTE

Paroles et musique : Michel EMER

1- La fille de joie est belle
    Mim Si7   Mim
    Au coin de la rue là-bas
    Do   Si7   Mim
    Elle a une clientèle
    Qui lui remplit son bas
    Quand son boulot s'achève
    Elle s'en va à son tour
    Chercher un peu de rêve
    Dans un bal du faubourg
    Son homme est un artiste
    C'est un drôle de p'tit gars
    Un accordéoniste
    Qui sait jouer la java.

R1- Elle écoute la java
    Mais elle ne la danse pas
    Elle ne regarde même pas la piste
    Et ses yeux amoureux
    Suivent le jeu nerveux
    Et les doigts secs et longs de l'artiste
    Ça lui rentre dans la peau
    Par le bas, par le haut
    Elle a envie de chanter
    C'est physique
    Tout son être est tendu
    Son souffle est suspendu
    C'est une vraie tordue de la musique.

2- La fille de joie est triste
    Au coin de la rue là-bas
    Son accordéoniste
    Il est parti soldat
    Quand il reviendra de la guerre
    Ils prendront une maison
    Elle sera la caissière
    Et lui, sera le patron
    Que la vie sera belle
    Ils seront de vrais pachas
    Et tous les soirs pour elle
    Il jouera la java.

R2- Elle écoute la java
    Qu'elle fredonne tout bas
    Elle revoit son accordéoniste
    Et ses yeux amoureux
    Suivent le jeu nerveux
    Et les doigts secs et longs de l'artiste
    Ça lui rentre dans la peau
    Par le bas, par le haut
    Elle a envie de pleurer
    C'est physique
    Tout son être est tendu
    Son souffle est suspendu
    C'est une vraie tordue de la musique.

3- La fille de joie est seule
    Au coin de la rue là-bas
    Les filles qui font la gueule
    Les hommes n'en veulent pas
    Et tant pis si elle crève
    Son homme ne reviendra plus
    Adieux tous les beaux rêves
    Sa vie, elle est foutue
    Pourtant ses jambes tristes
    L'emmènent au boui-boui
    Où 'y a un autre artiste
    Qui joue toute la nuit.

R4- Elle écoute la java…
    …Elle entend la java
    …Elle a fermé les yeux
    …Et les doigts secs et nerveux…
    Ça lui rentre dans la peau
    Par le bas, par le haut
    Elle a envie de gueuler
    C'est physique
    Alors pour oublier
    Elle s'est mise à danser, à tourne
    Au son de la musique…
    … Arrêtez !
    Arrêtez la musique !

LES TROIS CLOCHES

Paroles et musique :
Jean VILLARD (GILLES)

1- Vil‑*Sol*‑lage au fond de la vallée
   Comme é‑*Dom*‑ga‑*Sol*‑ré, presqu'i‑*Dom*‑gno‑*Sol*‑ré.
   Voici qu'en la nuit étoi‑*Sol/Si*‑lée
   Un *Lam* nouveau‑*Ré7* né nous est don‑*Sol* né.
   Jean‑Fran‑*Sol7* çois Nicot qu'il se *Do* nomme.
   Il *La7* est joufflu, tendre et ro‑*Ré Ré7* sé.
   A *Sol Ré7* l'é‑*Sol* glise, beau petit homme
   De‑*Lam* main tu *Ré7* seras bapti‑*Sol* sé…

R1- _ *Do* Une cloche sonne, sonne.
    Sa voix, d'écho en é‑*Sol7* cho
    Dit au monde qui s'étonne :
    « C'est pour Jean‑François Ni‑*Do* cot. »
    C'est pour accueillir une âme
    _ *Mi7* Une fleur qui s'ouvre au *Lam* jour
    _ *Rém* À peine, à peine une *Do* flamme
    Encore faible qui ré‑*Sol7* clame
    Protection, tendresse, a‑*Do* mour…

2- Village au fond de la vallée
   Loin des chemins, loin des humains.
   Voici qu'après dix‑neuf années
   Cœur en émoi, le Jean‑François
   Prend pour femme la douce Élise
   Blanche comme fleur de pommier.
   Devant Dieu, dans la vieille église
   Ce jour, il se sont mariés…

R2- Toutes les cloches sonnent, sonnent.
    Leurs voix, d'écho en écho
    Merveilleusement couronnent
    La noce à François Nicot.
    « Un seul cœur, une seule âme
    Dit le prêtre, et pour toujours
    Soyez une pure flamme
    Qui s'élève et qui proclame
    La grandeur de votre amour. »

3- Village au fond de la vallée
   Des jours, des nuits, le temps a fui.
   Voici qu'en la nuit étoilée
   Un cœur s'endort, François est mort…
   Car toute chair est comme l'herbe
   Elle est comme la fleur des champs
   Épis, fruits mûrs, bouquets et gerbes
   Hélas vont en se desséchant…

R4- Une cloche sonne, sonne.
    Elle chante dans la mort.
    Obsédante et monotone
    Elle redit aux vivants :
    « Ne tremblez pas, cœurs fidèles.
    Dieu vous fera signe un jour.
    Vous trouverez, sous son aile
    Avec la vie éternelle
    L'éternité de l'a‑*Do* mour… *Sol7* » _ *Do* _

© Copyright 1945 et 1959 by
LES NOUVELLES
ÉDITIONS MÉRIDIAN
5, rue Lincoln ‑ Paris (8ᵉ)
Publié avec l'autorisation
des NOUVELLES ÉDITIONS MÉRIDIAN
Paris ‑ France.

MON MANÈGE À MOI
Paroles : Jean CONSTANTIN / Musique : Norbert GLANZBERG

1- Tu me fais tourner la tête (Do)
   Mon manège à moi, c'est toi (Sol7)
   Je suis toujours à la fête

   Quand tu me tiens dans tes bras (Do)
   Je ferai le tour du monde

   Ça ne tournerait pas plus que ça (Sol7)
   La terre n'est pas assez ronde
   Pour m'étourdir autant que toi (Do)

2- Ah c'qu'on est bien tous les deux
   Quand on est ensemble nous deux
   Quelle vie on a tous les deux
   Quand on s'aime comme nous deux
   On pourrait changer de planète
   Tant que j'ai mon cœur près du tien
   J'entends les flonflons de la fête
   Et la terre n'y est pour rien.

3- Ah oui, parlons-en de la terre !
   Pour qui elle se prend la terre ?
   Ma parole y'a qu'elle sur terre !
   Y'a qu'elle pour faire tant de mystère
   Mais pour nous y a pas de problème
   Car c'est pour la vie qu'on s'aime
   Et si y'avait pas de vie même
   Nous on s'aimerait quand même.

   Car…

4- Tu me fais tourner la tête
   Mon manège à moi, c'est toi
   Je suis toujours à la fête
   Quand tu me tiens dans tes bras
   Je ferai le tour du monde
   Ça ne tournerait pas plus que ca
   La terre n'est pas assez ronde
   Pour m'étourdir autant que toi.

   Je ferai le tour du monde
   Ça ne tournerait pas plus que ca
   La terre n'est pas assez ronde
   Mon manège à moi, c'est toi.

© LES NOUVELLES ÉDITIONS MÉRIDIAN.
Publié avec l'autorisation
des NOUVELLES ÉDITIONS MÉRIDIAN - Paris - France.

VÉRONIQUE SANSON

ALIA SOUZA
Paroles et musique : Véronique SANSON

1- A - a - Alia Soûza n'a que trois ans (Sim7 Do#7 Fa#7 Sim7)
   Elle a l'habitude quand elle s'en va (Mim7 La7 Sim7)
   De laisser mon cœur tout vide là (Do#7 Fa#7 Sim)
   De laisser mon cœur tout vide là (Do#7 Fa#7 Sim)

2- Papa Soûza reste longtemps
   Pêcher le corail du fond de l'eau
   Qu'il lui donne le soir en cadeau
   Qu'il lui donne le soir en cadeau.

R- Quand il est revenu ___ de mer (Do#m7 Fa#7)
   Elle a couru au port chercher son père (Sim7 Fa#7m)
   Et l'amour était ___ au rendez-vous ___ (Si7 Mim7 La7 Ré Sol)
   Et son joli sourire ___ (Do#m7 Fa#7)
   S'en va dans le sac ___ de Soûza - a - a. (Sim Do#m Sim7/Ré Mi7 Sim9)

3- Alia Soûza reste longtemps
   Éveillée sous le soleil levant
   Elle écoute parler les gens
   Elle écoute parler les gens.

Coda-
   Alia Soûza n'a que trois ans
   Elle a l'habitude quand elle s'en va
   De laisser mon cœur tout vide là…

© Éditions Musicales PIANO BLANC.

BAHIA

Paroles et musique :
Véronique SANSON

1-   *Lam   Lam/Do*
    __ S'il te plaît
    Fa7M   Si7dim   Lam7
    Je voudrais aller __ à Bahia
    Lam/Do   Fa7M   Si7dim   Lam7
    Je l'ai bien vu dans la lampe __ d'Aladin
    Rém7   Sol7   Do7M
    Je retiendrai deux places dans l'avion
    Rém7   Sol7   Mi7dim
    Très loin du son des accordéons
    Rém7
    Et je t'aime
    Sol7   Do7
    __ Caresse-moi.

2-   Le matin
    On ira voir l'eau de Bahia
    Il n'y a pas d'ouragan c'est un mot païen
    Les jours de pluie ça n'existe pas
    Les jours de pluie ne reviendront pas
    Et je t'aime
    Caresse-moi.

4-   Tour à tour
    L'eau sauvage et l'eau vagabonde
    Viendront faire près de toi leur chemin de ronde
    Les jours de pluie qu'est-ce que ça veut dire
    Les jours de pluie ça me fait bien rire
    Et je t'aime
    Caresse-moi.

© Éditions Musicales PIANO BLANC.

BESOIN DE PERSONNE

Paroles et musique :
Véronique SANSON

1-   *Rém   Fa7*
    __ Je n'ai eu besoin de personne
    Sib   La7   Rém
    __ Pour le rencontrer un jour
    Fa7
    Ni qu'on me raisonne
    Sib   La7   Rém   Do Sib La7
    __ Pour m'aider à voir l'amour. __ __ __

    Besoin de personne
    Quand je me suis fait ma loi
    Besoin de personne
    Quand il est venu vers moi.
    Do Sib Lam Solm La7 - 4 - 3

R-   *Mim   Si7-4 -   3*
    __ Je l'ai conquis toute seule __
    Rém   Do
    __ Il m'a offert toute sa vie
    Sib   Lam   Solm La7-4 - 3
    Je crois que j'ai dit oui, oui… __
    Mim   Si7-4   3
    __ Je l'ai conquis toute seule __
    Rém   Do
    __ Il m'a offert toutes ses nuits
    Sib   Do7   Fa
    Je crois que j'ai tout pris
    Sib La7 - 4 - 3
    Que j'ai tout pris. __ __ __

2-   Besoin de personne
    Pour choisir le chemin de ma vie
    Besoin de personne
    Pour pleurer quand il me renie.

    Besoin de personne
    Quand je me suis fait ma loi
    Besoin de personne
    Quand il est venu vers moi.

Reprise du refrain-

Final-
    Besoin de personne
    Pour le rencontrer un jour
    Ni qu'on me raisonne
    Pour m'aider à voir l'amour.

© Éditions Musicales PIANO BLANC.

COMME JE L'IMAGINE

Paroles et musique : Véronique SANSON

Capo III

1-   _ Comme je l'ima<u>gine</u> il sourit d'un <u>rien</u> *(Lam / Ré7 / Lam)*
    Comme je l'ima<u>gine</u> il pense <u>bien</u> *(Ré7 / Lam)*
    Comme je l'ima<u>gine</u> il pourrait <u>même</u> *(Ré7 / Ré#7dim)*
    Être celui <u>qui</u> sera l'homme que <u>j'aime</u> *(Mi7dim / Lam)*
    Comme je l'ima<u>gine</u> et comme tou<u>jours</u> *(Ré7 / Lam)*
    Il va près des <u>gens</u> qui aiment l'<u>amour</u> *(Ré7 / Lam)*
    Comme je l'ima<u>gine</u> il pourrait <u>même</u> *(Ré7 / Ré#7dim)*
    Être celui <u>qui</u> sera l'homme que j'aime. _ *(Mi7dim / Lam)*
    Comme je l'imagine il aime l'au<u>rore</u> *(Rém / Sol7)*
    Les matins d'<u>hiver</u> et la <u>brume</u> qui <u>dort</u> *(Do7M / Do7 / Fa7M)*
    Les nuages <u>rouges</u> quand l'aube se lève _ *(Si5dim / Ré#7dim)*
    Et vient le mo<u>ment</u> où finit mon <u>rêve</u>. *(Mi7dim / Lam)*

R-   _ Où vit-<u>il</u>, peut-<u>être</u> dans le <u>sud</u> *(Lam/Sol Lam/Fa# Mi7 Lam)*
    Ou dans les <u>villes</u> où <u>le</u> soleil vous <u>brûle</u> *(Lam/Sol Lam/Fa# Mi7 Lam)*
    Et je regarde vers le <u>nord</u> et je regarde vers le <u>sud</u> *(Lam/Sol Lam/Fa#)*
    Et tout dispa<u>raît</u>, avec mes <u>certi</u>tudes. _ *(Fa7M Mi4 - 3)*

2- Comme je l'imagine il sourit d'un rien
Comme je l'imagine il pense bien
Comme je l'imagine il pourrait même
Être celui qui sera l'homme que j'aime
Comme je l'imagine il vient de loin
Comme je l'imagine c'est un musicien
Comme je l'imagine il pourrait même
Être celui qui sera l'homme que j'aime
Comme je l'imagine s'il est malheureux
Il sait qu'il se sent devenu vieux
Mais je sens le vent qui se soulève
Souffle dans la nuit, emporte mon rêve.

Reprise du refrain-

3- Comme je l'imagine il sourit d'un rien
Son destin va croiser mon chemin
Comme je l'imagine il pourrait même
Être celui qui sera l'homme que j'aime
Comme je l'imagine il aime l'aurore
Les matins d'hiver et la brume qui dort
Mais je sens le vent qui se soulève
Emporte ma nuit, emporte mes rêves.

© Éditions Musicales PIANO BLANC.

ON M'ATTENDS LÀ-BAS
Paroles et musique : Véronique SANSON

1- J'ai tant de choses à faire (Mim7)
J'ai tant de choses à voir
L'été arrive la saison passe
Et c'est toujours la même histoire
Et le même ci(Lam7)né(Si7)ma (Mi7) ___ (Lam7) ___ ___
On m'at(Mim7)tend là-bas
Dans un (Do)autre monde on m'ap(Sim7)pellera
On m'at(Mim7)tend là-bas
Dans un (Do)autre monde une autre ga(Ré4-3)laxie
Ou dans une (Sim7)île
Partout dans les (Lam7)continents
On m'at(Mim7)tend là-bas.

2- La musique est romantique
La musique a tant d'histoire
Et quand je veux jouer un peu le soir
Tranquillement seule dans le noir
C'est le même cinéma
On m'attend là-bas
Un taxi en bas
Un aéroport
Un avion s'envole
Dans un autre monde
Une autre galaxie
Ou dans une ville
Partout dans les (Lam7)continents.

Pont musical (Mim7)

3- Et si l'amour
Du haut de son piédestal
Me kidnappe me fait du mal
Soudain un télégramme vient m'annoncer
Que tout est dans le lac
C'est toujours la même histoire
On m'attend là-bas
Un taxi en bas
Un aéroport
Un avion s'envole
Dans un autre monde
Une autre galaxie
Ou dans une ville
Partout dans les continents.

© Éditions Musicales PIANO BLANC

MICHEL SARDOU

LES ANNÉES TRENTE
Paroles : Pierre DELANOË
et Michel SARDOU
Musique : Jacques REVAUX

© Art Music France.

1- <u>La</u> classe ouvrière [Fa]
Le front populaire
Et le Président Le<u>brun</u> [Do]
<u>Dans</u> l'usine en grève [Do7]
Tout le monde rêve
De voir la mer à St-Au<u>bin</u>. [Fa Do7]

Dans les années trente
Le tabac augmente
Il faut trouver des milliards
La gauche et la droite
S'insultent et se battent
Et retour à la case départ.

Les 200 familles
Tous à la Bastille
Pour applaudir Léon Blum
Comm' dit ma grand-mère
"Y faut pas s'en faire
La France est prospère yop la <u>boum</u>!" [Fa Ré7]

(monter d'un ton : Sol)
2- Dans les années trente
Les jardiniers plantent
Sur la marmite un drapeau noir
La gauche et la droite
Se tirent dans les pattes
Et retour à la case départ.

Les années octante
Le franc qui serpente
Et bonjour le programme commun
Dans l'usine en grève
Une voix s'élève :
« Les 35 heures pour l'an prochain. »

La classe ouvrière
Les masses populaires
Il faut trouver des milliards
La gauche et la droite
Jouent les acrobates
Et retour à la case départ.

(monter d'un ton : La)
3- Dans les années folles
Les rois du pétrole
Vivaient encore sous la tente
La bombe atomique
Et l'informatique
On s'en fout comm' de l'an 40.

Les années octante
Tout' la vie augmente
Les moules s'accrochent aux paysans
Mais lorsque l'on sonde
La France profonde
On nous dit qu'tout l'monde est content.

(monter d'un ton : Si)
4- La classe ouvrière
Le front populaire
Et le Président Lebrun
Dans l'usine en grève
Tout le monde rêve
De voir la mer à St-Aubin.

Dans les années trente
Le tabac augmente
Il faut trouver des milliards
La gauche et la droite
S'insultent et se battent
Et retour à la case départ

Les 200 familles
Tous à la Bastille
Pour applaudir Léon Blum
Comm' dit ma grand-mère
"Y faut pas s'en faire
La France est prospère yop la boum!"

5- Dans les années trente
Les jardiniers plantent
Sur la marmite un drapeau noir
La gauche et la droite
Se tirent dans les pattes
Et retour à la case départ.

La classe ouvière
Les masses populaires
Et bonjour le programme commun
Dans l'usine en grève
Une voix s'élève :
« Les 35 heures pour l'an prochain. »

Les années octante
Tout' la vie augmente
Les moules s'accrochent aux paysans
Mais lorsque l'on sonde
La France profonde
On nous dit qu'tout l'monde est content.

LES VIEUX MARIÉS

Paroles : Pierre DELANOË et Michel SARDOU
Musique : Jacques REVAUX

1-   *Mi*   *Si*   *Mi Si*
    __ On vient de marier le dernier __
    Mi   *La*   *Mi*   *Si*
    __ Tous nos enfants sont désormais heureux sans nous
    Fa#m   *Sol#7*   *Do#m*
    __ Ce soir il me vient une idée
               La   *Mi*
    Si l'on pensait un peu à nous
    Fa#7   *Si*   *Si7*
    __ Un peu à nous __
    Mi   *Si*   *Mi Si*
    __ On s'est toujours beaucoup aimé __
    Mi   *La*   *Mi*   *Si*
    __ Mais sans un jour pour vraiment __ s'occuper de nous
    Fa#m   *Sol#7*   *Do#m*
    __ Alors il me vient une idée
           La   *Mi*
    Si l'on partait comm'deux vieux fous
    Si   *Mi*
    __ Comm'deux vieux fous
    Mi   *La*
    __ On habiterait à l'hôtel
                           Sol#m
    On prendrait le café au lit
    Do#7   *Fa#7*
    __ On choisirait un p'tit hôtel
            Si7   *Sol#7*
    Dans un joli coin du Midi
                       Do#m
    Ce soir il me vient des idées
          Fa#7   *Si*
    Ce soir il me vient des idées.

2- On a toujours bien travaillé
    On a souvent eu peur de n'pas y arriver
    Maintenant qu'on est tous les deux
    Si l'on pensait à être heureux
    À être heureux
    Tu m'as donné de beaux enfants
    Tu as le droit de te reposer maintenant
    Alors il me vient une idée
    Comm'eux j'aimerais voyager
    Hm… voyager
    Mais on irait beaucoup moins loin
    On n'partirait que quelques jours
    Et si tu me tiens bien la main
    Je te reparlerai d'amour
    Ce soir il me vient des idées
    Ce soir il me vient des idées.

3- Nous revivrons nos jours heureux
    Et jusqu'au bout moi je ne verrai plus que toi
    Le temps qui nous a rendu vieux
    N'a pas changé mon cœur pour ça
    Si7   *Mi*
    __ Mon cœur pour ça.

© Art Music France.

SHEILA

VOUS LES COPAINS, JE NE VOUS OUBLIERAI JAMAIS

Paroles et Musique : Jeff BARRY & Ellie GREENWICH
Adaptation française : Claude CARRÈRE et Hubert ITHIER

Capo II

1- <u>Vous</u> (Mi) les copains, je ne vous <u>ou</u>(La)blierai ja<u>mais</u> (Mi)
Di doua di di doua di <u>dam</u> (La) di di <u>dou</u> (Mi)
Toute la vie, nous serons <u>tou</u>(La)jours des <u>a</u>(Mi)mis
Di doua di di doua di <u>dam</u> (La) di di <u>dou</u> (Mi)
Tous ensemble (Tous ensemble)
On est bien (On est bien)
Tous ensemble, on est bien
Car on suit le même chemin.

2- Quand on se voit, on se tutoie gentiment
Di doua di di doua di dam di di dou
On est sincère, on chante et on danse tout le temps
Di doua di di doua di dam di di dou
Aujourd'hui (Aujourd'hui)
Et demain (Et demain)
Aujourd'hui et demain
On se tiendra par la main.

Pont-
Si <u>un</u> (Do#m) jour nous sommes séparés __ (La)
Nous on <u>sait</u> (Si7) que notre cœur ne changera jamais.

3- Si un de nous quelquefois a des ennuis
Di doua di di doua di dam di di dou
On est tous là, on se met tous avec lui
Di doua di di doua di dam di di dou
Et nos peines (Et nos peines)
Et nos joies (Et nos joies)
Et nos peines et nos joies
Sont partagées chaque fois.

4- Pas de problèmes, car si quelqu'un nous plaît bien
Di doua di di doua di dam di di dou
Tout simplement, on l'adopte on lui dit "viens"
Di doua di di doua di dam di di dou
Car il faut (Car il faut)
Des amis (Des amis)
Car il faut des amis
Pour être heureux dans la vie.

Coda-
Vous les copains, je ne vous oublierai jamais
Di doua di di doua di dam di di dou
Vous les copains, je ne vous oublierai jamais
Di doua di di doua di dam di di dou.

© by TRIO MUSIC représenté par BMG Music Publishing France.
© by STEEPLE CHASE représenté par UNIVERSAL MUSIC PUBLISHING.

ALAIN SOUCHON

C'EST DÉJÀ ÇA
Paroles : Alain SOUCHON
Musique : Laurent VOULZY

1-   *Lam*
   Je sais <u>bien</u> que rue d'Belleville
   Rien n'est fait pour moi
      Ré4/La
   Mais je <u>suis</u> dans une belle ville
   C'est déjà ça
      Lam
   Si loin <u>de</u> mes antilopes
   Je marche tout bas
      Ré4/La
   Marcher <u>dans</u> une ville d'Europe
   C'est déjà ça.

R-   *Fa7M*
   Oh, oh, <u>oh</u> et je rêve
     Do   *Fa7M*
   Que Sou<u>dan</u> mon pays soudain se soul<u>è</u>ve
   Oh, oh…
     Do   *Lam*
   Rê<u>v</u>er c'est déjà ça, c'est déjà <u>ça</u>.

2- Y a un sac de plastique vert
   Au bout de mon bras
   Dans mon sac vert il y a de l'air
   C'est déjà ça
   Quand je danse en marchant
   Dans ces djellabas
   Ça fait sourire les passants
   C'est déjà ça.

3- Pour vouloir la belle musique
   Soudan mon Soudan
   Pour un air démocratique
   On te casse les dents
   Pour vouloir le monde parlé
   Soudan mon Soudan
   Celui de la parole échangée
   On te casse les dents.

4- Je suis assis rue d'Belleville
   Au milieu d'une foule
   Et là le temps hémophile
   Coule.

© BMG MUSIC PUBLISHING France.

JAMAIS CONTENT

Paroles : Alain SOUCHON
Musique : Laurent VOULZY

1- <u>Do</u>
   <u>Elle</u> me dit que je pleure tout le temps
   Que je suis comme un tout p'tit enfant
   Qu'aime plus ses jeux, sa vie, sa maman
   Elle dit que je pleure tout le temps
   Sol7
   Que je suis <u>car</u>rément mé'chant, jamais content
   Carrément méchant jamais content.

2- Déjà mes parents dans le temps
   Voulaient que j'aille faire le charmant
   Chez des amis de mon grand-père
   Des pharmaciens, des notaires
   Qui me trouvaient carrément vulgaire, très ordinaire
   Carrément vulgaire, très ordinaire.

3- Puis on m'a enrôlé d'office
   À Pau dans les parachutistes
   Ils voulaient que je tombe des avions
   Accroché à un champignon
   Je leur ai carrément dit non : pas beau l'avion
   Carrément dit non : pas beau l'avion.

4- Je me suis sauvé en Angleterre
   Je faisais le frenchman super lover
   J'me teignais les cheveux les sourcils
   Pour être plus brun pour faire viril
   Carrément débile j'trouve pas mon style. *(bis)*

5- J'ai chopé la mélancolie
   En faisant des chansons sur mon lit
   Une commande pour chanteur pas bien
   Fallait que j'dise France Américain
   Ça m'a carrément miné, tout dégoûté
   Carrément miné, tout dégoûté.

6- Promoteurs ils voulaient canailles
   Que je fasse dessous de table homme de paille
   Construire des tours de carton bleu
   Pour que les petits garçons mettent leurs jeux
   J'y ai carrément mis le feu : bien fait pour eux
   Carrément mis le feu bien : fait pour eux.

Reprise du couplet 1-

LA BALLADE DE JIM

Paroles : Alain SOUCHON
Musique : Laurent VOULZY

Capo III

1-   *Do*   *Lam*
    Comme elle est partie Jim a les nerfs __
    Do   *Lam*
    Jimmy boit du gin dans sa Chrysler __
        Fa   *Sol*   *Do*
    Les lacets, le boulevard de la mer est con
                    Fa   *Sol*   *Do*
    Comme elle est partie attention Jimmy tourne en rond.

2-   Hier soir encore son héroïne
    Le serrait si fort en disant Jim
    Elle était son calmant son alcool profond
    Comme elle est partie attention Jimmy tourne pas rond.

R- *Fa*   *Sol*
    Jimmy t'es fort mais tu pleures
           Lam
    Sur le cuir de ta Chrysler
    Fa   *Sol*   *Do*
    Là-bas le soleil s'écroule dans la mer
    Fa   *Sol*
    Jimmy les filles pour le cœur
               Lam
    Comme l'alcool et les revolvers
         Fa
    C'est sauter en l'air
    Sol
    Tomber par terre
    Lam
    Boum.

3-   Depuis deux ans sûr Jim bossait fort
    Pour que sa starlette bronze en hors-bord
    Avec elle il voulait un bébé sans rire
    Comme elle est partie attention Jimmy veut mourir.

4-   Jimmy va trop vite Jimmy pleurniche
    Il sent son parfum sur la corniche
    Les lacets le gravier et dans l'air du soir
    La Chrysler s'envole dans les fougères et les nénuphars.

Pont-
    Fa Sol Lam
    __ __ __ (4 fois)

5-   Jimmy s'éveille dans l'air idéal
    Le paradis clair d'une chambre d'hôpital
    L'infirmière est un ange et ses yeux sont verts
    Comme elle lui sourit attention Jimmy veut lui plaire.

© BMG MUSIC PUBLISHING France.

LE BAGAD DE LANN BIHOUË

Paroles : Alain SOUCHON
Musique : Laurent VOULZY

1- <u>Tu</u> la voyais pas comme ça ta vie
_{Lam7}
_{Lam6}
<u>Pas</u> d'attaché-case quand t'étais p'tit
_{Sol7}
<u>Ton</u> corps enfermé costume crétin
_{Sol7/Si}
T'imaginais pas j'sais bien
_{Do4}   _{Do}
Moi au<u>ssi</u> j'en ai rêvé des rêves tant <u>pis</u>
_{Do4}   _{Do}
<u>Tu</u> la voyais grande et c'est une toute <u>petite</u> vie.

_{Lam}   _{Ré/La}
<u>Tu</u> la voyais pas comme ça l'histoire __
_{Lam}
<u>Toi</u> t'étais tempête et rocher noir
_{Mim/Sol}
<u>Mais</u> qui t'a cassé ta boule de cristal
_{Mim}
<u>Cas</u>sé tes envies rendues banales
_{Fa}
<u>Tes</u> moche en moustache en laides sandales
_{Si5dim/Fa}   _{Do}   -   4 - 3 _{Do7}
<u>T'es</u> cloche en bancal p'tit caporal <u>de</u> centre commercial. __ __ __

_{Fa}
<u>Tu</u> la voyais pas comme ça frérot
_{Ré7/Fa#}
<u>Dou</u>cement ta vie t'as mis KO
_{Sol}
<u>T'a</u>vais huit ans quand tu t'voyais
_{Mi7/Sol#}
<u>Et</u> ce rêve-là on l'a tous fait.

_{La}
R- <u>Den</u>telle première et premier chapeau
C'est pas toi qui y'es
C'est pas toi qu'es beau
Tambour binaire et premier sabot
C'est pas toi qui y'es
C'est pas toi qu'es beau
_{Do}
<u>Dan</u>sant Quimper ou Lanterneau
C'est pas toi qui y'es
C'est pas toi qu'es beau
_{Fa}   -   4
<u>Souf</u>flant tonnerre <u>dans</u> du roseau
_{Fa}   -   4 - 3
<u>C'est</u> pas toi qui y'es __ __
_{Sib}
Dans le bagad de Lann Bihouë.

2 - Tu la voyais pas comme ça ta vie
Tapioca potage et salsifis
On va tous pareils moyen moyen
La grande aventure Tintin
Moi aussi j'en ai rêvé des cornemuses
Terminé maintenant dis-moi qu'est-c'qui t'amuse.

Tu la voyais pas ici l'histoire
Tu l'aurais bien faite au bout de la Loire
Mais qui t'a rangé à plat dans ce tiroir
Comme un espadon dans une baignoire
T'es moche en week-end tes mioches qui traînent
Loupé capitaine bateau de semaine d'une drôle de fête forain

Tu la voyais pas comme ça frérot
Doucement ta vie t'as mis KO
T'avais huit ans quand tu t'voyais
Et ce rêve-là on l'a tous fait.

LES CADORS
Paroles et musique : Alain SOUCHON

R- Les ca*Fa*dors on les retrouve aux belles places
 Do
 Nickel
 Rém
 Les autres c'est Saint-Maur Châteauroux Palace
 Lam
 Plus de ciel.

1- Des *Solm* mains font des vers à *Rém* lire
 D'autres *Fa* des revolvers qui *Lam* tirent
 Le *Sib* monde voit le monde en *Solm* riant
 Et *Do4   -   7* pourtant. __

2- On aime le sud et le gel
 On veut de la musique et des choses pareilles
 Qui poussent les gens devant
 Le vent.

3- Le même désir de pas d'mort
 De l'amour encore et encore
 Les enfants sont comme les enfants
 Et pourtant.

4- Tombés aux mêmes dentelles fines
 À la même jolie Sade les même jeans
 Pareillement sous la pluie longtemps
 Attendant…
 Pourtant.

5- Le même goût du chaud soleil
 Le nez la bouche les oreilles
 Le garde des sceaux les gangstifs
 C'est kif-kif
 N'empêche.

LES REGRETS
Paroles : Alain SOUCHON
Musique : Laurent VOULZY

1- Rê*Lam*vant des *Fa* révo*Do*lutions *Sol*
 Sur le *Lam* bord de *Fa* la riviè *Do* - re *Sol*
 __ Il y a*Lam*vait des *Fa* illu*Do*sions *Sol*
 Dans ma *Lam* main que *Fa* tu lais*Do*sais
 Sous *Sol* ton pull-o*Lam*ver.

2- De mal penser la faiblesse
 De n'avoir pas fait d'études
 Les chansons de ma jeunesse
 Et de Robert Zimmermann
 L'altitude.

R- __ *Mim* Oh __ *Fa* des regrets, *Sol* des regrets *Do*
 Des re*Fa*grets, des re*Sol*grets
 __ *Mim* Oh __ *Fa* des regrets, *Sol* des regrets *Do*
 Des re*Fa*grets, des re*Sol*grets.

3- J'ai perdu mon allégresse
 Sur des bateaux de conquêtes
 J'ai perdu par leur vitesse
 Quelque chose que dans mon cœur
 Je regrette.

Pont-
 __ *Ré* 2 Chevaux Ci*La* troën
 Sol
 __ Où sont les gens dedans
 Ré   *La*
 __ De mon baptême
 Mim
 La timbale d'argent.

4- Je voudrais que tout revienne
 Alors que tout est passé
 Et je chante à perdre haleine
 Que je n'ai que des regrets
 Des regrets.

 Des regrets…

© BMG MUSIC PUBLISHING France.

ON AVANCE

Paroles : Alain SOUCHON
Musique : Alain SOUCHON et Louis CHEDID

1- <u>Des</u> villas des mimosas *(Mib)*
   Au fond de la <u>baie</u> de Somme *(Ré)*
   <u>La</u> famille sur les transats *(Réb7)*
   Le pommier <u>les</u> pommes *(Do)*
   <u>Je</u> regardais la mer qui <u>brille</u> dans l'été parfait *(Fa — Ré/Fa#)*
   <u>Dans</u> l'eau se baignaient des jeunes <u>filles</u> qui m'atti<u>raient</u>. *(Sol — Sol7 — Do)*

2- Les promenades le long des dunes en voiture
   Pendant qu'elles regardaient en haut la lune pure
   Je mettais dans mes mains leurs doigts
   Et j'étais le roi
   Comme dans les chansons d'amour d'autrefois.

R- __ Tous ces petits moments ma<u>giques</u> *(Lam — Sol)*
   De notre exis<u>tence</u> *(Rém)*
   __ Qu'on met dans des sacs plas<u>tique</u> *(Lam — Sol)*
   Et puis qu'on ba<u>lance</u> *(Rém)*
   __ Tout ce gaspi de nos cœurs qui battent *(Ré7-5dim)*
   __ Tous ces morceaux de nous qui <u>partent</u> *(Mim — La7)*
   __ Y'en avait plein le réser<u>voir</u> *(Rém — Ré7-5dim)*
   __ Au départ. *(Sol)*

   <u>On</u> avance, on avance, on avance *(Lam)*
   C'est <u>une</u> évidence *(Sol)*

   On a pas assez d'essence
   Pour faire la <u>route</u> dans l'autre <u>sens</u> *(Fa — Mi7)*
   On a<u>vance</u> *(Lam)*
   <u>On</u> avance, on avance, on avance *(Lam)*
   Tu vois pas <u>tout</u> ce qu'on dépense on avance *(Sol)*
   Faut <u>pas</u> qu'on réfléchisse, ni qu'on <u>pense</u> *(Fa — Mi7)*
   Il faut qu'on a<u>vance</u>. *(Lam)*

3- Le soir avec les petits frères on parlait
   On voulait tout le monde refaire on chantait
   Ces musiques et ces mots tendres
   Comme ils datent
   Ces lettres d'amour attendent
   Dans quelles boîtes ?

© by BMG Music Publishing France (Le Rideau Rouge).

1- <u>Sol</u> <u>Ré</u> <u>Sol</u> <u>Ré</u>
   <u>Pa</u> - <u>gaie</u> <u>pas</u> <u>gai</u>
   Sur cette vieille Loire
   ^{Fa}   ^{Do} ^{Fa} ^{Do}
   <u>Pa</u> - <u>gaie</u> <u>pas</u> <u>gai</u>
   T'arriveras nulle part
   ^{Sol}   ^{Ré}
   <u>Hé</u> - <u>ron</u> *(bis)*

   Là-haut guetteur
   ^{Do}   ^{Lam} ^{Mim}
   <u>Vois</u>-tu, <u>vois</u>-tu <u>ailleurs.</u>

2- Bout d'bois *(bis)*
   Beau caoutchouc
   Flotte-moi *(bis)*
   Plus loin qu'chez nous
   Baignoire *(bis)*
   Tu m'as menti
   Ailleurs, ailleurs c'est comme ici.

   ^{La}   ^{Fa#m}   ^{Mi}   ^{La}
R- <u>Rame</u>, <u>rame</u>, <u>rameurs</u> <u>ramez</u>
   ^{Fa#m}   ^{Ré}   ^{Mi}   ^{La}
   On <u>avance</u> à <u>rien</u> dans <u>c'</u> <u>ca</u> - <u>noë</u>
   ^{Fa#m}   ^{Ré}
   <u>Là</u> - <u>haut</u>
           ^{Mi}   ^{La}
   On <u>t'mène</u> en <u>bateau</u>
   ^{Fa#m}   ^{Ré}   ^{Mi}
   Tu <u>n'pourras</u> <u>jamais</u> tout quitter, t'en al<u>ler</u>
            ^{La}
   Tais-toi et <u>rame</u>.

3- J'm'en vais *(bis)*
   Mais l'eau est lasse
   Chaumont
   Langeais
   À peine Amboise
   Amour, cordon, ficelle serrée
   Lâchez, lâchez j'veux m'en aller.

Reprendre 5 fois le refrain-

RAME
Paroles :
Alain SOUCHON
Musique :
Laurent VOULZY

SOUS LES JUPES DES FILLES
Paroles et musique : Alain SOUCHON

1- *Lam*
   Rétines et pupilles
       Sol
   Les garçons ont les yeux qui brillent
    Fa
   Pour un jeu de dupes
                     Do
   Voir sous les jupes des filles.
   Lam
   Et la vie toute entière
       Sol
   Absorbée par cette affaire
    Fa
   Par ce jeu de dupes
                     Do
   Voir sous les jupes des filles.

A- *Fam*
   Elles très fières
           Sol7
   Sur leurs escabeaux en l'air
   Sol7   *Dom*
   Regard méprisant et laissant le vent tout faire.
      Fam
   Elles dans l'suave
        Sol7
   La faiblesse des hommes elles savent
         Sol7
   Que la seule chose qui tourne sur terre
                 Dom
   C'est leurs robes légères.

2- On en fait beaucoup
   Se pencher tordre son cou
   Pour voir l'infortune
   À quoi nos vies se résument
   Pour voir tout l'orgueil
   Toutes les guerres avec les deuils
   La mort la beauté
   Les chansons d'été
   Les rêves.

B- Si parfois ça les gêne et qu'elles veulent pas
   Qu'on regarde leurs guiboles les garçons s'affolent de ça.

3- Alors faut qu'ça tombe
   Les hommes ou bien les palombes
   Les Bières les Khmers Rouges
   Le moindre chevreuil qui bouge
   Fanfare bleu blanc rage
   Verre de rouge et vert de rage
   L'honneur des milices
   Tu seras un homme mon fils.

C- Elles pas fières
   Sur leurs escabeaux en l'air
   Regard implorant et ne comprenant pas tout
   Elles dans l'grave
   La faiblesse des hommes elles savent
   Que la seule chose qui tourne sur terre
   C'est leurs robes légères.

Reprise du couplet 1

© BMG MUSIC PUBLISHING France.

HYGIAPHONE
Paroles et musique :
Jean-Louis AUBERT

TÉLÉPHONE

1- Ca*La*ché dans ton guichet
   Contre-plaqué, aggloméré, linoléum
   Bureau des *Ré* P et T
   Toute la saint'journée
   J'ai à *La* te parler
   J'veux un timbre *Mi* à cent balles
   Ou j'veux téléphoner
   Donne-moi plut*La*ôt
   Un p'tit ticket doré
   Pour aller m'balader.

R- Par*La*lez
   Parlez dans l'hygiaphone
   T'as pas *Ré* besoin d'sonner
   Demande à l'inter*La*phone
   Si t'as en*Mi*vie d'quelqu'un
   Décroche ton télé*La*phone, téléphone, téléphone
   Dan, dan, dan, dan, dan, dan.
   Danse
   Joue ton électrophone
   T'as pas besoin d'gueuler
   Demande au mégaphone
   Bientôt au bout du fil
   Tu n'auras plus personne.

Solo guitare-

2- Comme ça à s'regarder chacun
   De chaque côté
   On a l'air de mérous coincés
   Dans l'aquarium
   Mais faudra qu'entre nous
   Je casse le Plexiglas
   Et qu'un jour, Mémé
   Je te parle en face
   Que j'te raconte l'histoire
   Du p'tit ticket troué
   Qui n'a jamais vraiment marché
   Pour aller s'balader.

Refrain ad lib.-

© 1978 by Éditions Musicales Alpha,
avec l'aimable autorisation
des Éditions Musicales Alpha.

LE JOUR S'EST LEVÉ

Paroles : Jean-Louis AUBERT
Musique : Téléphone

Capo III

1-   *Do*   *Fa*   *Sol*
       __ Le jour s'est levé
    Do   *Fa*   *Sol*
      __ Sur une étrange idée
    Do   *Fa*   *Sol*
      __ Je crois que j'ai rêvé
    Do   *Fa*   *Sol*
      __ Que ce soir je mourais
    Do   *Fa* *Sol*
      __ Le jour s'est levé
    Do   *Fa*   *Sol*
      __ Plein de perplexité
    Do   *Fa*   *Sol*
      __ Si ce n'était pas un rêve
    Do   *Fa* *Sol*
      __ Qu'il faille s'en aller
           Lam
      S'en aller. __

2- Comme le jour avançait
    En moi je pensais
    Si ce n'était pas un rêve
    J'ai tout à aimer
    Quand le jour s'est couché
    J'ai réalisé
    Que ce n'était qu'une trêve
    Dans ma réalité.

R1-   *Lam*   *Mim*
      __ Nous sommes ici pour croire
    Fa   *Do* *Sol*
      __ Rien d'autre à laisser croire __
    Lam   *Mim*
      __ Croire que l'on meurt ce soir
             Sol4   *Sol*
      Pour qui veux bien voir. __

3- Le voile est levé
    Sur ma pauvreté
    Qu'ai-je donc à garder
    Qui ne sera soufflé
    Oui, le voile est levé
    Tout est si coloré
    Qu'ai-je donc à donner
    Que la nuit m'a soufflé.

R2- Nous sommes ici pour croire
     Rien d'autre à laisser croire
     Croire que l'on meurt ce soir
     Et qu'il est déjà tard.

Pont-
    Do
    Déjà tard
    Sol
    Mais pas trop tard
       Fa
    À toi de voir
            Lam7
    À toi de croire.

4- Le jour s'est levé
    Sur cette étrange idée
    La vie n'est qu'une journée
    Et la mort qu'une nuit
    La vie n'est ajournée
    Que si la mort lui nuit.

© 1985 Éditions Téléphone Musique.
Avec l'aimable autorisation de
UNIVERSAL MUSIC PUBLISHING.

TONTON DAVID

CHACUN SA ROUTE

Paroles :
David GRAMMONT

Musique :
David GRAMMONT,
Benoit RASTEA,
Eric M'BOUEKE
& Jean-Marc VESPASIEN

Intro-
Sol7 Do7 Sol7 Do7

Dites-leur que
Sol7
Chacun sa route
Do7
Chacun son chemin
Sol7
Chacun ses rêves
Do7
Chacun son destin.

Dites-leur que
Chacun sa route
Chacun son chemin
Sol7   Do7
Passe le message à ton voisin…

1- Levé 7h du mat'
   Sol7
   T'es déjà en r'tard
   Do7   Sol7
   Ton patron va encore te brasser
                              Do7
   Tu t'habilles direct
   Sol7
   Tu prendras ta douche ce soir
   Sol7
   Tu finis d'lacer tes chassures
   Do7
   Dans les escaliers.

   Sol7
   J'ai besoin d'air
   Do7
   Besoin de liberté
   Sol7
   Ce n'sont pas des mensonges
   Do7
   C'est la réalité
   Sol7
   Je n'suis pas un roi
   Do7
   Mais je n'suis pas un pion
   Sol7
   Je dois être le fou
   Do7
   Comme je n'suis pas cavalier.

2- Et…
   J'ai fait un rêve, le peuple était au pouvoir
   Il n'y avait plus du tout de politiciens
   C'était le souc
   Ni d'banques, ni de magasins
   Tout l'monde avait un toit
   Et plus personne n'avait faim
   Et je ne délire pas, mais je suis très sérieux
   Et je ne délire pas, mais je suis très sérieux
   Allez leur dire qu'on vient pas faire du cirque.

   Reprise du refrain 2 fois-

3- Je me souviens des amis avec qui j'ai grandi
   Ce sentiment d'être exclus nous rendait solidaires
   Chacun prit son train quand les années passèrent
   À chacun son mouv', à chacun sa galère
   Les chemins où tu ris
   Sont les mêmes que ceux où tu pleures
   La vie est une aventure, il ne faut pas avoir peur
   Mais,
   Te souviens-tu des amis que tu as eus ?
   Question : te souviens-tu de ceux que tu as perdus ?

Coda-
   Et ça donne :
   Passe le message à ton voisin.

   Et ça donne :
   Chacun sa route
   Chacun son chemin
   Chacun ses rêves
   Chacun son destin.

   Dites-leur que
   Chacun sa route
   Chacun son chemin
   Passe le message à ton voisin…

   Et ça donne :
   Passe le message à ton voisin
   Et ça donne :
   Passe le message à ton voisin.

© 1997 by DELABEL Éditions - 24, place des Vosges – 75003 Paris
& by EMI VIRGIN – 20, rue Molitor – 75016 Paris
& by ANYA Éditions – 3, rue de Duras – 75008 Paris.

CHARLES TRENET

BOUM

Paroles et musique :
Charles TRENET

1- La pendule fait tic-tac-tic-tic
   Les oiseaux du lac pic-pac-pic-pic
   Glou-glou-glou font tous les dindons
   Et la jolie cloche ding-din-don.

R1- Mais… boum!
    Quand notre cœur fait boum
    Tout avec lui dit boum
    Et c'est l'amour qui s'éveille.

    Boum!
    Il chante "Love in Bloom"
    Au rythme de ce boum
    Qui redit boum à l'oreille.

    Tout a changé depuis hier et la rue
    A des yeux qui regardent aux fenêtres
    Y'a du lilas et y'a des mains tendues
    Sur la mer le soleil va paraître.

    Boum!
    L'astre du jour fait boum
    Tout avec lui dit boum
    Quand notre cœur fait boum-boum.

2- Le vent dans les bois fait hou-hou-hou
   La biche aux abois fait mê-mê-mê
   La vaisselle cassée fait cric-cric-crac
   Et les pieds mouillés font flic-flic-flac.

R2- Mais… boum!
    Quand notre cœur fait boum
    Tout avec lui dit boum
    L'oiseau dit boum, c'est l'orage.

    Boum!
    L'éclair qui, luit, fait boum
    Et le bon Dieu dit boum
    Dans son fauteuil de nuages.

    Car mon amour est plus vif que l'éclair
    Plus léger qu'un oiseau, qu'une abeille
    Et s'il fait boum, s'il se met en colère
    Il entraîne avec lui des merveilles.

    Boum!
    Le monde entier fait boum
    Tout l'univers dit boum
    Parc' que mon cœur fait boum-boum.

    Boum!
    Je n'entends que boum boum
    Ça fait toujours boum-boum
    Boum-boum-boum.

DOUCE FRANCE
Paroles et musique : Charles TRENET

tro-
　　　　　　　　　　　　　　　　　　　　　　　Do
　Sol
Il revient à ma mémoire des souvenirs familiers
Ré7　　　　　　　　　　　　　　　　　　　Sol
Je revois ma blouse noire lorsque j'étais écolier
Mi　　　　　　　　　　　　　　　　　　　Lam
Sur le chemin de l'école je chantais à pleine voix
La7　　　　　　　　　　　　　　　Ré7
Des romances sans paroles, vieilles chansons d'autrefois.

　　　　Sol　　Mim Lam　　　Ré7　　　Sol　　Mim Lam
Douce Fran - ce, __ cher pays de mon enfan - ce __
　　　Ré7　　　　　　　　　Sol　　Mim Lam
Bercée de tendre insoucian - ce __
　　　Mi　　　　　　　　　　Sol　　Mim Lam Ré7
Je t'ai gardée dans mon cœur. __ __ __

　　　Sol　　Mim Lam　　Ré7　　　　　Sol　　Mim Lam
Mon villa - ge, __ au clocher, aux maisons sa - ges __
　　　Ré7　　　　　　　Sol　Mim Lam　　　Ré7　　　　Sol
Où les enfants de mon â - ge __ ont partagé mon bonheur
　　　　　　　　　　　　　　Mi7　　Do
Oui je t'aime et je te donne ce poème
　　　Mib7　　　　　　　　　　Ré Lam7 Ré7
Oui je t'aime, dans la joie ou la douleur. __ __

© Éditions Salabert.

L'ÂME DES POÈTES
Paroles et musique : Charles TRENET

Capo I

　　　　Mi
R- Longtemps, longtemps, longtemps
　　　　　　　　　　　　　　　Fa#m - 7M - 7m - 6
　　Après que les poètes ont disparu __ __ __
　　　　　　　　Si7
　　Leurs chansons courent encore
　　　　　　Mi
　　Dans les rues.

　　La foule les chante un peu distraite
　　En ignorant le nom d'l'auteur
　　Sans savoir pour qui battaient
　　Leurs cœurs.

　　　　Mi7
2- Parfois on change un mot, une phrase
　　　La
　　Et quand on est à court d'idées
　　　Fa#7　　　　　　　Si7
　　On fait la la la la la lei
　　La la la la la lei.

R- Longtemps, longtemps, longtemps
　　Après que les poètes ont disparu
　　Leurs chansons courent encore
　　Dans les rues.

Pont musical-

Coda-
　　　　　Fa#m
　　Leur âme légère, c'est leurs chansons
　　Qui rendent gais, qui rendent tristes
　　Si7　　　　　　　　Mi - 7
　　Filles et garçons __
　　　　La　　　　　　Si5+　　　Mi
　　Bourgeois, artistes ou vagabonds.

© Éditions Raoul Breton.
Publié avec l'autorisation des Éditions Raoul Breton.

LA ROMANCE DE PARIS
Paroles et musique : Charles TRENET

1- Ils s'ai<u>maient</u> depuis deux jours à <u>peine</u>
    La   *Mi7*
   Y'a parfois du bonheur dans la <u>peine</u>
   Mais de<u>puis</u> qu'ils é<u>taient</u> amou<u>reux</u>
   Leur destin n'était plus malheu<u>reux</u>
   Ils vi<u>vaient</u> avec un rêve é<u>trange</u>
   Et ce rêve était bleu comm' les <u>anges</u>
   Leur a<u>mour</u> était <u>un</u> vrai prin<u>temps</u>, oui !
   Aussi <u>pur</u> que leurs <u>tendres</u> vingt <u>ans</u>.

R- C'est la romance de Paris
   Au coin des rues elle fleurit
   Ça met au cœur des amoureux
   Un peu de rêve et de ciel bleu
   Ce doux refrain de nos faubourgs
   Parle si gentiment d'amour
   Que tout le monde en est épris :
   C'est la romance de Paris !
   Que tout le monde en est épris :
   C'est la romance de Paris !

2- La banlieue était leur vrai domaine
   Ils partaient à la fin d'la semaine
   Dans les bois pour cueillir le muguet
   Ou sur un bateau pour naviguer
   Ils buvaient aussi dans les guinguettes
   Le vin blanc qui fait tourner la tête
   Et quand ils se donnaient un baiser, oui !
   Tous les couples en dansant se disaient…

3- C'est ici que s'arrêt' mon histoire
   Aurez-vous de la peine à me croire ?
   Si j'vous dis qu'ils s'aimèr'nt chaque jour
   Qu'ils vieillir'nt avec leur tendre amour
   Qu'ils fondèrent un' famille admirable
   Et qu'ils eur'nt des enfants adorables
   Qu'ils mourur'nt gentiment, inconnus, oui !
   En partant comme ils étaient venus.

© Éditions Salabert.

LE COR

Paroles : Charles TRENET (d'après Alfred de VIGNY)
Musique : Charles TRENET

Capo III

Intro-
    La
J'aime le son du cor le soir au fond des bois.

1- Lam   Lam/Sol   Fa7   Mi   Lam Lam/Sol Fa7 Mi
   J'aime le son du cor le soir au fond des bois
   Lam   Lam/Sol   Fa7   Mi   Lam Lam/Sol Fa7 Mi
   Soit qu'il chante les pleurs de la biche aux abois
   Rém   Rém/Do Sib   La7   Rém   Rém/Do Sib La7
   Ou l'adieu du chasseur que l'écho faible accueille
   Rém   Rém/Do   Sib   La7   Rém
   Et que le vent du nord porte de feuille en feuille.

R- Mi7
   Oui, oui, oui, oui
   Lam   Sol   Fa   Mi7
   J'aime, j'aime cet air-là
   Lam   Sol   Fa   Mi7
   Ce poème qui fait ma joie
   Lam   Lam/Sol Fa7   Mi   Lam Lam/Sol Fa7 Mi
   J'aime le son du cor le soir au fond des bois.

2- Que de fois seul dans l'ombre à minuit, demeuré
   J'ai souri de l'entendre et plus souvent pleuré
   Car je croyais ouïr de ces bruits prophétiques
   Qui précédaient la mort des paladins antiques.

3- Monts gelés et fleuris, trône des deux saisons
   Dont le front est de glace et la pied de gazon
   C'est là qu'il faut s'asseoir, c'est là qu'il faut entendre
   Les airs lointains d'un cor mélancolique et tendre.

4- Ganelon vieux melon en barbe de raisins
   Tu n'es qu'un noir félon ami des Sarrasins
   Qui tous de fer bardés au pays de Navarre
   Sont de soldats soldés par le roi des avares.

5- Mais l'Empereur de France a dit : « Je veux, je veux
   Porter mon assistance à mon gentil neveu
   Je sais que Durandal épargne des coliques
   Sa garde d'or-métal recèle des reliques! »

6- Introuvable neveu! ronchonne l'Empereur
   Je sens dans mes cheveux des brises de terreur
   Faut-il qu'il soit écrit qu'en fin je t'abandonne
   Roland tout est fini, moi je rentre à Narbonne!

7- Alors, seul dans la nuit perdu dans son décor
   Roland fait malgré lui d'la contrainte par cor
   Et puis un cri d'effroi déchire la montagne :
   « Adieu mon palefroi, Durandal, Charlemagne! »

© Juste pour rire.

LE SOLEIL ET LA LUNE
Paroles et musique : Charles TRENET

Capo III

1- Sur le <u>toit</u> de l'hôtel où je vis avec toi (Lam)
Quand j'attends ta venue mon amie
Quand la <u>nuit</u> fait chanter plus fort et mieux que moi (Sib)
Tous les <u>chats</u>, tous les chats, tous les <u>chats</u> (Mi7 ... Lam)
Que dit-<u>on</u> sur les toits, que répètent les voix (Lam)
De ces chats, de ces chats qui s'ennuient
Des chans<u>ons</u> que je sais, que je traduis pour toi
Les voi<u>ci</u>, les voici, les voi<u>là</u>. (Mi7 ... La)

R- Le so<u>leil</u> a rendez-<u>vous</u> avec la <u>lune</u> (La ... Mi ... La)
_ Mais la <u>lune</u> n'est pas <u>là</u> et le so<u>leil</u> l'<u>attend</u> (La ... Fa#m ... Si7 ... Mi7)
Ici-<u>bas</u>, souvent, cha<u>cun</u> pour sa cha<u>cune</u> (Ré ... La ... Mi ... La)
_ Chacun <u>doit</u> en <u>faire</u> au<u>tant</u> (La ... Mi ... La ... Do#m)
La lune est <u>là</u>, la lune est là
La lune est là mais le soleil ne la voit pas
Pour la trou<u>ver</u>, il faut la nuit (Sim)
Il faut la <u>nuit</u>, mais le soleil ne le sait pas et toujours <u>luit</u> (Si7 ... Mi7)
Le so<u>leil</u> a rendez-<u>vous</u> avec la <u>lune</u> (La ... Mi ... La)
_ Mais la <u>lune</u> n'est pas <u>là</u> et le so<u>leil</u> l'<u>attend</u> (La ... Mi7 ... La)
Papa <u>dit</u> qu'il <u>a</u> vu ça, <u>lui</u>… (Fa#m ... Sim ... Mi7 ... La)

2- Des savants avertis
Par la pluie et le vent
Annonçaient un jour
La fin du monde
Les journaux commentaient
En termes émouvants
Les avis, les aveux des savants
Bien des gens affolés
Demandaient aux agents
Si le monde était pris dans la ronde
C'est alors que docteurs
Savants et professeurs
Entonnèr't subito tous en chœur.

3- Philosoph's, écoutez
Cette phrase est pour vous
Le bonheur est un astre volage
Qui s'enfuit à l'appel
De bien des rendez-vous
Il s'efface, il se meurt devant nous
Quand on croit qu'il est loin
Il est là tout près d'vous
Il voyage, il voyage, il voyage
Puis il part, il revient
Il s'en va n'importe où
Cherchez-le, il est un peu partout.

© Éditions Raoul Breton.
Publié avec l'autorisation des Éditions Raoul Breton.

MES JEUNES ANNÉES
Paroles : Charles TRENET
Musique : Charles TRENET
et Marc HERRAND

R- <u>Mes</u> jeunes an<u>nées</u> (Sol ... Sim)
<u>C</u>ourent dans la mon<u>tagne</u> (Do ... Sim)
<u>C</u>ourent dans les sen<u>tiers</u> (Lam)
Pleins d'oi<u>seaux</u> et de <u>fleurs</u> (La7 ... Ré7)
<u>E</u>t les Pyré<u>nées</u> (Sol ... Sim)
<u>C</u>hantent au vent d'Espagne (Do ... Sim)
<u>C</u>hantent la mé<u>lodie</u> (Lam)
Qui ber<u>ça</u> mon <u>cœur</u> (Ré7 ... Sol)
<u>C</u>hantent les souve<u>nirs</u> (Sim ... Do)
<u>D</u>e ma tendre en<u>fance</u> (Ré7 ... Sol/Si)
<u>C</u>hantent tous les beaux <u>jours</u> (Mim ... Ré/La)
À ja<u>mais</u> en<u>fuis</u> (La7 ... Ré7)
<u>E</u>t, comme les ber<u>gers</u> (Sol ... Sim)
<u>D</u>es montagnes de <u>France</u> (Do ... Sim)
<u>C</u>hantent le ciel lé<u>ger</u> (Sol7 ... Sol)
De mon <u>beau</u> pa<u>ys</u>. (Ré7 ... Sol)

1- <u>L</u>oin d'<u>elle</u>, loin des ruis<u>seaux</u> (Sol ... Sim)
Loin des <u>sources</u> vagabondes (Lam)
Loin des <u>fraîches</u> chansons des eaux (Ré7)
Loin des cascades qui <u>grondent</u> (Sol)
Je <u>songe</u>, et c'est là ma chan<u>son</u> (Si7 ... Mim)
Au temps bé<u>ni</u> des premières sai<u>sons</u>. (La7 ... Ré7)

© Éditions Raoul Breton.
Publié avec l'autorisation des Éditions Raoul Breton.

Y'A D'LA JOIE

Paroles et musique : Charles TRENET

R1- Y'a d'la joie! Bonjour, bonjour les hirondelles [Ré sur joie]
    Y'a d'la joie! Dans le ciel par dessus les toits [Ré sur joie, La7 sur toits]
    Y'a d'la joie! Et du soleil dans les ruelles [Ré sur joie, Ré7 sur Et, Sol sur soleil, Mi7 sur ruelles]
    Y'a d'la joie! Partout, y'a d'la joie! [Ré/La sur joie, La7 sur tout, Ré sur joie]

R2- Tout le jour, mon cœur bat, chavire et chancelle
    C'est l'amour qui vient avec "je ne sais quoi"
    C'est l'amour… Bonjour, bonjour les demoiselles
    Y'a d'la joie! Partout, y'a d'la joie!

1- Le gris boulanger bat la pâte à pleins bras [Sol sur gris]
    Il fait du bon pain, du pain si fin que j'ai faim [Ré sur fin]
    On voit le facteur qui s'envole là-bas [Lam sur voit, Ré7 sur vole]
    Comme un ange bleu portant ses lettres au Bon Dieu [La7 sur un, Ré sur lettres]
    Miracle sans nom à la station Javelle [Sol sur ra]
    On voit le métro qui sort de son tunnel [Ré sur de]
    Grisé de soleil, de chansons et de fleurs [Lam sur sé]
    Il court vers le bois, il court à toute vapeur. [Ré7 sur court, Sol sur à]

R3- Y'a d'la joie! La tour Eiffel part en ballade
    Comme une folle, elle saute la Seine à pieds joints
    Puis elle dit : « Tant pis pour moi si j'suis malade
    J'm'embêtais tout' seule dans mon coin… »

R4- Y'a d'la joie! Le percepteur met sa jaquette
    Plie boutique et dit d'un air très doux, très doux :
    « Bien l'bonjour! pour aujourd'hui fini la quête
    Gardez tout Messieurs, gardez tout! »

2- Mais voilà soudain qu'je m'éveille dans mon lit
    Donc, j'avais rêvé, oui car le ciel est gris
    Il faut se lever, se laver, se vêtir
    Et ne plus chanter si l'on n'a plus rien à dire
    Mais je crois pourtant que ce rêve a du bon
    Car il m'a permis de faire une chanson
    Chanson de printemps, chansonnette d'amour
    Chanson de 20 ans, chanson de toujours.

R5- Y'a d'la joie! Bonjour, bonjour les hirondelles
    Y'a d'la joie! Dans le ciel par dessus les toits
    Y'a d'la joie! Et du soleil dans les ruelles
    Y'a d'la joie! Partout, y'a d'la joie!

R6- Tout le jour, mon cœur bat, chavire et chancelle
    C'est l'amour qui vient avec "je ne sais quoi"
    C'est l'amour… Bonjour, bonjour les demoiselles
    Y'a d'la joie! Partout, y'a d'la joie!…

© Éditions Raoul Breton.
Publié avec l'autorisation des Éditions Raoul Breton.

GILLES VIGNEAULT

TOUT L' MONDE EST MALHEUREUX

Paroles et musique : Gilles VIGNEAULT

© Auvidis.

1- Tout l' monde est malheureux *(Ré)*
Tam ti de la dé tli
La té ti lé di la ti *(Mim)*
Tam tam ti de la li dam *(Lam)*
Tout l' monde est malheureux *(Ré)*
Tam ti dla dé di dam
Tout l' monde est malheureux tout l' temps. *(Mim Fa# Sim La)*

2- Tout l' monde l' veut d' l'argent
Tam ti de la dé tli
La té ti lé di la ti
Tam tam ti de la li dam
Tout l' monde l' veut d' l'argent
Tam ti dla dé di dam
Tout l' monde est malheureux tout l' temps.

3- D' l'argent c'est pour l'amour
Tam ti de la dé tli
La té ti lé di la ti
Tam tam ti de la li dam
D' l'argent c'est pour l'amour
Tam ti dla dé di dam
D' l'argent c'est pour l'amour tout l' temps.

4- D' l'amour pour être heureux
Tam ti de la dé tli
La té ti lé di la ti
Tam tam ti de la li dam
D' l'amour pour être heureux
Tam ti dla dé di dam
D' l'amour pour être heureux tout l' temps.

5- Heureux puis malheureux
Tam ti de la dé tli
La té ti lé di la ti
Tam tam ti de la li dam
Heureux puis malheureux
Tam ti dla dé di dam
Heureux puis malheureux tout l' temps.

6- Malheureux en amour
Tam ti de la dé tli
La té ti lé di la ti
Tam tam ti de la li dam
Malheureux en amour
Tam ti dla dé di dam
Malheureux en amour tout l' temps.

7- En amour avec toi
Tam ti de la dé tli
La té ti lé di la ti
Tam tam ti de la li dam
En amour avec toi
Tam ti dla dé di dam
En amour avec toi tout l' temps.

8- Avec toi puis les autres
Tam ti de la dé tli
La té ti lé di la ti
Tam tam ti de la li dam
Avec toi puis les autres
Tam ti dla dé di dam
Avec toi puis les autres tout l' temps.

9- Les autres puis tout l' monde
Tam ti de la dé tli
La té ti lé di la ti
Tam tam ti de la li dam
Les autres puis tout l' monde
Tam ti dla dé di dam
Les autres puis tout l' monde tout l' tem

10- Tout l' monde est malheureux
Tam ti de la dé tli
La té ti lé di la ti
Tam tam ti de la li dam
Tout l' monde est malheureux
Tam ti dla dé di dam
Tout l' monde est malheureux tout l' tem

Tout l' temps. *(La Ré)*

AVANT DE PARTIR

Paroles :
Yves DECARY
Musique :
Germain GAUTHIER

1- *Lam*
   Trop de souvenirs
     Fa   *Ré*
   L'écho de nos soupirs __
         Do/Sol
   Dans ces murs __
            Mi
   C'est trop dur __
   D'oublier
   Lam
   Ces nuits d'aventures
        Fa   *Ré*
   Où tu m'as vu sans armure __
           Do/Sol
   Et mon corps __
            Mi
   Sur ton corps __
              Fa
   J'en voulais encore
   Sol Lam
   Toi et moi
   Fa   *Sol Lam*
   __ J'ai pas voulu croire
   Fa   *Ré*
   __ Qu'un jour ton amour __
               Do/Sol
   Ferait demi-tour. __

R-   *Do Lam*
   Avant de partir __
   Fa   *Rém*
   __ Laisse-moi dormir __
        Sib   *Sol*
   Tout contre toi __
              Do Lam
   Avant de partir __
   Fa   *Rém*
   __ Que je te respire __
     Sib   *Sol*
   Une autre fois. __

2- Avant de te revoir
   Je vivais sans histoire
   Sans éclats
   Sans blessure
   Puis, tu m'as
   Pris en filature
   Et planifié ma capture
   Dans tes bras
   Ce soir-là
   J'en voulais encore
   Toi et moi
   J'ai pas voulu croire
   Qu'un jour ton amour
   Ferait demi-tour.

Reprise du refrain-

© 1989 by Éditions R.V. INTERNATIONAL.
Avec l'aimable autorisation
des ÉDITIONS PRODUCTIONS GEORGES MARY
8 rue Lincoln - F-75008 PARIS.

ROCH VOISINE

HÉLÈNE

Paroles : Roch VOISINE
Musique : Roch VOISINE et Stéphane LESSARD

1-   *Mim*   *Sol*
     Seul sur le sable
               Do
     Les yeux dans l'eau
     Ré   *Mim*
     Mon rêve était trop beau
                Sol   *Do*
     L'été qui s'achève, tu partiras
     Ré   *Mim*
     À cent mille lieux de moi
               Sol   *Do*
     Comment oublier ton sourire
     Ré   *Mim* *Sol* *Do* *Ré*
     Et tellement de souvenirs
    Mim   *Sol*   *Do*
     Nos jeux dans les vagues près du quai
        Ré
     Je n'ai vu le temps passer
               Sol   *Do*
     L'amour sur la plage désertée
     Ré   *Mim*
     Nos corps brûlés, enlacés
           Sol   *Do*
     Comment t'aimer si tu t'en vas
     Ré   *Mim*   *Sol*   *Do* *Ré*
     Dans ton pays loin là-bas, va, va, va, va.

Chœur-
  Sol   *Do*
Hélène things you do
Sol
Make me crazy 'bout you
  Sol   *Do* *Mim7*
Pourquoi tu pars, reste ici
Lam7   *Ré*
J'ai tant besoin d'une amie
Sol   *Do*
Hélène things you do
Sol   *Do*
Make me crazy 'bout you
  Sol   *Do*   *Mim7*
Pourquoi tu pars si loin de moi
Lam
Là où le vent te porte
Do   *Sol* *Ré* *Do*
Loin de mon cœur qui bat.

Hélène things you do
Make me crazy 'bout you
Pourquoi tu pars, reste ici
Reste encore juste une nuit.

2-   Seul sur le sable
     Les yeux dans l'eau
     Mon rêve était trop beau
     L'été qui s'achève, tu partiras
     À cent mille lieux de moi
     Comment t'aimer si tu t'en vas
     Dans ton pays loin là-bas
     Dans ton pays loin là-bas, va, va, va, v
                    Ré   *Mim2*
     Dans ton pays loin de moi.

© 1989 by R.V. INTERNATIONAL
avec l'aimable autorisation des ÉDITIONS
PRODUCTIONS GEORGES MARY
8 rue Lincoln - 75008 PARIS.

LAURENT VOULZY

PARADOXAL SYSTÈME
Paroles : Alain SOUCHON
Musique : Laurent VOULZY

1- Car _
    Parce que je pars
    Il y a de l'eau dans ton regard _
    Mais les pleurs que tu pleures sont inutiles
    _ Car tous les départs
    Resserrent les cœurs qui se séparent
    Je serai bien que loin de toi _
    Tout contre toi.

    _ _ Dans la nuit les trains voyagent
    _ _ Vers des villes et des visages
    _ _ Creusant dans nos cœurs _
    Un écart lourd
    Tellement lourd.

R- _ Plus je m'éloigne et plus je t'aime
    _ C'est le paradoxal système.

2- Car
    Tous les départs
    Resserrent les cœurs qui se séparent
    Et les pleurs que tu pleures
    Sont inutiles
    Car en tout sens
    Attisés par la longue distance
    Je serai bien que loin de toi
    Tout contre toi.

    Plus je monte vers le nord
    Plus notre amour devient fort
    Rêveur absent
    Je serai comme ça
    À cause de toi
    De toi.

3- Car
    Parce que je pars
    Il y a de l'eau dans ton regard
    Mais les pleurs que tu pleures sont inutiles
    Car tous les départs
    Resserrent les cœurs qui se séparent
    Bien que loin je suis contre toi
    Ah…

    Car
    Parce que je pars
    Il y a de l'eau dans ton regard
    Mais les pleurs que tu pleures sont inutiles
    Car tous les départs
    Resserrent les cœurs qui se séparent
    Bien que loin je suis contre toi
    Contre toi
    Contre toi
    Bien que loin je suis contre toi.

ZAZIE

HOMME SWEET HOMME
Paroles et musique : Zazie

1-   J'ai remis en é<u>tat</u> ton portrait sur le mur
       <u>A</u> l'entrée y'a que <u>toi</u> que j'peux <u>voir</u> en peinture
       <u>Je</u> te ferai du <u>plat</u>, je suis bonne cuisi<u>nière</u>
       Je n'f'rai plus que <u>ça</u> de ton corps _ si <u>né</u>cessaire _ à mon <u>cœur</u>… _

(Chord annotations above the lines:)
Line 1: Dom9, Sim
Line 2: Sol#, Fam, Sol
Line 3: Dom9, Sib, Sol#
Line 4: Fam, Sol, Sol#, Fam, Sol

R1-   Mon <u>hom</u>me sweet homme, <u>il</u> faudrait faire l'amour et <u>la</u> poussière
        <u>Pour</u> que tu <u>plon</u>ges, mon <u>hom</u>me sweet homme
        <u>Lais</u>se-moi faire l'amour et <u>la</u> poussière, <u>pas</u>ser l'é<u>pon</u>ge sur…

(Chord annotations:)
Line 1: Mib7M, Fam, Solm
Line 2: Sol#, Sib, Mib7M
Line 3: Fam, Sol#, Solm, Sib

2-   Tes envies de toucher le cœur anonyme
       Des poupées trop gonflées, par la fronde et la frime
       Oublions-là nos ex, les moutons sous le lit laissent un goût de latex
       Qui nous passe comme l'envie, qu'il nous laisse pour ça…

R2-   Mon homme sweet homme, il faudrait faire l'amour et la poussière
        Le ménage en grand, mon homme sweet homme
        Dans cette affaire, je suis bonne à tout faire, sage comme un mouton blanc

       Mon homme sweet homme, il faudrait faire l'amour et la poussière
       Mon homme sweet homme, laisse-moi faire l'amour et la poussière…

3-   J'ai trouvé tout à l'heure, près du téléphone
       Le nom d'une personne, ça doit être une erreur
       Ce billet doux, vient-il du fond de ta poche
       Qui est au bout du fil, une fille, je raccroche…

© 1995 Polygram Music. Avec l'aimable
autorisation d'UNIVERSAL MUSIC PUBLISHING.

LARSEN

Paroles : ZAZIE
Musique : Vincent-Marie BOUVOT et ZAZIE

1-   *Do#m7*
    __ Le réveil, tous les matins c'est pareil
               Sib   *La*   *Mi*
    Je ne l'entends pas, c'est comme ça
            Do#m7
    C'est comme tous ces bruits que tu fais courir sur moi
              Sib   *La*   *Mi*
    Ça ne m'atteint pas, c'est mieux comme ça
            Fa#m7
    Tant qu'on se parlera sur ce ton
         Si9
    Je ferai baisser le son…

R1- *Mi*   *Do#m7*
    Sourd, on devient sourd, toutes ces sirènes dans nos cours
       Sol#m7 *La*   *Si9*
    Ça nous gêne, on a beau changer de chaîne
    Mi   *Do#m7*
    Lourd, le cœur est lourd, toutes ces alarmes à l'amour
    Sol#m7   *La*   *Si9*   *Do#m7*
    Ça larsen, il faut qu'on reprenne forme humaine… __

2-   La radio, tous les journaux, c'est pareil
    On ne s'entend pas, dans ce monde-là
    Ça sonne, téléphone, mais je fais la sourde oreille
    Je ne réponds pas, ça sert à quoi
    Tant qu'on se parlera sur ce ton, je ferai baisser le son…

R2- Sourd, on devient sourd, toutes ces sirènes dans nos cours
    Ça nous gêne, on a beau changer de chaîne
    Lourd, le cœur est lourd, toutes ces alarmes à l'amour
    Ça larsen, regarde où ça nous mène

    Sourd, on reste sourd, il suffit qu'un peu d'amour nous revienne
    Pour qu'on reprenne forme humaine…

Pont-
    Je garde les images sans le son, tu devrais changer de ton
    Nos silences sont plus beaux que nos assauts
    Pourquoi nous tailler l'âme au couteau…

Reprise du refrain 2-

Refrain final-
    Sourd, on reste sourd, tous ces appels au secours
    Ça larsen, reprenons forme humaine
    Sourd, fais pas le sourd, je te jure que l'amour
    En vaut la peine, mais laisse ta main dans la mienne…

© 1995 B.M.G. Music Publishing France et Polygram Music.
Avec l'aimable autorisation de UNIVERSAL MUSIC PUBLISHING
et de BMG Music Publishing France.

ZEN

Paroles : ZAZIE
Musique : Pascal OBISPO

1-   ^{Mim} Un canard dans le ca^{Lam7}fé
    ^{Si7} J'ai du mal à di^{Do}gérer, par^{Ré}fois
    ^{Mim} Tous les papiers mâ^{Lam7}chés
    ^{Si7} Qui se prennent à mon ^{Do}filet ^{Ré}de voix.

    ^{Lam7} Pauvres pêcheurs
    ^{Ré9} Fallait lire en^{Lam7}tre mes lignes
    ^{Ré9} Ne pas mordre à mes sau^{Lam7}tes d'humeur
    ^{Ré9} Même si je n'en ^{Lam7}suis pas digne… ^{Ré9}
    Fallait rester ^{Do}zen, soyons zen.

R- ^{Si7} Du sang froid dans les veines, so^{Lam7}yons zen
    ^{Si7} Plus de chocs à la chaîne, ^{Do}zen, restons zen
    ^{Si7} Du calme à la vie comme ^{Lam7}à la scène
    ^{Si7} Sans amour et sans ^{Mim}haine…

2- J'suis pas dans l'vent des guignols
   De ces joueurs en fond de court
   De ceux qui, pour un p'tit bout d'atoll
   Sont prêts à larguer les amours.

   Tous ces maîtres-chanteurs
   Qui manquent de coffre et de cœur
   C'est facile de compter les erreurs
   Quand on ne joue pas la scène
   Mais l'erreur est humaine…

Coda-
   Zen, restons zen, du sang froid dans les veines
   Zen, plus de scoops à la chaîne
   Zen, idem à la vie comme à la scène
   Sans amour mais sans haine, zen…

© 1995 E.M.I. Music Publishing France et Polygram Music.
Avec l'aimable autorisation de UNIVERSAL MUSIC PUBLISHING
et de EMI Music Publishing France.

2ème partie

AU RYTHME DU MONDE

ALL MY LOVING

Paroles et musique :
John LENNON
et Paul McCARTNEY

Capo II

1- Close your e<u>yes</u> and I'll <u>kiss</u> you
     Mim   *La7*
   Tomo<u>rrow</u> I'll <u>miss</u> you
      Ré   *Sim*
   Remem<u>ber</u> I'll al<u>ways</u> be <u>true</u>
      Sol   *Mim*   *Do* *La7*
   And then <u>while</u> I'm a<u>way</u>
      Mim   *La7*
   I'll write <u>home</u> every <u>day</u>
      Ré   *Sim*
   And I'll <u>send</u> all my lo<u>ving</u> to <u>you</u>.
      Sol   *La7*   *Ré*

2- I'll pretend that I'm kissing
   The lips I am missing
   And hope that my dreams will come true
   And then while I'm away
   I'll write home every day
   And I'll send all my loving to you.

R- All my lo<u>ving</u> I <u>will</u> send to <u>you</u>
     Sim *Sib5+*   *Ré*
   All my lo<u>ving</u>, <u>dar</u>ling I'll be <u>true</u>.
     Sim *Sib5+*   *Ré*

Reprise du couplet 1 et du refrain-

Coda-
   All my lo<u>ving</u>, all my lo<u>ving</u>…
     Sim   *Ré*

SERGEANT PEPPER'S LONELY HEARTS CLUB BAND

Paroles et musique : John LENNON et Paul Mc CARTNEY

1- It was <u>twen</u>ty years ago today (Do) — (Ré7)
That Sergeant. <u>Pe</u>pper taught the band to play (Fa) (Do)
They've been going in and out of style (Ré7)
But they're <u>gua</u>ranteed to raise a smile (Fa) (Do)
So <u>may</u> I introduce to you (Ré7)
The <u>act</u> you've know for all these years (Fa)
<u>Ser</u>geant. Pepper's <u>Lo</u>nely Hearts Club <u>Band</u>. (Do) (Fa7) (Do Fa7 Sib Fa7 Sol Sol7)

R1- We're <u>Ser</u>geant. Pepper's <u>Lo</u>nely <u>Hearts</u> Club <u>Band</u> (Do Mib6 Rém7 Dom7 Fa7 Do)
We <u>hope</u> you will enjoy the show (Fa7) (Do)
We're <u>Ser</u>geant. Pepper's <u>Lo</u>nely <u>Hearts</u> Club <u>Band</u> (Do Mib6 Rém6 Dom7 Fa7 Do)
Sit <u>back</u> and let the evening go (Ré7) (Sol7)
<u>Ser</u>geant. Pepper's Lonely, <u>Ser</u>geant. Pepper's Lonely (Fa) (Do)
<u>Ser</u>geant. Pepper's Lonely <u>Heart's</u> Club <u>Band</u> (Ré7) (Fa) (Do)
It's <u>won</u>derful to be here, <u>it's</u> <u>cer</u>tainly a thrill. (Fa) (Fa7 Sib7)
You're <u>such</u> a lovely audience (Fa)
We'd <u>like</u> to take you home with us (Sol)
We'd <u>love</u> to take you home. (Sol7)

2- I don't really want to stop the show
But I thought that you might like to know
The singer's going to sing a song
And he wants you all to sing along.
So let me introduce to you
The one and only Billy Shears
And Sergeant. Peppers Lonely Hearts Club Band.

R2- We're Sergeant. Pepper's Lonely Hearts Club Band
We hope you have enjoyed the show
We're Sergeant. Pepper's Lonely Hearts Club Band
We're sorry but it's time to go.
Sergeant. Pepper's Lonely, Sergeant. Pepper's Lonely
Sergeant. Pepper's Lonely Heart's Club Band
We'd like to thank you once again
Sergeant. Pepper's one and only
Lonely Heart's Club Band
It's getting very near the end
Sergeant. Pepper's Lonely Hearts Club Band.

© 1967 Northern Songs.
Used by permission of Music Sales Ldt.
All Rights Reserved. International Copyright Secured.

BEE GEES

STAYIN' ALIVE

Paroles et musique : Barry GIBB,
Robin GIBB et Maurice GIBB

1- Well, you can <u>tell</u> by the way I use my walk *(Mim)*
   I'm a <u>wo</u>man's man : no <u>ti</u>me to talk. *(Ré / Mim)*
   __ Music loud and women warm, I've been <u>ki</u>cked around *(Mim / Ré)*
   Since <u>I</u> was born. *(Mim)*
   And now __ it's all right. It's OK. *(La)*
   And you <u>may</u> look the other way. *(Mim)*
   <u>We</u> can try to understand *(Mim)*
   The <u>New</u>-York Time's ef<u>fect</u> on man. *(Ré / Mim)*

R- __ Whether you're a brother or whether you're a mother *(Mim)*
   You're stayin' alive, stayin' alive.
   Feel the city breakin' and everybody shakin'
   And we're stayin' alive, stayin' alive.
   Ah, ha, ha, ha, stayin' alive, stayin' alive.
   Ah, ha, ha, ha, <u>stay</u>in' a<u>live</u>. __ __ *(Mim / Ré / Mim Sim)*

2- Well now, I get low and I get high
   And if I can't get either, I really try.
   Got the wings of heaven on my shoes.
   I'm a dancin' man and I just can't lose.
   You know it's all right. It's OK.
   I'll live to see another day.
   We can try to understand
   The New York Time's effect on man.

Pont-
   <u>Life</u> goin' nowhere. Somebody help me. *(La)*
   Somebody help me, <u>yeah</u>. *(Mim)*
   __ Life goin' nowhere. Somebody help me. *(La)*
   Somebody help me <u>yeah</u>. Stayin' alive. *(Mim)*

3- Well, you can tell by the way I use my walk
   I'm a woman's man : no time to talk.
   Music loud and women warm, I've been kicked around
   Since I was born.
   And now it's all right. It's OK.
   And you may look the other way.
   We can try to understand
   The New York Time's effect on man.

Coda-
   Life goin' nowhere. Somebody help me.
   Somebody help me, yeah.
   Life goin' nowhere. Somebody help me yeah.
   I'm Stayin' alive.

© 1977 Gibb Brothers Music.
Used by permission of Music Sales Ldt.
All Rights Reserved. International Copyright Secured.

JOHNNY CLEGG

ASIMBONANGA

Paroles et musique : Johnny CLEGG

R- A*Sol*simbonanga
   Asimbo*Mim*nang' um *Ré*Mandela *Do*thina
   Laph' ekona
   Laph' ehleli kho*Sol*na. *(bis)*

1- __ *Ré*Oh the sea is *Do*cold and the sky is *Mim*grey
   __ *Ré*Look across the *Do*island into the *Sol*bay
   We are all is*Do*lands till comes the *Sol*day
   We cross the burning *Ré7*wa*Do*ter. *Ré*__ __

2- A seagull wings across the sea
   Broken silence is what I dream
   Who has the words to close the distance
   Between you and me.

Coda-
   Steve Biko ? Victoria Mxgenge/Neil Aggett
   Asimbonanga
   Asimbonang'umfowethu thina
   Laph' ekhona
   La wafela khona
   Sol
   Hey wena
   Mim   *Lam*
   Hey wena nawe
   Sizofik a *Ré*nini la' Siya*Sol*khona.

Refrain ad lib.-

© Éditions ONE WORLD MUSIC
41, rue Barrault - 75013 Paris - France.

LEONARD COHEN

SO LONG MARIANNE

Paroles et musique : Leonard COHEN

1- Come <u>o</u>ver to the window my little <u>da</u>rling *(Sol ... Lam)*
   <u>I</u>'d like to try to read your <u>pa</u>lm *(Do ... Sol)*
   <u>I</u> used to think I was some kind of <u>gy</u>psy boy *(Fa ... Do)*
   <u>Be</u>fore I let you take me <u>ho</u>me. *(Mim ... Ré Ré7)*

R- <u>Now</u> <u>so</u> <u>long</u> Marianne *(Ré4 Ré7 Sol)*
   <u>It's</u> time that we began *(Mim)*
   To <u>laugh</u> <u>and</u> <u>cry</u> and <u>cry</u> *(Ré Ré4 Ré7 ... Ré Ré4)*
   And <u>laugh</u> about it all <u>a</u>gain. *(Ré7 ... Sol)*

2- Well you know that I love to live with you
   But you make me forget so very much
   I forget to pray for the angels
   And then the angels forget to pray for us.

3- We met when we were almost young
   Deep in the green Lilac park
   You held on to me like I was a crucifix
   As we went kneeling through the dark.

4- Your letters they all say that you are beside me now
   Then why do I feel alone
   I'm standing on a ledge and your fine spider web
   Is fastening my ankle to a stone.

5- For now I need your hidden love
   I'm cold as a new razor blade
   You left when I told you I was curious
   I never said that I was brave.

6- You are really such a pretty one
   I see you've gone and changed you name again
   And just when I climbed this whole mountainside
   To wash my eyelids in the rain.

7- Your eyes, well, I forget your eyes
   Your body's at home in every sea
   How come you gave away your news to every one
   That you said was a secret for me.

8- If you leave, where will I keep you then
   In my heart as some men say
   But I who was born to love everyone
   Why should I keep you so far away.

© 1967 Stranger Music Incorporated, USA
Chrysalis Songs Limited, The Chrysalis Building, Bramley Road, London W10
Used by permission of Music Sales Ltd.
All Rights Reserved. International Copyright Secured.

THE CRANBERRIES

I CAN'T BE WITH YOU

Paroles : Dolores O'RIORDAN
Musique : Dolores O'RIORDAN
et Noël HOGAN

1- L<u></u>ying in m<u></u>y bed again (La / Mi)
And <u>I</u> cry cause <u>you're</u> not here (Fa#m / Ré)
C<u></u>rying in m<u></u>y head again (La / Mi)
And <u>I</u> know that <u>it's</u> not clear (Fa#m / Ré)
Put <u>your</u> hands, put your hands (La)
Inside <u>my</u> face <u>and</u> see that's <u>it's</u> just you (Mi / Fa#m / Ré)
But <u>it's</u> bad and it's mad (La)
And <u>it's</u> making me sad (Mi)
Be<u>cause</u> I can't be <u>with</u> you. (Fa#m / Ré)

R- Be <u>with</u> you, <u>be</u> with you (La / Mi)
Be with <u>you</u>, be with you (Fa#m / Ré)
Be with you, <u>be</u> with you (La / Mi)
Babe <u>I</u> can't be <u>with</u> you. (Fa#m / Ré)

2- Thinking back on how things were
And how we loved so well
I wanted to be the mother of your child
And now it's just farewell.

Put your hands inside my hands
And come with me
We'll find another end
And my head, and my head
On anyone's shoulder
Cause I can't be with you.

Final-
Cause you're not here, you're not here
Baby I can't be with you
Cause you're not here, you're not here
And back I'm still in love with you.

© 1993 Universal / Island Music Limited, 47 British Grove, London W4. Used by permission of Music Sales Ltd. All Rights Reserved. International Copyright Secured.

ODE TO MY FAMILY

Paroles et musique :
Dolores O'RIORDAN
et Noël HOGAN

Intro-
Ré Sim Fa#m Sol

          Ré   Sim   Fa#m
1- Understand the things I say
       Sol
Don't turn away from me
        Ré   Sim   Fa#m
'Cause I've spent half my life out there
    Sol
You wouldn't disagree
     Ré   Sim   Ré   Sim   Fa#m
Do you see me? Do you see? Do you like me?
         Sol
Do you like me standing there?
    Ré   Sim   Ré   Sim   Fa#m
Do you notice? Do you know? Do you see me?
                  Sol
Do you see me? Does anyone care?

   Ré   Sim   Fa#m   Sol
R- Unhappiness where's when I was young
And we didn't give a damn
 Ré   Sim
'Cause we were raised
Fa#m   Sol
To see life as fun and take it if we can
 Ré   Sim   Fa#m
My mother, my mother she hold me
     Sol
Did she hold me, when I was out there
Ré   Sim   Fa#m
My father, my father, he liked me
       Sol
Oh he liked me, does anyone care?

2- Understand what I've become
It wasn't my design
And people everywhere think
Something better than I am
But I miss you, I miss 'cause I liked it
I liked it, when I was out there
Do you know this? Do you know
You did not find me, you did not find, does anyone care?

© 1974 Island Music Limited.
Universal/Island Music Limited, Elsinore House, 77
Fulham Palace Road, London W6 8JA.
Used by permission of Music Sales Ldt.
All Rights Reserved. International Copyright Secured.

GLORIA GAYNOR

I WILL SURVIVE

Paroles et musique :
Dino FEKARIS et Freddie PERREN

1- At *first* (Lam) I was afraid, I was *petrified* (Rém)
Kept thinkin' I (Sol) could never live without you *by* (Do7M) my side ;
But then I *spent* (Fa7M) so many nights
Thinkin' *how* (Si5dim) you did me wrong
And I grew *strong* (Mi4)
And I learned *how* (Mi7) to get alone
And so you're back, from outta space
I just walked in to find you here with that sad look upon your face
I should have changed that stupid lock
I should have made you leave your key
If I had known for just one second you'd be back to bother me.

2- Go now go, walk out the door
Just turn around now
Cause you're not welcome anymore
Weren't you the one who tried to hurt me with goodbye
D'you think I'd crumble ?
D'you think I'd lay down and die ?
Oh no, not! I'll survive
For as long as I know how to love I know I'll be alive
I've got all my life to live
I've got all my love to give and I'll survive
I will survive.

3- It took all the strength I had not to fall apart
Kept tryin' hard to mend the pieces of my broken heart
And I spent oh so many nights
Just feelin' sorry for myself
I used to cry
But now I hold my head up high
And you see me, som
I've got all my love to give and I'll survive
I will survive.
Yei, yeah.

© 1978 Perren-Vibes Music Company/Polygram
International Publishing Incorporated, USA.
Universal Music Publishing Limited, Elsinore House, 77
Fulham Palace Road, London W6 8JA.
Used by permission of Music Sales Ldt.

GIPSY KINGS

BAMBOLEO
Paroles : T. BALIARDO
Musique : J. BOUCHIKHI

© Droits réservés.

Capo II

1-   Mim   Si7   Mim
    Este amor llega asi esta manera
              Si7 La7dim
    No tiene la culpa   —
         Si7
    Caballo le ven sabana
    Porque muy depreciado
                   Mim6-9
    Por eso no te perdon de llorar
    Mim   Si7   Mim
    Este amor llega asi esta manera
              Si7 La7dim Si7
    No tiene la culpa   — —
    Amor de comprementa
    Amor del mes pasado
    Bebele, bembele, bembele. *(bis)*

R-   Mim   Lam
    Bamboleo, bambolea
             Si7   Mim6-9
    Porque mi vida, yo la prefiero vivir asi
    Mim   Lam
    Bamboleo, bambolea
           Si   Mi6-9
    Porque mi vida, yo la prefiero vivir asi.

2-   Lam
    No tiene pardon de Dios
            Ré7   Sol7M
    Tu eres mi vida, la fortuna del destino
          Do7M   Lam
    Pero el destino tendressa para dos
                        Si7
    Lo mismo yo que ayer
               Mi6-9
    Lo mismo soy yo
                              Lam
    No te encuentro a l'abandon
           Ré7   Sol7M
    Es imposible no te encuentro de verdad
           Do7M   Lam
    Por eso un dia no cuentro si de nada
                           Si7
    Lo mismo yo que ayer
                 Mi6-9
    Yo pienso en ti.

Reprise du refrain-

Pont musical-
    Lam Sol
    — — *(4 fois)*

Refrain ad lib.-

    Mim 6-9
    —

VOLARE
(NEL BLU DIPINTO DI BLU)
Paroles originales : Domenico MODUGNO et Franco MIGLIACCI
Musique : Domenico MODUGNO

1-   *Mi9*   *Fa#m9*
   _ Penso che un sogno così non ritorni mai più
   Si7   *Mi9*
   Mi dipingevo le mani e la faccia di blu
               Sol#m7   *Fa#m7*
   Poi d'improvviso venivo dal vento rapito
                   Do#m7   *Si7*
   E incominciavo a volare nel cielo infinito.

R1- *Fa#m7*   *Si7*
    Volare… oh, oh!
        Mi   *Do#m*
    Cantare… oh, oh, oh, oh!
    Fa#m7   *Si7*   *Mi*
    Nel blu, dipinto di blu
    Fa#m7   *Si7*   *Mi*
    Felice di stare lassù.

Pont-   *Do#m*
     E volavo, volavo felice
                  Sol#m
     Più in alto del sole ed ancora più in su
             Sol#7
     Mentre il mondo pian piano
                 Do#m
     Spariva lontano laggiù
          Lam
     Una musica dolce suonava
             Sol   *Si7*
     Soltanto per me… _

2-   Ma tutti i sogni nell'alba svaniscon perché
     Quando tramonta, la luna li porta con sé
     Ma io continuo a sognare
     Negli occhi tuoi belli, che sono blu
     Come un cielo trapunto di stelle.

R2- Volare… oh, oh!
     Cantare… oh, oh, oh, oh!
     Nel blu, degli occhi tuoi blu
     Felice di stare quaggiù.

3-   E continuo a volare felice
     Più in alto del sole ed ancora più su
     Mentre il mondo pian piano scompare
     Negli occhi tuoi blu
     La tua voce è una musica dolce
     Che suona per me…

© Éditions S.E.M.I.
Publié avec l'autorisation de la
SOCIÉTÉ D'ÉDITIONS MUSICALES INTERNATIONALES
(S.E.M.I.) - Paris - France.

ELTON JOHN

CANDLE IN THE WIND
(à Marilyn)

Paroles : Bernie TAUPIN
Musique : Elton JOHN

1-   *Mi*   *Mi7*   *La*
    Goodbye Norma Jean, though I never knew you at all
                        Mi/Sol#   *Mi7*   *La*   -   4 - 3
    You had the grace to hold yourself while those around you crawled _ _
                              Mi   *Mi7*   *La*
    They crawled out of the woodwork and they whispered into your brain
                    Mi/Sol#   *Mi7*   *La*   -   4 - 3
    They sent you on a treadmill and they made you change your name. _ _

R-   *Si*   *Si7*
    And it seems to me you lived your life
         Mi7   *La*
    Like a candle in the wind
        Mi   *Si*   -   4 - 3
    Never knowing who to cling to when the rain set in _ _
       La   *Do#m*
    And I would have liked to've known you but I was just a kid
                            Si   -   4 - 3   *La*   *Mi*
    Your candle burned out long before _ _ your legend ever did. _

2-   Loneliness was tough, the toughest role you ever played
    Hollywood created a superstar and pain was the price you paid
    And even when you died, oh, the press still hounded you
    All the papers had to say was that Marilyn was found in the nude.

3-   Goodbye Norma Jean, though I never knew you at all
    You had the grace to hold yourself while those around you crawled
    Goodbye Norma Jean, from a young man in the twenty second row
    Who sees you as something more than sexual, more than just our Marilyn Monroe.

© 1973 Dick James Music Limited.
Universal/Dick James Music Limited, Elsinore House,
77 Fulham Palace Road, London W6 8JA.
Used by permission of Music Sales Ltd.
All Rights Reserved. International Copyright Secured.

YOUR SONG

Paroles et musique : Elton JOHN
et Bernie TAUPIN

   Mib7M   Sol#
_ It's a little bit <u>fun</u>ny
Sib   Solm
_ This feeling in<u>si</u>de
    Dom   Dom/Sib
I'm <u>not</u> one of <u>those</u>
Dom/La   Sol#
_ Who can easily <u>hi</u>de
Mib7M   Sib
_ I don't have much <u>mon</u>ey
    Mib7M   Dom
But <u>boy</u> if I <u>did</u>
Mib7M   Fam
_ I'd buy a <u>big</u> house
Sol#   Sib
_ Where we both could <u>live</u>…

If I was a sculptor, but then again no
Or a man who makes potions in a travelling show
I know it's not much, but it's the best I can do
                            Mib7M
My gift is a song and this one's for <u>you</u>…

© 1969 Dick James Music Limited.
Universal / Dick James Music Limited
77 Fulham Palace Road, London W6.
Used by permission of Music Sales Ltd
All Rights Reserved. International Copyright Secured.

Sib   Dom
_ And you can tell <u>every</u>body
Fam   Sol#
_ This is your <u>song</u>
Sib   Dom
_ It may be <u>quite</u> simple
Fam   Sol#
_ But now that it's <u>done</u>
Dom
_ I hope you don't mind
Dom/Sib
_ I hope you don't mind
Dom/La   Sol#
_ That I put down in <u>words</u>
    Mib7M   Fam
How <u>wonder</u>ful <u>life</u> is
       Sol#   Mib7M
While <u>you</u>'re in the <u>world</u>…

I sat on the roof and kicked off the moss
Well a few of the verses, well they've got me quite cross
But the sun's been quite kind while I wrote this song
It's for people like you, that keep it turned on…

So excuse me forgetting, but these things I do
You see I've forgotten, if they're green or they're blue
Anyway the thing is, what I really mean
Yours are the sweetest eyes I've ever seen…

BOBBY MC FERRIN

DON'T WORRY, BE HAPPY
Paroles et musique : Bobby Mac FERRIN

1- *Do*
  _ Here's a little song I wrote
  Rém
  _ You might want to sing it note for note
  Fa   *Do*
  Don't worry, be happy.

  In every life we have some trouble
  But when you worry you make it double
  Don't worry, be happy.
  Don't worry, be happy now.

R- *Do*   *Rém Fa Do*
   Ouh… _ _ _

   Don't worry, be happy. Don't worry, be happy.
   Don't worry, be happy. Don't worry, be happy.

2- Ain't got no place to lay your head
   Somebody came and took your bed
   Don't worry, be happy.
   The landlord say your rent is late
   He may have to litigate
   Don't worry, be happy.

   (Look at me-I'm happy. Don't worry, be happy.
   Here I give you my phone number. When you worry, call me
   I make you happy. Don't worry, be happy.)

3- Ain't got no cash, ain't got no style
   Ain't got no gal to make you smile
   Don't worry, be happy.
   'Cause when you worry your face will frown
   And that will bring everybody down
   Don't worry, be happy.

   (Don't worry, don't worry, don't do it.
   Be happy. Put a smile on your face.
   Don't bring everybody down.
   Don't worry. It will soon pass, whatever it is.
   Don't worry, be happy.
   I'm not worried, I'm happy…)

© by PROB NOBLEM MUSIC
représenté par BMG Publishing France pour la France,
les territoires de perception de la SACEM
incluant Radio RTL, Radio Europe 1 et les programmes TV français,
mais à l'exception du Luxembourg.

BOB MARLEY

NO WOMAN, NO CRY

Paroles et musique : Vincent FORD

R1- *Do   Sol/Si   Lam Fa*
    No woman, no cry __
    Do   Fa   Sol Do
    __ No woman, no cry
    Do Sol/Si   Lam Fa
    No woman, no cry __
    Do   Fa   Sol Do
    __ No woman, no cry (Said, said).

1- *Do   Sol/Si   Lam   Fa*
    Said I remember when we used to sit
    Do   Sol/Si   Lam   Fa
    In the government yard in Trenchtown __
    Do   Sol/Si   Lam   Fa
    Oba, Observing the hypocrites, yeah__
    Do   Sol/Si   Lam Fa
    As they would mingle with the good people we meet. __

2- Good friends we had oh good friends we've lost
    Then we would cook corn meal porridge
    Along the way of which I'll share with you.
    In this bright future you can't forget your past
    My feet is my only carriage
    So dry your tears I say.

© 1974 Fifty-Six Hope Road Music Limited/Odnil Music Limited/
Blue Mountain Music Limited.
All rights controlled and administered by Rykomusic Limited,
329 Latimer Road, London W10 6RA.
Used by permission of Music Sales Ldt.
All Rights Reserved. International Copyright Secured.

R2- No woman, no cry
    No woman, no cry
    Here Little darlin', don't shed no tears. (and)

3- Said, I remember when we used to sit
    In the government yard in Teachtown, yeah
    And the Georgie would make the fire light
    I say, log wood burnin' through the night.

4- Then we could cook corn meal porridge I say
    Of which I'll share with you, yeah
    My feet is my only carriage, and
    So, I've got to push on through, but while I'm gone I mean...

Coda-
    Do   Sol/Si   Lam   Fa   Sol
    __ Ev'ry thing's gonna be alright. __ Ev'ry thing's gonna be alright
    Ev'ry thing's gonna be alright. Ev'ry thing's gonna be alright.
    Ev'ry thing's gonna be alrigh so, woman, no cry.
    No, no woman, no woman, no cry.
    Oh, my little sister don't shed no tears.
    No woman no cry.
    No woman, no cry.
    No woman, no cry.
    Oh, my little darlin', I say don't shed no tears.
    No woman, no cry.
    Yeah little darlin', don't shed no tears.
    No woman, no cry.

THE POLICE

CAN'T STAND LOSING YOU
Paroles et musique : Sting

<u>Mim</u>
_ I've called you so many <u>Lam</u>times today
<u>Mim</u>
And I <u>guess</u> it's all true what your <u>Lam</u>girlfriends say
<u>Mim</u>
That <u>you</u> don't ever want to <u>see</u> me again
<u>Mim</u>
And your <u>brother's</u> going to kill me and he's six <u>Lam</u>feet ten
Do   Sol Do   Sol
I <u>guess</u> you'd <u>call</u> it <u>cowardice</u>
Ré   La   Ré   Si7
But I'<u>m</u> not pre<u>pared</u> to <u>go</u> on like <u>this</u>.

Do
I <u>can't</u>, I can't
I can't stand losing
Lam
I <u>can't</u>, I can't
Sim
I can't stand losing <u>you</u>
Do   Mim
I <u>can't</u> stand losing <u>you</u>.

I see you've sent my letters back
And my lp records and they're all scratched
I can't see the point in another day
When nobody listens to a word I say
You can call it lack of confidence
But to carry on living doesn't make no sense.

I guess this is our last goodbye
And you don't care so I won't cry
But you'll be sorry when I'm dead
And all this guilt will be on your head
I guess you'd call it suicide
But I'm too full to swallow my pride.

Refrain ad lib.-

EVERY BREATH YOU TAKE
Paroles et musique : Sting

Capo II

R1- Every breath you <u>Sol</u><u>take</u>
     Every move you <u>Mim</u><u>make</u>
     Every bond you <u>Do</u><u>break</u>
     Ré
     Every step you <u>take</u>
     Mim
     I'll be watching <u>you</u>.

1-   Every single day
     Every word you say
     Every game you play
     Every night you say
     Sol
     I'll be watching <u>you</u>.

     Do
     O can't you <u>see</u>
     Sib   Sol
     You be<u>long</u> to <u>me</u>
     La
     How my poor heart <u>aches</u>
     Ré4
     With every step you <u>take</u>.

R2- Every move you make
     Every vow you break
     Every smile you fake
     Every claim you stake
     I'll be watching you.

Pont-
Mib   Fa
<u>Since</u> you've gone I been lost without a <u>trace</u>
                                      Mib
I dream at night I can only see your <u>face</u>
I look around but it's you I can't r<u>e</u>place
I feel so cold and I long for your em<u>brace</u>
                                Sol   Mim Do Ré Mim
I keep crying baby, baby, <u>please</u>. _ _ _ _

O can't you see
You belong to me
How my poor heart aches
With every breath you take.

R3- Every move you make
     Every vow you break
     Every smile you fake
     Every claim you stake
     I'll be watching you.

Coda-
                      Do
     Every move you <u>make</u>
                   Ré
     Every step you <u>take</u>
                   Mim
     I'll be watching <u>you</u>
                   Sol
     I'll be watching <u>you</u>…

MESSAGE IN A BOTTLE
Paroles et musique : Sting

Capo III

     Sim Sol   La   Mim
1- __ Just a casta<u>way</u>
      Sim   Sol   La Mim
    An <u>is</u>land <u>lost</u> at <u>se</u> - a
     Sim   Sol   La   Mim
    __ An<u>oth</u>er <u>lon</u>ely <u>day</u>
    Sim Sol   La   Mim
    <u>No</u>-one <u>here</u> but <u>me</u> __
     Sim Sol   La   Mim
    __ <u>More</u> <u>loneli</u>ness
    Sim   Sol   La Mim
    <u>Than</u> any <u>man</u> could <u>bear</u> __
     Sim Sol   La   Mim
    __ <u>Rescue</u> me be<u>fore</u>
    Sim Sol   La Mim
    I <u>fall</u> into des<u>pair</u>. __

     Sol   Do Ré
R- __ I'll send an <u>SOS</u> to the world
     Sol   Do Ré
    __ I'll send an <u>SOS</u> to the world
    Mim   Do
    __ I hope that <u>some</u>one gets my
    Mim   Do
    __ I hope that <u>some</u>one gets my
    Mim   Do
    __ I hope that <u>some</u>one gets my
    Sim   Sol   Fa#7 Sim Sol Fa#7
    <u>Mess</u>age in a <u>bot</u> - tle __ __ __
    Sim   Sol   Fa#7 Mim
    <u>Mess</u>age in a <u>bot</u> - tle Yeah.

2- A year has passed since I wrote my note
    But I should have known this right from the start
    Only hope can keep me together
    Love can mend your life
    But love can break your heart.

3- Walked out this morning
    Don't believe what I saw
    A hundred billion bottles
    Washed up on the shore
    Seems I'm not alone in being alone
    A hundred billion castaways
    Looking for a home.

    Sim   Sol   La   Mim
    <u>Send</u>ing <u>out</u> an <u>SOS</u>. *(ad lib.)*

© 1979 Magnetic Publishing Limited/
EMI Music Publishing Limited.
Used by permission of Music Sales Ldt.
All Rights Reserved. International Copyright Secured.

ROXANNE
Paroles et musique : Sting

     Lam   Sol
1- Rox<u>anne</u> __
                 Fa   *Mim*
    You don't have to <u>put</u> on the <u>red</u> light
    Rém   *Sol4*
    __ Those days are <u>over</u>
                       Lam
    You don't have to <u>sell</u> your body to the night.

2- Roxanne
    You don't have to wear that dress tonight
    Walk the streets for money
    You don't care if it's wrong or if it's right.

     Rém   Sol-4
R- Rox<u>anne</u> __
                     Lam
    You don't have to <u>put</u> on the red light
    Rém   Sol-4
    Rox<u>anne</u> __
                     Lam
    You don't have to <u>put</u> on the red light
    Do
    __ <u>Put</u> on the red light (Roxanne)
                     Sol
    You don't have to <u>put</u> on the red light (Roxanne)
    Lam
    <u>Put</u> on the red light (Roxanne)
    Do
    <u>Put</u> on the red light (Roxanne)
                     Sol
    You don't have to <u>put</u> on the red light (Roxanne)
    Lam
    <u>Put</u> on the red light. (Roxanne)

© 1978 Magnetic Publishing Limited/EMI Music Publishing Limited.
Used by permission of Music Sales Ldt.
All Rights Reserved. International Copyright Secured.

SO LONELY
Paroles et musique : Sting

1-   Do   Sol   Lam   Fam

1- _ Well someone told me yesterday
_ That when you throw your love away
_ You act as if you just don't care
_ You look as if you're going somewhere
_ But I just can't convince myself
_ I couldn't live with no one else
_ And I can only play that part
_ And sit and nurse my broken heart.

R- So lonely, So lonely, So lonely, So lonely,
So lonely, So lonely, So lonely, So lonely,
So lonely, So lonely, So lonely, So lonely,
So lonely, So lonely. _ _

2- Know no one's knocked upon my door
For a thousand years or more
All made up and no where to go
Welcome to this one man show
Just take a seat they're always free
No surprise no mystery
In this theatre that I call my soul
I always play the starring role.

3- I loved you since I knew you
I wouldn't talk down to you
I have to tell you just how I feel
I won't share you with another boy.

4- I know my mind is made up
So put away your make up
Told you once I won't tell you again
It's a bad way.

Final-
Roxanne
You don't have to put on the red light
Roxanne
You don't have to put on the red light…

© 1978 Magnetic Publishing Limited/EMI Music Publishing Limited.
Used by permission of Music Sales Ldt.
All Rights Reserved. International Copyright Secured.

WE WILL ROCK YOU
Paroles et musique :
Brian MAY

QUEEN

1- <u>B</u>uddy you're a boy make a big noise   *Mim*
   Playin' in the street
   Gonna be a big man some day
   You got mud on yo' face
   You big disgrace
   <u>K</u>ickin' your can all <u>o</u>ver the place   *Ré* ... *Mim*
   Singin'
   'We will we <u>will</u> <u>rock</u> you   *Ré Mim*
   We will we <u>will</u> <u>rock</u> you'.   *Ré Mim*

2- Buddy you're a young man hard man
   Shoutin' in the street gonna
   Take on the world some day
   You got blood on yo' face
   You big disgrace
   Wavin' your banner all over the place
   'We will we will rock you'
   Singin'
   'We will we will rock you'.

3- Buddy you're an old man poor man
   Pleadin' with your eyes gonna
   Make you some peace some day
   You got mud on your face
   You big disgrace
   Somebody better put you
   Back into your place
   'We will we will rock you'
   Singin'
   'We will we will rock you'
   Everybody
   'We will we will rock you'.

Solo-
   Do La Ré La Ré La
   _ _ _ _ _ _
   'We will we will rock you'
   Alright.

WHO WANTS TO LIVE FOREVER
Paroles et musique : Brian MAY

Intro-
   Mim Do Mim
   _ _ _

1- There's no <u>time</u> for us   *Lam*
   there's no <u>place</u> for <u>us</u>   *Ré/Fa# Mim Mim/Ré*
   <u>What</u> is this <u>thing</u> that fills our <u>dream</u>   *Do#5dim Sol/Ré La7*
   Yet slips a<u>ways</u> from us ? _   *Ré4 - 3*

R1- Who <u>whants</u> to <u>live</u> fo<u>rever</u> ?   *Do Sol/Si Lam*
    Who <u>whants</u> to <u>live</u> fo<u>rever</u> <u>ouh</u>. _   *Do Sol/Si Lam Ré7 - 4 - 3*

2- There's no chance for us
   It's all decided for us
   This world has only one sweet moment
   Set aside for us.

R2-   *Sol/Si Lam*
    Who <u>dares</u> to <u>love</u> fo<u>rever</u> ?   *Do Sol/Si Lam*
    <u>Oh</u> _ when love must <u>die</u> ?   *Ré7 - 4 - 3   Mim*

Pont-
   Mim Do (3 fois)
   _ _ _
   But touch my <u>tears</u>   *Mim*
   With your <u>lips</u>   *Do*
   Touch my <u>world</u>   *Mim*
   With your finger<u>tips</u>   *Do*
   And <u>we</u> can <u>have</u> fo<u>rever</u>   *Sol Ré/Fa# Mim*
   And <u>we</u> can <u>love</u> fo<u>rever</u>   *Sol Ré/Fa# Mim*
   Fo<u>rever</u>... is <u>our</u> today. _   *Do#5dim Sol/Ré Solm7/Ré*

R3- Who <u>wants</u> to <u>live</u> fo<u>rever</u> ?   *Sol Ré/Fa# Mim*
    Who <u>wants</u> to <u>live</u> fo<u>rever</u>   *Sol Ré/Fa# Mim*
    Fo<u>rever</u>... is <u>our</u> today   *Do#5dim Sol/Ré Solm7/Ré*
    Who <u>waits</u> forever anyway ?   *Mim*
    Do Mim Dom Lam Fam Rém Sim Solm
    _ _ _ _ _ _ _ _
    Mim Do/Mi Lam/Mi Mim
    _ _ _ _
    Mim7 La/Mi Mim Lam/Mi Mim
    _ _ _ _ _
    Ré Mim
    _ _

STEVIE RAY VAUGHAN

LIFE BY THE DROP
Paroles et musique : Doyle BRAMHALL
et Barbara LOGAN

La   *Mi7*
He<u>ll</u>o there <u>my</u> old friend,
Fa#m   *Ré7*
<u>Not</u> so long ago it was <u>still</u> the end
La   *Mi7*
<u>We</u> played outside <u>in</u> the pouring rain
Fa#m   *Ré7*
<u>On</u> our way up the road, <u>we</u> started over again.

Fa#m   *Ré7* *Mi7*
1- <u>You're</u> livin' out dreams <u>of</u> you <u>on</u> top
Fa#m   *Ré7* *Mi7*
<u>My</u> mind is aching and, <u>Lord</u> it won't <u>stop</u>
Fa#m *Ré7* *Mi7* *La*
<u>That's</u> how it <u>happened</u> living <u>life</u> by the <u>drop</u>.

Up and down the road in our worn out shoes
Talking about good things and singing the blues
You went your way and I stayed behind
We bath knew it was just a matter of time.

\- No waste of time we're allowed today
Churning up the past, there's no easier way
Time's been between us, a means to an end
God, it's good to be here, walking together, my friend.

2- Living our dreams
My mind stopped aching
That's how it happened living life by the drop
That's how it happened living life by the drop.

© 1991 SONGS OF DREAMWORKS/WILSON CREEK MUSIC.
Avec l'aimable autorisation de CHERRY LANE FRANCE.

SIMON & GARFUNKEL

AMERICA
Paroles et musique : Paul SIMON

Capo III

1- "Let us be lovers
    Do   *Do/Si*
We'll marry our fortunes together.
  Lam   *Lam/Sol*   *Fa (4)*
I've got some real estate here in my bag."
  Do   *Do/Si*   *Lam*
__ So we bought a pack of cigarettes
    Mim7   *La7*
__ And Mrs. Wagner's pies.
    Mim7   *La9*

      Ré   *Do*
And walked off
   Sol   *Do Do/Si Lam Lam/Sol Fa*
To look for Ame - rica. __   __

2- "Kathy," I said
As we boarded a Greyhound in Pittsburgh
"Michigan seems like a dream to me now.
Sol
__ It took me four days
Sol
__ To hitchhike from Saginaw.
Ré   *Sol*   *Ré*   *Do7M Do*
I've come to look for America."

Pont-
   Sib7M
__ Laughing on the bus
          Do
Playing games with the faces
Sib7M   *Do*
She said the man in the gabardine suit was a spy.
Fa
I said, "Be careful
   Fa7M   *Do*   *Do/Si Lam7 Lam/Sol Lam/Fa# Fa7M*
His bowtie is really a camera." __

3- "Toss me a cigarette
I think there's one in my raincoat."
"We smoked the last one an hour ago."
So I looked at the scenery
She read her magazine ;
And the moon rose over an open field.

4- "Kathy, I'm lost," I said
Though I knew she was sleeping.
"I'm empty and aching and I don't know why."
  Sol
Counting the cars
On the New Jersey Turnpike.

Coda-
          Ré   *Sol*
They've all come
Ré   *Do7M Do*
To look for America
All come to look for America
All come to look for America…

© 1968 Paul Simon.
Used by the permission of the Publisher :
Paul Simon Music.

258

BOOKENDS

Paroles et musique :
Paul SIMON

Capo II

Mim7
Time it was
And what a time it was
Ré
It was… __

Sol
A time of innocence
Ré
A time of confidences.

Mim7
Long ago it must be
Ré
I have a photograph.

Sol
Preserve your memories ;
Ré   Mim7 Ré Sol Ré
They're all that's left you. __ __ __ __

BRIDGE OVER TROUBLED WATER
Paroles et musique : Paul SIMON

Capo III

1-   *Do Do7*
When you're weary __
Fa   Do Do7
__ Feeling small __
Fa Sib Fa Do Do7M Rém7
When tears are in your eyes
Do Fa Do Fa
I will dry them all.

Do Do/Si Lam Sol Sol7
I'm on your side __
       Do Do7M
Oh, when times get rough __
Do7 Do/Ré Do/Mi Fa Ré Sol
__ And friends just can't be found.

Do7 Sol Fa Do7dim Do/Sol La7
Like a bridge over troubled water
Fa   Mi7 Lam
__ I will lay me down
Do7 Sol Fa Do7dim Do/Sol La7
Like a bridge over troubled water
Fa   Mi7 Do Do7 Fa Do Do7 Fa
__ I will lay me down. __ __ __ __

© 1969 Paul Simon.
Used by the permission of the Publisher :
Paul Simon Music.

2- When you're down and out
When you're on the street
When evening falls so hard
I will comfort you.

I'll take your part
Oh, when darkness comes
And pain is all around.

Like a bridge over troubled water
I will lay me down
Like a bridge over troubled water
Fa Mi7 Lam
__ I will lay me down.
Lam/Sol# Lam7 Ré Ré7 Do/Sol Sol7 Fa
__ __ __ __ __ __ __

Lam Fa Fam Do Do7 Fa Do Do7 Fa
__ __ __ __ __ __ __ __

3- Sail on Silver Girl
Sail on by
Your time has come to shine
All your dreams are on their way.

See how they shine
Oh, if you need a friend
I'm sailing right behind.

Like a bridge over troubled water
I will ease your mind
Like a bridge over troubled water
Fa Mi7 Lam
I will ease your mind.
Lam/Sol# Lam7 Ré Ré7 Do/Sol Sol7 Fa
__ __ __ __ __ __ __

Lam Fa Fam Do
__ __ __ __

1- I'm <u>Do</u>sittin' in the railway station
   <u>Mim</u>   <u>Solm6/Sib</u> <u>La7</u>
   Got a <u>ti</u>cket for my destination _ mm _
   <u>Rém</u>
   <u>On</u> a tour of one night stands
   <u>Sib</u>
   My <u>sui</u>tcase and guitar in hand
   <u>Do</u>
   And <u>ev</u>'ry stop is neatly planned
                     <u>Sol7</u> <u>Do7</u>
   For a poet and one man <u>band</u>. _

R- Homeward <u>Bound</u>
            <u>Fa</u>
   I wish I <u>was</u>
            <u>Do</u>
                <u>Fa</u>
   Homeward <u>Bound</u>
   <u>Do</u>
   <u>Home</u> where my thought's _
   <u>Do</u> <u>Sib</u> <u>Fa</u>
   <u>Es</u> - <u>ca</u> - <u>ping</u>
   <u>Do</u>   <u>Rém</u> <u>Do</u>   <u>Sib</u>   <u>Fa</u>
   <u>Home</u> where my mu - <u>sic's</u> <u>play</u> - <u>ing</u>
   <u>Do</u>   <u>Rém</u> <u>Do</u>
   <u>Home</u> where my love _ <u>lies</u>
   <u>Sib</u>   <u>Fa</u> <u>Sol7</u>   <u>Do</u>
   <u>Wai</u> - <u>ting</u> <u>si</u>lently <u>for</u> me. _

2- Ev'ry day's an endless stream
   Of cigarettes and magazines mm
   And each town looks the same to me
   The movies and the factories
   And ev'ry stranger'sface I see
   Reminds me that I long to be.

3- Tonight I'll sing my songs again
   I'll play the game and pretend mm
   But all my words come back to me
   In shades of mediocrity
   Like emptiness in harmony
   I need someone to comfort me.

R- ...
   <u>Sib</u>   <u>Fa</u> <u>Sol7</u>   <u>Do</u>   <u>Do7M/Si</u>
   <u>Wai</u> - <u>ting</u> <u>si</u>lently <u>for</u> me _
         <u>Do7/Sib</u>   <u>Do</u>
   Silently <u>for</u> me. _

© 1966 Paul Simon.
Used by the permission of the Publisher :
Paul Simon Music.

HOMEWARD BOUND
Paroles et musique : Paul SIMON

I AM A ROCK
Paroles et musique : Paul SIMON

1-   <u>Do</u>
   A winter's <u>day</u>
         <u>Fa</u>   <u>Do</u>
   In a <u>deep</u> and dark De<u>cem</u>ber
   <u>Rém</u> <u>Sol7</u>   <u>Fa</u> <u>Do</u>
   <u>I</u>   am a<u>lone</u> _
   <u>Rém7</u>   <u>Mim7</u>
   <u>Ga</u>zing from my <u>win</u>dow
   <u>Rém7</u>   <u>Mim7</u>
   <u>To</u> the streets be<u>low</u>
   <u>Rém</u>   <u>Fa</u>   <u>Sol</u>
   On a <u>fresh</u>ly fallen <u>si</u>lent shroud of <u>snow</u>
   <u>Fa</u>   <u>Do</u>
   <u>I</u> am a rock
   <u>Fa</u>   <u>Sol7</u>   <u>Do</u> <u>Lam</u>
   <u>I</u> am an <u>is</u> - <u>land</u>. _

2- I've built walls
   A fortress deep and mighty
   That none may penetrate
   I have no need of friendship
   Friendship causes pain
   It's laughter and it's loving I disdain
   I am a rock
   I am a island.

3- Don't talk of love
   But I've heard the word before
   It's sleeping in my memory
   I won't disturb the slumber of
   Feelings that have died
   If I never loved, I never would have cried
   I am a rock
   I am a island.

4- I have my books
   And my poetry to protect me
   I am shielded in my armour
   Hiding in my room
   Safe within my womb
   I touch no one and no one touches me
   I am a rock
   <u>Fa</u>   <u>Sol7</u> <u>Do</u> <u>Lam</u>
   <u>I</u> am a <u>is</u> - <u>land</u> _
              <u>Rém7</u> <u>Sol7</u>   <u>Do</u>
   And a <u>rock</u> <u>feels</u> no <u>pain</u>
              <u>Rém7</u> <u>Sol7</u>   <u>Do</u>
   And an <u>is</u>land <u>ne</u>ver <u>cries</u>.

© 1965 Paul Simon.
Used by the permission of the Publisher :
Paul Simon Music.

OLD FRIENDS

Capo III   Paroles et musique : Paul SIMON

1- <u>Fa7M</u> <u>Do7M</u>
   Old friends
   <u>Fa7M</u> <u>Do7M</u>
   Old friends
   <u>Rém7</u>   <u>Sol7</u>   <u>Do</u>   <u>Lam</u>
   Sat on their park bench like bookends __
   <u>Rém7</u>   <u>Sol</u>
   A newspaper blown through the grass
   <u>Lam</u>   <u>Do7M</u>
   Falls on the round toes of the high shoes
   <u>Fa</u>   <u>Do6</u> <u>Fa7M</u> <u>Do7M</u>
   Of the old friends __
   <u>Fa7M</u>   <u>Do7M</u>
   Old friends
   <u>Rém7</u>   <u>Sol7</u>
   Winter companions.

2- <u>Fa7M</u> <u>Mim7</u>
   The old men
   <u>Rém7</u>   <u>Sol7</u>
   Lost in their overcoats
   <u>Do</u>   <u>Rém7</u>   <u>Lam</u>
   Waiting the sunset __
   <u>Rém7</u>   <u>Sol7</u>
   The sounds of the city
   <u>Mim7</u>   <u>Lam</u>
   Sifting through trees
   <u>Sol</u>
   Settle like dust
   <u>Fa</u>
   On the shoulders
   <u>Do6</u>
   Of the old friends.

3- <u>Rém7</u>   <u>Sol7</u>
   Can you imagine us
   <u>Do7M</u>
   Years from today
   <u>Fa</u>   <u>Fam</u>   <u>Do</u>
   Sharing a park bench quietly?
   <u>Rém7</u>   <u>Sol7</u>
   How terribly strange
   <u>Lam</u>
   To be seventy
   <u>Fa7M</u>   <u>Do7M</u>
   Old friends
   <u>Rém7</u>   <u>Sol7</u>   <u>Fa7M</u> <u>Mim7</u>
   Memory brushes the same years
   <u>Rém7</u>   <u>Sol7</u>   <u>Do6</u>   <u>Lam</u> <u>Do7M</u>
   Silently sharing the same fears. __

© 1968 Paul Simon.
Used by the permission of the Publisher : Paul Simon Music.

SCARBOROUGH FAIR / CANTICLE

Paroles : Paul SIMON
Musique : Paul SIMON
et Arthur GARFUNKEL

1- <u>Mim7</u>   <u>Ré</u>   <u>Mim7</u>
   Are you going to Scarborough Fair :
   <u>Sol</u>   <u>Mim7</u>   <u>Sol</u>   <u>La</u>   <u>Mim7</u>
   __ Parsley, sage, rosema - ry and thyme.
   <u>Mim7</u>   <u>Ré</u>   <u>Mim7</u>
   Remember me to one who lives there.
   <u>Mim7</u>   <u>Ré</u>   <u>Mim7</u>
   She once was a true love of mine.

2- <u>Mim7</u>   <u>Ré</u>   <u>Mim7</u>
   Tell her to make me a cambric shirt :
   <u>Ré</u>   <u>Sol</u>
   (On the side of a hill in the deep forest green.)
   <u>Mim7</u> <u>Sol</u>   <u>La</u>   <u>Mim7</u>
   Parsley, sage, rosemary and thyme
   (Tracing of sparrow on snow-crested brown.)
   <u>Mim7</u>   <u>Sol</u>   <u>Fa#m</u> <u>Mim7</u> <u>Ré</u>
   Without no seams nor nee - dle work,
   (Blankets and bedclothes the child of the mountain)
   <u>Mim7</u>   <u>Ré</u>   <u>Mim7</u>
   Then she'll be a true love of mine.
   (Sleeps unaware of the clarion call.)

3- Tell her to find me an acre of land :
   (On the side of a hill a sprinkling of leaves.)
   Parsley, sage, rosemary and thyme
   (Washes the grave with silvery tears.)
   Between the salt water and the sea strand,
   (A soldier cleans and polishes a gun)
   Then she'll be a true love of mine.
   (Sleeps unaware of the clarion call.)

4- Tell her to reap it with a sickle of leather :
   (War bellows blazing in scarlet battalions.)
   Parsley, sage, rosemary and thyme
   (Generals order their soldiers to kill.)
   And gather it all in a bunch of heather,
   (And to fight for a cause they've long ago forgotten.)
   Then she'll be a true love of mine.

© 1966 Paul Simon.
Used by the permission of the Publisher : Paul Simon Music.

SONG FOR THE ASKING
Paroles et musique : Paul SIMON

Capo III

         Sol   Do   Mim
Here is my song for the asking
Lam7   Si   Si7
Ask me and I will play so
Do   Sol
Sweetly, I will make you smile
          Sol Do   Mim
This is my tune for the taking
Lam7   Si
Take it, don't turn away
Si7   Do   Do Sol
I've been waiting all my life __
Mim   Sim Si
__ Thinking it over, I've been sad __
Fa7dim   Lam   Ré7
__ Thinking it over, I'd be more than glad
Sol   Sol7 Do   Mim
To change my ways __ for the asking
Lam7   Si
Ask me and I will play
Si7   Do   Sol   Do Sol Ré7 Sol
All the love that I hold inside. __ __ __

© 1970 Paul Simon.
Used by the permission of the Publisher :
Paul Simon Music.

THE 59TH STREET BRIDGE SONG (FEELIN' GROOVY)
Paroles et musique : Paul SIMON

   Do   Sol/Si   Lam7-4   Sol
1- __ Slow down, __ you move too fast __
   Do   Sol/Si   Lam7-4   Sol
   __ You got to make the mor - ning last __
          Do   Sol/Si   Lam7-4   Sol
   Just __ kickin' down the cobble stones __
   Do   Sol/Si   Lam7-4   Sol   Do Sol/Si Lam7 Sol
   __ Lookin' for fun and feel - in' groo - vy. __ __ __ __

2- Hello lamp post, what-chat knowin'
   I've come to watch your flowers growin'
   Ain't-cha rhymes for me?
   Dootin' doo-doo, feelin' groovy.

3- Got no deeds to do, no promises to keep
   I'm dappled and drowsy and ready to sleep
   Let the morning time drop all its petals on me
   Life, I love you, all is groovy.

© 1966 Paul Simon.
Used by the permission of the Publisher :
Paul Simon Music.

THE BOXER

Paroles et musique : Paul SIMON

1-   *Do*
   I am just a poor boy.
             Do/Si   *Lam*
   Though my story's seldom told
      Sol
   I have squandered my resistance
     Sol7   *Do*
   For a pocket full of mumbles, Such are promises.

              Lam
   All lies and jest
     Sol   *Fa*
   Still a man hears what he wants to hear
                    Do Sol Do
   And disregards the rest. _ _

2- When I left my home
   And my family
   I was no more than a boy
   In the company of strangers
   In the quiet of the railway station
   Running scared.

   Laying low
   Seeking out the poorer quarters
   Where the ragged people go
         Sol
   Looking for the places
   Fa   *Do*
   Only they would know.

       Lam
R- Lie-la-lie
   Mim   *Lam*
   Lie-la-lie la lie-la-lie lie-la-lie
   Sol   *Do*
   Lie-la-lie la la la la, Lie la la la la lie.

3- Asking only workman's wages
   I come looking for a job
   But I get no offers
   Just a come-on from the whores
   On Seventh Avenue.

   I do declare
   There were times when I was so lonesome
   I took some comfort there.
   Ooo-la-la la-la la-la.

Pont-
Do Do/Si Lam Sol7

Do Do/Si Lam Sol Fa Do Sol Fa Do
_ _ _ _ _ _ _ _

4- Then I'm laying out my winter clothes
   And wishing I was gone
   Going home
   Where the New York City winters
   Aren't bleeding me.

          Mim *Lam*
   Leading me - e
      Sol   *Do*
   Going home. _

5- In the clearing stands a boxer
   And a fighter by his trade
   And he carries the reminders
   Of ev'ry glove that laid him down.

      Do
   Or cut him till he cried out
                      Lam
   In his anger and his shame
      Sol   *Fa*
   "I am leaving, I am leaving."
                    Do   *Sol Fa Do*
   But the fighter still remains. _ _ _

       Lam   *Mim*   *Lam*
R- Lie-la-lie, Lie-la-lie la lie-la-lie lie-la-lie
     Sol   *Lam*
   Lie-la-lie la la la la, Lie la la la la lie.

Coda-
     Lam   *Mim*   *Lam*
Lie-la-lie, Lie-la-lie la lie-la-lie lie-la-lie
   Sol   *Do*
Lie-la-lie la la la la, Lie la la la la lie.

Do/Si Sol Do Do/Sol Fa Do Sol Fa Do
_ _ _ _ _ _ _ _

© 1968 Paul Simon.
Used by the permission of the Publisher :
Paul Simon Music.

CAT STEVENS

MORNING HAS BROKEN

Paroles : Eleanor FARJEON
Musique : Cat STEVENS

Intro-
Ré Sol La Fa Sim Sol7 Do Fa Do
— — — — — — — —

1-   Do   Rém Sol   Fa   Do
    Morning has bro - ken, like the first mor - ning
               Mim   Lam Ré4 - 3 Sol
    Blackbird has bro - ken, like the first bird
      Do   Fa   Do   Lam   Ré
    Praise for the singing, praise for the mor - ning
    Sol   Do   Fa   Sol7
    Praise for them sprin - ging fresh from the world.

Fa Sol Mi Lam Sol7 Do Sol7 - 4
— — — — — — — —

2-   Do Rém   Fa   Do
    Sweet the rain's new fall, sunlit from hea - ven
    Like the first dewfall, on the first grass
    Praise for the sweetness of the wet garden
    Sprung in completeness where his feet pass.

Do Fa Sol Mi Lam Fa
— — — — — —
Sim Sol Ré La7 Ré
— — — — —

3-   Ré   Mim   La   Sol   Ré
    Mine is the sun - light, mine is the mor - ning
           Fam Sim   Mi   La
    Born of the one __ light __ Eden saw play
        Ré   Sol   Ré   Sim   Mi
    Praise with elation, praise every mor - ning
    La   Ré Sol La7   Ré
    Gold's recrea - tion of the new day.

Sol La Fa Sim Sol7 Do Fa Do
— — — — — — — —

Reprise du couplet 1-

Do Fa Mi Lam Fa Sim Sol Ré La7 Ré
— — — — — — — — — —

© 1971 Cat Music Limited/Sony Music Publishing (UK) Limited.
Used by permission of Music Sales Ldt.
All Rights Reserved. International Copyright Secured.

PEACE TRAIN

Paroles et musique : Cat STEVENS

1- Now I've been happy lately, thinking about the good things to come
   Do   Sol   Do   Fa   Sol   Fa

And I believe it could be, something good has begun.
Fa Sol Lam   La4 Lam   Fa   Sol   Fa

Oh I've been smiling lately, dreaming about the world as one
And I believe it could be, some day it's going to come.

Cos out on the edge of darkness, there rides a peace train
Oh peace train take this country, come take me home again.

Now I've been smiling lately, thinking about the good things to come
And I believe it could be, something good has begun.

R- Oh peace train sounding louder
    Do/Mi Sol/Fa Fa9M   Sol/Fa   Do/Mi

Glide on the peace train oh ah ee ah oh ah __
                     Fa Sol Lam   Lasus4 Lam

Come on now peace train
Fa   Sol   Fa

Yes, peace train holy roller __
    Do/Mi   Sol/Fa Fa9M Sol/Fa Do/Mi

Everyone jump on the peace train oh ah ee ah oh ah __
Fa   Sol   Fa   Fa Sol Lam   Lasus4 Lam

Come on now peace train.
Fa   Sol   Fa

2- Get your bags together, go bring your good friends too
Cos it's getting nearer, it soon will be with you.

Now come and join the living, it's not so far from you
And it's getting nearer, soon it will all be true.

R- Oh peace train sounding louder
Glide on the peace train oh ah ee ah oh ah
Come on now peace train, peace train.

Fa9M Sol/Fa Do/Mi Lam7 Solm7 Fa/La Fa
— — — — — — —

Sol Lam La4 Lam Fa Sol Fa
— — — — — — —

3- Now I've been crying lately, thinking about the world as it is
Why must we go on hating, why can't we live in bliss.

Cos out on the edge of darkness, there rides a peace train
Oh peace train take this country, come take me home again.

R- Oh peace train sounding louder
Glide on the peace train oh ah ee ah oh ah
Come on now the peace train
Yes peace train holy roller
Everyone jump on the peace train oh ah ee ah oh ah
Come on, come on, come on
                   Fa   Sol   Fa

Yes come on peace train
Fa   Sol   Do Do/Mi Sol/Fa Fa9M Fa Sol Fa/La

Yes it's the peace train __ — — —
Fa Sol Lam Lasus4 Lam   Fa   Sol — — Fa

Oh ah ee ah oh ah __ Come on now peace train
                          Fa9M Sol/Fa Do/Mi Lam7 Solm7 Fa/La Fa

Oh peace train. __ — — — — — —
Sol Lam Lasus4 Lam Fa Sol Fa
— — — — — — —

© 1971 Cat Music Limited.
Used by permission of Music Sales Ldt.
All Rights Reserved. International Copyright Secured.

LYNYRD SKYNYRD

SWEET HOME ALABAMA

Paroles et musique :
Ronnie VAN ZANT, Ed KING et Gary ROSSINGTON

1-   *Ré*   *Do*   *Sol*
    __ Big <u>wh</u>eels keep on <u>tur</u>ning
    Ré   *Do*   *Sol*
    __ Carry me <u>home</u> to see my <u>kin</u>
    Ré   *Do*   *Sol*
    __ Singing <u>songs</u> about the <u>south</u>land
    Ré   *Do*   *Sol*
    __ I miss'ole' '<u>ba</u>my once again. __ (and I think it's a sin)

2- Well, I heard Mister Young sing about her
   Well, I heard ole Neil put her down.
   Well, I hope Neil Young will remember
   A southern man don't need him around anyhow.

R- *Ré*   *Do*   *Sol*
    __ Sweet <u>home</u> Ala<u>ba</u>ma
    Ré   *Do*   *Sol*
    __ Where the <u>skies</u> are so <u>blue</u>
    Ré   *Do*   *Sol*
    __ Sweet <u>home</u> Ala<u>ba</u>ma
    Ré   *Do*   *Sol*
    __ Lord, I'm <u>com</u>ing home to <u>you</u>.

3-   *Fa*   *Do* *Ré*
   In Birmingham they love the Gov'nor <u>Boo</u> <u>hoo</u> <u>hoo</u>!
   Now we all did what we could do.
   Now Watergate does not bother me.
   Does your conscience bother you? (tell the truth)

4- Now Muscle Shoals has got the Swampers
   And they've been known to pick a tune or two
   Lord they get me off so much
   They pick me up when I'm feeling blue
   Now how about you?

© 1974 MCA Music (a division of MCA Incorporated, USA) Universal/MCA Music Limited, 77 Fulham Palace Road, London W6. Used by permission of Music Sales Ltd. All Rights Reserved. International Copyright Secured.

TRADITIONNEL GOSPEL SONG

EVERYBODY SING FREEDOM

1- *Sol*   *Mim*
   Oh! <u>Free</u>dom
   Ré7   *Sol*
   <u>Oh</u>! <u>Free</u>dom
       Do   *Ré7*   *Sol7*
   Oh! <u>Free</u>dom <u>over</u> <u>me</u>.

R-   *Mim*
   But be <u>for</u> I'd be a slave
         Do   *Sol*
   I'll be <u>buried</u> in my <u>grave</u>
   Do   *Sol* *Do*   *Sol* *Ré7*   *Do* *Sol*
   <u>And</u> go <u>home</u> <u>to</u> my <u>lord</u> <u>and</u> be <u>free</u>. __

2- No more run'nin'
   No more run'nin'
   No more run'nin' over me.

3- No more cryin'
   No more cryin'
   No more cryin' over me.

4- No more shooting
   No more shooting
   No more shooting over me.

© Domaine public.

RACINES ET COULEURS DU TEMPS

3ème partie

BAGDAD CAFÉ

CALLING YOU
Paroles et musique : Bob TELSON

1-   __ A desert road from ^{Sibm7} Vegas to ^{Mib} nowhere
    __ Some place better than ^{Solm7} where you've ^{Dom7} been
    __ A coffe machine that ^{Sibm7} needs some ^{Mib} fixing
    __ In a little café just ^{Solm7} around the ^{Dom7} bend.

R- I^{Mibm}, I am ^{Fa} calling ^{Fam} you^{Sol7}
    Can't you hear me
    I^{Solm}, I am ^{La5+} calling ^{Fam} you^{Sol7}
    Oh^{Mibm}, oh^{Fa7}.

2- A hot dry wind blows right thru me
    The baby's crying and I can't sleep
    But we both know a change is coming
    Coming closer sweet release.

© by BOODLE représenté par BMG Publishing France pour la France, les territoires de perception de la SACEM incluant Radio RTL, Radio Europe 1 et les programmes TV français, mais à l'exception du Luxembourg.

CARMEN

CARMEN
Paroles et musique : Georges BIZET

1- L'amour ^{Mim} est un oiseau rebelle
    Que nul ne peut apprivoi^{Lam}ser
    Et c'est bien en vain qu'on l'ap^{Si7}pelle
    S'il lui convient de refu^{Lam}ser.

    Rien n'y fait, menace ou prière
    L'un parle bien, l'autre se tait
    Et c'est l'autre que je préfère
    Il n'a rien dit, mais il me plaît.

R- L'amour est ^{Mi} enfant de Bohème
    Il n'a jamais, jamais connu de ^{Fa#m} loi
    Si tu ne m'aimes pas, je t'^{Si7}aime
    Si je t'aime, prends garde à ^{Mi} toi !

2- L'oiseau que tu croyais surprendre
    Battit de l'aile et s'envola
    L'amour est loin, tu peux l'attendre
    Tu ne l'attends plus, il est là.

    Tout autour de toi vite, vite
    Il vient, s'en va, puis il revient
    Tu crois le tenir, il t'évite
    Tu crois l'éviter, il te tient !

R- L'amour, l'amour, l'amour, l'amour.

© Domaine public.

ÉMILIE JOLIE

Le conteur : Il y a un grand arbre, et sur ce grand arbre, sont perchés des dizaines d'oiseaux de toutes les couleurs. Des rouges, des jaunes, des bleus, des verts, et il y en a même quelques-uns qui sont à la fois rouge, jaune, vert et bleu.

Les oiseaux : Dis-nous comment tu t'appelles ?

Le conteur : Et le plus grand de tous les oiseaux descend et prend la main d'Émilie.

LA CHANSON DU GRAND OISEAU
Paroles et musique : Philippe CHATEL

Capo I

1- Je m'appelle Émilie Jolie *(Ré)*
   Je m'appelle Émilie Jolie *(Ré7M)*
   Je voudrais partir avec vous *(Mim7 / La7)*
   Tout au bout du ciel, sur vos ailes *(Ré2 / Si7)*
   Et je voudrais vivre avec vous, ma vie. *(Mim7 / La7 / Ré)*

2- Tu t'appelles Émilie Jolie
   Tu t'appelles Émilie Jolie
   Tu voudrais partir avec nous
   Tout au bout du ciel, sur nos ailes
   Et tu voudrais vivre avec nous, ta vie.

   Oui c'est ça, vous m'avez comprise *(Sol / Fa#m)*
   Alors, dites-moi oui. *(Mim / La4 La7)*

3- Tu t'appelles Émilie Jolie
   Tu rêves de voler la nuit
   Partir rejoindre le soleil
   Et même la lune, sur nos plumes
   Faire un p'tit tour au paradis.

   Oui, c'est ça vous m'avez comprise
   Alors, dites-moi oui.

4- Mais y'a tant de choses à voir avant *(Ré / Ré7M)*
   De partir pour le firmament *(Do#7 / Fa#m)*
   Y'a tant de pages à tourner *(Fa#m7 / Si7)*
   Ta vie ne fait que commencer. *(Mim7 / La7)*

5- Y'a tant de choses à voir avant
   De partir pour le firmament
   Y'a tant de jours et tant de nuits
   Tu es au début de ta vie.

6- J'ai tant de choses à voir avant
   Mais n'oubliez pas pour autant
   La petite fille aux cheveux blonds
   Qui vous a chanté sa chanson.

7- Je m'appelle Émilie Jolie *(Ré)*
   Je m'appelle Émilie Jolie *(Ré7M)*
   Et si un jour je deviens vieille *(Mim7 / La7)*
   J'irais par le ciel sur vos ailes *(Fa#m)*
   Au rendez-vous du paradis. *(Mim7 / La7 / Ré)*

8- Mais prends le temps de vivre ta vie *(Ré / Ré7M)*
   Ma petite Émilie Jolie *(Do#7 / Fa#m)*
   Tu sais, dans les pays rêvés *(Fa#m7 / Si7)*
   Les oiseaux ne sont pas pressés. *(Mim7 / La7)*

Ré Ré7M Do#7 Fa#m

Fa#m7 Si7 Mim7 La7

© JPH productions.

L'oiseau : Au revoir Émilie, et tourne bien toutes les pages…
Émilie : Oui Monsieur l'oiseau, au revoir.
Les oiseaux : Adieu !
Le conteur : Allez, viens Émilie, tu sais, les oiseaux ont toujours raison, tu dois lire les autres pages, c'est la loi des livres d'images… Ohhh, mais dis-donc, tu sais la meilleure, on est à la page des oiseaux, et on a failli rater l'Autruche… Faut dire aussi qu'elle est jamais à l'heure…

LA CHANSON DE L'AUTRUCHE
Paroles et musique : Philippe CHATEL

1- <u>Je</u> suis une Autruche folle de Jazz et de Skat *(La)*
   <u>Je</u> chante en faisant des clics et des clacs *(Sol#7)*
   <u>Des</u> plics et des plocs, des <u>tics</u> et des tocs *(Sim / Mi)*
   Mais <u>je</u> laisse aux horloges le soin de <u>faire</u> tic tac tic tac. *(Sim / Mi)*

2- Avec mes grandes pattes, je fais toutes les danses
   Bourrée, Charleston, Java et Square-dance
   La valse à mille temps, et la mazurka
   Mais je laisse aux moineaux le soin de faire disco, disco.

R1- <u>Toutes</u> les nuits, avec <u>mes</u> copines *(La / Sol#7)*
    <u>On</u> s'amuse, en chantant <u>du</u> <u>Gershwin</u> *(Sim / Mi / Mi5+)*
    <u>Toutes</u> les nuits, avec <u>mes</u> copains *(La / Sol#7)*
    <u>On</u> s'amuse, en chantant <u>du</u> <u>Gershwin</u>. *(Sim / Mi / Mi5+)*

3- Chaque jour je répète pour être une vampe
   La première Autruche sous les feux de la rampe
   Je garde l'espoir d'être un jour une star
   Changer ma vie en fête en faisant des claquettes, claquettes.

Solo claquettes-
   La Sol#7 Sim Mi Sim Mi
   — — — — — —

R2- Toutes les nuits, avec mes copines
    On s'amuse, en chantant du Gershwin
    Toutes les nuits, avec mes copains
    On s'amuse, en chantant du Gershwin.

4- Quel est le producteur, le magnat, le mécène
   Qui me fera faire mon premier pas sur scène
   Moi, j'attends mon heure, même si pour l'instant
   Je n'ai vu que le lion de la Metro Goldwing Meyer.

Coda-
   <u>Tous</u> les rêves de ma vie j'les <u>passe</u> *(La / Sol#7)*
   <u>Au</u> fond d'un casino de Las <u>Vegas</u> — *(Sim / Mi Mi5+)*
   <u>Et</u> dans mon <u>cœur</u> y'a un <u>regret</u> *(Do#m / Fa#7 Do#m / Fa#7)*
   <u>Qui</u> s'appelle Broa<u>dway</u>, Alors… *(Sim / Mi5+)*

   <u>Toutes</u> les nuits, avec <u>mes</u> copines *(La / Sol#7)*
   <u>On</u> s'amuse, en chantant <u>du</u> <u>Gershwin</u> *(Sim / Mi / Fa#7)*
   <u>Gershwin</u> *(Sim7)*
   <u>Gershwin</u>. — *(Mi / Mi5+)*

   La Sol#7 Sim Mi5+ La
   — — — — —

© JPH productions.

Le conteur : C'est incroyable, c'est dans la page de la sorcière...

Émilie : Mais pourquoi y a-t'il une sorcière ?

Le conteur : Ahhh, mais c'est obligé, dans tous les contes il y a une sorcière... Allez, tourne vite, tout est noir, dans la page, les murs, le plafond, et même le paysage à la fenêtre. Il y a des bouteilles, des tuyaux, des alambics où bouillonnent des poisons et des filtres maléfiques. Mais la méchante sorcière avec son balai est en train de tout casser, casser, casser, casser...

LA CHANSON DE LA SORCIÈRE
Paroles et musique : Philippe CHATEL

Capo I

1-   _ Je suis vêtue de robes noires *(Mim / Mim4)*
     _ Je ne peux vivre que le soir *(Mim5 / Mim4 / Do)*
     J'ai des ongles longs, comme l'hiver *(Lam)*
     Et je fais peur, je suis sorcière. *(Do / Si7)*

2-   J'habite au château des fantômes
     La cruauté, c'est mon royaume
     De tous les diables de l'enfer
     Je suis la mère, je suis sorcière.

R1- Mais j'ai cassé tous mes alambics *(Mim / Do)*
     Pleins de ciguës, pleins d'arsenics *(Mim / Do)*
     _ J'attends le prince charmant *(Lam / Ré)*
     _ J'attends le prince de sang *(Ré)*
     Qui viendra un jour me délivrer *(Sol7M)*
     Me sauver *(Fa7M)*
     _ Je voudrais pour la première fois *(Do7M / Lam)*
     _ Aimer quelqu'un d'autre que moi. *(Si7)*

3-   Tous mes poisons, mes sortilèges
     Un beau matin m'ont prise au piège
     J'ai peur de tout ce que j'ai fait
     Du plaisir, je passe aux regrets.

Pont-
     Mais pourquoi est-il toujours la haine ? *(Do7M)*
     Je voudrais qu'on me dise un jour *(Sol7M)*
     Sorcière, je t'aime *(Lam / Ré7)*
     Sorcière, je t'aime. *(Lam / Si7)*

4-   Mais chaque soir, dans mon décor
     J'ouvre le bal de mes remords
     Je suis la reine solitaire
     D'un pays de feu et de fer.

R2- Mais j'ai cassé tous mes alambics
     Pleins de ciguës, pleins d'arsenics
     J'attends le prince charmant
     J'attends le prince de sang
     Qui viendra un jour me délivrer
     Me sauver
     Je voudrais pour la première fois *(Si7)*
     _ Aimer quelqu'un d'autre que moi. *(Mim)*

© JPH productions.

Émilie : *La sorcière ne veut plus être méchante, il faut absolument trouver le prince charmant... Y'en a un au moins ?*

Le conteur : *Dans tous les contes il y a une sorcière et un prince charmant pour l'équilibre...*

Émilie : *On va le chercher.*

Le conteur : *C'est plus facile à dire qu'à faire, mais allons-y... Tourne la page suivante.*

Émilie : *Aie ! j'me suis piqué la main !*

Le conteur : *Ça, c'est la page du hérisson... Tiens, qu'est-ce que je te disais... Le voilà.*

Hérisson : *Évidemment, c'est toujours pareil, on se pique à ma page, on se pique en me caressant, et les gens se piquent d'avoir du cœur, et moi, je ne suis qu'un hérisson tout seul, tout seul, tout seul...*

LA CHANSON DU HÉRISSON

Paroles et musique : Philippe CHATEL

Le conteur-
<u>Ohh</u> qu'est-ce qu'y pique <u>ce</u> hérisson ! (Mim, Do)
<u>Ohh</u> qu'elle est triste sa chan<u>son</u>...! *(bis)* (Si7, Mim)
<u>C'est</u> un hérisson qui piquait, qui piquait (Mim)
<u>Et</u> qui voulait qu'on l'caresse, resse, resse (Do)
<u>On</u> l'caressait pas pa pa pa paaaa (Si7)
<u>Non</u> pas parc'qu'y piquait pas, <u>mais</u> parc'qu'y piquait. *(bis)* (Mim, Si7)

Ohh qu'est-ce qu'y pique ce hérisson !
Ohh qu'elle est triste sa chanson !

Le hérisson-
<u>Quelle</u> est la fée dans ce livre (Mim)
<u>Qui</u> me donnera l'envie de vivre ? (Do)
<u>Quelle</u> est la petite fille aux yeux bleus (Si7)
Qui va m'rendre heu<u>reux</u> ? (Mim)

Tous-
Quelle est la fée dans ce livre
Qui lui donnera l'envie de vivre ?
Quelle est la petite fille aux yeux bleus
Qui va l'rendre heureux ?

Émilie-
<u>Moi</u>, je ne vois que <u>moi</u>, il n'y a que <u>moi</u> dans ce livre <u>là</u> (Mim, Do, Si7, Mim)
<u>Moi</u>, je ne vois que <u>moi</u>, il n'y a que <u>moi</u> dans ce livre... (Mim, Do, Si7)

Tous-
<u>La</u>, la, la, la, la, la, <u>la</u>, la (Mim, Do)
La, la, la, la, <u>la</u>, la, la, la, la, <u>la</u>, la, la (Si7, Mim)
<u>La</u>, la, la, la, la, la, <u>la</u>, la (Mim, Do)
La, la, la, la, <u>la</u>, la, la, la, la, <u>la</u>. (Si7, Mim)

Émilie-
Elle est plus triste cette chanson
J'ai caressé le hérisson.

Tous-
Il est plus triste le hérisson
Elle a caressé la chanson.

Le conteur-
Mais <u>non</u>, le hérisson ! (Mim)

Tous-
Mais <u>non</u>, le hé<u>ri</u>sson. (Si7, Mim)

Le conteur-
<u>Pom</u> <u>Pom</u>. (Si7, Mim)

© JPH productions.

Le conteur : Demande-lui pour le prince…

Émilie : Hérisson, nous sommes à la recherche du Prince Charmant…

Le hérisson : Ahh, c'est toujours pareil… Un prince charmant… Les gens sont toujours à la recherche des princes charmants, mais jamais des hérissons…

Émilie : Mais c'est pour la sorcière, pour qu'elle devienne une princesse.

Le hérisson : Une princesse la sorcière… toujours pareil… les gens sont toujours à vouloir changer les sorcières en princesses, mais jamais les hérissons qui piquent en hérissons qui ne piquent plus… Enfin, tournez ma page, et bonne chance, vous finirez bien par le trouver ce prince charmant.

Le conteur : De l'herbe, des brins d'herbe, des milliers de brins d'herbe, des millions de brins d'herbe, des milliards de brins d'herbe…

Émilie : Et une fleur, une petite fleur, une toute petite fleur…

LA CHANSON
DE LA PETITE FLEUR TRISTE

Paroles et musique : Philippe CHATEL

1- Je suis une petite fleur malade
   Lam   *Mim*
   Malade parce que personne n'm'regarde
   Fa7M   *Mim*
   Même les orties sont plus jolies
   Rém7   *Sol7*
   _ Aux yeux des promeneurs
   Do7M   *Fa7M*
   _ D'ici ou d'ailleurs. _
   Mi   *Sim* *Mi7*

2- Je suis une petite fleur fragile
   Qui rêve d'élire domicile
   Sous une mèche de tes cheveux blonds
   Boucle claire de ton front
   _ Ne me dis pas non. _
   Mi   *Lam*

R- Émilie Jolie
   Rém7
   Cueille-moi, je t'en prie
   Sol
   Je t'en prie, je t'en supplie
   Mim   *Fa7M*
   J'ne veux pas finir sous les feuilles
   Mim
   Comme linceul
   Fa7M
   Ou séchée dans un portefeuille.
   Do7dim *Mi7*   *Lam*

3- Vois, déjà mes couleurs se fanent
   Solitude, ennui, vague-à-l'âme
   Le temps de rien dans ce jardin
   Car même si je suis sage
   Mon printemps n'est qu'un passage.

Pont-
   Rém7
   Maman bleuet
   Sol7
   Papa coquelicot
   Mim   *Fa7M*
   _ J'ai perdu leurs pistes
   Do7dim   *Mim*   *Lam*
   Alors cueille cette petite fleur triste.

4- Je suis une petite fleur inquiète
   L'automne et l'hiver me guettent
   Et je me lasse du temps qui passe
   De ma vie qui s'en va
   Ne pars pas sans moi.

Coda-
   Émilie Jolie
   Cueille-moi, je t'en prie
   Je t'en prie, je t'en supplie
   Grâce à toi je serai celle
   Oh, ma belle
   Qui aura la vie éternelle.

© JPH productions.

Le conteur : Émilie cueille la petite fleur, et la donne à l'horloge, parce que les problèmes de temps, elle s'y connaît. Et la petite fleur est bien contente !

IGNACE

Paroles : Jean MANSE
Musique : Roger DUMAS

1- Lorsque je suis né
                Do Mim/Si Lam
   Mes parents é - ton - nés
        Do   Fa6 Do
   Fir'nt tout d'abord un drôl' de nez
        Do
   Quand vint le docteur
               Do Mim/Si Lam
   J'appris avec ter - reur
    Sol/Ré   Ré Ré/Sol Sol
   Que j'aurai pu être ma sœur
         Rém
   Quand on s'aperçut
            Do
   Qu'j'avais quéqu' chose en plus
    Sol7   Do
   Ils me baptisér'nt alors tout émus.

R- Do
   Ignace! Ignace!
        Do/Mi   Sol7
   C'est un petit, petit nom charmant
   Sol7
   Ignace! Ignace!
        Sol7   Sol7#5 Do
   Qui me vient tout droit de mes pa - rents
      Do
   Ignace! Ignace!
        Do   Rém6 Midim Rém/Fa
   Il est bien et me va comm' un gant
            Fa6   Ré#dim Do/Mi
   Moi, je le trouve plein de grâce
   Do#dim Sol7/Ré Do
   I - gnace! Ignace!
   Do/Mi   Fa6
   Je n'm'en crois pas,
          Ré#dim Do/Mi
   Mais il me place
    Ré7   Sol7   Do
   Ignace c'est un nom charmant.

2- J'pourrais attention
   M'app'ler sans prétention
   Machin, Chose ou bien Tartempion
   On n'la pas voulu
   Et je suis convaincu
   D'avoir un nom comme on n'voit plus
   Mais en vérité
   Je l'dis sans me flatter
   Ça me donne une personnalité.

3- Si j'suis père un jour
   D'un enfant de l'amour
   Je veux qu'il s'appelle à son tour
   Du nom délicat
   Et fin de son papa
   C'est bien mieux que Jules ou Thomas
   Si c'est un garçon
   Et qu'il fasse des façons
   Je lui dirais : "Écoute mon mignon".

© 1937 by Éditions PAUL BEUSCHER et Éditions F. BOUSQUET.
Avec l'aimable autorisation des Éditions PAUL BEUSCHER.

LUIS MARIANO

LA BELLE DE CADIX

Paroles : Raymond VINCI
Musique : Francis LOPEZ

© Éditions SALABERT

1-   Fa   Sib   Fa   Do7   Fa
La belle de Cadix a des yeux de velours
Fa   Rém   Solm   Do7   Fa   Rém
La belle de Cadix vous invite à l'amour.
Lam   Mi7   Lam   Mi7   Lam   Mi7   Lam
Les cavalieros sont assis dans la "posada", on apprend qu'elle danse
Lam   Lam/Sol#   Do/Sol   Sol   Do   Sol7   Do7
Et pour ses jolis yeux noirs les hidalgos le soir viennent tenter la chance

Fa   Sib   Fa   Do7   Fa
Mais malgré son sourire et son air engageant
Fa   Rém   Solm   Do7   Fa
La belle de Cadix ne veut pas d'un amant
Do7   Fa
Chicaticatic aille aille aille *(ter)*
Do7   Fa
Ne veux pas d'un amant.

2- La belle de Cadix a des yeux langoureux
La belle de Cadix a beaucoup d'amoureux.

Juanito de Christobald tuerait bien son rival le soir au clair de lune
Et Pedro le matador pour l'aimer plus encore donnerait sa fortune.

Mais malgré son sourire et son air engageant
La belle de Cadix ne veut pas d'un amant
Chicaticati aille aille aille *(ter)*
Ne veux pas d'un amant.

3- La belle de Cadix est partie un beau jour
La belle de Cadix est partie sans retour.

Elle a dansé une nuit dans le monde et le bruit toutes les séguidillas
Et par un beau clair matin elle a pris le chemin qui mène Santa Millia.

La belle de Cadix n'a jamais eu d'amant
La belle de Cadix est entrée au couvent
Chicaticati aille aille aille. *(ter)*

L'AMOUR EST UN BOUQUET DE VIOLETTES

Paroles : Mireille BROCEY et Francis LOPEZ
Musique : Francis LOPEZ

R-   **Fa**   **Do7**
    L'amour est un bouquet de violettes
                                     Fa
    L'amour est plus doux que ces fleurettes
    Fa/La   **Do7dim**   **Do**
    Quand le bonheur en passant vous fait signe et s'arrête
                          Do7   **Fa/La Sol#7dim Solm7 Do7**
    Il faut lui prendre la main sans attendre à demain. _ _ _

    Fa   **Do7**
    L'amour est un bouquet de violettes
                                Ré7
    Ce soir cueillons, cueillons ces fleurettes
    Solm7   **Solm/Fa**   **La/Mi La7**
    Car au fond de mon â - me
    Fa/Do   **Ré7**
    Il n'est qu'une femme
    Sol7   **Do7 Do5+ Fa**
    C'est toi qui seras toujours mon seul a - mour.

1-   **Lam7**   **Sib**   **Fa**
    Violetta mon amie, mon amie si jolie
                Lam7   **Sib**   **Fa**
    Violetta je t'en pris n'aie pas peur de la vie
                 Do7   **La7**   **Rém**
    Il faut perdre la tête _ et songer que l'amour
                     Sol7   **Do9**
    Est comme ces violettes il se fane un beau jour.

2-   On te dira parfois prends bien garde au plaisir
    Prends bien garde, elle et moi d'où naîtra le désir
    Mais dis-toi bien sans cesse que la vie n'a qu'un temps
    Et que même une alerte laisse toi aimer un instant.

© 1952 S.E.M.I.
Publié avec l'autorisation de la SOCIÉTÉ d'ÉDITIONS
MUSICALES INTERNATIONALES – Paris – France.

NOTRE-DAME DE PARIS

BELLE
(chanson extraite du spectacle musical NOTRE-DAME DE PARIS)
Paroles : Luc PLAMONDON
Musique : Richard COCCIANTE

Quasimodo-
      Rém
1- Belle
                  Solm   La7   Rém
    C'est un mot qu'on dirait inventé pour elle
                        Solm   La7   Rém
    Quand elle danse et qu'elle met son corps à jour, tel
             Solm   La7   Rém
    Un oiseau qui étend ses ailes pour s'envoler
         Solm   La7   Rém
    Alors je sens l'enfer s'ouvrir sous mes pieds.
           Mim   Fa#7   Sim
    J'ai posé mes yeux sous sa robe de gitane
             Mim   La   Ré
    À quoi me sert encore de prier Notre-Dame
    Sim
    Quel
               Mim   Fa#7   Sim
    Est celui qui lui jettera la première pierre
             Mim   La   Ré
    Celui-là ne mérite pas d'être sur terre.
       Fa#7
    Ô Lucifer !
                                Sim
    Oh ! Laisse-moi rien qu'une fois
                Mim   Fa#7   Sim
    Glisser mes doigts dans les cheveux d'Esmeralda.
    Mim La Rém Solm Do
    —   —   —   —   —

Frollo-
      Fam
2- Belle
                  Sibm   Do7   Fam
    Est-ce le diable qui s'est incarné en elle
                         Sibm   Do7   Fam
    Pour détourner mes yeux du Dieu éternel
            Sibm   Do7   Fam
    Qui a mis dans mon être ce désir charnel
         Sibm   Do7   Rém
    Pour m'empêcher de regarder vers le ciel.
               Solm   La7   Rém
    Elle porte en elle le péché originel
            Sol   Do   Fa
    La désirer fait-il de moi un criminel
    Rém
    Celle
                   Solm   La7   Rém
    Qu'on prenait pour une fille de joie une fille de rien
                   Solm   Do   Fa
    Semble soudain porter la croix du genre humain.
               La7
    Ô Notre-Dame !
                                Rém
    Oh ! Laisse-moi rien qu'une fois
             Solm   La7   Rém
    Pousser la porte du jardin d'Esmeralda.
    Solm Do7 Fam Sibm Mib7
    —   —   —   —   —

© by BOVENTOON B.V. et LUC PLAMONDON.
ONZE MUSIC - 61, rue de Ponthieu - 75008 PARIS.

Phœbus-
          Labm
3- Belle
                       Rébm   Mib7   Labm
     Malgré ses grands yeux noirs qui vous ensorcellent
              Rébm   Mib7   Labm
     La demoiselle serait-elle encore pucelle ?
                    Rébm   Mib7   Labm
     Quand ses mouvements me font voir monts et merveilles
          Rébm   Mib7   Fam
     Sous son jupon aux couleurs de l'arc-en-ciel.
          Sib   Do7   Fam
     Ma dulcinée laissez-moi vous être infidèle
          Sib   Mib7   Labm
     Avant de vous avoir menée jusqu'à l'autel
     Fam
     Quel
            Sib   Do7   Fam
     Est l'homme qui détournerait son regard d'elle
           Sib   Mib7   Labm
     Sous peine d'être changé en statue de sel.
                Do7
     Ô Fleur-de-Lys
                              Fam
     Je ne suis pas homme de foi
         Sibm   Do7   Fam
     J'irai cueillir la fleur d'amour d'Esmeralda.
Sibm Mib7 Labm Rébm Mib7
_ _ _ _ _

Coda : Quasimodo, Frollo et Phœbus-
    Fam   Sibm   Do7   Fam
    _ J'ai posé mes yeux sous sa robe de gitane
               Sibm   Mib7   Lab7
    À quoi me sert encore de prier Notre-Dame
    Fam
    Quel
         Sibm   Do7   Fam
    Est celui qui lui jettera la première pierre
            Sibm   Mib7   Lab7
    Celui-là ne mérite pas d'être sur terre.
                    Do7
    Ô Lucifer !
                                Fam
    Oh ! Laisse-moi rien qu'une fois
                Sibm   Do7   Fam
    Glisser mes doigts dans les cheveux d'Esmeralda
   Sibm Do7   Fam
    _ _ Esmeralda.

LE TEMPS DES CATHÉDRALES

(chanson extraite du spectacle
musical NOTRE-DAME DE PARIS)
Paroles : Luc PLAMONDON
Musique : Richard COCCIANTE

apo III

  Lam   Rém7
_ C'est une histoire qui a pour lieu
Sol7   Do7M
_ Paris la belle en l'an de Dieu
Fa7M   Si5dim
_ Mil-quatre-cent-quatre-vingt-deux
Mi4   Lam
_ Histoire d'amour et de désir.

Lam   Rém7
_ Nous les artistes anonymes
Sol7   Do7M
_ De la sculpture ou de la rime
Fa7M   Si5dim
_ Tenterons de vous la transcrire
  Mi4   Lam
Pour les siècles à venir.

                                  Rém7   Sol7
R- Il est venu le temps des cathédra - les
      Do7M   Fa7M
    Le monde est entré
    Si5dim   Mi4   Lam
    _ Dans un nouveau millénaire
                               Rém7   Sol7
    L'homme a voulu monter vers les étoi - les
    Do7M   Fa7M
    Écrire son histoire
    Si5dim   Mi4   Lam
    _ Dans le verre ou dans la pierre.

2- Pierre après pierre, jour après jour
    De siècle en siècle avec amour
    Il a vu s'élever les tours
    Qu'il avait bâties de ses mains.

    Les poètes et les troubadours
    Ont chanté des chansons d'amour
    Qui promettaient au genre humain
    De meilleurs lendemains.

Reprise du refrain-
(monter d'un demi-ton)-

Coda (monter d'un demi-ton)-
    Il est foutu le temps des cathédrales
    La foule des barbares
    Est aux portes de la ville
    Laissez entrer ces païens, ces vandales
    La fin de ce monde
    Est prévue pour l'an deux mille. *(bis)*

© by BOVENTOON B.V. et LUC PLAMONDON.
ONZE MUSIC - 61, rue de Ponthieu - 75008 PARIS.

VIVRE

(chanson extraite du spectacle musical NOTRE-DAME DE PARIS)
Paroles : Luc PLAMONDON
Musique : Richard COCCIANTE

© by BOVENTOON B.V. et LUC PLAMONDON.
ONZE MUSIC - 61, rue de Ponthieu - 75008 PARIS.

Intro-
Sim Sib Ré/La Ré Solm Do#7dim La4-3
— — — — — — —

1-
   Fa#m   *Fa*
__ La nuit est si belle
La7/Mi   *La7*
__ Et je suis si seule
Rém   *Si7dim*
__ Je n'ai pas envie de mourir
Mi4
__ Je veux encore chanter
   Mi   *Do#m*
Danser et rire
Do Mi7/Si
__ __ Je ne veux pas mourir __
Lam
__ Mourir
Ré#7dim   *Si4 - 3*
__ Avant d'avoir aimé. __

     Mi
R- Vivre
Pour celui qu'on aime
    La
Aimer
                Mi
Plus que l'amour même
     Si7
Donner
                  Mi
Sans rien attendre en retour.

2-
   Do#m
Libre
Do   *Mi/Si*
__ De choisir sa vie
Mi   *Lam*
__ Sans un anathème
Ré#7dim   *Si4 - 3*
__ Sans un interdit. __

Ré#m
Libre
Ré   *Fa#7/Do#*
__ Sans dieu ni patrie
Fa#7   *Sim*
__ Avec pour seul baptême
Fa#7dim   *Do#4 - 3*
__ Celui de l'eau de pluie. __

     Fa#
R- Vivre
Pour celui qu'on aime
    Si
Aimer
                Fa#
Plus que l'amour même
     Do#7
Donner
                  Fa#
Sans rien attendre en retour.

3-
Ré#m   *Ré*
__ Ces deux mondes qui nous séparent
Fa#7/Do#   *Fa#7*
__ Un jour seront-ils réunis
Sim   *Fa7dim*
__ Oh! je voudrais tellement y croire
Do#4   -   3
__ Même s'il me faut donner ma vie
Sibm   *Do#7*
Donner ma vie __
                Fa#   *Fa#7*
Pour changer l'histoire. __

     Si
R- Vivre
Pour celui qu'on aime
    Mi
Aimer
                Si
Plus que l'amour même
     Fa#7
Donner
                  Si
Sans rien attendre en retour.

Coda-
    Mim
Aimer
                   Si
Comme la nuit aime le jour
    Fa#
Aimer
               Si
Jusqu'à en mourir d'amour
Mim   *Si*
__ Jusqu'à en mourir d'amour.

QUAI DES ORFÈVRES

AVEC SON TRA-LA-LA
Paroles : André HORNEZ / Musique : Francis LOPEZ

1- *Sol* Elle habitait Sé*Ré7*ville
　Et dans toute la *Sol* ville
　C'était la *Sib7dim* plus ha*Ré7*bile
　De tout's les gita*Sol*nas
　Sib Il en é*Mib7*tait d'plus *Fa7* belles
　Fa7 Mais elle avait pour *Sib* elle *Fa* *Sol* *La* ＿ ＿ ＿
　Sib Un' chose exceptionnelle
　Que les autres n'avaient *Ré* pas.
　La7

R1- *Ré* Avec *son* tra-la-la
　Sol Son petit tra-la-la
　Ell' fai*Ré7*sait tourner toutes les *Sol* têtes
　D'un coup *Ré* de tra-la-la
　Ell' fai*Sol*sait tra-la-la
　Et cha*Ré7*cun rêvait d'êtr' dans ses *Sol* bras
　Ce qui les troublait à l'ex*Si+*trême
　Et *Si+* les rendait fous de dé*Fa#*sir
　C'était *Si+* pas la chose en ell' *Mi7* même
　C'était *La7* la façon d's'en ser*Ré*vir…
　Avec son tra-la-la
　Sol Son petit tra-la-la
　Ell' n'a*Ré7*vait pas besoin de casta*Sol*gnettes
　Car son *Ré7* p'tit tra-la-la
　Était *Sol* si tra-la-la
　Que null' *Ré7* part y'en n'avait un' comm' *Sol* ça.

2- Un jour sous les arcades
　Elle eut une toquade
　Pour don Pedro l'alcade
　À caus' de ses gros bras
　Loin d'se laisser séduire
　Il eut un p'tit sourire
　Qui avait l'air de dire
　Oh ! toi tu ne m'auras pas.

R2- Avec son tra-la-la
　Son petit tra-la-la
　Ell' se mit aussitôt en campagne
　D'un coup de tra-la-la
　Elle fit tra-la-la
　Et Pedro brusquement s'emballa
　Alors revenant à la charge
　Ell' fit le grand jeu intégral
　En long, en travers et en large
　Et même aussi en diagonal
　Avec son tra-la-la
　Son petit tra-la-la
　Elle aurait fait trembler des montagnes
　Car son p'tit tra-la-la
　Était si tra-la-la
　Que Pedro le lend'main l'épousa.

3- Mais une cigarière
　L'ayant mise en colère
　Ell' la tua sans manière
　D'un coup de Navaja
　Des juges redoutables
　La reconnur'nt coupable
　Mais ell' toujours aimable
　Ne s'en fit pas pour cela.

R3- Avec Son tra-la-la
　Son petit tra-la-la
　Ell' fit face à l'interrogatoire
　D'un coup de tra-la-la
　En faisant tra-la-la
　Ell' n'avait plus besoin d'avocat
　Au cours de leur réquisitoire
　Les jug's déclarèrent qu'elle avait
　Des arguments très péremptoires
　Qui f'saient rebondir l'intérêt
　Avec son tra-la-la
　Son petit tra-la-la
　Elle fut acquittée sans histoire
　Car son p'tit tra-la-la
　Était si tra-la-la
　Que debout le public l'accla*Sol*ma
　Ré7 Ay, *ay*, ay, ay, ay
　Sol Ay, *ay*, ay, ay, ay
　Voyez c'qui arrive Mes*Sol*dames
　Ré7 Ay, *ay*, ay, ay, ay
　Sol Ay, *ay*, ay, ay, ay
　Quand *on* a un p'tit tra-la-*la*. *Sol Do+ Sol Do+*
　Sol Ré7 Sol ＿ ＿ ＿

© 1947 by Éditions ARPÈGE.
© 1997 by Éditions PAUL BEUSCHER.
Avec l'aimable autorisation des Éditions PAUL BEUSCHER.

TALONS AIGUILLES

UN AÑO DE AMOR
(C'EST IRRÉPARABLE)

Paroles originales : Nino FERRER
Paroles espagnoles : Pedro ALMODOVAR
Musique : Nino FERRER et Gaby VERLOR

1- Lo nuestro se acabo
Y te arrepentiras
De haberle puesto fin
A un año de amor
Si ahora tu te vas
Pronto descubriras
Que los dias son eternos
Y vacios sin mi.
Y de noche
Por la noche
Por no sentirte solo
Recordaras
Nuestros dias felices
Recordaras
El sabor de mis besos
Y entenderas
En un solo momento
Que significa
Un ano de amor
Que significa
Un año de amor.

2- Te has parado a pensar
Lo que sucedera
Todo lo que perdemos
Y lo que sufriras
Si ahora tu te vas
No recuperaras
Los momentos felices
Que te hice vivir.
Y de noche
Por la noche
Por no sentirte solo
Recordaras
Nuestros dias felices
Recordaras
El sabor de mis besos
Y entenderas
En un solo momento
Que significa
Un ano de amor
Que significa
Un año de amor.

Version française

1- Je sais que c'est fini
Je sais mais je t'en prie
Écoute-moi quand même
Écoute-moi car je t'aime
Depuis qu'on s'est quittés
Je suis seul étonné
Mes jours sont tellement lents
Et vides et obsédants
Je suis seul, la nuit vient
Et je me souviens
D'un an d'amour
Les matins indolents
Les soirs de pluie
Les vacances et le vent
Et ton corps blond
De soleil et de sable
Un an d'amour
C'est irréparable
Un an d'amour
C'est irréparable.

2- Maint'nant ce n'est plus moi
Un autre est avec toi
Et toi, tu lui souris
Comm' tu m'avais souri
Et ce sourir', tu vois
Je te hais pour cela
Je te hais mais je t'aime
Au fond ça r'vient au même
Je t'aime, le comprends-tu ?
T'ai-je vraiment perdue
Un an d'amour
Des années de regrets
Des feuilles mortes
Et le temps passé
L'automne emporte
Les rêves et les fables
Un an d'amour
C'est irréparable.

© 1964 by Éditions PAUL BEUSCHER.
Avec l'aimable autorisation
des Éditions PAUL BEUSCHER.

4ème partie

FÊTES ET RENCONTRES

ALLONS-Y
COUPER DU BOIS
Paroles : Jean HUMENRY
Musique : traditionnel cajun

          Sol
- Allons-y couper du bois, Julie
          Do
- Allons-y couper du bois, ma belle
    Ré7
- Pour faire du feu.
                Sol Do Sol
- Et pour réchauffer la maison. _ _
- Et pour faire cuire les champignons.
- Et pour faire cuire les p'tits poissons.
- Et pour faire brûler la maison.

Coda-
     Sol
- Yam di dou dam
  Ré7   *Sol*
- Dam di dou di dou dam
- Yam di dou dam
  Ré7   *Sol*
- Yam di dou di dou dam.

© Droits réservés.

AUJOURD'HUI PEUT-ÊTRE
Paroles : Marcel SICARD
Musique : Paul DURAND

1-   *Do*   *Do#7dim Rém*
Devant ma maison, y a un pin terrible
       Rém7   *Sol7*   *Do*
Dont la grosse branche pourrait bien tomber
                Do7   *Fa*
Sur mon pauvre toit, quelle belle cible
             Ré7   *Sol7*
Cette branche-là je vais la couper
     Do   *Mim*   *Rém*
Aujourd'hui peut-être
Sol7   *Do*
Ou plutôt demain
Mi7dim La7   *Rém*   *Sol7 Sol5+ Do*
Ce sacré soleil me don - ne la flemme
         Mim   *Rém*   *Sol7*   *Do*
Je la couperai, té _, après demain
Mi7dim La7   *Rém7 La7*
Et si je peux pas
Fa6   *Ré7*   *Sol7*   *Sol*
La couper moi-mê - me
Do9   *Do7 Fa*   *Fa6*
Je demanderai à l'ami Tonin
Rém7   *Ré7*   *Sol13 - 7*
Qui la coupera aussi bien lui-mê - me
Do7   *Fa6*
_ C'est pas que l'on soit fainéant par ici
        Fa#7dim   *Do*   *Sol7 Do*
Mais c'est qu'il fait chaud dans notre Midi.

2- J'ai de beaux lapins, des lapins superbes
Mais ils ont toujours envie de manger
Il faut sans arrêt leur couper de l'herbe
Et je devrais bien leur en ramasser
Aujourd'hui peut-être
Ou plutôt demain
Ce sacré soleil me donne la flemme
J'en ramasserai, té, après-demain
Et si je peux pas la couper moi-même
Ben je lâcherai tous mes beaux lapins
Qui la couperont aussi bien eux-mêmes
C'est pas que l'on soit fainéant par ici
Mais c'est qu'il fait chaud dans notre Midi.

3- Le soir de mes noces "avec-que" Thérèse
Quand on a été tout déshabillé
En sentant frémir son beau corps de braise
Je me suis pensé : "Je vais l'embrasser"
Aujourd'hui peut-être
Ou plutôt demain
Moi, les émotions ça me rend tout blême
Ce soir, je suis pas, té, vraiment en train
Il sera pas long, mon joli poème
Soudain ça m'a pris au petit matin
On est déchaîné, ici quand on aime
Et trois mois après, j'avais trois petits
Nous sommes les rois dans notre Midi !
Sol13
—

© 1946 by Paul Durand
© 1987 by Paul Durand et Éditions Paul Beuscher.
Avec l'aimable autorisation des Éditions Paul Beuscher.

AUPRÈS DE MA BLONDE

Do Sol Do Do Fa Do
1- Dans les jardins d'mon père, les lilas sont fleuris *(bis)*
La7 Rém7 Sol7 Do Sol
Tous les oiseaux du monde viennent y faire leurs nids. _

Do Sol Do Sol Do Fa Do
R- Au - près de ma blonde qu'il fait bon, fait bon, fait bon.
Do Sol Do Sol Do
Au - près de ma blonde qu'il fait bon dormir.

2- Tous les oiseaux du monde viennent y faire leurs nids *(bis)*
La caille, la tourterelle, et la jolie perdrix.

3- …Et ma jolie colombe, qui chante jour et nuit.

4- …Qui chante pour les filles qui n'ont pas de mari.

5- …Pour moi ne chante guère car j'en ai un joli.

6- …Dites-nous donc, la belle, où donc est votr'mari.

7- …Il est dans la Hollande, les Hollandais l'ont pris.

8- …Que donneriez-vous, la belle, pour avoir votr'mari ?

9- …Je donnerais Versailles, Paris et Saint Denis.

10- …Les tours de Notre-Dame et l'clocher d'mon pays.

11- …Et ma jolie colombe qui chante jour et nuit.

© Domaine public.

C'EST À BOIRE QU'IL NOUS FAUT
Paroles : Marcel COMBRE / Musique : Michel FLORET

1- C'étaient six jeunes bons bougres, qui venaient de Longjumeau *(bis)*
   Ils entrèr'nt dans une auberge pour y boir' du vin nouveau, oh.

R- C'est à boire, boire, boire, c'est à boire qu'il nous faut, oh, oh, oh, oh.

2- Ils entrèr'nt dans une auberge pour y boir' du vin nouveau, oh *(bis)*
   Chacun fouilla dans sa poche quand il fallut payer l'pot, oh.

3- Chacun fouilla dans sa poche quand il fallut payer l'pot *(bis)*
   Le plus rich' retoum' la sienne et n'y trouv' qu'un écu faux, oh.

4- Le plus rich' retourn' la sienne et n'y trouv' qu'un écu faux *(bis)*
   Nom de nom, dit la patronne, qu'on leur prenne leurs chapeaux, oh.

5- Nom de nom, dit la patronne, qu'on leur prenne leurs chapeaux *(bis)*
   Sacrebleu, fait la servante, leurs culott's, leurs godillots, oh.

6- Sacrebleu, fait la servante, leurs culott's, leurs godillots *(bis)*
   Et quand ils fur'nt en chemise, ils montèr'nt sur des tonneaux, oh.

7- Et quand ils fur'nt en chemise ils montèr'nt sur des tonneaux *(bis)*
   Nom de nom, dit la patronne, qu'ils sont noirs, mais qu'ils sont beaux, oh.

8- Nom de nom, dit la patronne, qu'ils sont noirs, mais qu'ils sont beaux *(bis)*
   Sacrebleu, fait la servante, tous les six il me les faut, oh.

9- Sacrebleu, fait la servante, tous les six il me les faut *(bis)*
   Et tous les six y passèrent, du plus p'tit jusqu'au plus gros, oh.

10- Et tous les six y passèrent, du plus p'tit jusqu'au plus gros *(bis)*
    Nom de nom, dit la patronne, qu'on leur rende leurs chapeaux, oh.

11- Nom de nom, dit la patronne, qu'on leur rende leurs chapeaux *(bis)*
    Sacrebleu, fait la servante, leurs culott's, leurs godillots, oh.

12- Sacrebleu, fait la servante, leurs culott's, leurs godillots *(bis)*
    Car ici les beaux gars boivent, et ne paient pas leur écot, oh.

© Domaine public.

CLAIR MATIN

Paroles : Louis SIMON
Musique : César GEOFFRAY

1- Le ma<u>tin</u> tout <u>re</u>splendit, tout <u>chan</u>te
    Ré   *Sol*   *Ré*
La <u>terre</u> rit, le <u>ciel</u> flamboie
La7   *Ré*
Mais pour nous qu'il <u>ton</u>ne, pleuve ou <u>ven</u>te
                 Sol   *Ré*
De tous <u>temps</u> nous chan<u>tons</u> notre <u>joie</u>.
     La   *Mi7*   *La*

R- _ Car chaque <u>jour</u> est un jour de <u>fê</u>te
    Ré   *Sol*   *Ré*
_ Dans notre <u>cœur</u> un <u>so</u>leil luit tou<u>jours</u>.
Si7   *Mim*   *La7*   *Ré*
_ Vibrant de <u>joie</u>, d'élans et d'<u>a</u>mour
Ré   Sol   *Ré*
Notre <u>â</u>me <u>fiè</u>re <u>chan</u>tera tou<u>jours</u>.
    Si7   *Mim* *La7*   *Ré*

2- On dit bien que la vie est maussade
Que chaque jour est un souci
Nous savons la prendre en camarade
Lui sourire et lui dire merci.

3- Le malheur qui frappe à notre porte
Nous trouve prêts devant le sort
Car la vie sans cesse nous apporte
Sa joie pure où les cœurs sont plus forts.

© Éditions À Cœur Joie.

DANS CE QUI FUT MA POCHE

1- Dans ce qui fut ma <u>po</u>che
   Sol   *Ré*
Et qui n'est plus qu'un <u>trou</u>
Sol   *Mim*
Je <u>n'ai</u> plus <u>de</u> sous
Lam   *Ré7* *Sol*
Mes meilleurs habits
Ne <u>sont</u> que <u>des</u> hail<u>lons</u>
   Do   *Sol*   *Lam*
Mes sou<u>liers</u> n'ont plus
      Ré7
Se<u>mel</u>les <u>ni</u> ta<u>lons</u>.
Ré *Ré7* *Sol*

R- Mais pour <u>moi</u>
           Mim
Le <u>mon</u>de est <u>beau</u>
Lam   *Ré7*
<u>Dans</u> les arbres là-<u>haut</u>
Sol   *Mim*
Chan<u>tent</u> les <u>oi</u> - <u>seaux</u>.
Lam   *Ré* *Sol*

2- Hier j'avais deux écus
Le premier, je l'ai bu
Je ne l'ai donc plus
Le second brillait
Si fort dans la lumière
Que j'en ai fait don
À la claire rivière.

3- Et s'il n'y avait plus
D'orifice au tonneau
Je boirais de l'eau
S'il n'y avait plus
Ni route, ni sentier
Je resterais au repos
Des mois entiers.

© Domaine public.

288

DOMINO

Paroles : Jacques PLANTE
Musique : Louis FERRARI

1-   ^{Fa#7}   ^{Mim}
    _ Domino, Domino
                             Lam6
    Le printemps chante en moi, Dominique
      Si7
    Le soleil s'est fait beau
                          Mim
    J'ai le cœur comme un' boite à musique
      Mi7   Lam
    J'ai besoin de toi
          Ré7   Sol   Si7
    De tes mains sur moi _
        Rém6/Fa   Mi7   Lam
    De ton corps _ doux et chaud
      Mim   Si7   Mim
    J'ai envie d'être aimée Domino.

      Mim   Ré   Lam   Si
    Méfie-toi, mon amour, je t'ai trop pardonné
      Mim   Ré   Lam   Si
    J'ai perdu plus de nuits que tu m'en as données
          Fa#m   Si7
    Bien plus d'heures _
           Mi   Mi
    A t'attendre, qu'à te prendre sur mon cœur
      Mim   Ré   Lam   Si
    Il se peut qu'à mon tour je te fasse du mal
      Mim   Ré   Lam   Si
    Tu m'en as fait toi-même et ça t'est bien égal
      Fa#m7   Si7   Fa#7   Si
    Tu t'amuses _ de mes peines, et je m'use de t'aimer.

2- Domino, Domino
    Le printemps chante en moi, Dominique
    Le soleil s'est fait beau
    J'ai le cœur comme un' boîte à musique
    J'ai besoin de toi
    De tes mains sur moi
    De ton corps doux et chaud
    J'ai envie d'être aimée Domino
    Il est une pensée que je ne souffre pas
    C'est qu'on puisse me prendre ma place en tes bras
    Je supporte bien des choses, mais à force c'en est trop…
    Et qu'une autre ait l'idée de me voler mon bien
    Je ne donne pas cher de ses jours et des tiens
    Je regarde qui t'entoure prends bien garde mon amour.

3- Domino, Domino
    J'ai bien tort de me mettre en colère
    Avec toi, Domino
    Je sais trop qu'il n'y a rien à faire
    T'as le cœur léger
    Tu ne peux changer
    Mais je t'aime, que veux-tu ?
    Je ne peux pas changer, moi non plus
             Lam   Mim
    Domino, Domino
        Si   Si7   Rém6/Fa
    Je pardonne toujours, mais reviens
      Mi   Lam   Mim
    _ Domino, Domino
        Si7   Mim Lam Mim Lam Mim
    Et je ne te dirai plus rien. _ _ _

© 1950 by Éditions ARPÈGE.
© 1997 by Éditions PAUL BEUSCHER.
Avec l'aimable autorisation des Éditions PAUL BEUSCHER.

EN PASSANT PAR LA LORRAINE

1- En pas*Ré*sant par la Lor*Sol*raine
   A*Ré*vec *Sol*mes sa*Ré*bots. *(bis)*
   Rencon*Sim*trai trois capi*La7*taines
   A*Ré*vec mes sabots dondaine
   *Ré*Oh! Oh! Oh! a*Mim*vec *La7*mes sa*Ré*bots.

2- Rencontrai trois capitaines
   Avec mes sabots. *(bis)*
   Ils m'ont appelée vilaine
   Avec mes sabots dondaine
   Oh! Oh! Oh! avec mes sabots.

3- Ils m'ont appelée vilaine
   Avec mes sabots. *(bis)*
   Je ne suis pas si vilaine
   Avec mes sabots dondaine
   Oh! Oh! Oh! avec mes sabots.

4- Je ne suis pas si vilaine
   Avec mes sabots. *(bis)*
   Puisque le fils du roi m'aime
   Avec mes sabots dondaine
   Oh! Oh! Oh! avec mes sabots.

© Domaine public.

ENSEMBLE
Paroles et musique : William LEMIT

1- *Ré*Ensemble nous avons marché
   Marché au *La7*long de sen*Ré*tes
   *La7*Ensemble *Ré*nous avons cher*La7*ché*Ré*
   Des fleurs au creux *La7*des pen*Ré*tes.

R- *Ré*Ensem*La7*ble! Ensem*Ré*ble!
   *La7*Notre devi*Sol*se est *La7*dans ce mot.
   *Ré*Ensemble, tout sem*La7*ble *Ré*plus beau

2- Ensemble nous avons chanté
   Tous d'une même haleine.
   Ensemble nous avons jeté
   Nos cœurs au creux des plaines.

3- Ensemble nous avons glané
   Le bois et les fougères
   Nos cœurs se sont illuminés
   D'une grande lumière.

4- Ensemble nous avons gémi
   Sous le lourd sac qui brise.
   Ensemble nous avons frémi
   Aux baisers de la brise.

5- Ensemble nous avons appris
   Rien plus que dans un livre
   Ensemble nous avons compris
   Qu'il faut aimer pour vivre.

© Éditions Salabert.

FROU-FROU

Paroles : MONREAL et BLONDEAU
Musique : Henri CHATAU

1-   *Do*   *Rém Rém/Sol*
    La <u>fem</u>me porte quelquefois la culotte de son <u>mé</u>na - <u>ge</u>.
    Rém   *Rém/Sol*   *Rém Rém/Sol*   *Rém*   *Rém/Sol Do Sol5+*
    Le <u>fait</u> est con<u>sta</u>té, je <u>crois</u>, _ dans <u>les</u> liens <u>du</u> ma<u>ria</u> - <u>ge</u>;
         Do   *Do7*   *Fa*
    Mais <u>quand</u> elle va, pédalant, en <u>cu</u>lotte comme un zou<u>a</u>ve
    Ré   *Sol*   *Ré7*   *Sol7*
    La <u>chose</u> me semble plus <u>grave</u>, et <u>je</u> me dis en la voy<u>ant</u> :

R-   *Do*   *Rém Rém/Sol*
    Frou-<u>frou</u>, frou-frou, par son jupon la <u>fem</u> - <u>me</u>
    Rém Rém/Sol   *Rém Rém/Sol*   *Rém*   *Rém/Sol Do Sol5+*
    Frou-<u>frou</u>, _ frou-<u>frou</u>, _ de l'<u>homme</u> <u>trou</u>ble l'<u>â</u> - <u>me</u>.
        Do   *Do7*   *Fa*
    Frou-<u>frou</u>, frou-frou, cert<u>ai</u>nement la f<u>em</u>me
    Fam   *Do La7*   *Rém7*   *Sol7*   *Do*
    Sé<u>duit</u> sur<u>tout</u> _ par <u>son</u> gen<u>til</u> frou-<u>frou</u>!

2-   La femme ayant l'air d'un garçon ne fut jamais très attrayante
    C'est le frou-frou de son jupon qui la rend surtout excitante!
    Lorsque l'homme entend ce frou-frou c'est étonnant tout ce qu'il ose.
    Soudain, il voit la vie en rose, il s'électrise, il devient fou!

3-   En culotte, me direz-vous, on est bien mieux à bicyclette
    Mais moi je dis que sans frou-frou, une femme n'est pas complète!
    Lorsqu'on la voit se retrousser son cotillon vous ensorcelle
    Son frou-frou, c'est comme un bruit d'aile qui passe et vient vous presser!

© Éditions S.E.M.I.
Publié avec l'autorisation de la
SOCIÉTÉ D'ÉDITIONS MUSICALES INTERNATIONALES
(S.E.M.I.) - Paris - France.

J'AVAIS UNE CABANE

Paroles : Roger SANNY
Musique : Blas SANCHEZ

1-   *Rém*   *Lam*   *Do*   *Rém*
J'avais une cabane près d'un petit ruisseau
          Lam   *Do*   *Rém*
J'avais une cabane entourée de roseaux
   Sib   *Lam*   *Do*   *Rém*
Les jolies fleurs et les moineaux
   Sib   *Lam*   *Do*   *Rém*
Les tourterelles et les perdreaux
        Lam   *Do*   *Rém*
Sont venus nicher dans mon hameau
          Lam   *Do*   *Rém*
Près de ma cabane au bord de l'eau.

2- Des messieurs en cravate venus voir mon ruisseau
Des messieurs en cravate écartant les roseaux
M'ont donné de leurs francs nouveaux
Pour que je quitte mes oiseaux
Ont mis une route sur mon ruisseau
Une usine noire dans mon hameau.

3- J'ai crié de colère, j'ai fait peur aux oiseaux
J'ai crié de colère mais… ils sont sourds ces robots
Ne savent pas ce qui est beau
Ils ne voient pas le vent sur l'eau
N'entendent pas chanter les oiseaux
Près de ma cabane au bord de l'eau.

4- Il n'y a plus de cabane, il n'y a plus de ruisseau
Il n'y a plus de cabane, il n'y a plus de roseaux
Ont disparu mes gais moineaux
Mes tourterelles et mes perdreaux
Sont partis au loin vers d'autres coteaux
'Sont partis à jamais, et j'ai le cœur gros.

© Les Presses d'Ile de France.

L'APPEL DU PÂTRE

Paroles et musique :
Francine COCKENPOT

1- *Sol*
Je lance mon appel
 Ré7 Sol
A-li-a-o
Qui monte vers le ciel
 Ré7 Sol
A-li-a-o
Do Ré7   Sol
E ho! A-li-a-o
Do Sol Ré7   Sol
E ho! A-li-a-o.

2- Si claire est ma chanson
A-li-a-o
Que l'écho lui répond
A-li-a-o
E ho! A-li-a-o. *(bis)*

3- Si elle entend ma voix
A-li-a-o
Mon amie répondra
A-li-a-o
E ho! A-li-a-o. *(bis)*

4- Et jusqu'au clair matin
A-li-a-o
Montera ce refrain
A-li-a-o
E ho! A-li-a-o. *(bis)*

© Éditions du Seuil.

LA CUCARACHA

Paroles françaises : Marc PROVANCE
Arrangements : Pablo DOMINGO

1- Du pôl' Nord jusqu'à l'A<u>f</u>rique
    ^{Fa}
    ^{Fa#dim}   ^{Do7}
   De l'Es<u>pagne</u> à l'Amé<u>rique</u>
   On danse cette musique
                ^{Fa}
   Magnétiqu' et magni<u>fi</u>que
   Dans tous les p'tits bals de France
       ^{Fa#dim}   ^{Do7}
   C'est un <u>ry</u>thme qui ba<u>lance</u>
   Et de Lill' jusqu'à Marseille
                      ^{Fa}
   C'est comm' un coup de so<u>leil</u>.

    ^{Fa}
R- La Cuca<u>ra</u>cha, la Cucaracha
    ^{Fadim}   ^{Do7}
   C'est un <u>peu</u> comm' la sam<u>ba</u>
   La Cucaracha, la Cucaracha
                   ^{Fa}
   Se fait mêm' en lamba<u>da</u>
   La Cucaracha, la Cucaracha
    ^{Fadim}   ^{Do7}
   Partout <u>on</u> n'entend que <u>ça</u>
   La Cucaracha, la Cucaracha
                       ^{Fa}
   Ça plaît aux fill's et aux <u>gars</u>.

2- Dans les salons diététiques
   Les réunions politiques
   Au 3615 "Dominique"
   C'est le mot d'entrée magique
   Les thés dansants plutôt sages
   Devienn't des lieux de tapage
   On nous prend pour des sauvages
   Pour s'amuser y'a pas d'âge.

Version espagnole-

1- Un panadero fué a misa
   No encontrando que rezar
   Le pidio a la Virgen pura
   Dinero para gastar
   Un panadero fué a misa
   No encontrando que rezar
   Le pidio a la Virgen pura
   Dinero para gastar.

R- La Cucaracha, la Cucaracha
   Ya no puede caminar
   Porque no tiene
   Porque le falta
   Marihuana que fumar
   La Cucaracha, la Cucaracha
   Ya no puede caminar
   Porque no tiene
   Porque le falta
   Marihuana que fumar.

© 1990 by Éditions Paul Beuscher.
Avec l'aimable autorisation des Éditions PAUL BEUSCHER.

LA MARCHE DES DRAGONS DE TURENNE
(XVIIe Siècle)

    ^{Sol} ^{Ré}   ^{Mim} ^{Ré} ^{Sol}
1- Ils <u>ont</u> <u>tra</u>versé <u>le</u> <u>R</u>hin
    ^{Sim}   ^{Mim}   ^{La7}   ^{Ré}
   A<u>vec</u> Mon<u>sieur</u> <u>de</u> Tu<u>re</u>nne
               ^{Ré7}
   Sonnez, <u>fi</u>fres et tambourins
    ^{Sol}   ^{Ré} ^{Sol}
   Ils <u>ont</u> traversé <u>le</u> <u>R</u>hin.

2- Victoire en Palatinat
   Feux de joie en Allemagne
   Une, deux et trois campagnes
   C'est le tour à Catinat.

3- Ils ont pavoisés Paris
   Les fiers Dragons de Noailles
   Avec les trophées ennemis
   Ils ont pavoisé Paris.

© Domaine public.

LA ROSE AU BOUÉ

1- Mon *Sol*Père ainsi qu'ma mère
 *Ré7*N'avaient d'fille que *Sol*moué *(bis)*
 N'avaient d'fille que moué
 La destinée, la rose au *Ré*boué
 La rose au boué
 *Sol*N'avaient d'fille que moué
 La destinée *Ré*au *Sol*boué.

2- Ils me mirent à l'école
 À l'école du roué. *(bis)*

3- L'instituteur d'école
 D'vint amoureux de moué. *(bis)*

4- À chaque coup d'aiguille
 Ma mie, embrasse-moué. *(bis)*

5- C'est pas l'affair' des filles
 D'embrasser les garçons. *(bis)*

6- Mais c'est l'affair' des filles
 D'balayer les maisons. *(bis)*

7- Quand les maisons sont propres
 Les amoureux y vont. *(bis)*

8- Ils y vont quatr' par quatre
 En jouant du violon. *(bis)*

9- Quand les maisons sont sales
 Les amoureux s'en vont. *(bis)*

10- Ils s'en vont quatr' par quatre
 En tapant du talon. *(bis)*

© Domaine public.

LA ROUTE EST LONGUE

Paroles et musique :
Francine COCKENPOT

R- *Ré*La route est longue, *Sol*longue, *Ré*longue
 *Sol*Marche sans jamais t'*La*arrêter
 *Ré*La route est *Sol*dure, *Ré*dure, dure
 *Sol*Chante si tu es *La*fatigué !

1- *Ré*Tu marcheras des *La*heur's entières
 *Sol*Sous le dur soleil de l'été
 *Ré*Tu marcheras dans *La*la poussière
 *Sol*Que soulèveront *La*tes souliers.

2- Tu traverseras des rivières
 Sans crainte de voir s'écrouler
 Les vieux ponts de bois ou de pierres
 Qu'ébranle ton pas cadencé.

3- Si ta route est semée d'ornières
 Et si tu as peur de tomber
 Que ta voix se fasse plus fière
 Et que ton pas soit plus léger.

4- Si ta route est parfois austère
 Garde-toi jamais d'oublier
 Qu'elle te mène à la lumière
 À la joie, la vérité.

© Éditions du Seuil.

LA SOURCE

Capo III

R- Elle chante au milieu du bois *(Do ... Sol)*
La source et je me demande *(Mim)*
S'il faut croire à cette légende *(Lam ... Rém)*
D'une fille qu'on y trouva. *(Sol7 ... Do)*

1- Elle était blonde, elle était douce *(Do)*
Elle aimait à se reposer *(Do7)*
Dans les bois, couchée sur la mousse *(Fa ... Do)*
Écoutant les oiseaux chanter *(Sol7)*
Un jour qu'elle allait à la ville *(Do)*
Dans les bois où elle passait *(Do7)*
Elle vit soudain immobiles *(Fa ... Do)*
Trois hommes qui la regardaient *(Sol7)*
Trois hommes qui la regardaient. *(Do)*

2- Ils étaient là, trois à l'attendre
Trois hommes-loups, cette brebis
Elle avait la chair bien trop tendre
Ils avaient bien trop d'appétit
Elle ne savait pas défendre
Le souffle léger de sa vie
Elle tomba sur l'herbe tendre
Comme un oiseau tombe du nid. *(bis)*

3- Quand on l'a soulevée de terre
Comme une grande fleur coupée
Sa robe blanche et la lumière
On aurait dit une mariée
Quand on l'a soulevée de terre
On aurait dit comme un grand lit
Entre les feuilles, entre les pierres
Une claire source a jailli. *(bis)*

© Droits réservés.

LE CONSCRIT DU LANGUEDOC

1- Je suis un pauvre conscrit *(Ré ... Fa#m ... Sim/Sol)*
De l'an mil huit cent dix *(bis)* *(La7 ... Ré ... Sol ... Ré)*
Faut quitter le Languedoc *(Ré ... Sim ... Sol)*
Le Languedoc, le Languedoc *(Mim ... Ré ... Fa#m ... Mim)*
Faut quitter le Languedoc *(Ré ... Sol ... Ré)*
Avec son sac sur le dos. *(La7/Ré ... La7 ... Ré)*

2- L'Maire et Monsieur l'Préfet
N'en sont deux jolis cadets
Ils nous font tirer z'au sort
Pour nous conduire à la mort.

3- Adieu donc mes chers parents
N'oubliez pas votre enfant
Écrivez-lui de temps en temps
Pour lui envoyer d'l'argent.

4- Adieu donc, mon tendre cœur
Vous consolerez ma sœur
Vous y direz que Fanfan
Il est mort en combattant.

© Domaine public.

AU LYCÉE PAPILLON

Paroles : GEORGIUS / Musique : JUEL

1- Élève Labélure… Présent.
    Vous êtes premier en histoire de France
    La   Ré   La
    Et bien parlez-moi d'Vercingétorix
    Mi   La   Si7 Mi
    Quelle fut sa vie, sa mort, sa naissance ?
    La   Ré   La
    Répondez-moi bien et vous aurez six !
    Mi   La Si7 Mi
    Monsieur l'Inspecteur, je sais tout ça par cœur :
    Ré   La   Mi   La
    Vercingétorix, né sous Louis-Philippe
    Mi   La   Si7 Mi
    Battit les Chinois un soir à Roncevaux
    La   Ré   La
    C'est lui qui lança la mode des slips
    Mi   La Si7 Mi
    Et mourut pour c'la sur un échafaud.
    Ré   La   Mi   La
    Le sujet est neuf, bravo, vous aurez neuf.

Ré
R- On est pas des imbéciles
    Sol
   On a même de l'instruction
   La
   Au lycée Papa, au lycée Papi'
              Ré
   Au lycée Papillon.

2- Élève Peaudarent… Présent.
    Vous connaissez bien l'histoire naturelle
    Eh bien dites-moi c'qu'est un ruminant ?
    Et puis citez-m'en, et je vous rappelle
    Que je donne dix quand je suis content.
    Monsieur l'Inspecteur, je sais tout ça par cœur :
    Les ruminants sont des coléoptères
    Tels que la langouste et le rat d'égout
    Le cheval de bois, le pou, la belle-mère
    Qui bave sur sa proie et pis qu'avale tout.
    Très bien répondu, je vous donne huit pas plus.

3- Élève Isaac… Présent.
    En arithmétique vous êtes admirable
    Dite-moi ce qu'est la règle de trois
    D'ailleurs votre père fut-il pas comptable
    Des films Hollywood, donc répondez-moi.
    Monsieur l'Inspecteur, je sais tout ça par cœur :
    La règle de trois, c'est trois hommes d'affaires
    Deux grands producteurs de films et puis c'est
    Un troisième qui est le commanditaire
    Il fournit l'argent et l'r'voit jamais.
    Isaac mon p'tit, vous aurez neuf-et-demi.

4- Élève Trouffigné… Présent.
    Vous êtes unique en géographie
    Citez-moi quels sont les départements
    Les fleuves et les villes de la Normandie
    Ses spécialités et ses r'présentants.
    Monsieur l'Inspecteur, je sais tout ça par cœur :
    C'est en Normandie Que coul' la Moselle
    Capital' Béziers et chef-lieu Toulon
    On y fait l'caviar et la mortadelle
    Et c'est là qu'est mort Philibert Besson.
    Vous êtes très calé, j'donne dix sans hésiter.

LE P'TIT PARISIEN

1- *Sol* Quand Sidonie vint au monde un ma*tin* *Ré7*
C'était déjà un enfant très pré*coce* *Sol*
Elle étonna ses parents, ses voi*sins* *Ré7*
Elle vint au monde, un journal à la *main*. *Sol*

R- Mais qu'est-ce qu'elle fai*sait* *Ré7*
Elle lisait le P'tit Pari*sien* *Sol* *Ré7*
Elle s'intéressait à la poli*tique* *Sol*
Elle lisait le P'tit Pari*sien* *Ré7*
L'plus fort tirage des journaux du ma*tin*. *Sol*

2- À 14 ans, elle s'enfuit sans regret
De chez sa mère qui prévint l'commissaire
On l'a r'trouva dans les water-closet
Ça f'sait déjà plus d'8 jours qu'elle y était

3- À 40 ans, on l'emmène en taxi
Pour une opération d'appendicite
Le chirurgien saisit son bistouri
Et pendant qu'on lui charcutait l'nombril.

4- À 60 ans, elle passa sous l'métro
Ce fut vraiment un spectacle effroyable
Tous les wagons lui passèrent sur le dos
Mais on la vit ressortir aussitôt.

5- À 120 ans, enfin, elle mourut
À l'enterrement les chevaux s'emballèrent
La bièr' tomba dans la rue, et s'ouvrit
Et l'on vit ce qu'on n'avait jamais vu.

5- Élève Legateux… Présent.
Vous êtes le premier en anatomie
Répondez, j'vous prie, à cette question
Pour qu'un être humain puisse vivre sa vie
Quels sont ses organes, quelles sont leurs fonctions ?
Monsieur l'Inspecteur, je sais tout ça par cœur :
Nous avons un crâne, c'est pour les crâneries
Du sang pour sentir, des dents pour danser
Nous avons des bras, c'est pour les brasseries
Des reins pour rincer, un foie pour fouetter.
Bien, c'est clair et net, mais ça n'vaut pas plus d'sept.

6- Élève cancrelats… Présent.
Vous êtes le dernier, ça me rend morose
J'vous vois dans la classe tout là-bas dans l'fond.
En philosophie, savez-vous quelqu'chose ?
Répondez-moi oui ! Répondez-moi non !
Monsieur l'Inspecteur, moi je n'sais rien par cœur :
Oui, je suis l'dernier, je passe pour un cuistre
Mais j'm'en fous, je suis près du radiateur
Et puis comme plus tard, j'veux dev'nir ministre
Moins je s'rai capable, plus j'aurais d'valeur.
Je vous dis bravo ! Mais je vous donne zéro.

© 1936 by Éditions PAUL BEUSCHER.
Avec l'aimable autorisation des Éditions PAUL BEUSCHER.

LE GARS DU FAR-WEST

R- *Ré* *Sol*
Je suis un gars du Far-West
Ré
Qui aime les chevaux
La7 *Ré*
La plaine et le rode-o-o-o
Sol
Ma liberté c'est l'Far-West
Ré
Ma joie c'est mon banjo
La7 *Ré*
Ma chance c'est mon lasso-o-o.

Ré
1- Au saloon (au saloon)
La7
Y'a d'la bière (y'a d'la bière)
Ré
Et du whisky (et du whisky)
La7
De bell'serveus' (de bell'serveus')
Ré
Les cowboys (les cowboys)
Sol
Ça picole (ça picole)
Ré
Et ça tire (et ça tire)
La7 *Ré*
Sur le shériff…

2- Un beau matin
Les indiens
N'ont apporté
De quoi fumer
Depuis ce jour-là
J'ai compris
Que l'Grand Sachem
Voulait la paix…

3- Au paradis
Quand je serai
Mon banjo
J'emporterai
Et quand l'Seigneur
Me demand'ra
Qui je suis
Je répondrai…

© Droits réservés.

LE ROI ARTHUR

1- Le <u>roi</u> Arthur avait trois <u>fils</u>, quel supplice
    Mais <u>c'était un</u> excellent <u>roi</u>, oui ma foi
    Par lui ses fils furent cha<u>ssés</u>
    Oui cha<u>ssés</u> à coup de <u>pied</u>
    Pour n'a<u>voir</u> pas vou<u>lu</u> chan<u>ter</u>.

R - Pour n'a<u>voir</u> pas <u>vou</u>lu chan<u>ter</u>, ohé
    Pour n'a<u>voir</u> pas <u>vou</u>lu chan<u>ter</u>, ohé
    Par lui ses fils furent cha<u>ssés</u>
    Oui cha<u>ssés</u> à coup de <u>pied</u>
    Pour n'a<u>voir</u> pas vou<u>lu</u> chan<u>ter</u>.

2 - Le premier fils se fit meunier, c'est bien vrai
    Le second se fit tisserand, oui vraiment
    Le troisième se fit commis
    D'un tailleur de son pays
    Un rouleau de drap sous son bras.

3 - Le meunier volait du blé, c'est bien laid
    Le tisserand volait du fil, c'est bien vil
    Et le commis du tailleur
    Volait du drap à toute heure
    Pour en habiller ses deux sœurs.

4 - Dans son écluse l'meunier s'noya, ah, ah, ah
    À son fil l'tisserand se pendit, hi, hi, hi
    Et le diable mis en furie
    Emporta le p'tit commis
    Un rouleau de drap sous le bras.

© Droits réservés.

LES CRAYONS

Sous-titre : L'inconnue qui vendait des cartes postales dans la rue, puis aussi des crayons pour s'acheter des souliers neufs, parce que les siens avaient des trous.

Paroles : Étienne LORIN / Musique : André BOURVIL

Capo I

1- Ell' n'avait pas de parents
Puisque elle était orpheline
Comm' ell' n'avait pas d'argent
Ce n'était pas un' richissime
Ell' eut c'pendant des parents
Mais ils l'avaient pas reconnue
Si bien que la pauvr' enfant
On la surnomma l'inconnue.

R1- Ell' vendait des cart's postales
Puis aussi des crayons
Car sa destinée fatale
C'était d'vendr' des crayons.
Elle disait aux gens d'la rue :
"Voulez-vous des crayons ?"
Mais r'connaissant l'inconnue
Ils disaient toujours non
C'est ça qu'est triste.

Parlé-
C'est tout de même malheureux
De voir ça,
Pas reconnaître son enfant...
Faut pas être physionomiste !...
Il m'semble que si j'avais un enfant
Je le reconnaîtrais !...
À condition qu'il me ressemble !

2 - C'était rue d'Ménilmontant
Qu'elle étalait son p'tit panier
Pour attirer les clients
Ell' remuait un peu son panier.
Mais un jour, un vagabond
Qui rôdait autour d'son panier
Lui a pris tous ses crayons
Alors, ell' s'est mise a crier :

R2- "Voulez-vous des cartes postales ?
Je n'ai plus de crayons."
Mais les gens, chose banale
N'voulaient plus qu'des crayons
Quand elle criait dans la rue :
"Voulez-vous des crayons ?"
Ils disaient à l'inconnue :
"Tes crayons sont pas bons."
C'est ça qu'est triste.

Parlé-
Forcément,
elle était avec son panier découvert,
Alors le vagabond, sans hésiter
Il lui a pris tous ses crayons
Puis après, elle avait plus d'crayons !
C'est vrai qu'elle n'en avait pas besoin
Puisqu'elle n'en vendait jamais !

3 - Un marchand d'crayons en gros
Lui dit : "Viens chez moi mon enfant
Je t'en ferai voir des beaux
Je n'te demanderai pas d'argent."
Ce fut un drôle de marché
Car c'était un drôle de marchand
Et elle l'a senti passer
Car ell' en a eu un enfant.

Parlé-
C'est tout de même malheureux
D'abuser d'une inconnue...
C'est vrai qu'elle a été un peu faible !...
C'est pas parce qu'il disait
Qu'il était marchand d'crayon en gros... qu
Surtout qu'c'était pas vrai !...
Avec un enfant, elle avait bonne mine !...
Elle avait même pas une mine de crayon !
C'est ça qui la minait !
Alors elle l'a abandonnée, l'enfant,
Alors cette pauvre enfant,
Plus tard, à son tour,
Qu'est-ce qu'elle a fait ? Ben...

R3- Elle vendait des cartes postales
Puis aussi des crayons
Car sa destinée fatale
C'était d'vendre des crayons
Et cett' enfant de fille-mère
Étalait son panier,
Car ell' ignorait d'sa mère
L'histoire de son panier,
C'est ça qu'est triste.

LES ROSES BLANCHES
Paroles : Charles Louis POTHIER
Musique : Léon RAITER

1- C'était un ga*min*, un goss' de Paris (Rém)
   Sa seule famille é*tait* sa *mère* (Solm La7 Rém)
   Une pauvre fi*lle* aux grands *yeux* flé*tris* (Fa La7 Rém)
   Par les cha*grins* et *la* mi*sère* (Fa Solm Fa)
   Elle aimait les *fleurs*, _ les roses sur*tout* (Solm6 La7 Rém)
   Et le cher ban*bin* le di*manche* (Sib7 Mi7)
   Lui appor*tait* *des* roses *blanches* (Rém Sol La7)
   Au lieu d'ache*ter* _ des jou*joux* _ (Rém Sol Do – 7)
   La câ*linant* bien tendre*ment* (Fam Réb7)
   Il disait *en* _ *lui* don*nant* : (Si7dim Sib7 La7)

R1- « C'*est* aujourd'hui, dimanche, tiens ma jolie *maman*. (Ré Mim)
    Voici des roses *blanches*, *que* ton coeur *aime* *tant* (La7 Mim La7 Ré)
    Va, quand je serai *grand*, j'achèt'rai au mar*chand* (Sol Mim7 La7 Ré)
    Toutes ces roses blanches, *pour* toi, ma jolie ma*man*. » (Mim La7 Ré)

2- Au dernier printemps le destin brutal
   Vint frapper la blonde ouvrière
   Ell' tomba malade et pour l'hôpital
   Le gamin vit partir sa mère
   Un matin d'avril, parmi les prom'neurs
   N'ayant plus un sou dans sa poche
   Sur un marché, tout tremblant, l'pauvre mioche
   Furtivement vola des fleurs
   La fleuriste l'ayant surpris
   En baissant la tête il lui dit :

R2- « C'est aujourd'hui dimanche, et j'allais voir maman
    J'ai pris ces roses blanches, elle les aime tant
    Sur son petit lit blanc là-bas elle m'attend
    J'ai pris ces roses blanches pour ma jolie maman. »

3- La marchande émue doucement
   Lui dit : « Emporte-les je te les donne. »
   Elle l'embrassa et l'enfant partit
   Tout rayonnant qu'on le pardonne
   Puis à l'hôpital, il vint en courant
   Pour offrir les fleurs à sa mère
   Mais en l'voyant, tout bas une infirmière
   Lui dit : « Tu n'as plus de maman. »
   Et le gamin s'agenouillant
   Dit devant le petit lit blanc :

R3- « C'est aujourd'hui dimanche, tiens ma jolie maman
    Voici des roses blanches, toi qui les aimait tant
    Et quand tu t'en iras, au grand jardin là-bas
    Ces belles roses blanches, tu les emporteras. »

© LES NOUVELLES ÉDITIONS MÉRIDIAN.
Publié avec l'autorisation
des NOUVELLES ÉDITIONS MÉRIDIAN - Paris - France.

LES TROIS MARINS DE GROIX

1- Nous *Rém* étions trois marins de *Fa* Groix
   Ah, *Do* ah, ah, ah, ah, *Lam* ah.
   Embarqués sur le Saint-*Fa* François
   Ah, *Do* ah, ah, ah, ah, *Lam* ah.
   Il *Rém* ven *Lam* - *Rém* te, il *Sib* ven *Do* - *Lam* te
   C'est l'appel *Sib* de la *Rém* mer
   Qui *Do* nous tour*Rém* men *Lam* - *Rém* te.

   Le mousse est allé prendre un ris
   Un coup de vent l'aura surpris.

   On n'a r'trouvé que son chapeau
   Son garde-pipe et son couteau.

   Sa pauvr' maman s'en est allée
   Prier la Sainte-Anne d'Auray.

   Sainte-Anne, rendez-moi mon fils
   Sainte-Anne, rendez-moi mon fils.

   Et Sainte-Anne lui répondit
   Tu le verras en paradis.

© Domaine public.

MA NORMANDIE
Paroles et musique : Frédéric BÉRAT

1- Quand *Sol* tout renaît à l'espérance
   Et *Ré7* que l'hiver fuit *Sol* loin de nous
   Sous le beau ciel de notre France
   Quand *Ré7* le soleil re*Sol*vient plus doux
   Quand *Ré7* la nature est *Sol* reverdie
   Quand *Ré7* l'hirondelle est *Sol* de retour
   J'aime à revoir ma Normandie *Sol7*
   C'est *Mi7* le *La7* pays qui m'a don*Ré7*né le *Sol* jour.

2- J'ai vu les lacs de l'Helvétie
   Et ses chalets et ses glaciers
   J'ai vu le ciel de l'Italie
   Et Venise et ses gondoliers
   En saluant chaque patrie
   Je me disais : aucun séjour
   N'est plus beau que ma Normandie
   C'est le pays qui m'a donné le jour.

3- Il est un âge dans la vie
   Où chaque rêve doit finir
   Un âge où l'âme recueillie
   A besoin de se souvenir
   Lorsque ma muse refroidie
   Aura fini ses chants d'amour
   J'irai revoir ma Normandie
   C'est le pays qui m'a donné le jour.

© Domaine public.

MA P'TIT' CHANSON
Paroles : Robert NYEL
Musique : Gaby VERLOR

R- *Lam*
Qu'est-ce qu'elle a,
Mais qu'est-ce qu'elle a donc
Rém Sol   Do   La7
Ma p'tite chanson ? _
      Rém
Qu'est-ce qu'elle n'a
Mais qu'est-ce qu'elle n'a plus
Lam   Si7 Mi7   Lam
Ma p'tite chanson _ qui n'te plaît plus ?

1- *La*   *Ré*
Elle avait toutes les qualités
      Mi7
Elle ne ressemblait
               Fa#m
À aucune autre chanson
         Ré   *Do7*
Elle mettait au fond de ton cœur
         Sol#7
Autant de couleurs
              Do#7
Qu'une fleur au balcon
       Ré7M   *Do#m*
Elle parlait d'amour et de joie
              Sim
Et lorsque parfois
       Do#7 Fa#m
Elle changeait de ton
     La   *Do#m*
Elle prenait un air attendri
                Fa#m
Comme un enfant qui
              Si7 Mi9b
Demanderait pardon. _

2 - Tu n'as plus rien à lui offrir
    Pas même un sourire
    Un instant d'attention
    Elle a dû sans doute vieillir
    Comme un souvenir
    Un pauvre air d'occasion
    Elle avait vécu avec nous
    On partageait tout
    Sans faire de façon
    Mais c'était il y a quelques années
    Le temps a passé
    Et l'eau coule sous les ponts.

Coda-
    Qu'est-ce qu'elle a,
    Mais qu'est-ce qu'elle a donc
    Ma p'tite chanson ?
    Qu'est-ce qu'elle n'a
    Qui ne te plaît plus
    Ma p'tite chanson ?
    Sans toi, elle est fichue.

© Les Éditions Métropolitaines – France - EUR.
Publié avec l'autorisation des Éditions Métropolitaines.

MARCHONS DANS LE VENT
Paroles : Jean RIONDET
Musique : Pierre AMIOT

       La
R- Marchons dans le vent
   Ré/La   Rém/La
   Du matin levant
              La
   Marchons dans le vent
   Ré   Mi4
   Chan - tant gaiement !
              La
   Marchons dans le vent
   Ré/La   Rém/La
   Jusqu'au soir couchant
   Fa#m   *Sim*
   Marchons dans le vent
   Mi7   La
   Chan - tant !

1- *La*   *La7dim*
    Rosée perlant les prés
    Ré   *Rém*
    Cris d'alouette au tournant
    Fa#m   *Sim9*
    Cheveux au vent léger
    Mi4   -   *3*
    Derrière de lapin blanc.

2- Noisettes du chemin
   Qu'on arrache en passant
   Eau fraîche au creux des mains
   Et "bonjour" au passant.

3- Cheveux du raisin mûr
   De mon amie d'été
   Et cette joie qui dure
   Dans les buis, attardée.

4- Grillons qui nous guettez
   Au creux des chemins roux
   L'angélus a sonné
   Ma mie rentrons chez nous.

© Éditions du Scarabée.

MARINELLA

Paroles : E. AUDIFFRED, Géo. KOGER et René PUJOL
Musique : Vincent SCOTTO

R   Marinell*La*a
    Ah ! reste encore dans mes bras
           La#7dim   *Si7*
    Avec toi je veux jusqu'au jour
   Mi7   *La*
    __ Danser cette rumba d'amour
              La
    Son rythme doux
    Nous emporte bien loin de tout
          La#7dim   *Si7*
    Vers un pays mystérieux
   Mi7   *La*
    __ Le beau pays des rêves bleus
       Ré
    Blottie contre mon épaule
      Rém
    Tandis que nos mains se frôlent
           La
    Je vois tes yeux qui m'enjôlent
        Fa#m
    D'un regard plein de douceur
            Si7
    Et quand nos cœurs se confondent
    Je ne connais rien au monde
          Mi7
    De meilleur…
          La
    Marinella
    Ah ! reste encore dans mes bras
           La#7dim   *Si7*
    Avec toi je veux jusqu'au jour
   Mi7   *La*
    __ Danser cette rumba d'amour.

1- *Lam*   *Rém*   *Lam*
    Quand je te tiens, là sur mon cœur
                          Mi7
    Pour moi c'est un tel bonheur
                          Lam
    Qu'aucun mot ne peut l'exprimer
    Tout mon être est transformé
         Rém   *Lam*
    Et je voudrais que ce moment
                      Mi7
    Qui me trouble éperdument
                   La
    Se prolonge éternellement.

2- Quand le soleil se lèvera
    Je sais que tu partiras
    Et que notre roman joli
    À jamais sera fini
    Oui, mais avant, comme autrefois
    Viens vite tout près de moi
    Et pour une dernière fois.

© Éditions Salabert.

MON AMANT DE SAINT-JEAN

Paroles : Léon AGEL
Musique : Émile CARRARA

1- *Lam*
    Je ne sais pourquoi j'allais danser
          Mi
    À Saint Jean, au musette
                                    Rém
    Mais quand un gars m'a pris un baiser
               Mi   *Lam*
    J'ai frissonné, j'étais chipée.

R   *Lam*
    Comment ne pas perdre la tête
   Rém   *Lam*
    Serrée par des bras audacieux
        Mi   *Lam*
    Car l'on croit toujours aux doux mots d'amour
         Rém   *Mi7*
    Quand ils sont dits avec les yeux
   Lam
    Moi, qui l'aimais tant
                        Rém   *Lam*
    Je le trouvais le plus beau de Saint Jean
   Mi   *Lam*   *Mi*
    Je restais grisée, sans volonté
               Lam
    Sous ses baisers.

2- Sans plus réfléchir, je lui donnai
    Le meilleur de mon être
    Beau parleur chaque fois qu'il mentait
    Je le savais, mais je l'aimais.

3- Mais à Saint Jean comme partout ailleurs
    Un serment, n'est qu'un leurre
    J'étais folle de croire au bonheur
    Et de vouloir garder son cœur.

Reprise du refrain et coda-
    Il ne m'aime plus
    C'est du passé, n'en parlons plus.

© LES NOUVELLES ÉDITIONS MÉRIDIAN.
Publié avec l'autorisation
des NOUVELLES ÉDITIONS MÉRIDIAN
Paris - France.

NINI-PEAU-D'CHIEN (À LA BASTILLE)

Paroles et musique : Aristide BRUANT

Capo 1

1-   ^{La}Quand elle ^{Mi7}était p'^{La}tite
    ^{Mi7}Le soir <u>elle</u> al^{La}lait
    À Saint'-Marguerite
    ^{Fa#m7}Où qu'a ^{Si7}s'des^{Mi7}salait
    ^{La}Maint'nant qu'^{Mi7}elle est ^{La}grande
    Ell' mar^{Mi7}che le ^{La}soir
    ^{Si}Avec ceux d'la ^{Mi}bande
    ^{Si}Du Richard-Le^{Mi}noir.

R- À la ^{Mi7}Ba - ^{La}stille
    On aime bien
    Nini-Peau-d'Chien
    Elle est si bonne et si gentille !
    On aime ^{Mi7}bien (Qui ça ?)
    Nini-Peau-d'^{La}Chien (Où ça ?)
    À la Bastil ^{Mi}- ^{La}le.

2- Elle a la peau douce
    Aux taches de son
    À l'odeur de rousse
    Qui donne un frisson
    Et de sa prunelle
    Aux tons vert-de-gris
    L'amour étincelle
    Dans ses yeux d'souris.

3- Quand le soleil brille
    Dans ses cheveux roux
    L'Génie d'la Bastille
    Lui fait les yeux doux
    Et quand elle s'promène
    Du bout d'l'Arsenal
    Tout l'quartier s'amène
    Au coin du canal.

© Éditions Salabert.

O SOLE MIO

Paroles : A.L. HETTICH
Musique : E.Di CAPUA

1- La belle chose qu'un soleil d'aurore
   Jetant au loin l'éveil _ de sa lumière
   Un frisson passe sur la terre entière _ _ _
   La belle chose qu'un soleil d'aurore
   Mais sur mon rêve plus radieux,
   Un soleil règne _ que j'aime mieux ;
   Sa flamme est sur ta lèvre
   Et sa clarté brille en tes yeux !

2- La belle chose qu'un soleil en flammes
   Par les midis d'été brûlant la plaine
   Des senteurs chaudes soufflent leur haleine
   La belle chose qu'un soleil en flammes !
   Mais sur mon rêve, plus radieux
   Un soleil régne que j'aime mieux
   Sa flamme est sur ta lèvre
   Et sa clarté brille en tes yeux !

3- La belle chose qu'un soleil d'automne
   Jetant l'adieu du soir aux fleurs lassées
   Dans l'âme émue veillent les pensées
   La belle chose qu'un soleil d'automne !
   Mais sur mon rêve, plus radieux
   Un soleil régne que j'aime mieux
   Sa flamme est sur ta lèvre
   Et sa clarté brille en tes yeux !

Version italienne-

1- Che bella cosa 'na iarnata'e sole
   N'aria serena doppo'na tempesta
   Pe'll'aria fresca pare già' na festa...
   Che bella cosa 'na iarnata 'e sole.
   Ma n'atu sole cchiù bello, ohine'
   O sole mio stanfronte a te, 'o sole,
   O sole mio stanfronte a te, stanfronte a te !

2- Luceno'e llastre d'à fenesta toia;
   'na lavannara canta e se ne vanta
   E pe' tramente terce, spanne e canta
   Lucenc'e llastre d'à fenesta toia.
   Ma n'atu sole cchiù bello, ohine'
   O sole mio stanfronte a te,'o sole
   O sole mio stanfronte a te, stanfronte a te !

3- Quanno fa note eto sole se ne scenne
   Mme vene quase 'na malincunia
   Sotto'a fenesta toia restarria
   Quanno fa notte e'o sole se ne scenne
   Ma n'atu sole cchiù bello, ohine
   O sole mio stanfronte a te,'o sole
   O sole mio stanfronte a te, stanfronte a te !

© Éditions Salabert.

```
     Do              Fa#7dim  Do
L'atelier d'couture est en fê - te
On oublie l'ouvrage un instant
                         Fa#7dim    Do
Car c'est aujourd'hui qu' Marinet - te
     Sol7                      Do
Vient juste d'avoir ses vingt ans
    Si7                     Mim
Trottins, petit's mains et premières
            Si7           Mim
Ont tout's apporté des gâteaux
              Ré7         Sol
Et Marinette offrant l'porto
     Ré7                    Sol7
Dit joyeuse, en levant son verre.

         Do
- On n'a pas tous les jours vingt ans
              La7/Do#      Rém
  Ça nous arrive un' fois seul'ment
     Sol7
  Ce jour-là passe hélas trop vite
                              Do
  C'est pourquoi faut qu'on en profite
  Si l'patron nous fait les gros yeux
      La7/Do#          Rém
  On dira "faut bien rire un peu"
                  Ré#7dim    Do/Sol
  Tant pis si vous n'êt's pas content
    Rém          Sol7       Do
  On n'a pas tous les jours vingt ans".
```

L'patron donn' congé à ses p'tites
Et comm' le printemps leur sourit
À la campagne ell's vont tout d'suite
Chercher un beau p'tit coin fleuri
Dans une auberge en plein' verdure
Ell's déjeun'nt sur le bord de l'eau
Puis valsent au son d'un phono
En chantant pour marquer la m'sure.

© LES NOUVELLES ÉDITIONS MÉRIDIAN.
Publié avec l'autorisation
des NOUVELLES ÉDITIONS MÉRIDIAN
Paris - France.

ON N'A PAS TOUS LES JOURS VINGT ANS

Paroles : Fernand POTHIER
Musique : Léon RAITER

R2- On n'a pas tous les jours vingt ans
    Ça nous arrive un' fois seul'ment
    C'est le jour le plus beau d'la vie
    Alors on peut fair' des folies
    L'occasion il faut la saisir
    Payons-nous un p'tit peu d'plaisir
    Nous n'en f'rons pas toujours autant
    On n'a pas tous les jours vingt ans.

3- Tous les amoureux d'ces d'moiselles
    Sont venus le soir à leur tour
    Et l'on entend sous les tonnelles
    Chanter quelques duos d'amour
    Passant par là prêtant l'oreille
    Un bon vieux s'arrête en chemin
    À sa femme en prenant sa main
    Lui dit souviens-toi ma bonn' vieille.

R- On n'a pas tous les jours vingt ans
    Ça nous arrive un' fois seul'ment
    Et quand vient l'heur' de la vieillesse
    On apprécie mieux la jeunesse
    De ce beau temps si vit' passé
    On ne profit' jamais assez
    Et plus tard on dit tristement
    On n'a pas tous les jours vingt ans.

PARTIR UN JOUR

Paroles : Pénélope MARCELLIN
Musique : Laurent MARIMBERT

```
          Fa             Mi7
R-  Partir un jour, sans retour
        Lam                 Ré7
    Effacer (effacer) notre amour
                  Fa              Do
    Sans se retourner, ne pas regretter
          Rém7                Sol
    Garder les instants qu'on a volés.
```

Partir un jour, sans bagages
Oublier (oublier) ton image
Sans se retourner, ne pas regretter
Penser à demain recommencer.

```
        Fa                Mi7    Lam            Ré7
1-  __ Pour l'envie que l'on a, de guider ses pas
        Fa                   Mi7       Lam              Ré7
    __ Pour garder ses émois écouter son cœur qui bat
        Fa             Mi7       Lam
    __ Pour savoir regarder (regarder) __ un ciel étoilé
                    Fa               Do
    Tendre les mains à son destin
         Rém7              Sol
    Vouloir plus fort encore demain.
```

2- Pour l'amour que l'on donne (bis)
    Et qui s'abandonne
    Un mot que l'on pardonne
    Pour un rêve qui nous étonne,
    Pour le goût retrouvé, de la liberté
    Ouvrir les yeux, sans se dire adieu (adieu)
    Ne penser à rien, rêver un peu.

© Les disques à la maison.

QUAND MADELON

Paroles : Louis BOUSQUET
Musique : Camille ROBERT

1- Pour le repos, le plaisir du militaire
   Il est là-bas à deux pas de la forêt
   Une maison aux murs tout couverts de lierre
   "Aux Tourlourous" c'est le nom du cabaret
   La servante est jeune et gentille
   Légère comme un papillon
   Comme son vin, son œil pétille
   Nous l'appelons la Madelon
   Nous en rêvons la nuit, nous y pensons le jour
   Ce n'est que Madelon
   Mais pour nous c'est l'amour

R- Quand Madelon vient nous servir à boire
   Sous la tonnelle on frôle son jupon
   Et chacun lui raconte une histoire
   Une histoire à sa façon
   La Madelon pour nous n'est pas sévère
   Quand on lui prend la taille ou le menton
   Elle rit, c'est tout l'mal qu'ell'sait faire
   Madelon, Madelon, Madelon.

2- Nous avons tous au pays une payse
   Qui nous attend et que l'on épousera.
   Mais elle est loin
   Bien trop loin pour qu'on lui dise
   Ce qu'on fera quand la classe rentrera
   En comptant les jours on soupire
   Et quand le temps nous semble long
   Tout ce qu'on ne peut pas lui dire
   On va le dire à Madelon
   On l'embrass'dans les coins
   Ell'dit : « Veux-tu finir… »
   On s'figur'que c'est l'autr'
   Ça nous fait bien plaisir.

3- Un caporal en képi de fantaisie
   S'en fut trouver Madelon un beau matin
   Et fou d'amour, lui dit qu'elle était jolie
   Et qu'il venait pour lui demander sa main
   La Madelon, pas bête, en somme
   Lui répondit en souriant
   Et pourquoi prendrais-je un seul homme
   Quand j'aime tout un régiment
   Tes amis vont venir
   Tu n'auras pas ma main
   J'en ai trop besoin
   Pour leur servir du vin.

© Éditions L. BOUSQUET.

TANT QU'IL Y AURA DES ÉTOILES

Paroles : André HORNEZ et H. VENDRESSE
Musique : Vincent SCOTTO

1- On est des clochards, on n'a pas d'abri
   On vit dans les rues sans fin
   On a l'ventre vid' le cœur tout meurtri
   Et l'on meurt de froid et d'faim
   Mais nous avons nos richess's malgré tout
   Le vent du soir, le printemps si doux tout ça c'est à nous.

R- Tant qu'il y aura des étoiles sous la voûte des cieux
   Y aura dans la nuit sans voi - les du bonheur pour les gueux
   Nous les gars sans fortu - ne, nous avons nos baisers
   Seul un rayon de lu - ne vaut le plus beau décor
   Ici, à la belle étoi - le on s'ra toujours heureux
   Tant qu'il y aura des étoi - les sous la voûte des cieux.

2- Y a pas de tapis en dessous des ponts ni de ciel de lit en soie
   Mais il y a d'l'air, je vous en réponds
   Et puis l'on s'y trouv' chez soi
   On est bercé par la chanson du vent
   On n'a pas chaud mais on fait pourtant des rêv's enivrants.

© Éditions Salabert.

TCHI ! TCHI !

Paroles : E. AUDIFFRED,
Géo KOGER et René PUJOL
Musique : Vincent SCOTTO

1- <u>Fa</u> Tu n'as pas seize ans <u>Ré7</u> et faut voir <u>Sol7</u> comme
<u>Do7</u> Tu affoles déjà tous les <u>Fa</u> hommes
<u>Ré7</u> Est-ce ton œil <u>Do7</u> si doux qui les mine
<u>Ré#7dim</u> Ou bien les ron<u>Mi7dim</u>deurs de ta poi<u>Do7</u>trine
<u>Fa</u> Qui les rend fous.

R- <u>Fa</u> Oh! Cathari<u>Ré7</u>netta bella <u>Do7</u> Tchi! Tchi!
Écoute l'amour t'appelle Tchi! Tchi!
<u>Do7</u> Pourquoi dire non maintenant, ah! ah!
Faut profiter quand il est <u>Fa</u> temps, ah! ah!
Plus tard quand tu <u>Ré7</u> seras <u>Do7</u> vieille, Tchi! Tchi!
Tu diras baissant l'<u>Fa</u> oreille, Tchi! Tchi!
<u>Do7</u> Si j'avais su en ce temps-là, ah! ah!
Oh! ma belle Cathari <u>Sol7</u> - <u>Do7</u> net - <u>Fa</u> ta!

2- Malgré les jolis mots qui t'invitent
Tu remets à demain, tu hésites
Mais c'est en vérité ridicule
Dis-toi bien, au fond, que tu recules
Pour mieux sauter.

3- Pourquoi donc te montrer si rebelle
L'amour est une chose éternelle
Demande-le, crois-moi, à ta mère
Elle l'a chanté avec ton père
Bien avant toi.

© Éditions Salabert.

TOM DOOLEY

Paroles et musique :
Alan LOMAX, John A. LOMAX,
Frank PROFFIT
et Frank WARNER

Capo II

1- Fais <u>Ré</u> ta prière, Tom Dooley
Ça peut toujours ser<u>Mim</u>vir
<u>La</u> Fais ta prière, Tom Dooley
Demain tu vas mou<u>Ré</u>rir.

2- Fais ta prière, Tom Dooley
C'est tout c'qu'on peut t'offrir
Fais ta prière, Tom Dooley
Demain tu vas mourir.

3- Quand, au lever du jour
On viendra te chercher
Pardonne à ton amour
C'est lui ton seul péché.

4- Fais ta prière, Tom Dooley
Avant de t'endormir
Fais ta prière, Tom Dooley
Demain, tu vas mourir.

5- Fais ta prière, Tom Dooley
Y'a plus rien d'autre à faire
Fais ta prière, Tom Dooley
Pour éviter l'enfer.

6- Tu vas bientôt revoir
Celle que tu aimais trop
Emporte au moins l'espoir
D'être aimé mieux là-haut.

7- Fais ta prière, Tom Dooley
Pour toi tout va finir
Fais ta prière, Tom Dooley
Demain tu vas mourir.

8- Fais ta prière, Tom Dooley
Fais ta prière mon vieux
C'est la dernière, Tom Dooley
Après bye, bye adieu.

© Ludlow Music Inc. / TRO Essex Music Ltd.
Publié avec l'autorisation des ÉDITIONS TRO ESSEX FRANCE – PARIS.

TROIS JEUNES TAMBOURS

1- <u>Trois</u> (Ré) jeunes tambours s'en revenaient de <u>guerre</u> (La7)
   Trois jeunes tambours s'en revenaient de guerre
   Et ri et <u>ran</u> (Ré), rapata<u>plan</u> (La7)
   S'en <u>revenaient</u> (Ré) de <u>guer</u> (La) - <u>re</u> (Ré).

2- Le plus jeune a dans sa bouche une rose.

3- La fille du roi était à sa fenêtre.

4- Joli tambour, donnez-moi votre rose.

5- Fille du roi, donnez-moi votre cœur.

6- Joli tambour, demandez à mon père.

7- Sire le Roi, donnez-moi votre fille.

8- Joli tambour, tu n'es pas assez riche.

9- J'ai trois vaisseaux dessus la mer jolie.

10- L'un chargé d'or, l'autre d'argenterie.

11- Et le troisième pour promener ma mie.

12- Joli tambour, tu auras donc ma fille.

13- Sire le Roi, je vous en remercie.

14- Dans mon pays, y'en a de plus jolies.

© Domaine public.

TZEINERLIN

1- Elle <u>ch</u>antait (Sol) dans les rues
   Sur <u>les</u> (Mim) places publiques
   La <u>petite</u> (Do) fille <u>aux</u> (Sol) pieds nus
   <u>Angé</u>(La7)<u>lique</u> (Ré7)
   Elle <u>a</u>vait (Sol) la voix claire
   Jou<u>ait</u> (Mim) du tambourin
   On <u>lui</u> (Do) donnait de <u>l'eau</u> (Si7)
   <u>Et</u> (Ré7) du <u>pain</u> (Sol).

R- Tzei<u>ner</u>lin (Sol), tzeinerlin
   Tzeinerlin, tzeinerlin
   Yepsi<u>lich</u> (Ré7), yepsilich
   Eindelo, einder<u>lo</u> (Sol).

2- Quand elle avait chanté
   Tout était merveilleux
   Il paraît qu'en hiver
   Le ciel était bleu
   Elle est partie un jour
   On ne sait plus pourquoi
   Et depuis ce jour-là
   Il fait froid.

3- Reviendra-t-elle un jour
   La petite aux pieds nus
   Nous chanter sa chanson d'amour
   Dans les rues
   Mais les rues de nos villes
   Ne sont peut-être plus
   Pour les petites filles
   Aux pieds nus.

© Budde Music France.

1- Je suis allé aux <u>Lam</u>fraises, je suis rev'nu d'Pon<u>Sol</u>toise
   J'ai filé à l'<u>Fa</u>anglaise avec un'Tonki<u>Mi</u>noise.
   Si j'ai roulé ma <u>Lam</u>bosse, je connais l'uni<u>Sol</u>vers
   J'ai mêm' roulé car<u>Fa</u>rosse et j'ai roulé les "<u>Mi</u>R"
   Et je dis non, <u>Sim</u> _ <u>Mi</u> non, non, non, non, <u>Si</u> _ <u>Mi</u> oui, je dis <u>Mi</u>non
   Non, non, non, <u>Mi</u>non, non, non, non, <u>Mi</u>non.

R1- Tout ça n'vaut <u>Mi7</u>pas
    Un clair de lun' à Mau<u>La</u>beuge
    Tout ça <u>La7dim</u>n'vaut <u>Mi7</u>pas
    Le doux soleil de Tour<u>La</u>coing
    (Coing, coing! Oh! je vous en prie)
    Tout ça n'vaut <u>Mi7</u>pas
    Une croisière sur la <u>La</u>Meuse
    Tout ça <u>La7dim</u>n'vaut <u>Mi7</u>pas des vacances au <u>La</u>Krem<u>Mi7</u>lin <u>Lam</u>Bic - êtr'.

2- J'ai fait tout's les bêtises qu'on peut imaginer
   J'en ai fait à ma guise et aussi à Cambrai
   Je connais tout's les Mers, la Mer Roug' la Mer noire
   La Méditerranée, la Mer de Charles Trenet
   Et je dis non, non, non, non, non, oui je dis non
   Non, non, non, non, non, non, non, non.

R2- Tout ça n'vaut pas
    Un clair de lun' à Maubeuge
    Tout ça n'vaut pas
    Le doux soleil de Roubaix
    (Coing. coing! Vous êtes ridicule!)
    Tout ça n'vaut pas
    Une croisière sur la Meuse
    Tout ça n'vaut pas faire du sport au Kremlin biceps.

© 1962 LES ÉDITIONS MUSICALES CARAVELLE.
Avec l'aimable autorisation de UNIVERSAL/MCA MUSIC PUBLISHING.

LE GAMIN DE PARIS

Paroles :
Mick MICHEYL
Musique :
Adrien MARÈS

UN CLAIR DE LUNE À MAUBEUGE

Paroles : Pierre PERRIN
Musique : Pierre PERRIN et Claude BLONDY

© 1951 Les Éditions Métropolitaines – France – EUR.
Publié avec l'autorisation des Éditions Métropolitaines.

R1- Un <u>Ré</u>gamin d'Paris, c'est <u>Ré7M</u>tout un poème
    Dans aucun pays il n<u>Ré6</u>'y a le même
    <u>Ré/Fa#</u>Car <u>La7-4/Mi</u>c'est un ti<u>La7</u>ti, petit gars dégourdi <u>Ré/Fa#</u>que <u>Fa7dim</u>l'on <u>La7/Mi</u>ai - <u>Lam</u>ne
    Un <u>Ré</u>gamin d'Paris, c'est <u>Ré7M</u>le doux mélange
    D'un ciel affranchi du <u>Ré6</u>diable et d'un ange
    <u>Ré7dim</u>Et <u>La7-4/Mi</u>son œil har<u>La7</u>di s'attendrit devant une <u>La7</u>oran <u>Mi7</u>- <u>La7</u>ge<u>Ré</u>
    <u>Rém7</u>Pas plus haut que trois <u>Sol</u>pommes, <u>Rém7</u>mais lance un dé<u>Sol</u>fi
    <u>Mi7</u>À l'aimable bon<u>Sim7</u>homme qui <u>La</u>l'appelait "Mon pe<u>Mi7</u>tit"
    Un <u>Ré</u>gamin d'Paris, c'est <u>Ré7M</u>une cocarde
    Bouton qui fleurit dans <u>Ré6</u>un pot de moutarde
    <u>Ré#7dim</u>Il <u>La7-4/Mi</u>est tout l'esprit, l'esprit de Paris qui mus<u>Mi7</u>a <u>La7</u>- <u>Ré</u>rde

1- <u>Ré</u>Pantalons trop longs pour lui
   Toujours les mains dans les <u>La7</u>poches
   On le voit qui déguerpit <u>Mi7</u>aussitôt qu'il voit un ké<u>La7</u>pi.

R2- Un gamin d'Paris, c'est tout un poème
    Dans aucun pays il n'y a le même
    Car c'est un titi, petit gars dégourdi que l'on aime
    Il est héritier lors de sa naissance
    De tout un passé lourd de conséquence
    Et ça, il le sait, bien qu'il ignore l'histoire de France
    Sachant que sur les places pour un idéal
    Des p'tits gars plein d'audace à leur façon, fir'nt un bal
    Un gamin d'Paris rempli d'insouciance
    Gouailleur et ravi de la vie qui danse
    S'il faut, peut aussi, comm' gavroche
    Entrer dans la danse.

Coda-
    Un gamin d'Paris m'a dit à l'oreille
    Si je pars d'ici sachez que la veille
    J'aurai réussi à mettre Paris en bouteille.

UN JOUR MON PRINCE VIENDRA

Paroles : Larry MOREY
Paroles françaises : Francis SALABERT
Musique : Franck CHURCHILL

Parlé-
   Il est je ne sais où,
   Un beau prince charmant que j'ignore
   Je crois l'entendre sur un ton très doux
   Me dire : « Je vous adore ! »

      Fa La7/5b   Sib   Ré7/La
1- Un jour mon prince viendra
   Solm Solm7M Do7/Mi Do7
   Un   jour il me dira
           Fa/La   Labdim   Solm7
   Ces mots d'amour, si troublants et tendres
        Fa/La   Labdim   Solm7 Do7
   Que j'aurais tant plaisir à enten - dre !
     Fa   La7/5b   Sib   Ré7/La
   Qu'il vienne, je l'attends
   Solm Solm7M Do7/Mi   Do7
   Crain - tive et cœur battant.
       Fa/La   La7
   Dans ses bras, alors
     Solm/Sib   Mi7/Si
   Mon beau rêve enchanté
   Fa/Do   Fa#dim Do7 Fa
   Deviendra réa - li - té !

Parlé-
   Je sais qu'un beau matin
   Dans l'éclat d'un splendide cortège
   Mon joli prince unira son destin
   À celui de Blanche-Neige !

2- Un jour mon prince viendra
   Un jour il me dira
   Ces mots d'amour, si troublants et tendres
   Que j'aurais tant plaisir à entendre !
   Qu'il vienne, je l'attends
   Craintive et cœur battant
   Dans ses bras, alors, mon beau rêve enchanté
   Deviendra réalité !

© 1937 by BOURNE Co.
Avec l'aimable autorisation des Éditions BOURNE FRANCE.

UN MEXICAIN
Paroles : Jacques PLANTE
Musique : Charles AZNAVOUR

R- *Do7* Un Mexicain bas*Fa*ané
    Do7 Est allongé sur le *Fa* sol
    Do7 Le sombrero sur le *Fa* nez
    En guise, en guise, en guise
    En guise, en *Do7* guise de para*Fa*sol.

1- *Fa* Il n'est pas loin de midi, d'après le so*Do7*leil
    C'est formidable aujourd'hui ce que j'ai som*Fa*meil
    Sib L'existence est un problème à n'en plus fi*Fa*nir
    Chaque jour, chaque nuit, c'est le *Do7* même
    Il vaut mieux dor*Fa*mir
    Sib Rien que trouver à manger
    Ce n'est pourtant *Fa* là qu'un détail
    Mais ça suffi*Do7*rait à pousser
    Un homme au tra*Fa*vail...

2- J'ai une soif du tonnerre il faudrait trouver
    Un gars pour jouer un verre en trois coups de dés
    Je ne vois que des fauchés tout autour de moi
    Et d'ailleurs ils ont l'air de tricher
    Aussi bien que moi
    Et pourtant j'ai le gosier
    Comme du buvard, du buvard
    Ça m'arrangerait bougrement
    S'il pouvait pleuvoir...

    Voici venir Christobal, mon Dieu qu'il est fier
    C'est vrai qu'il n'est général que depuis hier
    Quand il aura terminé sa révolution
    Nous pourrons continuer tous les deux
    La conversation..
    Il est mon meilleur ami
    J'ai parié sur lui dix pesos
    Et s'il est battu, je n'ai plus
    Qu'à leur dire Adios…

4- On voit partout des soldats courant dans les rues
    Si vous ne vous garez pas, ils vous march'nt dessus
    Et le matin quel boucan, sacré nom de nom,
    Ce qu'ils sont énervants, agaçants
    Avec leurs canons
    Ça devrait être interdit
    Un chahut pareil à midi
    Quand il y a des gens sapristi
    Qui ont tant sommeil…

Coda-
    Un Mexicain basané
    Est allongé sur le sol
    Le sombrero sur le nez
    En guise, en guise, en guise
    En guise, en *Do7* guise de para*Fa*sol. _ *Sib* _ *Fa* _ *Do7* _ *Fa*

© Éditions CHAPPEL-AZNAVOUR
droits transférés à DJANIK MUSIC S.A.

UNE FLEUR AU CHAPEAU

Paroles et musique : William LEMIT

© Éditions SALABERT.

                  Sol
R- Une fleur au chapeau,
                       Ré7
  À la bouche une chanson
                    Sol
  Un cœur joyeux et sincère
  Et c'est tout ce qu'il faut
                Ré
  À nous filles et garçons
Sol   *Do*   *Ré7 Sol*
Pour aller au bout de la ter - re.

   Sol   *Ré*   *Sol*
1- Vous qui nous regardez passer
   Do *Dom* *Sol*   *Ré7* *Sol*
  Dans le soleil ou sous l'orage
                    Ré7   *Sol*
  Peut-être bien que vous pensez
   Do *Dom* *Sol*   *Ré7* *Sol*
  Que nous avons bien du courage
   Mim   *Do* *Lam* *Mim* *Ré* *Si*
  Pour ainsi nous ha - ras - ser
   Mim   *Do* *Lam* *Mim* *Ré* *Si*
  À courir le long des routes.
           Mim   *Si*
  Vous ne savez pas ce que c'est
   Mim   *Do* *Lam* *Mim* *Ré* *Si* *Ré7*
  Vous n'aurez ja - mais sans dou - te…

2- Ah, comme nous serions heureux
  Si nous pouvions, la vie entière
  Courir par les chemins ombreux
  Ou sur les routes familières
  Depuis les sommets neigeux
  Jusqu'au bord des mers profondes
  À travers nos cris joyeux
  Nous dirions au vaste monde :

3- Hélas, il n'en est pas ainsi
  Et notre tâche est plus aride
  Mais il y faut du cœur aussi
  Il faut aussi des bras solides
  Pour combattre sans merci
  La laideur et la paresse
  À travers lutte et souci
  Il nous faut garder sans cesse :

VIENS BOIRE UN P'TIT COUP À LA MAISON

Paroles : J. FALON
Musique : F. VACHER et O. GUILLOT

R- <u>Al</u>lez, <u>viens</u> boire un p'tit coup à la maison *(Sol7 / Do)*
    Y'a du blanc, y'a du rouge, du sauci<u>sson</u> *(Sol7)*
    Et Gi<u>llou</u> avec son p'tit accordéon *(Rém7)*
    <u>Vi</u>ve les bouteilles et les copains et les chansons. *(Sol7)*

1- <u>Pour</u> pouvoir écrire l'pre<u>mier</u> cou<u>plet</u> *(Do / Sol7 / Do)*
    On avait des crêpes au Grand Mar<u>nier</u> *(Sol7)*
    <u>Les</u> crêpes étaient bonnes mais trop salées *(Rém7)*
    On <u>s'est</u> forcé, on a tout bu et on n'a rien mangé. *(Sol7)*

2- Faut faire la cuisine sans être bourré
    Et cette fois y'a pas d'premier couplet
    Pas s'marrer et se mettre à chanter
    Y a pas le vin, y'a pas le pain si y'a pas les copains.

3- Nous on aime bien les chansons à boire
    Mais c'qui nous rendit un peu l'espoir
    C'est qu't'en avais pas fini d'la poire
    Qu'on s'est forcés, on a tout bu et on n'a rien mangé.

4- On a tous fini complèt'ment noirs
    C'était pas la fin d'nos déboires
    J'arrive pas à mettre une suite à cett'histoire
    Y a pas l'vin, y'a pas le temps si y'a pas les copains.

5- Tout ça se serait bien terminé
    Si nos bonnes femmes n'étaient pas rentrées
    Elles nous ont mis le Pernod sous clé
    Elles ont gueulé plus fort que nous et on s'est fait virer.

© Éditions Art Music France.

CANONS, RITOURNELLES ET GÉNÉRIQUES

5ème partie

ANI COUNI
Folflore Iroquois

Mim Lam   Si7   Mim
Ani couni chaouani (bis)
Lam   Mim
Awawa bicana caïna (bis)
Si7   Mim
Éaouni bissini. (bis)

ALLONGEONS LA JAMBE

Mi
1- Ma poul'n'a plus qu'29 poussins.
Mi
Ma poul'n'a plus qu'29 poussins.
Sol   Ré7   Sol
Elle en a eu tren - te
Sol   Ré7   Sol
Elle en a eu tren - te
Sol   Ré7   Sol
Allongeons la jam - be
Sol   Ré7   Sol
Allongeons la jam - be
Allongeons la jambe, la jambe
Si7   Mi
Car la route est longue
Mi
Allongeons la jambe, la jambe
Si7   Mi
Car la route est longue.

2- Ma poul'n'a plus qu'28 poussins.

Chanson de marche à diminution-

3- Ma poule n'a plus qu'27 poussins
Ma poule n'a plus aucun poussin.

BONSOIR ET BONNE NUIT !

Ré   La7   Ré
Bonsoir et bonne nuit !
Sol   Ré
Bonne nu - it !
Sol   Ré
La lune est levée
Sol   Ré
Allons nous coucher
Sol   La7   Ré
Allons au lit sans bruit
La7   Ré
Au lit et sans bruit.
Sol   Ré
Bonne nu - it !
Sol   Ré
Et nous dormirons
Sol   Ré
Et nous rêverons
Des beaux jours
La7   Ré
Et des belles chansons.

CANDY

La
Au pays de Candy
Sim
Comme dans tous les pays
On s'amuse on pleure on rit
Mi   La
Il y a des méchants et des gentils.

La
_ Et pour sortir des moments difficiles
Sim   Mi
_ Avoir des amis c'est très utile
La   Ré
_ Un peu d'astuce, _ d'espièglerie
Mi   La Do#m
C'est la vie de Candy. _

Fa#m   Sol#7
_ Mais elle rêve et elle imagine
Do#7   Fa#m
Tous les soirs en s'endormant
Do#7   Fa#m
Que le petit prince des collines
Do#7   Fa#m
Vient lui parler doucement.

Sim   Fa#m/La
Pour chasser sa tristesse
Do#7   Fa#7
Elle cherche la tendresse
Sim   Mi
Câline et coquine
La   Fa#m
Toujours jolie
Sim   Mi   La
C'est Candy, Can - dy.

DANS UN AMPHITHÉATRE

Capo II

1- <u>Dans</u> un am<u>phi</u>théâtre (Do, Sol)
   Dans un am<u>phi</u>théâtre (Do)
   Dans un am<u>phi</u>théâtre (Fa)
   Phithé<u>âtre</u>, phithé<u>âtre</u>, phithéâtre, tsoin, tsoin. (Sol, Do)

2- Y'avait un maccabé…

3- On le disséquera…

4- Avec un bistouri…

5- Le maccabé disait…

6- Ah! C'qu'l'on s'en… bête ici…

DOUCEMENT

Paroles et musique : Suzanne François

R- Douce<u>ment</u>, douce<u>ment</u>, douce<u>ment</u> s'en <u>va</u> le <u>jour</u> (Ré, Sim, Ré, Sol, La7, Sim, Ré)
   Douce<u>ment</u>, douce<u>ment</u>, <u>à</u> pas <u>de</u> ve<u>lours</u>. (Ré, Sim, Ré, Mim7, La7, Ré)

1- La rai<u>nette</u> dit sa chan<u>son</u> de <u>nuit</u> (La, Sim, Ré)
   Et le <u>lièvre</u> <u>fuit</u> sans un <u>bruit</u>. (Mim7, La7, Ré)

2- Le hibou tout gris est déjà parti
   Chasser les souris sous les buis.

3- Dans le creux des nids les oiseaux blottis
   Se sont endormis, bonne nuit.

EN COLONIE DE VACANCES

1- En colonie de va<u>can</u>ces, la <u>si</u> la <u>sol</u>. (Ré, Sol, Ré)
   En colonie de vacances, la si la sol <u>fa</u> <u>mi</u>. (La7 Ré)

2- Nous sautons sur les lits, la si la sol…

3- La directrice arrive…

4- Que faites vous ici…

5- Nous sautons sur les lits…

6- Vous s'rez privés de dessert…

7- Le dessert n'est pas bon…

8- Vous s'rez privés de télé…

9- La télé est cassée…

10- Vous s'rez privés de courrier…

11- Le facteur est malade…

12- Vous s'rez privés de vélo…

13- Les vélos sont rouillés…

14- Vous s'rez privés de piscine…

15- La piscine est fermée…

16- Vous s'rez renvoyés…

17- C'est tout ce qu'on voulait…

… continuer en inventant d'autres couplets.

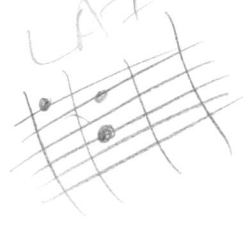

ENTRE LES DEUX

<u>E</u>ntre les deux, mon cœur ba<u>lance</u> (Sol, Ré7)
Je ne sais pas laquelle aimer des <u>deux</u> (Sol)
C'est à Corinne ma préfé<u>rence</u> (Ré7)
Et à Zoé les cent coups de bâ<u>ton</u> (Sol)
Ah ! Zoé ! Ah ! Zoé !
Si tu crois que <u>j't'aime</u> (Ré7)
Mon p'tit cœur
N'est pas fait pour <u>toi</u> (Sol)
Il est fait pour celle que <u>j'aime</u> (Ré7)
Et pas pour celle
Que j'aim' <u>pas</u> (Sol)
Embras<u>sez</u> vot' bien-ai<u>mée</u>. (Ré7, Sol)

GENTIL COQUELICOT

Paroles : Serge MAZERES
Musique : Simon MALEME

J'ai descen*Sol*du dans mon jar*Ré*din
J'ai descen*Sol*du dans mon jar*Ré*din
Pour y cueil*Sol*lir du roma*Ré7*rin.

Gentil *Ré* coq'li*Sol*cot, Mes*Mim*dames
Gentil *Ré* coq'li*Sol*cot nouveau
Gentil *Ré* coq'li*Sol*cot, Mes*Mim*dames
Gentil *Ré* coq'li*Sol*cot.

J'n'en avais pas cueilli trois brins *(bis)*
Qu'un rossignol vint sur ma main.

Il me dit trois mots en latin *(bis)*
Que les hommes ne valent rien.

Des dames il ne me dit rien *(bis)*
Mais des d'moiselles beaucoup de bien.

© SONY MUSIC PUBLISHING FRANCE.

IL EST VRAIMENT

Paroles : Hans-Hubert FORM
Musique : anonyme

1- Il est vrai*Sol*ment, il est vraiment
   Il est vraiment phénomé*Do*nal
   La la la la *Sol* la la *Do* la
   La la la la *Sol* la la *Do* la.

   Il mérit'rait, il mérit'rait
   Il mérit'rait d'êtr' dans l'jounal
   La la la la la la la. *(bis)*

   Dans le journal, dans le journal
   Dans le journal de Claire Chazal
   La la la la la la. *(bis)*

2- Il est plus beau… que Parsifal
   Avec sa tronche… de cheval
   Et son haleine… de chacal.

3- Il a devant… deux dents d'cristal
   Et deux grands yeux… du même métal
   Qu'on dirait même… le Prince de Galles.

4- Il a gagné… une poêle Téfal
   C'est lui l'champion… municipal
   Avec son air… congénital.

L'ÎLE AUX ENFANTS

R- Voici ve*Sol*nu le temps des *Ré* rires et des chants
   Dans *Do* l'île aux en*Sol*fants
   C'est tous les *La7* jours le prin*Ré7*temps
   C'est le pa*Sol*ys joyeux des enfants heureux
   Des *Do* monstres gentils
   Oui c'est un pa *Do* - ra *Ré* - dis. *Sol*

1- Ce *Do* jardin *Sim* n'est pas *Lam* loin *Sol*
   Car *Si7* il suffit *Mim* d'un peu *La7* d'imagination *Ré7*
   Pour *Do* que tout *Sim* autour *Lam* de vous *Mi/Sol#*
   Poussent *Lam* ces fleurs, ces rires *Sol* et ces chan*La7*sons. *Ré7*

2- Si seulement vos parents
   Avaient envie de vivre dans notre île
   Tout serait beaucoup plus gai
   Et pour chacun la vie serait plus facile.

3- Mais le soir, dans le noir
   Quand bien au chaud, votre journée s'achève
   Vous pourrez nous inviter
   À revenir chaque nuit dans vos rêves.

   La la la la la…

LA CARMAGNOLE

1- Madam' Ve*to* avait pro*mis*   [Do Fa Do]
   Madam' Veto a*vait* pro*mis*   [Sol Do]
   De faire égorger *tout* Paris   [Fa Do]
   De faire égorger *tout* Paris   [Sol Do]
   Mais son coup a man*qué*   [Sol]
   Grâce à nos canon*niers*.   [Do Sol]

R- *Dan* - *sons* la carma*gnole*   [Do Sol Do]
   Vive le *son*, *vive* le *son*   [Lam Ré7 Sol]
   Dan - *sons* la carma*gnole*   [Do Sol Do]
   Vive le *son* *du* ca*non* !   [La7 Ré7 Sol7 Do]

2- Monsieur Veto avait promis *(bis)*
   D'être fidèle à son pays *(bis)*
   Mais il y a manqué
   Ne faisons plus quartier.

3- Amis, restons toujours unis *(bis)*
   Ne craignons plus nos ennemis *(bis)*
   S'ils vienn'nt nous attaquer
   Nous les ferons sauter.

4- Oui, nous nous souviendrons toujours *(bis)*
   Des sans-culottes des faubourgs *(bis)*
   À leur santé buvons
   Vivent ces francs lurons.

LE CANON DE LA PAIX

A- É*coutez*   [Lam Sol]
   Le *temps* vien*dra*   [Fa Mi]
   Les *hom*mes un jour sauront la *vérité*   [Rém Lam/Do]
   Le lion s'étendra près __ de l'agneau.   [Sib Lam]

B- Et *nous* fondront des piques *pour* des faux
   Et des sabres pour des *herses*
   La paix sera no*tre* combat
   Faites que ce temps *vienne*.

LES CORNEMUSES

Canon

Voix 1-	*Voix 2-*	*Voix 3-*
[Sol] De*puis* l'été dernier	[Sol] *Je* les entends	[Sol] *Ouin*…
[Ré7] J'entends les cornemuses	[Ré7] *Je* les entends	[Ré7] *Ouin*…
[Sol] *Je* les entends sonner	[Sol] *Je* les entends	[Sol] *Ouin*…
[Ré7] *Tou*te la journée.	[Ré7] *Tou*te la journée.	[Ré7] *Ouin*…

LES GARS DE LOCMINÉ

- <u>Sont</u>, sont, sont les gars de Locminé
  ^{Mim}
  ^{Sol}
  Qui <u>ont</u> de la maillette sans dessus, des<u>sous</u>, iou
  ^{Si7}
  ^{Mim}
  <u>Sont</u>, sont, les gars de Locminé
  Qui ont de la mail<u>lette</u> dessous leurs <u>sou</u> - <u>liers</u>.
  ^{Do} ^{Ré} ^{Mim}

- <u>Mon</u> père et ma <u>mère</u>, d'Locminé ils <u>sont</u>, gai
  ^{Mim} ^{Ré} ^{Mim}
  <u>Ils</u> m'ont fait promesse qu'ils me ma<u>rie</u>ront, gai.
  ^{Lam} ^{Si7}

- Ils m'ont fait promesse qu'ils me marieront, gai
  Mais s'ils me marient, s'en repentiront, gai.

- Mais s'ils me marient, s'en repentiront, gai
  Je vendrai leurs terres, sillon par sillon, gai.

- Je vendrai leurs terres, sillon par sillon, gai
  Au dernier bout d'terre, bâtirai maison, gai.

- Au dernier bout d'terre, bâtirai maison, gai
  Et si le roi passe, nous l'inviterons, gai.

- Et si le roi passe, nous l'inviterons, gai
  Et s'il veut des crêpes, nous lui en ferons, gai.

LES SCHTROUMPFS

1- ^{Do} ^{Lam} ^{Rém} ^{Sol}
   <u>La</u> la la <u>schtroumpf</u> la <u>la</u>
   ^{Do} ^{Lam} ^{Rém Sol}
   <u>Viens</u> schtroum<u>pfer</u> en <u>cœur</u>
   ^{Do Lam} ^{Rém} ^{Sol}
   <u>La</u> <u>la</u> la <u>schtroumpf</u> la <u>la</u>
   ^{Do} ^{Sol} ^{Do}
   <u>Ça</u> t'porte<u>ra</u> bon<u>heur</u>.

2- (sifflets)
   Schtroumpfe d'un air joyeux
   (sifflets)
   Tout ira bien mieux.

Pont-
   ^{Fa}
   <u>Ne</u> te laisse pas abattre
   ^{Do} ^{Do7}
   <u>C'est</u> pas compli<u>qué</u>
   ^{Fa}
   <u>Pour</u> être heureux pour quatre
   ^{Ré7} ^{Sol7}
   Il <u>suffit</u> de schtroum<u>pfer</u>.

3- La la la schtroumpf la la
   Viens, ne t'en fais pas
   La la la schtroumpf la la
   Et l'on schtroumpfera !

M'SIEUR VOT' BÉBÉ

^{La}
M'sieur vot'bébé a un rhume sur la poitrine
^{Ré} ^{La}
<u>Trempez</u>-le vite dans le <u>camphre</u> et dans l'alcool.
^{La} ^{Do#7} ^{Fa#m}
<u>Glory</u> glory allélu - <u>ia</u>
^{Sim} ^{Mi7} ^{La}
Trempez-<u>le</u> vite dans le <u>camphre</u> et dans l'al<u>cool</u>.

OH ! L'ESCARGOT

^{Do} ^{Sol} ^{Do} ^{Sol} ^{Do}
<u>Oh</u> ! l'<u>escargot</u> quelle <u>drôle</u> de petite <u>bête</u>
^{Sol} ^{Do} ^{Sol} ^{Do}
C'est <u>rigolo</u> ce qu'il a sur la <u>tête</u>
^{Lam} ^{Rém} ^{Sol7}
Un <u>chat</u> marchait le <u>long</u> de la gouttière
^{Mi7}
Le vent soufflait sur sa p'tite queue légère
^{Lam} ^{Rém} ^{Sol7}
J'ai <u>vu</u>, t'as vu, le <u>p'tit</u> trou d' son der<u>rière</u>
J'ai vu, t'as vu, le petit trou d' son…

RIS, CANE !

^{Do} ^{Sol7} ^{Do}
<u>Un</u> canard dit <u>à</u> sa <u>cane</u> :
^{Sol7} ^{Do}
« Ris, <u>cane</u> ! <u>ris</u>, <u>cane</u> ! »
^{Sol7} ^{Do}
Un canard dit <u>à</u> sa <u>cane</u> :
^{Sol7} ^{Do}
« Ris, <u>cane</u> ! » Et la cane a <u>ri</u> !

ORLÉANS, BEAUGENCY

1- ^{Mi} ^{La}
   <u>Orléans</u>, Beaugency
   ^{Mi} ^{La}
   Notre-<u>Dame</u> de Cl<u>éry</u>
   ^{Mi} ^{La} ^{Mi}
   Ven<u>dôme</u>, Ven<u>dôme</u> !

2- Quel chagrin, quel ennui
   De compter toute la nuit
   Les heures, les heures !

MON BEAU SAPIN

1- *Sol* *Mim* *Ré* *Sol*
 Mon beau sapin roi des forêts
 Mim *Do* *Ré* *Sol*
 Que j'aime ta verdure
 Mim *Mim7* *Lam*
 Quand par l'hiver, bois et guérets
 Ré *Ré7* *Sol*
 Sont dépouillés de leurs attraits
 Mim *Ré* *Sol*
 Mon beau sapin, roi des forêts
 Mim *Do* *Ré* *Sol*
 Tu gardes ta parure.

2- Mon beau sapin, tu as quitté
 Le grand froid de décembre
 Pour venir là, sous notre toit
 Chanter Noël sous notre ciel
 Joli sapin qui fut planté
 Joyeux dans notre chambre.

3- Toi que Noël planta chez nous
 Au saint anniversaire
 Joli sapin comme ils sont doux
 Et tes bonbons et tes joujoux
 Toi que Noël planta chez nous
 Tout brillant de lumière.

4- Mon beau sapin tes verts sommets
 Et leur fidèle ombrage
 De la foi qui ne ment jamais
 De la constance et de la paix
 Mon beau sapin tes verts sommets
 M'offrent la douce image.

5- Mon beau sapin roi des forêts
 Tu gardes dans tes branches
 Tous les Noëls qu'on a chantés
 Tous les Noëls qu'on chantera
 Mon beau sapin tu garderas
 Les joies de notre enfance.

Autres paroles :

1- En plein hiver dans la forêt
 Quand tout s'endort sur terre
 Quand sous la neige au blanc manteau
 Frissonnent chênes et bouleaux
 En plein hiver dans la forêt
 Le vert sapin demeure.

2- Quand vient Noël dans la maison
 Pour préparer la fête
 Il est orné de mille feux
 Souliers serrés, cadeaux joyeux
 Quand vient Noël dans la maison
 Le vert sapin rayonne.

Version allemande :
O tannenbaum !

1- O Tannenbaum, O Tannenbaum !
 Wie treu sind deine Blätter !
 Du grünst nicht nur zur Sommerzeit
 Nein auch im Winter wenn es schneit.
 O Tannenbaum, O Tannenbaum !
 Wie treu sind deine Blätter !

2- O Tannenbaum, O Tannenbaum !
 Du kannst mir sehr gefallen !
 Wie oft hat nicht zur Weihnachtszeit
 Ein Baum von dir mich hoch erfreut.
 O Tannenbaum, O Tannenbaum !
 Du kannst mir sehr gefallen !

3- O Tannenbaum, O Tannenbaum !
 Dein Kleid will mich was lehren :
 Die Hoffnung und Beständigkeit
 Gibt Trost und Kraft zu jeder Zeit.
 O Tannenbaum, O Tannenbaum !
 Dein Kleid will mich was lehren :

MARIE, TREMPE TON PAIN

Sol
R- Tremp' ton pain, Marie, tremp' ton pain, Marie
 Tremp' ton pain dans la sauce
 Tremp' ton pain, Marie, tremp' ton pain, Marie
 Tremp' ton pain dans le vin.

 Ré *Sol*
1- Nous irons dimanche
 Ré *Sol*
 A la maison blanche
 Do
 Toi z'en nankin
 Sol
 Moi z'en bazin
 Ré7 *Sol*
 Tous deux en escarpins
 Sol
 Tremp' ton pain, Marie...

2- Le long de la Seine
 Allons à Suresnes
 Pour manger des gâteaux
 Et pour voir
 Passer les p'tits bateaux
 Tremp'ton pain, Marie...

Variante-
 La sauc' n'est pas bonne
 V'là Marie qui grogne
 Tremp' ton pain, Marie...

POURQUOI LA CASBAH L'A BRÛLÉ

1- Pourquoi la casbah l'a brûlé [Do7] [Fa]
   Mon z'ami ?
   Pourquoi la casbah l'a brûlé ? [Do7] [Fa]

2- Parc'que la fatma l'a mis l'feu...
3- Pourquoi la fatma l'a mis l'feu ?...
4- Parc'que la fatma l'avait bu...
5- Pourquoi la fatma l'avait bu ?...
6- Parc'que la fatma l'avait soif...
7- Pourquoi la fatma l'avait soif ?...
8- Parc'que la fatma l'avait chaud...
9- Pourquoi la fatma l'avait chaud ?...
10- Parc'que le casbah l'a brûlé...

ROSSIGNOLET DES BOIS

Canon

V1- Quand tout se tait sous la ramu - re. [La][Sim][Mi][La][Fa#m][Sim][Mi][La]

V2- Rossignolet des bois, ta voix pure [La][Sim][Mi][La]
    Met nos cœurs en émoi [Fa#m][Sim]
    Nous fait rêver. [Mi][La]

V3- Rossignolet des bois, ta voix pure
    Met nos cœurs en émoi
    Nous fait rêver.

SATURNIN

Capo I

1- Approchez, tous les amis [Ré][Sol]
   Les grands et les petits [La7]
   Regardez bien ! [Ré]
   Le cœur fier et l'oeil malin [Ré][Sol]
   Voici venir au loin [La7]
   Votre ami Saturnin. [Ré]

R- On dit que rien ne lui fait peur [Sol][Ré]
   Quand il s'agit d'aventure [La][Ré][Ré7]
   Il est têtu et batailleur [Sol][Ré]
   Mais gentil je vous le jure. [Mi7][La7]

2- Et s'il est un peu bavard
   Et même un peu vantard
   Ça ne fait rien
   Car plus vous le connaîtrez
   Et plus vous l'aimerez
   Votre ami Saturnin.

SHANATOVA

Shanatova ! Shanatova ! [Mim][Sol]
Cela veut dire chez nous "Bienvenue" [Si7][Mim]
Au son du luth, de nos harpes et des tambours [Sol]
Shanatova [Si7][Mim]
Je vous souhaite santé, longue vie et amour [Sol]
Shanatova. [Si7][Mim]

SI TU VEUX FAIRE MON BONHEUR

1- Si tu veux faire mon bonheur [Sol]
   Marguerite, Marguerite [Ré7][Sol]
   Si tu veux faire mon bonheur
   Marguerite donne-moi ton cœur. [Ré7][Sol]

2- Marguerite me l'a donné
   Son cœur, son cœur
   Marguerite me l'a donné
   Son cœur pour un baiser.

TES OREILLES TOMBENT-ELLES ?

Tes o*Sol*reilles tombent-elles *(bis)* sauras-tu les ramasser
Les entortiller ou bien les nou*Ré7*er
Les pas*Sol*ser par d'sus l'épaule, en visière de pompier
Tes oreilles *Ré7*tombent-*Sol*elles ?

(à chanter avec gestes et accents en cadences variées)

UN PETIT POUCE QUI MARCHE

1- *Mi*Un petit pouce qui marche *(ter)*
   Et ça suffit *Si7*pour être *Mi*gai.

2- Deux petits pouces qui marchent…

3- Deux petits pouces, un bras qui marchent…

4- Deux petits pouces, deux bras, un bras…

5- Deux petits pouces, deux bras, une jambe…

6- Deux petits pouces, deux bras, deux jambes…

7- Deux petits pouces, deux bras, deux jambes
   La tête qui r'mue debout, un tour, assis
   À droite, à gauche qui marche *(ter)*
   Et ça suffit pour rendre gai.

(agiter chaque fois le membre nommé)

Y'A UN RAT

1- Y'a un *Mi*rat dans l'grenier
   J'en*Si7*tends le chat qui *Mi*miaule
   Y'a un *Mi*rat dans l'grenier
   J'en*Si7*tends le chat miau*Mi*ler.
   J'en*La*tends, j'en*Mi*tends
   J'en*Si7*tends le chat qui *Mi*miaule
   J'en*La*tends, j'en*Mi*tends
   J'en*Si7*tends le chat miau*Mi*ler.

2- Faire pipi sur l'gazon
   Pour embêter les coccinelles
   Faire pipi sur l'gazon
   Pour embêter les papillons.
   Pipi, gazon
   Papillons, coccinelles
   Pipi, gazon
   Limaçons, papillons !

3- Y en a pas deux comme nous
   S'il y en a, y en n'a guère
   Y en a pas deux comme nous
   S'il y en a, y en n'a pas beaucoup
   Y en n'a, y en n'a
   Y en n'a pas, y en n'a guère
   Y en n'a, y en n'a
   Y en n'a même pas du tout !

ZORRO

1- Un cava*Lam*lier, qui surgit hors de *Mi7* la nuit
   Court vers l'aventure au *Lam* galop
   Son nom, il le *La7* signe à la pointe de son é*Rém*pée
   D'un *Mi7* Z qui veut dire *Lam* Zorro.

R- *La* Zorro, Zorro
   Renard rusé qui fait *Sim* sa loi
   Mi7 Zorro, Zorro
   Vainqueur, tu l'es à cha*La*que fois
   Zorro, Zorro
   Combat sans peur l'enne*Sim*mi
   Mi7 Zorro, Zorro
   Défend toujours son pa*Lam*ys.

2- Quand il paraît, les bandits effrayés
   Fuient, tremblants le nom de Zorro
   Mais les opprimés n'ont jamais redoutés
   Son signe, le signe de Zorro.

R- Zorro, Zorro
   Renard rusé qui fait sa loi
   Zorro, Zorro
   Vainqueur, tu l'es à chaque fois
   Zorro, Zorro
   Combat pour la liberté
   Zorro, Zorro
   Défend toujours l'amitié.

3- Ceux qui ont faim, au pays mexicain
   Prient pour le retour de Zorro
   S'il vient un jour, ils suivront les vautours
   Au signe, le signe de Zorro.

R- Zorro, Zorro
   Renard rusé qui fait sa loi
   Zorro, Zorro
   Vainqueur, tu l'es à chaque fois
   Zorro, Zorro
   Accourt sur son cheval noir
   Zorro, Zorro
   Partout va porter l'espoir.

Coda-
   (Zouic, Zouic, Zouic)
   Mim
   Zorro, Zorro, Zorro, Zorro !

Pages blanches pour chansons oubliées...

TABLES DES MATIÈRES

Sommaire .... p. 336
Index alphabétique .... p. 345

Sommaire

Préface	p. 3
Le Mouvement Eucharistique des Jeunes	p. 4
Les Scouts de France	p. 6
Atelier guitare	p. 8
La flûte et son doigté	p. 18
Première partie : Salut l'artiste !	p. 19
Deuxième partie : Au rythme du monde	p. 237
Troisième partie : Racines et couleurs du temps	p. 267
Quatrième partie : Fêtes et rencontres	p. 283
Cinquième partie : Canons et ritournelles	p. 317
Tables des matières	p. 335

1 - SALUT L'ARTISTE ! .... p. 19

ADJANI
Pull Marine .... p. 21
ALLWRIGHT
La mer est immense .... p. 22
Mort du cow-boy .... p. 22
ANGGUN
La neige au Sahara .... p. 23
AUFRAY
Docteur banjo .... p. 24
L'homme orchestre .... p. 24
Pauvre Benoit .... p. 25
AZNAVOUR
Comme ils disent .... p. 26
Et pourtant .... p. 27
For me… formidable .... p. 28
La mama .... p. 28
Les emmerdes .... p. 29
Les plaisirs démodés .... p. 30
BARBARA
À mourir pour mourir .... p. 31
Nantes .... p. 32
BARNEY
Un enfant de toi .... p. 33
BASHUNG
La nuit je mens .... p. 34
Les mots bleus .... p. 35
Ma petite entreprise .... p. 36
Vertige de l'amour .... p. 37
BÉART
À Amsterdam .... p. 38
Bal chez temporel .... p. 38
Chahut-bahut .... p. 39
Le matin je m'éveille en chantant .... p. 40
Qu'on est bien .... p. 40
Sur le pont de Nantes .... p. 41
BÉCAUD
Je reviens te chercher .... p. 42
L'orange .... p. 43
Le bain de minuit .... p. 42

Le petit oiseau de toutes les couleurs............ p. 44
Les cerisiers sont blancs .... p. 45
Les petites mad'maselles .... p. 45
BERTRAND
Ça plane pour moi................................... p. 46
BIRKIN
Di doo dah .... p. 48
La ballade de Johnny Jane .... p. 48
La gadoue .... p. 49
BRASSENS
Au bois de mon coeur .... p. 50
Dans l'eau de la claire fontaine .... p. 51
La femme d'Hector .... p. 52
Le pornographe .... p. 53
Les funérailles d'antan .... p. 54
Les trompettes de la renomée .... p. 55
Supplique pour être enterré à la plage de Sète ...... p. 56
Tempête dans un bénitier .... p. 58
BREL
Au suivant... p. 59
Jef .... p. 60
Jojo .... p. 61
La ville s'endormait .... p. 62
Le bon Dieu .... p. 63
Les bigotes .... p. 63
Les bourgeois .... p. 64
Les Marquises .... p. 65
Madeleine .... p. 66
Mathilde .... p. 67
Rosa .... p. 68
Vieillir .... p. 69
BRILLANT
Quand je vois tes yeux .... p. 70
Ronsard 96 .... p. 70

BRUEL
Décale .... p. 71
Dors .... p. 72
Elle me regardait comme ça .... p. 73
Flash Back .... p. 74
La fille de l'aéroport .... p. 75
Même si on est fou .... p. 78
Rock, Haine, Rôles .... p. 76
CABREL
Assis sur le rebord du monde .... p. 79
Dame d'un soir .... p. 79
La corrida .... p. 80
La fille qui m'accompagne .... p. 81
Octobre .... p. 82
Petite sirène .... p. 85
Quelqu'un de l'intérieur .... p. 83
Samedi soir sur la Terre .... p. 84
Tôt ou tard s'en aller .... p. 84
CLERC
C'est une andalouse .... p. 85
Ce n'est rien .... p. 86
Je sais que c'est elle .... p. 87
La Californie .... p. 87
La cavalerie .... p. 88
This melody .... p. 88
COMPAGNIE CRÉOLE
Au mariage de ma femme .... p. 89
Chaud au cœur .... p. 90
Collé, collé .... p. 91
Le quatorze juillet .... p. 92
Pa kité moin .... p. 93
DAHO
Tombé pour la France .... p. 94

DASSIN
- Billy le bordelais .... p. 95
- Les Dalton .... p. 96
- Mon village du bout du monde .... p. 96

DOC GYNÉCO
- Né ici .... p. 97

DUTEIL
- La mer ressemble à ton amour .... p. 98
- La rumeur .... p. 99
- Le cirque .... p. 100
- Le mur de lierre .... p. 101
- Regard impressionniste .... p. 101
- Ton absence .... p. 102
- Virages .... p. 103

DUTRONC
- Le petit jardin .... p. 104
- Les cactus .... p. 105
- Les playboys .... p. 105
- Mini, mini, mini .... p. 106
- On nous cache tout, on nous dit rien .... p. 106
- Tous les goûts sont dans ma nature .... p. 107

EICHER
- Combien de temps .... p. 108
- Pas d'ami (Comme toi) .... p. 109
- Rivière .... p. 109
- Tu ne me dois rien .... p. 110

FABIAN
- Humana .... p. 111
- Je t'aime .... p. 111
- Tout .... p. 112

FERRAT
- La femme est l'avenir de l'homme .... p. 113
- Ma France .... p. 114
- On ne voit pas le temps passer .... p. 115

FERRÉ
- Graine d'ananar .... p. 115
- Les anarchistes .... p. 116
- Pauvre Rutebeuf .... p. 117

FRANÇOIS
- C'est la même chanson .... p. 118
- Cette année-là .... p. 119
- La ferme du bonheur .... p. 120
- Le lundi au soleil .... p. 121

FUGAIN
- 2000 ans et un jour .... p. 122
- Forteresse .... p. 123
- Jusqu'à demain peut-être .... p. 123
- Ring et ding .... p. 124
- Viva la vida .... p. 125

GAINSBOURG
- Aux enfants de la chance .... p. 126
- Bonnie and Clyde .... p. 127
- Couleur café .... p. 128
- L'ami Caouette .... p. 129
- Sensuelle et sans suite .... p. 129
- Laisse tomber les filles .... p. 130

GAINSBOURG ET BIRKIN
- Je t'aime, moi non plus .... p. 131

GALL
- La déclaration d'amour .... p. 131

GOLDMAN
- C'est pas de l'amour .... p. 132
- C'est ta chance .... p. 133
- Confidentiel .... p. 134
- Envole-moi .... p. 134
- Famille .... p. 136
- Il suffira d'un signe .... p. 137
- Je commence demain .... p. 135

Né en 17 à Leidenstadt	p. 138
On ira	p. 139
Pas l'indifférence	p. 140
Puisque tu pars	p. 141
Quand tu danses	p. 142
Rouge	p. 142
Sache que je...	p. 143
Tout petit monde	p. 143
Veiller tard	p. 144

HALLYDAY

Daniela	p. 145
Elle est terrible	p. 146
J'ai oublié de vivre	p. 147
Je suis né dans la rue	p. 147
L'envie	p. 148
Laura	p. 149
Noir c'est noir	p. 150

URSULL

White and black blues	p. 151

KAAS

Il me dit que je suis belle	p. 152
Les hommes qui passent	p. 153

LAMA

Chez moi	p. 154
L'algérie	p. 155

LASSO

Buenas noches mi amor	p. 156

LAVIL

La chica de cuba	p. 157

LAVILLIERS

La grande marée	p. 158
Si...	p. 159

LAVOINE

Elle a les yeux revolver	p. 161

Paris	p. 162

LE FORESTIER

Chienne d'idée	p. 163
Entre quatorze et quarante ans	p. 164
Février de cette année la	p. 165
Le steak	p. 166
Marie, Pierre et Charlemagne	p. 167
Passer ma route	p. 168

LECLERC

Bozo	p. 169

LOUISE ATTAQUE

J't'emmène au vent	p. 170
Ton invitation	p. 171

MANNICK

C'est par amour	p. 172
C'est un enfant soleil	p. 172
De quel bleu	p. 173
Demain, je fais régime	p. 174
Fils de la terre	p. 175
Je viens du fond de mon enfance	p. 175
Papa Freud	p. 176
Un jour il m'est venu des ailes	p. 177
Un jour les enfants	p. 177

MITCHELL

Toujours un coin qui me rappelle	p. 178

MONTAND

Le chat de la voisine	p. 179
Les grands boulevards	p. 180

MOULOUDJI

Comme un p'tit coquelicot	p. 181
Rue de Lappe	p. 182
Un jour tu verras	p. 183

MOUSTAKI

Et pourtant dans le monde	p. 184

Grand-père	p. 185
Heureusement qu'il y a de l'herbe	p. 186
La carte du tendre	p. 187
Requiem pour n'importe qui	p. 188

NOUGARO

Assez	p. 189
Cécile ma fille	p. 190
Il faut tourner la page	p. 191
Le cinéma	p. 191
Nougayork	p. 192
Sing Sing Song	p. 192
Toulouse	p. 193

obispo

Lucie	p. 194

PAGNY

Bienvenue chez moi	p. 195
Chanter	p. 196
Savoir aimer	p. 197
Si tu veux m'essayer	p. 198

PERRET

La bête est revenue	p. 199
Le plombier	p. 200
Les majorettes	p. 201

PIAF

De l'autre côté de la rue	p. 202
Hymne à l'amour	p. 203
L'accordéoniste	p. 204
Les trois cloches	p. 205
Mon manège à moi	p. 206

SANSON

Alia souza	p. 206
Bahia	p. 207
Besoin de personne	p. 207
Comme je l'imagine	p. 208
On m'attend là-bas	p. 209

SARDOU

Les années trente	p. 210
Les vieux mariés	p. 211

SHEILA

Vous les copains	p. 212

SOUCHON

C'est déjà ça	p. 213
Jamais content	p. 214
La ballade de Jim	p. 215
Le bagad de Lann Bihoüé	p. 216
Les cadors	p. 217
Les regrets	p. 217
On avance	p. 218
Rame	p. 219
Sous les jupes des filles	p. 220

TÉLÉPHONE

Hygiaphone	p. 221
Le jour s'est levé	p. 222

TONTON DAVID

Chacun sa route	p. 223

TRENET

Boum	p. 224
Douce France	p. 225
L'âme des poètes	p. 225
La romance de Paris	p. 226
Le cor	p. 227
Le soleil et la lune	p. 228
Mes jeunes années	p. 228
Y'a d'la joie	p. 229

VIGNEAULT

Tout le monde est maleureux	p. 230

VOISINE
Avant de partir .... p. 231
Hélène .... p. 232
VOULZY
Paradoxal système .... p. 233
ZAZIE
Homme sweet Homme .... p. 234
Larsen .... p. 235
Zen .... p. 236

2 - AU RYTHME DU MONDE .... p. 237
BEATLES
All my loving .... p. 239
Sergeant Pepper's lonely Hearts club band ... p. 240
BEE GEES
Stayin' alive .... p. 241
CLEGG
Asimbonanga .... p. 242
COHEN
So long Marianne .... p. 243
CRANBERRIES
I can't be with you .... p. 244
Ode to my family .... p. 245
GAYNOR
I will survive .... p. 246
GYPSY KINGS REYES
Bamboleo .... p. 247
Volare .... p. 248
JOHN
Candle in the wind .... p. 249
Your song .... p. 250
MAC FERRIN
Don't worry be happy .... p. 251
MARLEY
No Woman No Cry .... p. 252

POLICE
Can't Stand Losing You .... p. 253
Every Breath You Take .... p. 253
Message in a bottle .... p. 254
Roxanne .... p. 254
So lonely .... p. 255
QUEEN
We will rock you .... p. 256
Who wants to live forever .... p. 256
RAY VAUGHAN
Life by the drop .... p. 257
SIMON ET GARFUNKEL
America .... p. 258
Bookends .... p. 259
Bridge over troubled water .... p. 259
Homeward bound .... p. 260
I am a rock .... p. 260
Old friends .... p. 261
Scarborough fair / canticle .... p. 261
Song for the asking .... p. 262
The 59th street bridge song .... p. 262
The boxer .... p. 263
STEVENS
Morning has broken .... p. 264
Peace Train .... p. 265
VAN ZANT
Sweet home Alabama .... p. 266
GOSPEL TRADITIONNEL
Everybody sing freedom .... p. 266

3 - RACINES ET COULEURS DU TEMPS ..... p. 267
BAGDAD CAFÉ
Calling You .... p. 269

CARMEN
Carmen .... p. 269
ÉMILIE JOLIE
Chanson du grand oiseau .... p. 270
La chanson de l'autruche .... p. 271
la chanson de la petite fleur triste .... p. 274
La chanson de la sorcière .... p. 272
La chanson du hérisson .... p. 273
IGNACE
Ignace .... p. 275
MARIANO
L'amour est un bouquet de violettes ..... p. 277
La belle de Cadix .... p. 276
NOTRE-DAME DE PARIS
Belle .... p. 278
Le temps des cathédrale .... p. 279
Vivre .... p. 280
QUAI DES ORFÈVRES
Avec son tra-la-la .... p. 281
TALONS AIGUILLES
Un año de amor .... p. 282

4 - FÊTES ET RENCONTRES .... p. 283
Allons-y couper du bois .... p. 285
Au lycée papillon .... p. 296
Aujourd'hui peut-être .... p. 285
Auprès de ma blonde .... p. 286
C'est à boire .... p. 287
Clair matin .... p. 288
Dans ce que fut ma poche .... p. 288
Domino .... p. 289
En passant par la Lorraine .... p. 290
Ensemble .... p. 290
Frou-frou .... p. 291

J'avais une cabane .... p. 292
L'appel du pâtre .... p. 292
La cucaracha .... p. 293
La marche des Dragons de Turenne .... p. 293
La rose au boué .... p. 294
La route est longue .... p. 294
La source .... p. 295
Le conscrit du languedoc .... p. 295
Le gamin de Paris .... p. 312
Le gars du Far-west .... p. 298
Le p'tit parisien .... p. 297
Le roi arthur .... p. 299
Les crayons .... p. 300
Les roses blanches .... p. 301
Les trois marins de Groix .... p. 302
Ma Normandie .... p. 302
Ma p'tit' chanson .... p. 303
Marchons dans le vent .... p. 303
Marinella .... p. 304
Mon amant de Saint-Jean .... p. 304
Nini-Peau-d'chien (À la Bastille) .... p. 305
O sole mio .... p. 306
On n'a pas tous les jours 20 ans .... p. 307
Partir un jour .... p. 307
Quand Madelon .... p. 308
Tant qu'il y aura des étoiles .... p. 309
Tchi-Tchi .... p. 310
Tom Dooley .... p. 310
Trois jeunes tambours .... p. 311
Tzeinerlin .... p. 311
Un clair de lune à Maubeuge .... p. 312
Un jour mon prince viendra .... p. 313
Un mexicain .... p. 314

Une fleur au chapeau .... p. 315
Viens boire un p'tit coup à la maison .... p. 316

5 - CANONS, RITOURNELLES ET GÉNÉRIQUES .... p. 317
Allongeons la jambe .... p. 319
Ani Couni .... p. 319
Bonsoir et bonne nuit .... p. 319
Candy .... p. 319
Dans un amphithéâtre .... p. 320
Doucement .... p. 320
En colonie de vacances .... p. 320
Entre les deux .... p. 320
Gentil coquelicot .... p. 321
Il est vraiment phénoménal .... p. 321
L'ile aux enfants .... p. 321
La carmagnole .... p. 322
Le canon de la paix .... p. 322
Les cornemuses .... p. 322

Les gars du Locminé .... p. 323
Les Schtroumpfs .... p. 323
M'sieur vot' bébé .... p. 323
Marie, trempe ton pain .... p. 324
Mon beau sapin .... p. 324
Oh ! l'escargot .... p. 323
Orléans, beaugency .... p. 323
Pourquoi la casbah l'a brûlé .... p. 325
Ris, cane ! .... p. 323
Rossignolet des bois .... p. 325
Saturnin .... p. 325
Shanatova .... p. 325
Si tu veux faire mon bonheur .... p. 325
Tes oreilles tombent-elles .... p. 326
Un petit pouce qui marche .... p. 326
Y a un rat .... p. 326
Zorro .... p. 327

Index alphabétique

2000 ans et un jour p.122

A
À Amsterdam .... p. 38
À mourir pour mourir .... p. 31
Alia souza p.206
All my loving p.239
Allongeons la jambe p.319
Allons-y couper du bois p.285
America p.258
Ani Couni p.319
Asimbonanga p.242
Assez p.189
Assis sur le rebord du monde .... p. 79
Au bois de mon coeur .... p. 50
Au lycée papillon p.296
Au mariage de ma femme .... p. 89
Au suivant .... p. 59
Aujourd'hui peut-être p.285
Auprès de ma blonde p.286
Aux enfants de la chance p.126
Avant de partir p.231
Avec son tra-la-la p.281

B
Bahia p.207
Bal chez temporel .... p. 38
Bamboleo p.247
Belle p.278
Besoin de personne p.207
Bienvenue chez moi p.195
Billy le bordelais .... p. 95
Bonnie and Clyde p.127
Bonsoir et bonne nuit p.319
Bookends p.259
Boum p.224
Bozo p.169
Bridge over troubled water p.259
Buenas noches mi amor p.156

C
C'est à boire p.287
C'est déjà ça p.213
C'est la même chanson p.118
C'est par amour p.172
C'est pas de l'amour p.132
C'est ta chance p.133
C'est un enfant soleil p.172
C'est une andalouse .... p. 85
Ça plane pour moi .... p. 46
Calling You p.269
Can't Stand Losing You p.253

Candle in the wind	p.249
Candy	p.319
Carmen	p.269
Ce n'est rien	p. 86
Cécile ma fille	p.190
Cette année-là	p.119
Chacun sa route	p.223
Chahut-bahut	p. 39
Chanson du grand oiseau	p.270
Chanter	p.196
Chaud au cœur	p. 90
Chez moi	p.154
Chienne d'idée	p.163
Clair matin	p.288
Collé, collé	p. 91
Combien de temps	p.108
Comme ils disent	p. 26
Comme je l'imagine	p.208
Comme un p'tit coquelicot	p.181
Confidentiel	p.134
Couleur café	p.128

D

Dame d'un soir	p. 79
Daniela	p.145
Dans ce que fut ma poche	p.288
Dans l'eau de la claire fontaine	p. 51
Dans un amphithéâtre	p.320
De l'autre côté de la rue	p.202
De quel bleu	p.173
Décale	p. 71
Demain, je fais régime	p.174
Di doo dah	p. 48
Docteur banjo	p. 24

Domino	p.289
Don't worry be happy	p.251
Dors	p. 72
Douce France	p.225
Doucement	p.320

E

Elle a les yeux revolver	p.161
Elle est terrible	p.146
Elle me regardait comme ça	p. 73
En colonie de vacances	p.320
En passant par la Lorraine	p.290
Ensemble	p.290
Entre les deux	p.320
Entre quatorze et quarante ans	p.164
Envole-moi	p.134
Et pourtant	p. 27
Et pourtant dans le monde	p.184
Every Breath You Take	p.253
Everybody sing freedom	p.266

F

Famille	p.136
Février de cette année la	p.165
Fils de la terre	p.175
Flash Back	p. 74
For me… formidable	p. 28
Forteresse	p.123
Frou-frou	p.291

G

Gentil coquelicot	p.321
Graine d'ananar	p.115
Grand-père	p.185

H

Hélène	p.232
Heureusement qu'il y a de l'herbe	p.186
Homeward bound	p.260
Homme sweet Homme	p.234
Humana	p.111
Hygiaphone	p.221
Hymne à l'amour	p.203

I

I am a rock	p.260
I can't be with you	p.244
I will survive	p.246
Ignace	p.275
Il est vraiment phénoménal	p.321
Il faut tourner la page	p.191
Il me dit que je suis belle	p.152
Il suffira d'un signe	p.137

J

J'ai oublié de vivre	p.147
J'avais une cabane	p.292
J't'emmène au vent	p.170
Jamais content	p.214
Je commence demain	p.135
Je reviens te chercher	p. 42
Je sais que c'est elle	p. 87
Je suis né dans la rue	p.147
Je t'aime	p.111
Je t'aime, moi non plus	p.131
Je viens du fond de mon enfance	p.175
Jef	p. 60
Jojo	p. 61
Jusqu'à demain peut-être	p.123

L

L'accordéoniste	p.204
L'algérie	p.155
L'âme des poètes	p.225
L'ami Caouette	p.129
L'amour est un bouquet de violettes	p.277
L'appel du pâtre	p.292
L'envie	p.148
L'homme orchestre	p. 24
L'ile aux enfants	p.321
L'orange	p. 43
La ballade de Jim	p.215
La ballade de Johnny Jane	p. 48
La belle de Cadix	p.276
La bête est revenue	p.199
La Californie	p. 87
La carmagnole	p.322
La carte du tendre	p.187
La cavalerie	p. 88
La chanson de l'autruche	p.271
La chanson de la petite fleur triste	p.274
La chanson de la sorcière	p.272
La chanson du hérisson	p.273
La chica de cuba	p.157
La corrida	p. 80
La cucaracha	p.293
La déclaration d'amour	p.131
La femme d'Hector	p. 52
La femme est l'avenir de l'homme	p.113
La ferme du bonheur	p.120
La fille de l'aéroport	p. 75
La fille qui m'accompagne	p. 81
La gadoue	p. 49
La grande marée	p.158

La mama	p. 28	Le pornographe	p. 53
La marche des Dragons de Turenne	p.293	Le quatorze juillet	p. 92
La mer est immense	p. 22	Le roi arthur	p.299
La mer ressemble à ton amour	p. 98	Le soleil et la lune	p.228
La neige au Sahara	p. 23	Le steak	p.166
La nuit je mens	p. 34	Le temps des cathédrale	p.279
La romance de Paris	p.226	Les anarchistes	p.116
La rose au boué	p.294	Les années trente	p.210
La route est longue	p.294	Les bigotes	p. 63
La rumeur	p. 99	Les bourgeois	p. 64
La source	p.295	Les cactus	p.105
La ville s'endormait	p. 62	Les cadors	p.217
Laisse tomber les filles	p.130	Les cerisiers sont blancs	p. 45
Larsen	p.235	Les cornemuses	p.322
Laura	p.149	Les crayons	p.300
Le bagad de Lann Bihouë	p.216	Les Dalton	p. 96
Le bain de minuit	p. 42	Les emmerdes	p. 29
Le bon Dieu	p. 63	Les funérailles d'antan	p. 54
Le canon de la paix	p.322	Les gars du Locminé	p.323
Le chat de la voisine	p.179	Les grands boulevards	p.180
Le cinéma	p.191	Les hommes qui passent	p.153
Le cirque	p.100	Les majorettes	p.201
Le conscrit du languedoc	p.295	Les Marquises	p. 65
Le cor	p.227	Les mots bleus	p. 35
Le gamin de Paris	p.312	Les petites mad'maselles	p. 45
Le gars du Far-west	p.298	Les plaisirs démodés	p. 30
Le jour s'est levé	p.222	Les playboys	p.105
Le lundi au soleil	p.121	Les regrets	p.217
Le matin je m'éveille en chantant	p. 40	Les roses blanches	p.301
Le mur de lierre	p.101	Les Schtroumpfs	p.323
Le p'tit parisien	p.297	Les trois cloches	p.205
Le petit jardin	p.104	Les trois marins de Groix	p.302
Le petit oiseau de toutes les couleurs	p. 44	Les trompettes de la renomée	p. 55
Le plombier	p.200	Les vieux mariés	p.211

...ife by the drop p.257
...ucie p.194

M
M'sieur vot' bébé p.323
Ma France p.114
Ma Normandie p.302
Ma p'tit' chanson p.303
Ma petite entreprise .... p. 36
Madeleine .... p. 66
Marchons dans le vent p.303
Marie, Pierre et Charlemagne ... p.167
Marie, trempe ton pain p.324
Marinella p.304
Mathilde .... p. 67
Même si on est fou .... p. 78
Mes jeunes années p.228
Message in a bottle p.254
Mini, mini, mini p.106
Mon amant de Saint-Jean p.304
Mon beau sapin p.324
Mon manège à moi p.206
Mon village du bout du monde ... p. 96
Morning has broken p.264
Mort du cow-boy .... p. 22

N
Nantes .... p. 32
Né en 17 à Leidenstadt p.138
Né ici .... p. 97
Nini-Peau-d'chien (À la Bastille) ... p.305
No Woman No Cry p.252
Noir c'est noir p.150
Nougayork p.192

O
O sole mio p.306
Octobre .... p. 82
Ode to my family p.245
Oh ! l'escargot p.323
Old friends p.261
On avance p.218
On ira p.139
On m'attend là-bas p.209
On n'a pas tous les jours 20 ans ... p.307
On ne voit pas le temps passer ... p.115
On nous cache tout, on nous dit rien ... p.106
Orléans, beaugency p.323

P
Pa kité moin .... p. 93
Papa Freud p.176
Paradoxal système p.233
Paris p.162
Partir un jour p.307
Pas d'ami (Comme toi) p.109
Pas l'indifférence p.140
Passer ma route p.168
Pauvre Benoit .... p. 25
Pauvre Rutebeuf p.117
Peace Train p.265
Petite sirène .... p. 85
Pourquoi la casbah l'a brûlé ... p.325
Puisque tu pars p.141
Pull Marine .... p. 21

Q
Qu'on est bien .... p. 40
Quand je vois tes yeux .... p. 70

Quand Madelon p.308
Quand tu danses p.142
Quelqu'un de l'intérieur .... p. 83

R
Rame p.219
Regard impressionniste p.101
Requiem pour n'importe qui p.188
Ring et ding p.124
Ris, cane ! p.323
Rivière p.109
Rock, Haine, Rôles .... p. 76
Ronsard 96 .... p. 70
Rosa .... p. 68
Rossignolet des bois p.325
Rouge p.142
Roxanne p.254
Rue de Lappe p.182

S
Sache que je… p.143
Samedi soir sur la Terre .... p. 84
Saturnin p.325
Savoir aimer p.197
Scarborough fair / canticle p.261
Sensuelle et sans suite p.129
Sergeant Pepper's lonely Hearts club band p.240
Shanatova p.325
Si tu veux faire mon bonheur p.325
Si tu veux m'essayer p.198
Si… p.159
Sing Sing Song p.192
So lonely p.255
So long Marianne p.243

Song for the asking p.262
Sous les jupes des filles p.220
Stayin' alive p.241
Supplique pour être enterré à la plage de Sète .... p. 56
Sur le pont de Nantes .... p. 41
Sweet home Alabama p.266

T
Tant qu'il y aura des étoiles p.309
Tchi-Tchi p.310
Tempête dans un bénitier .... p. 58
Tes oreilles tombent-elles p.326
The 59th street bridge song p.262
The boxer p.263
This melody .... p. 88
Tom Dooley p.310
Tombé pour la France .... p. 94
Ton absence p.102
Ton invitation p.171
Tôt ou tard s'en aller .... p. 84
Toujours un coin qui me rappelle p.178
Toulouse p.193
Tous les goûts sont dans ma nature p.107
Tout p.112
Tout le monde est maleureux p.230
Tout petit monde p.143
Trois jeunes tambours p.311
Tu ne me dois rien p.110
Tzeinerlin p.311

U
Un año de amor p.282
Un clair de lune à Maubeuge p.312
Un enfant de toi .... p. 33

Un jour il m'est venu des ailes.................................. p.177
Un jour les enfants p.177
Un jour mon prince viendra p.313
Un jour tu verras p.183
Un mexicain p.314
Un petit pouce qui marche p.326
Une fleur au chapeau p.315

V
Veiller tard p.144
Vertige de l'amour .... p. 37
Vieillir .... p. 69
Viens boire un p'tit coup à la maison p.316
Virages p.103
Viva la vida p.125
Vivre p.280

Volare p.248
Vous les copains… p.212

W
We will rock you p.256
White and black blues p.151
Who wants to live forever p.256

Y
Y a un rat p.326
Y'a d'la joie p.229
Your song p.250

Z
Zen p.236
Zorro p.327

Nous remercions :

Pascal GUIMIER et Christian POULVELARIE pour leur collaboration.

Alain HURÉ pour les illustrations.

Les artistes et leurs maisons d'édition qui nous accordent l'autorisation de reproduire leurs œuvres.

> *Sachez que la majorité de ces chants sont enregistrés sur cassettes et compacts. Pour les commander, adressez-vous à votre magasin habituel en précisant les références (Auteurs-Compositeurs-Éditeurs) indiquées en dessous de chaque titre de ce carnet.*

Le personnel de la SACEM pour son aide dans nos recherches.

> *Si, malgré nos efforts, certaines maisons d'édition n'ont pu être contactées, qu'elles nous le fassent savoir afin que nous puissions prendre les dispositions qui s'imposent, par rapport à cette édition et à celles qui pourraient suivre.*

Et,
les utilisateurs de DIAPASON ROUGE III qui n'hésiteront pas à nous écrire pour nous faire part de leurs suggestions quant à d'éventuelles améliorations de cette présente édition.

> *Les lois afférentes à la propriété littéraire protègent, contre toute forme de duplication ne faisant pas l'objet de rétributions légitimes, le travail des auteurs et des compositeurs de musique. Ne vous placez pas dans l'illégalité en photocopiant les pages de ce carnet.*

Découvrez nos éditions sur www.presses-idf.fr

RÉALISATION

Agence de création des Presses d'Ile-de-France
et Nouvelles Perspectives
67150 LIMERSHEIM

Gyss Imprimeur 67210 Obernai - 230369
Dépôt légal : 230033 - 1er trimestre 2003